실과 체험 활동 교육의 이해와 실천

| 김희필 고인규 이영찬 길영재 김연정 장한울 공저 |

양 성 원

머리말

학교 교육에서 체험은 어떤 내용을 학습함에 있어서 중요하게 고려되어야 할 요소이다. 교육과정 문서에 그 중요성이 반영되어 있다. 초등학교 교육은 교과 교육과 창의적 체험활동으로 나누어 편성되어 있다는 것이 그것이다. 각 교과에서 다루지 못하거나 융합하여 다루고자 하는 내용을 창의적 체험활동에서 체험을 통하여 다룰 수 있도록 하고 있다.

체험 활동은 경험의 깊이를 더 깊게 할 수 있다는 점, 지식의 적용에 유리하다는 점, 학습자 중심의 교육 활동에 유리하다는 점, 학습의 장소를 다양화 할 수 있다는 점, 학생의 학습 참여도와 흥미도를 높이기 유리하다는 점 등에서 장점을 갖는다.

이러한 장점 때문에 각 교과에서 체험은 교수·학습 전략 차원에서 중요하게 다루어지고 있다. 특히, 실과에서는 경험을 중요하게 여기기 때문에 교수·학습의 장면에서 실습, 조사, 견학과 같은 활동을 강조하고 있다.

실과 체험 활동 교육에 대한 실과교육 전문가들은 실과 체험 활동 교육의 중요성에 공감하고서 다양한 실과 체험 활동 주제를 개발해오고 있다. 실과 체험 활동 과제 개발 전략이나 실과 체험 활동 지원 방법 등에 대한 기초 연구가 부족하여 아쉬움이 남기는 하지만, 실과 관련 다양한 영역이나 주제에서 실과 체험 활동 과제를 개발하고 그 효과를 검증하고자 하는 시도는 꾸준히 계속되고 있다.

실과 체험 활동 과제를 개발하는 연구는 실과교육 내용의 인프라를 풍성하게 구축한다는 점에서 의미가 있다. 연구 결과는 체험 활동을 어떻게 계획하고 체험 활동 수업은 어떻게 구성해야 할 지 고민하는 현장 교사들에게 큰 도움이 되고 있다. 이런 이유로 실과 체험 활동 관련 연구의 양적 증가와 더불어 질적 제고를 위한 노력은 계속될 필요가 있다.

이 책 1부에서는 실과 체험 활동 교육의 이해를 높이기 위하여 제 이론을 고찰하였다. 주요 내용은 실과 체험 활동 교육, 실과 체험 활동 교육과정, 실과 체험 활동의 개발, 실과 체험 활동의 주제, 실과 체험 활동 교수·학습 자료이다. 그간 주로 학술지 논문이나 학위 논문 수준에서 실과 체험 활동 교육에 대한 연구가 이루어지다 보니, 그 배경적 지식에 대한 고찰은 빈약한 편이다. 1부에서의 고찰된 이론 내용이 실과 체험 활동에 대한 전문 서적이 없는 현 상황에서 실과 체험 활동에 대한 이해도를 높이는 데 도움이 되기를 바란다.

이 책 2부에서는 가정, 기술, 생명과학, 정보, 안전 및 진로의 영역에서 최신의 실과교육 경향을 반영하여 개발된 실과 체험 활동 과제가 소개되었다. 이 활동 과제는 교육 현장에서 수정 없이 바로 활용이 가능한 수준으로 개발되었다. 이 활동 과제가 타당성 있는 실과 체험 활동의 실천을 고민하는 현장 교사들에게 도움이 되기를 기대해본다.

이 책은 2021년 전국교대교원양성대학교 공동교육혁신센터의 지원과 2022년 제주대학교 국립대학육성사업의 지원을 받아 완성되었다. 이 연구 결과는 전국 교대의 초등실과교육과 교수, 학생 및 관련 연구자들이 실과교육을 실천함에 있어서 소중한 자료로, 자원으로 공유되고 활용되기를 바란다.

특별히, 이 책의 주요 내용인 2부의 실과 체험 활동 주제를 개발할 때, 전국의 12개 교육대학 열두 분의 교수님들이 저자들의 내용 초안에 대하여 감수를 해주셨다. 이러한 과정을 통하여 활동 주제의 타당도가 높아지고 자료의 질이 높아졌다고 자평한다. 이 자리를 빌어 감사하다는 말씀을 드린다. 또한 이 책의 출판을 허락해 주신 양성원 강철원 사장님과 내용 편집에 수고해주신 편집진에게도 감사의 말씀을 드린다.

실과교육은 현재 많은 내적 어려움과 더불어 외적 도전에 직면해 있다. 이 책의 내용이 실과 교육의 발전에 조금이라도 도움이 되기를, 또한 실과 체험 활동 주제 관련 또 다른 연구 시도가 계속되기를 저자 모두는 기대해 본다.

2023년 2월

대표 저자 김희필

차례

PART

1

실과 체험 활동 교육의 이해

1부는 독자의 실과 체험 활동 교육에 대한 전반적이고 교육학적인 이해를 목적으로 기술되었다. 이 책에서 다루는 주요 키워드는 실과, 체험 활동, 교육 및 학습 등이다. 실과 체험 활동을 조작적으로 정의할 때, 그 다루는 범위와 관련하여 협의와 광의의 범위로 나누어 볼 수 있다. 협의의 범위로서 실과 체험 활동 교육은 창의적 체험 활동 중 실과와 관련된 내용만을 대상으로 하는 것이다. 반면 광의의 범위로서 실과 체험 활동 교육은 창의적 체험 활동 중 실과와 관련된 내용뿐만 아니라, 실과 정규 수업에서 행해지는 다양한 체험 활동까지 포함하는 것으로, 그리고 이에 더하여 교사의 의도에 따라 행해지는 실과 관련 비교과 체험 활동을 포함하는 것이다. 이 책에서는 실과 체험 활동의 교육적 가치를 높이고 그 적용 대상을 넓히기 위하여 광의의 범위 개념으로서 실과 체험 활동 교육을 상정하고 그 개념을 알아보았다.

1부는 실과 체험 활동 교육, 실과 체험 활동 교육과정, 실과 체험 활동의 개발, 실과 체험 활동의 주제, 실과 체험 활동 교수 · 학습 자료로서 총 5장으로 구성되었다. 1장 (실과 체험 활동 교육)에서는 용어 관련 개념, 모형 그리고 교육적 의미에 대하여 알아보았다. 2장 (실과 체험 활동 교육과정)에서는 교육과정 문서에 나타나는 창의적 체험 활동 영역과 체험 활동의 지원 근거가 되는 국가, 지역, 학교 수준에 대하여 알아보았다. 3장 (실과 체험 활동의 개발)에서는 실과 체험 활동 개발의 주체 및 운영 방식과 개발 절차에 대하여 알아보았다. 4장 (실과 체험 활동의 주제)에서는 실과 체험 활동 주제에는 어떤 것들이 있는지 실과 주요 영역별 선행 연구 결과를 중심으로 알아보았다. 마지막 5장 (실과 체험 활동 교수 · 학습 자료)에서는 실제 수업을 진행하기 위해 교사가 필수로 개발해야 하는 교육 자료들의 유형과 개발 준거 등에 대하여 알아보았다.

이상의 실과 체험 활동 교육 관련 이론이 실과 체험 활동 교육에 대한 독자의 전반적인 이해의 정도를 높이는 데 도움이 되기를 바란다.

1 실과 체험 활동 교육

가. 실과 체험 활동의 개념

체험 활동은 체험 위주의 활동으로서 교육 현장에서는 일반적으로 체험 교육, 체험 학습과도 같은 의미로도 사용된다. 체험 활동이 어떤 의미를 담고 있는지 구체적으로 알아보면 다음과 같다.

먼저 체험과 활동의 사전적 의미를 살펴보면, 체험은 "자기가 몸소 겪음 또는 그런 경험", 활동은 "몸을 움직여 행동함" (네이버 국어사전)으로 각각 정의되어 있다. 체험은 경험과 유사한 용어로, 활동은 행동과 유사한 용어로 사용되고 있음을 알 수 있다.

이동재 (2008)는 체험에 대한 여러 의미를 종합하여, 체험은 대상과의 직접적이고 전체적인 접촉으로 인간의 감각기관인 오관 (五官)을 통해 외부의 자극을 정보로 받아들이는 과정을 말한다고 하였다. 또한 이러한 체험은 인간의 기억과정에 강렬한 영향을 미치고, 인간은 기존의 기억구조에 부단히 새로운 것을 통합해 가며 경험을 재구성하고 학습하며, 경험에 의한 자료는 다른 감각과 시각, 감정을 수반하고 기억의 통합이 잘 이루어지기 때문에 체험학습이 의미를 갖는다 (p. 9)고 해석하였다.

또한 체험은 주관과 객관이 분리되기 이전의 삶의 기반에서 이루어지는 경험으로 자연과학적 경험과 구분된다. 체험은 삶의 의미를 현재를 중심으로 통합하는 역할을 하는데 모든 이해의 특수한 형태들은 삶의 기반에서 비롯된다는 것이다 (김영진, 2006, p. 9).

체험에 대한 구체적인 함의를 다음과 같이 요약할 수 있다 (장은영, 2004; Association for Experiential Education, 2005; Luckner& Nadler, 1997; 김영진, 2006 재인용).

> 첫째, 체험은 합리적인 인식으로는 결코 완전하게 도달할 수 없는 인식의 세계요, 삶의 세계다. 그렇다고 경험하는 바를 곧 인간으로 생각해서는 안 되며, 지적인 인식이 열등하다고 봐서도 안 된다.

> 둘째, 체험은 문화적, 상황적, 구체적인 경험이다. 몸과 마음, 의식과 무의식으로 겪고, 수동적이면서도 능동적으로 겪는 경험이다.
>
> 셋째, 체험은 인식의 방법일 뿐 아니라 판단의 기준이 되고 앎을 확장시키고 탐구하는 과정이다. 체득을 통해 앎을 삶으로 연장시키고 지속시키는 기능을 한다.
>
> 넷째, 체험은 욕구의 충족이며, 미지의 영역에 들어가 자신을 실험하는 존재 가능성의 실현이다.
>
> 다섯째, 체험은 현재를 중심으로 과거와 미래를 연결하는 역사적인 사건이다. 체험을 통해 학습된 결과들은 개인적이고, 미래의 체험과 학습을 형성하게 하는 기초를 제공한다.
>
> 여섯째, 체험은 사고의 재료가 될 뿐 아니라 사고가 체험의 재료가 되기도 한다. 체험은 오류와 편견의 가능성이 있는 이해의 구조이나 참된 이해의 가능성이기도 하다. 고통스럽고 쓰라린 경험조차 풍부한 이해의 조건이 된다. 체험을 통해서 학습자는 성공, 실패, 모험, 위험에 빠지게 되고 불확실성을 겪게 된다.
>
> 일곱째, 체험은 공통되는 의미를 통해 삶의 부분들을 포괄적인 행위로 통합하는 기능을 한다.
>
> 여덟째, 체험은 삶의 태도와 시각을 고집하도록 만들기도 하며, 아주 강력하게 사람의 태도와 관점을 변화시키는 기능을 한다.
>
> 아홉째, 학습자는 체험과정을 통해서 독창력을 갖게 하고, 호기심을 갖고 문제를 해결하고, 의사결정을 하며 결과에 책임을 질 수 있도록 구조화되어 있다 (pp. 9-10).

체험은 몇 가지 특성을 갖는데, 이와 관련하여 송하인, 남상준 (2008)은 다음과 같이 정리하였다. 첫째, 체험은 과정적이다. 둘째, 체험은 삶과 관련해서 자기성을 가진다. 셋째, 체험은 생활세계라는 전체적 구조 속에서 이루어지는 것이다. 넷째, 체험은 신체성을 가지고 있다는 것이다 (pp. 89-94).

체험과 활동의 합성어인 체험 활동은 체험으로 제한된 혹은 체험으로 특징 지어지는 활동 정도로 해석할 수 있다. 그러나 그 사전적 의미 (네이버 국어사전)는 "몸소 겪고 느끼면서 활동하는 일"로 정의되어 있다. 따라서, 체험 활동은 "체험을 중심으로 이루어지는 활동으로서, 자기 스스로 몸소 경험하는 행동"의 의미를 갖는다고 여겨진다.

2015 개정 교육과정 기준으로 보면, 초등학교 교육은 교과 교육과 창의적 체험활동으로 나누어 편성되어 있다. 이를 감안하면, 실과 관련 체험 활동 교육은 창의적 체험 활동에서 다루어질 수 있으며, 또한 정규 실과 교과 시간에서도 실습, 견학 등의 다양한 형태로 다루어질 수 있다.

따라서 실과 체험 활동 교육의 범위를 넓히고 그 교육적 가치 실현 가능성을 높이기 위한 의도를 갖는다면 실과 체험 활동을 실과 관련 체험 활동으로 그 범위를 넓혀 해석할 필요가 있다. 이 책에서는 실과 체험 활동을 실과 교과와 창의적 체험 활동뿐만 아니라 여러 목적으로 교사가 진행하는 비교과 활동으로서 각종 체험 활동을 포함하는 실과 관련 교육 활동으로 조작적으로 정의하여 사용하고자 한다. 이에 터하여 실과 체험 활동 교육은 '실과 교과, 실과 관련 창의적 체험 활동뿐만 아니라, 창의적 체험 활동 영역 이외 것으로 실과 관련 비교과 체험 활동을 포함하는 체험을 중심으로 이루어지는 교육'으로 정의할 수 있다.

나. 실과 체험 활동 모형

체험 활동은 특별한 경우 학습자 혼자서도 할 수 있다. 그러나 학교 교육에 바탕을 둔 체험 활동은 교사의 지도하에 이루어지는 것을 가정한다. 학교가 생긴 이래로 학교의 유지는 수많은 사회적 관계를 통해서 이루어져 왔다. 학교 교육이라는 것이 사회적 관계 속에서 배우는 자와 배움을 주는 자의 교육적 상황이라고 할 때 이 속에는 배움을 주는 자와 배우는 자, 그리고 그 매개체들의 사회적 상호작용이 발생하는 것이다. 학교 교육은 이와 같은 사회적 상호작용에 의해서 발생하는 것이다 (송하인, 남상준, 2008, p. 94).

교육은 가르치는 사람, 배우는 사람, 교육 내용이 있어야 기본적으로 이루어진다고 한다. 배움과 가르침이라는 활동은 각기 자신을 향상시키고 타아의 체험의 상승을 조력하려는 인간 주체의 자주적인 의욕과 열정에 의해 시작되고 유지된다 (최명선, 2005, p. 230; 송하인, 남상준, 2008, p. 94 재인용).

[그림 1] 교육적 체험의 조건

출처: 송하인, 남상준. (2008). 사회과 체험학습의 의미 탐색. **사회과교육연구, 15**(1), 85-109. p. 95

Kolb는 경험 학습의 사이클에 대하여 언급하고 있는데, 경험은 체험과 유사한 용어로서 체험을 학습의 과정에서 어떻게 다룰 것인지에 대하여 시사점을 주고 있다. 그는 [그림 2]와 같이 경험을 학습하는 과정을 구체적 경험, 반성적 성찰, 추상적 개념화, 능동적 실험의 4가지 단계로 나누어 설명하고 있다. 단지 구체적인 경험이나 학습 활동 그 자체만으로는 크게 유용하지 않고 반성적 성찰, 추상적 구체화, 능동적 실험이라는 지적인 순환과정이 필요함을 강조하였다.

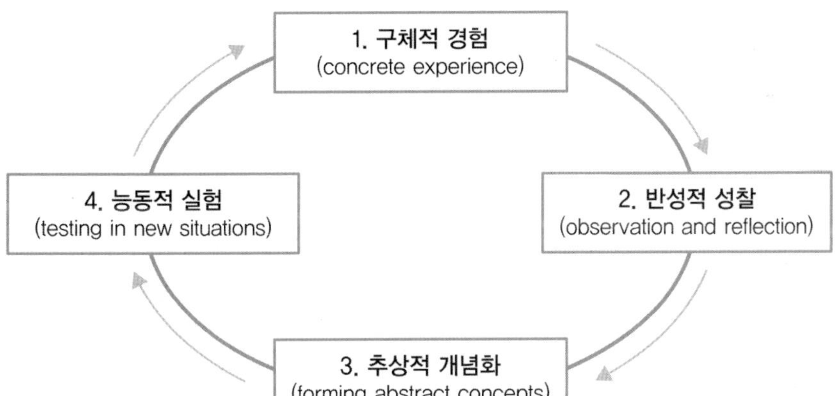

[그림 2] Kolb의 경험학습 사이클

출처: Kolb. (1984). *Experiential Learning: Experience as the Source of Learningand Development*. Englewood Cliffs, NJ: Prentice Hall, p. 42; 김영진, 2006, p. 17 재인용.

체험 활동은 오랫동안 실습과 같은 의미로 사용되어 왔다. 실습은 손으로 하는 조작적인 활동을 통해서 반복적인 기능의 습득에 비중을 두고 있다. 반면 체험 활동은 정신적인 활동이 포함된 실습이 이루어지기 때문에 사고와 기능의 상호 작용을 통해 결국 사고력이 신장되는 효과도 함께 얻을 수 있다 (이남섭, 2012, p. 21). 사고와 행동의 상호관계는 [그림 3]과 같다. 머리의 사고와 실 세계에서의 행동은 서로 독립하여 작용하지 않고 서로 상호 작용을 통하여 문제를 해결하고 있음을 알 수 있다.

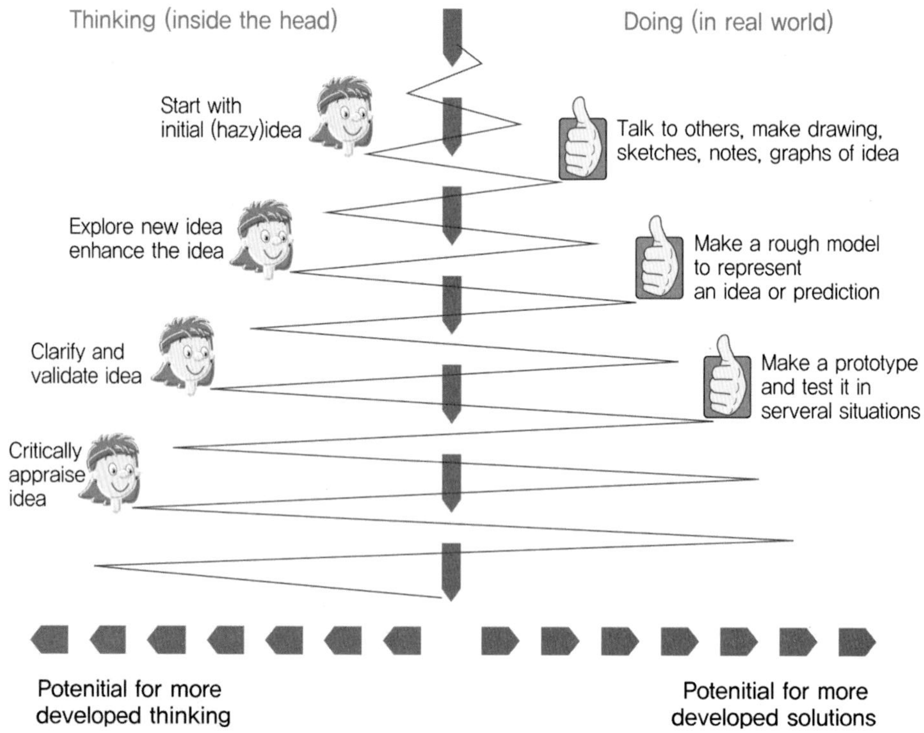

[그림 3] 사고와 행동의 상호관계

출처: Todd, R., Todd, K., & McCrory, D. (1996). *Introduction to design and Technology*. p. 52

의식의 과정은 해석, 변형, 재조직되어 개인에게 체화된다. 이런 의식적 경험의 과정에 의해서 만들어지는 것이 교육적 체험이며 이런 교육적 체험의 과정은 끊임없는 체험-표현-이해의 해석학적 순환의 과정을 거친다. 이를 그림으로 나타내면 [그림 4]와 같다. (송하인, 남상준, 2008, pp. 97-98)

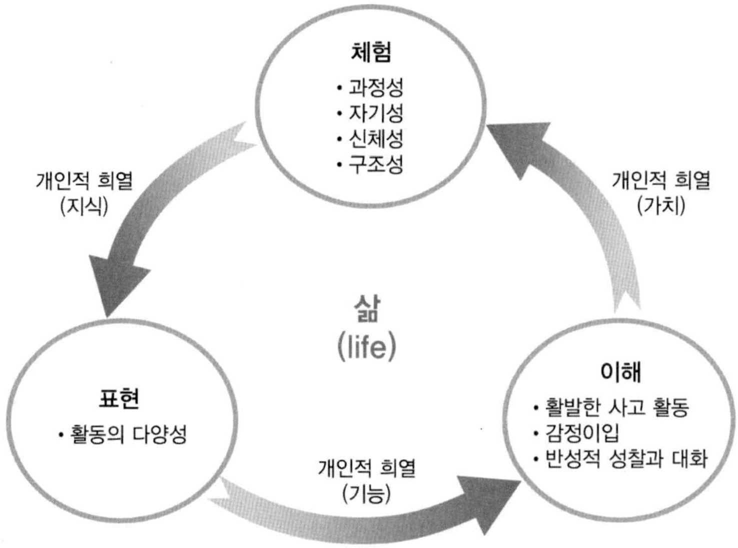

[그림 4] 교육적 체험의 과정

출처: 송하인, 남상준. (2008). 사회과 체험학습의 의미 탐색. **사회과교육연구, 15**(1), 85-109. p. 98

다. 실과 체험 활동의 교육적 의미

실과 체험 활동은 앞서 그 용어를 조작적으로 정의한 바와 같이, 이 책에서는 실과 교과와 더불어 창의적 체험 활동의 영역 및 그 이외 비교과 실과 관련 체험 활동까지 포함하는 교육 활동을 의미한다. 교육과정으로서 수준은 국가 수준, 지역 교육청 수준, 학교 수준의 교육과정을 포함하는 범위에서 이루어진다. 따라서 실과 체험 활동은 기존의 교실뿐만 아니라 다양한 교육 장소가 교육의 장이 됨으로써 많은 교육적 의미가 있다. 이를 정리하면 다음과 같다.

첫째, 실과에서 추구하는 다양한 핵심 역량을 성취하기에 유리하다. 실과의 교육 과정 문서 (교육부, 2015)에는 그 목표가 다음과 같이 기술되어 있다.

> 실과(기술 · 가정)에서는 인간발달과 가족, 가정생활과 안전, 자원관리와 자립에 대한 학습을 통하여 관계형성능력, 생활자립능력, 실천적 문제해결력을 함양하고, 기술 시스템과 활용에 대한 기본 소양을 습득하여 기술적 문제해결능력, 기술시스템설계능력, 기술 활용능력을 기름으로써 가정생활과 직업생활에서 개인과 가족이 행복하고 건강한 삶을 영위할 수 있도록 한다. (p. 2)

이 목표에서 언급하는 핵심 역량은 실과 교과 교육을 통하여 학생들이 최종적으로 배양해야 할 능력들이 언급되어 있다. 이 능력들은 정규 학교 교육을 통한 능력 배양도 가능하지만, 다양한 교육 프로그램이나 실과 관련 창의적 체험 활동을 통하여도 배양이 가능하다.

둘째, 실과 체험 활동은 실과의 교수학습 방법에서 강조하는 실습이나 활동 중심 수업을 전개할 수 있는 자연스러운 틀을 제공한다. 실과는 교육 방법에서 이론 위주 수업보다는 실습이나 체험 학습을 강조한다. 실과 체험 활동은 실과 관련 주제의 체험 활동을 목표로 실습과 체험 위주로 주제를 구성하기 때문에 실과에서 권장하는 실습이나 체험 위주의 학습을 진행하기에 유리하다.

셋째, 학생 중심의 수업을 전개하기에 유리하다. 실과에서 체험을 전제하지 않는 수업에 비하여 체험 활동 수업은 교사의 역할이 안내자와 조력자로서의 역할 비중이 커지고, 학생은 실제적이고 직접적으로 과제를 수행하는 역할이 커진다. 특별한 경우, 교사 없이 학생 혼자서 홈프로젝트로 진행될 수도 있다.

넷째, 학생의 실천 능력을 배양하기에 유리하다. 학습의 장에서 지식에 대한 이해와 이를 바탕으로 한 실천은 차원이 다르다. 실과 체험 활동은 학생의 실천을 전제로 하기 때문에 학생은 습득된 지식의 파지에 머무르지 않고, 이를 학습 문제 상황에 적용함으로써 자연스럽게 해당 주제나 분야에서의 실천 능력을 습득할 수 있다.

다섯째, 학생의 개별화 수업에 유리하다. 실과 실천 활동 수업은 실습을 진행하거나 학습 과제에 대한 실천을 전제로 하는 수업이 많으므로, 교사는 이를 감안한 수업을 진행할 필요가 있다. 이는 이론 위주의 수업에 비하여 학생 개인 선수 학습 정도나 기능 수준의 차이로 인하여 개인별 진도의 차이가 발생하기 때문이다. 따라서 실과 체험 활동 수업에서 학생은 자신의 학습 능력에 맞추어 과제를 진행하게 되며, 수업은 개별화 원리에 의하여 진행되는 게 일반적이다.

여섯째, 실과의 다양한 영역을 주제 중심으로 통합교육이 가능하다. 실과는 학년별 또는 기술, 가정, 생명과학 등의 영역별 단원 중심으로 교과서가 구성되어 있다. 수업은 일반적으로 단원별로 진행된다. 그러나 체험 활동 위주로 수업이 재구성되는 경우, 교사의 의도에 의하여 주제 중심으로 내용이 재구성될 수 있다. 이러한 주제 중심 내용 재구성 방식은 다양한 내용 소재를 한꺼번에 통합하여 다룰 수 있는 장점이 있다.

일곱째, 실과의 다양한 영역을 주제 중심으로 교과간 통합교육이 가능하다. 기존의 수업에서는 각 교과가 시간표 상에 분절적으로 나뉘어서 수업이 진행되었다. 그러나 체험 활동 학습에서는 주제 단위로 교과 내용이 재구성될 수 있다. 체험 활동 수업을 통하여 교과별 다양한 소재가 특정 주제를 중심으로 한 수업에서 통합적으로 다루어질 수 있다. 특히, 실과에서 중요하게 다루어지고 있는 진로교육이나 안전교육은 체험 활동 학습을 통하여 다른 교과와 통합하여 가르치기에 유리하다.

여덟째, 실과 지역화 교육을 실천하기에 유익하다. 실과 관련 교육 소재는 지역별로 다양하게 존재한다. 현재의 교육과정은 국가의 중앙집권화 정책이 강하게 반영되어 있어 지역 교육 소재를 수업에 활용하기에 많은 제약이 있다. 각 지역별 실과 교육 소재는 체험 활동으로 구성할 수 있고 그 주제는 다양하다. 실과 체험 활동 수업은 학생이 선행 경험한 지역의 교육 소재를 교육의 장면으로 끌어들인 수 있다는 점에서 지역화 교육을 위한 좋은 틀을 제공할 수 있다.

2 실과 체험 활동 교육과정

가. 실과 체험 활동 교육과정의 영역

실과 체험 활동 교육과정은 실과 교과의 내용과 더불어 비교과인 실과 관련 창의적 체험 활동으로 나누어진다. 실과 교과의 내용도 실과 체험 활동을 개발하거나 실천하기 위해 참조되고 활용된다. 그러나 대체로 실과 체험 활동에서 실과 관련 창의적 체험 활동의 내용이 더 큰 비중을 차지한다고 여겨지기 때문에 여기서는 창의적 체험 활동을 중심으로 실과 체험 활동 교육과정을 알아보겠다.

창의적 체험 활동은 교과와 함께 특별활동이라는 명칭으로 1차 교육과정 시기부터 등장하여 2007 개정 교육과정이 개정될 때까지 교육과정에 편제되어 운영되었다. 2009 개정 교육과정에서 학교의 자율성과 융통성을 제고하기 위해 재량활동과 특별활동을 통합하여 창의적 체험활동이라는 명칭으로 교육과정에 편제되어 2015 개정 교육과정까지 유지되고 있다 (이강미, 2021, p. 40).

1990년대는 한국 사회가 근대화에 접어들기 시작하는 시기로 그 동안의 경제 위주의 정책에서 삶의 질을 개선할 수 있는 국가 정책을 실시하게 된다. 그 최우선이 교육정책이었으며 그 일환으로 '자유학습의 날', '책가방 없는 날', '새학교 문화 창조', '교육 개혁안', '교육 비전 2020' 등이 실시되었다. 이런 교육 개혁의 취지는 '지식 전달 위주의 교육'을 탈피하고 학생들의 풍부한 인간성 함양을 목적으로 교육 내용과 방법을 개선하려는 데 있었다. 교육 개혁 운동은 새로운 교육 현상을 발생시켰으며 그 대표적인 것이 체험 학습이다 (송하인, 남상준, 2008, pp. 99-100).

체험 학습은 기존의 획일적인 교육 내용과 방법에 의한 교육과정 운영의 폐단을 극복하기 위해 등장한 교육 현상으로 실천 중심의 교육 현상을 지칭한다고 할 수 있다. 이는 체험학습의 핵심적인 과제는 풍요롭고 활성화된 지식 교육에서 찾아야 함을 시사하는 것이다 (강영혜, 1999, p. 9).

체험 학습이라는 용어는 제4차 교육과정에서 처음 사용되었는데, 특히 '실천 위주의 인성 교육 강화'라는 차원에서 체험학습이 중요성을 띠었다. 1995년 교육 개혁의 일환으로 체험 학습이 특히 강조되었으며 새 학교문화 창조라는 기치를 내걸고 정책적으로 체험 학습을 확산 시행하는데 노력하였다. 물론 시행과정에서 체험 학습에 대한 많은 혼란과 의문이 야기되었던 것도 사실이나 이제 체험 학습은 어느 정도 새로운 학습 방법으로 자리매김하여 그 범위를 넓혀가고 있다 (이건남, 2009, p. 230).

체험 활동은 교육부(1994)의 제6차 교육과정 문서에 "학습 활동에서 학생의 직접적인 체험활동 (실험, 관찰, 조사, 수집, 노작, 토론, 견학 등)이 많이 이루어지도록 하고, 학습의 개별화에 노력한다"는 내용으로 등장한다 (송하인, 남상준, 2008, p. 98).

제7차 교육과정에서도 제6차 교육과정에 이어 체험 활동을 교육 목표에서 언급하며, 교육과정에서 체험 활동을 중요하게 다루고자 하는 기조를 이어가고 있다. 구체적으로, 교육과정 문서에는 실험 · 관찰 · 조사 · 수집 · 토론 · 견학 · 노작 등 학습자 중심의 직접적인 체험 활동이 모든 학습 과정에서 이루어져야 한다. 실천 중심의 다양한 체험 교육과 토론학습으로 교육의 내용과 방법이 개선되어야 할 것이다 (교육부, 1999, p. 93)라고 기술되어 있다.

2015 개정 교육과정 속 창의적 체험활동의 정의를 살펴보면 창의적 체험활동은 교과와 상호 보완적 관계 속에서 앎을 적극적으로 실천하고 심신을 조화롭게 발달시키기 위하여 실시하는 교과 이외의 활동이며 학생의 교육적 요구와 학교의 특성을 반영하여 활동체계에 제시된 영역별 활동 이외의 다양한 활동을 편성 · 운영할 수 있고 교사와 학생이 협의하거나 학생들이 주도적으로 계획을 수립하여 역할을 분담하여 실천하는 것을 권장한다 (교육부, 2015, p. 2).

초등학교 창의적 체험활동은 〈표 1〉에서 알 수 있는 바와 같이 자율활동, 동아리 활동, 봉사 활동, 진로 활동의 4개 영역으로 이루어진다. 각 영역은 수요자의 요구와 시대 및 사회적 상황과 창의적 체험활동 편성 · 운영의 실효성을 고려하여 영역별 활동으로 구성되어 있다.

〈표 1〉 2015 개정 교육과정 창의적 체험활동 영역과 활동 및 교육 중점

영역	활동	교육의 중점
자율활동	• 자치 · 적응활동 • 창의주제활동 등	• 입학 초기 적응활동, 사춘기 적응활동 • 민주적 의사결정의 기본 원리 이해 및 실천 • 즐거운 학교생활 및 다양한 주제 활동
동아리활동	• 예술 · 체육활동 • 학술문화활동 • 실습노작활동 • 청소년단체활동 등	• 다양한 경험과 문화체험을 통한 재능 발굴, 신체감각 익히기와 직접 조작의 경험, 소속감과 연대감 배양
봉사활동	• 이웃돕기활동 • 환경보호활동 • 캠페인활동 등	• 봉사활동의 의의와 가치에 대한 이해 및 실천
진로활동	• 자기이해활동 • 진로탐색활동 • 진로설계활동 등	• 긍정적 자아 개념 형성, 일의 중요성 이해, 직업 세계의 탐색, 진로 기초 소양 함양

출처: 교육부. (2015). **창의적 체험활동(안전한 생활 포함) 교육과정**. 교육부 고시 제2015-74호 [별책42]. 한국교육과정평가원. p. 6

나. 실과 체험 활동 교육과정의 수준[1)]

실과 관련 체험 활동의 교육과정은 다양한 수준에서 살펴볼 수 있다. 기본적으로 우리나라의 교육과정 수준은 국가 수준, 지역 수준, 학교 수준으로 나누어진다. 실과 관련 체험 활동의 내용도 이 세 수준에서 살펴보는 것이 타당할 것이다. 그래 여기서는 이 세 수준의 교육과정을 중심으로 알아보고자 한다.

우리나라에서 교육과정은 교육 학령에 해당하는 모든 학생들에게 학생의 학교나 지역과 관계없이 같은 수준과 질의 교육 혜택을 받을 수 있도록 교육 내용을 정한 규정을 의미하는 것으로 받아들여지고 있다 (김영용 외, 2011, p. 181). 그래서 우리나라에 있어서 교육과정에 대한 일반적인 의미나 범위는 통일된 하나의 교육과정이 학령 대상이 되는 모든 학생에게 공히 적용되는 것으로 이해되는 경향이 있다.

그러나 교육과정 편성의 근거가 되는 법 규정을 보면, 지역적 특수성이 교육과정의 편성에 반영되도록 되어 있는 것을 볼 수 있다. [그림 5]는 교육과정 개발에 관여하는 각기 다른 주체가 있으며, 그 주체는 각기 다른 수준에서 교육과정 개발에 관여하고 있음을 보여주고 있다. 즉, 국가의 교육 관할 행정 부서에서는 국가 수준의 기준을, 지역 교육청에서는 지역 수준의 기준을, 일선 학교에서는 학교 수준의 교육과정을 개발하고 각각 개발된 교육과정은 통합되어 하나의 완성된 교육과정을 형성하고 있다.

실과 체험 활동의 내용도 이와 같이 국가 수준, 지역 수준과 더불어 학교 수준에서 찾아볼 수 있다. 그러나 현장 교사가 직접 구성하는 것이 가능하다는 측면에서 보면, 국가 수준보다는 지역 수준에서, 지역 수준보다는 학교 수준에서 실과 관련 체험 활동을 구성하고 운영하는 것이 실과 체험 활동을 개발 및 운영하기에 보다 더 유리하다고 할 수 있다.

---

1) 이 내용은 “실과 제주 지역화 교육” 김영용 외 저, 2012, pp. 11-16의 내용 중 “실과 교육과정의 내용”을 실과 체험 활동의 맥락에 맞게 수정 및 재진술한 것임.

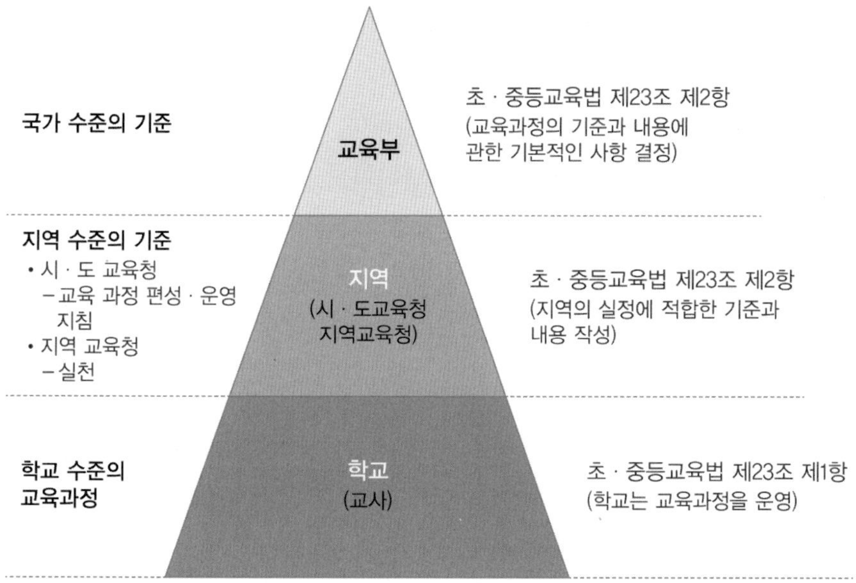

[그림 5] 학교 교육과정의 수준

출처: 교육과학기술부. (2008). **초등학교 교육과정 해설 Ⅰ(총론, 재량활동)**(교육인적자원부 고시 제2007-79호에 따른). 교육과학기술부. p. 11 재구성

(1) 국가 수준의 교육과정

국가 수준의 교육과정은 초 · 중등 교육법 제23조 제2항에 근거하여 결정 고시되고 있다. 실과 교과의 교육과정에 고시되는 주요 내용은 법적 구속력을 갖으며, 교육 목표, 내용, 교수 · 학습 방법, 평가 등을 주요 내용으로 하는 국가적 수준에서의 지침으로 제시되어 있다.

국가 수준의 교육과정 제시 필요성을 교육과학기술부 (2008, pp. 12-13)에서는 다음과 같이 제시하고 있다.

첫째, 초 · 중등 교육은 보통 교육이기 때문에 국민으로서 필요한 공통적이고 일반적인 기준이 국가 수준에서 설정되어야 한다. 국민으로서의 기본적인 자질과 생활 태도를 기르는 것을 목적으로 하는 초 · 중등학교 교육이 자유방임적이고 무궤도적인 운영이 되지 않도록 하기 위해서는 국가가 교육적인 측면에서 일정한 표준을 설정해야 하는 책임이 따르게 된다. 따라서 현재 대부분의 국가들은 국가 수준 혹은 주 정부 수준에서 국민들의 위임을 받아 교육 내용에 관한 기준 설정권을 갖는다.

둘째, 전국의 어느 학교에서나 같은 수준과 질의 교육 혜택을 받을 수 있도록 교육의 질적 기회를 균등하게 보장하려면 전국 공통의 기준이 필요하다. 교육의 기회 균등은 입학의 기회균등만으로는 부족하다. 모든 국민이 전국의 어느 지역, 어느 학교에서, 어떤 교원에 의해 교육을 받더라도, 어떤 교육 환경에서 일정 수준 이상의 보통 교육을 보장받을 수 있을 때에 교육의 기회균등이 실현될 수 있다. 따라서 이를 위해서는 당연히 학생의 발달 단계에 적합하고, 타당한 교육 내용의 전국적인 공통 기준이 국가 수준에서 설정되어야 한다.

셋째, 단계별 교육은 교육 내용의 영역, 범위, 수준, 학습량 등에서 계통성과 일관성이 있어야 하기 때문에 교육 내용의 학년 또는 단계적인 체계 및 일관성을 유지하려면 국가 수준의 기준이 필요하다. 이에 대한 혼란이 생기면 단계별 학교 교육 간의 연계와 교육 이수 및 학습에 장애가 생기고, 위계적이고 계열적인 교육이 불가능하게 된다.

넷째, 각 학교에서 이루어지는 교육이 공교육의 입장에서 객관적으로 질 관리가 되도록 교육의 일정 수준을 유지, 향상시키려면 국가 수준의 기준이 필요하다. 국가의 교육 수준은 그 나라의 발전과 국력 수준의 중요한 지표가 된다. 따라서 각국은 교육 수준을 향상, 발전시키려고 노력하고 있으며, 국가 · 사회적, 개인적, 학문적으로 적정한 교육 내용의 수준을 정하고 유지하는 일을 각 학교에만 맡기지 않고, 국가에서 타당한 수준의 교육 내용 기준을 결정, 제시하여야 한다는 태도를 유지해야 한다.

다섯째, 교육에 가해질 우려가 있는 부당한 압력이나 간섭, 편향된 교화, 선전 등을 방지하여 교육의 중립성을 확보하려면 국가 수준의 기준이 필요하다. 세계 각국은 교육의 중립성 확보를 위해 교육의 정치적, 종교적 중립을 법으로 규정하고 있다. 공교육이 이러한 중립성을 확보하려면 교육 외적 체제로부터의 부당한 간섭, 압력, 편향된 교화, 선전 등을 방지하기 위한 방파제로서의 기준이 필요하게 된다. 또한, 교육 내적 체제에서의 학교나 교원의 자의적인 독단과 전횡 또는 임의의 교육과정 운영, 편향, 선동 등을 막기 위한 기준의 필요성이 점차 강조되고 있다.

여섯째, 초 · 중등학교의 교육을 통해 기르고자 하는 인간상을 구현하는 일은 궁극적으로 국가의 책임이기 때문에 이를 위한 기준이 필요하다. 세계 각국은 교육 관계법에 초 · 중등 교육을 통해 성취하고자 하는 교육 이념을 제시하고 있다. 우리나라는 교육기본법 제2조에 교육 이념을 제시하고 있으며, 이러한 교육 이념을 바탕으로 교육과정에 '추구하는 인간상'과 학교 급별 교육 목표를 제시하고 있다. 그러므로 교육 이념 · 목표를 달성, 실현하는 일은 국민으로부터 교육 제도와 조직 · 운영을 위임받은 국가의 일차적인 책임이며, 국가의 교육 행정 기능 중에서 가장 중요한 일이다.

(2) 지역 수준의 교육 과정

지역 수준의 교육과정은 국가 수준에서 제시하는 교육과정의 방향이나 범위를 준용하여 교육 행위가 이루어질 지역 단위로 교육과정이 상세화 된 것이다. 지역 수준의 교육과정의 편성에 대한 법적 근거는 초 · 중등교육법 제23조 제2항에 있다.

지역별 실과의 교육과정은 다르게 구성될 수 있으며, 이는 각 지역별로 문화적, 역사적, 사회적 배경이 다를 수 있으므로 각 지역이나 학교의 요구와 필요를 교육 체계에 반영하고자 하는 의도가 반영된 것이다. 또한 실과의 지역 수준의 교육과정은 각급 학교에 대한 지역 교육청의 장학 근거가 되며, 지역 수준의 교육과정을 통하여 다른 지역과 구별하여 해당 지역의 교육 재량권을 보장받을 수 있도록 하고 있다.

지역 수준의 교육과정은 그 지역의 자연 · 사회 · 문화 환경이나 산업, 역사, 전통, 발전 전망, 주민 의식 등은 중요한 검토 관점이 될 수 있다. 즉, 지역 수준의 교육과정 편성 · 운영 지침은 국가 기준과 학교 교육과정을 자연스럽게 이어주는 교량적 역할을 하게 되며, 장학 자료, 교수 · 학습 자료 및 지역 교재 개발의 기본 지침이 될 수 있다 (교육과학기술부, 2008, p. 14).

(3) 학교 수준의 교육과정

각급 학교가 처한 조건이나 상황이 다르기 때문에 학교나 교실 차원에서는 이러한 상황을 고려한 교육 계획과 실천이 이루어질 필요가 있다. 이러한 필요성을 반영한 것이 학교 수준의 교육과정으로 그 근거는 초 · 중등교육법 제23조 제1항에 명시되어 있다.

실과의 경우에 있어서도 학교 수준의 교육의 개발과 적용은 실제 교육 실천이 학교와 교실에서 이루어지기 때문에 중요하다. 또한 이 수준의 교육과정 개발과 실천은 교실 수업이 교사의 의도에 따라 최종 실현되는 마지막 단계를 목표로 한다. 그래서 그 이전의 국가 수준에서 설정한 실과의 교육과정이나 지역 수준의 교육과정에 대한 교사의 충분한 이해를 필요로 한다.

교육과학기술부(2008, pp. 16-18)는 각 학교에서 학교 교육과정을 편성하고 운영해야 할 필요성을 다음과 같이 정리하였다.

첫째, 교육의 효율성(effectiveness)을 높이기 위해서 학교 교육과정이 필요하다. 학교 교육과정의 편성을 통하여 국가 수준의 교육과정을 당해 학교의 실정에 알맞게 지속적으로 보완, 조정함으로써 학생의 실태에 적합한 학습자 중심의 교육과정을 다양하게 운영할 수 있다. 전국 공통의 일반적인 국가 수준의 기준을 그대로, 획일적으로 적용하게 되면 학생 개개인의 능력과 적성에 맞는 교육의 개별화, 다양화, 자율화를 꾀하기 어려울 뿐 아니라 융통성 있는 운용과 적극적인 교수 · 학습 상호 작용이 효율적으로 이루어질 수 없다.

둘째, 교육의 적합성(suitability)을 높이기 위해서 학교 교육과정이 필요하다. 지역이나 학교의 특수성, 교육의 실태, 학생 · 교원 · 학부모의 요구와 필요를 반영하여 해당 학교의 교육 중점을 설정, 운영함으로써 학교 교육의 적합성을 높일 수 있다. 학교 교육과정의 편성 · 운영은 국가 수준의 공통성과 지역, 학교, 개인 수준의 다양성을 동시에 추구하는 교육과정이라는 성격에 있으므로 교원 · 학생 · 학부모가 함께 실현해 나가는 교육적인 노력이 필요하다.

셋째, 교육의 자율성(autonomy)과 전문성(professional expertise)의 신장을 위해서 학교 교육 과정이 필요하다. 학생의 능력과 욕구를 가장 잘 이해하고 학교의 지역적인 특수성을 잘 아는 그 학교의 교사들이 학교 교육과정 편성 · 운영 과정에 능동적, 적극적으로 참여하도록 유도함으로써 자율성과 전문성을 신장할 기회를 가지도록 할 수 있다. 학교 교육과정의 편성 · 운영은 교원의 전문적인 업무이다. 교원이 교육과정을 편성 · 운영할 수 있기 때문에 교직을 전문직이라고 할 수 있으며, 이 업무를 수행하는 일은 교원만의 고유한 전문적 영역이다. 또한 지역이나 학교의 실정에 따라 그 학교의 교육과정을 특색 있게 운영하도록 자율 · 재량권이 부여되어 있기 때문에 교육청이나 교장 · 교감은 교사들의 자율성이 발휘되도록 이를 보장하고 지원해주어야 한다.

넷째, 교육의 다양성을 추구하기 위해서 학교 교육과정이 필요하다.

다섯째, 학습자 중심의 교육을 구현하기 위해서 학교 교육이 필요하다. 우리나라의 초·중등 교육은 획일성이 커다란 문제로 지적되어 왔다. 우리 교육이 이처럼 획일화된 교육의 내용과 방법, 교육 환경을 탈피하여 학생·교원·학교의 실정에 알맞은 다양한 교육으로 변화되도록 하려면 단위 학교 중심의 교육과정 편성·운영이 필요하다. 즉, 획일적인 지식 주입식 교육을 탈피하여 학생 개개인의 적성에 따라 모든 학생이 성공할 수 있도록 개별 교육을 실천하려면 '교과서 중심의 학교 교육 체제'를 탈피하여 '교육과정 중심의 학교 교육 체제'로 전환할 때 학교교육의 다양성을 실현할 수 있을 것이다.

여섯째, 학습자 중심의 교육을 구현하기 위해서 학교 교육과정이 필요하다. 학생들은 개개인의 적성, 능력, 흥미나 관심, 장래 진로에 따라 개인차가 있으므로 학생들의 다양한 요구와 흥미, 적성을 수용하고, 교육 내용에 대한 학생의 선택권을 확대하려면 학생의 발달 단계에 알맞은 당해 학교의 교육과정이 필요하다.

3 실과 체험 활동의 개발

가. 실과 체험 활동의 개발 주체 및 운영[2)]

실과 체험 활동을 개발 및 운영하기 위해서는 교육과정의 연구·개발 및 편성·운영 절차를 참고할 필요가 있다. 이는 실과 체험 활동의 개발 및 운영이 크게 보아 학교교육에서 이루어지는 활동임을 감안할 때, 일반적으로 이루어지는 교육과정의 개발 및 편성·운영 절차에 따라 이루어져야 하기 때문이다.

[그림 6]은 교육과정 연구·개발의 주체별 편성·운영의 내용을 보여주는 그림으로서, 지역 교육청을 의미하는 시·도 교육청은 지역 교과서와 학습 자료를 개발 및 운영하는 역할을 하도록 되어 있다.

국가 수준에서 계획한 교육 과정 문서는 그 자체가 각 교육과정과는 상당한 차이가

2) 이 내용은 "실과 제주 지역화 교육" 김영용 외 저, 2012, pp. 16-18의 내용 중 "실과 교육과정의 개발 및 운영"을 실과 체험 활동의 맥락에 맞게 수정 및 재진술한 것임.

있는 상위 수준의 추상적, 공통적, 일반적, 기본적, 요강적인 기준이기 때문에 정부의 고시 문서인 '국가 수준의 교육과정 기준'을 '학교 교육과정'과 동일 시 할 수 없다 (교육과학기술부, 2008, p. 12).

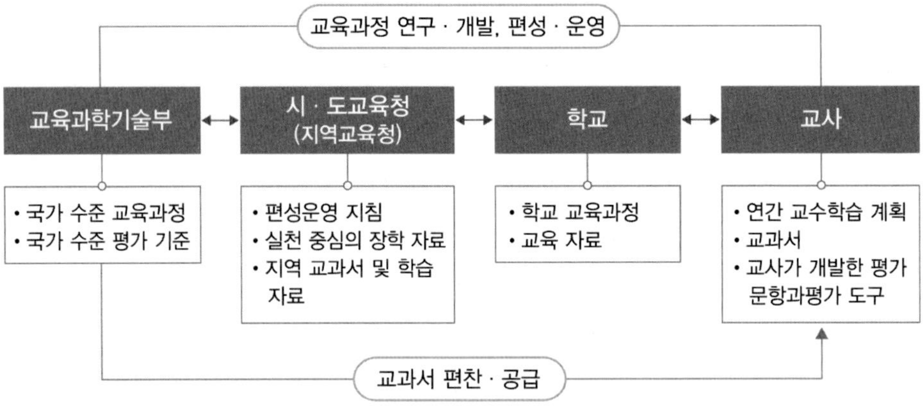

[그림 6] 교육과정의 연구 · 개발 및 편성 · 운영

출처: 교육과학기술부. (2008). **초등학교 교육과정 해설 I (총론, 재량활동)**(교육인적자원부 고시 제2007-79호에 따른). 교육과학기술부. p. 9

실과 체험 활동은 국가 수준에서 의도하는 교육의 범위 내에서 지역적 특성과 개별 학교가 처한 교육적 상황에 따라 교육적 안목을 가지고 재구성되어 시행될 필요성이 있다.

국가는 국가의 교육 이념을 반영한 교육과정을 고시하고 있다. 이러한 교육과정은 포괄적 의미로 받아들여지고 있으며, 거시적 관점에서의 교육 방향이나 영역을 제시하고 있다. 구체적으로 교과 성격, 교육 목표, 교육 내용, 교수 · 학습 방법, 평가 등을 제시하고 있다.

지역 교육청 수준에서의 교육과정 개발 내용은 지역 교과서와 학습 자료 개발이 대표적이나, 다른 교과 특히 사회과에 비하면, 아직 실과 차원에서의 이러한 교육과정 개발 내용은 두드러진 성과를 내고 있지 못하고 있다.

학교 수준에서의 교육과정은 개발의 차원보다는 국가나 지역 교육청 차원에서 규정된 교육 과정 내용을 학교 실정에 맞게 운영하는 계획을 수립하는 양태로 이루어지고 있는 것이 현실이다. 해당 학년도의 실과의 교육 계획을 정하는 것으로, 대표적으로 진도 계획표나 평가 계획 및 기타 관련 행사를 계획하는 것을 들 수 있다.

교사는 이러한 다양한 교육과정의 수준을 고려하여 교실 수업이나 기타 활동을 통하여 학생을 상대로 교육을 실천하여야 한다. 따라서 실과 교과에서 혹은 창의적 체험 활동을 포함하는 비교과 활동에서 실과 관련 체험 활동을 위한 교수·학습 자료를 개발하고 수업을 운영하며, 평가 문항을 개발하여 성취도를 확인하는 등의 일들이 이루어져야 한다. 이런 교사의 활동은 국가수준, 지역수준, 학교수준의 교육과정에 근거하고 이를 고려하여 수행되어야 함을 알 수 있다.

나. 실과 체험 활동 과제의 개발 절차

과제 (assignment)란 학습자의 문제해결능력 증진과 자율적인 학습태도 및 습관 증진의 목적으로 학생들에게 부여된 일정량의 문제이다 (한국교육과정평가원 교육학용어사전; 박일의, 2008, p. 30 재인용). 체험활동 과제는 체험활동의 형태로 수업할 때 학생들에게 제시되는 문제를 말하는 것이다 (김동엽, 2008, p. 34). 따라서 체험활동 과제란 체험활동에 맞게 구안한 실습과제로 볼 수 있으며, 상세화한 설계개요 (design brief)와 활동내용, 평가가 포함된 과제이다 (장수웅, 개인적 통신, 2007. 1; 박일의, 2008, p. 3 재인용). 즉, 구체적인 설계개요(design brief)와 평가내용이 포함된다. 문제해결 단계에 기초하여 주제명, 설계개요 (문제 상황 제시, 학습목표, 유의사항, 재료 및 공구), 활동내용 (문제의 이해, 연구와 개발, 실현, 평가), 읽을거리, 평가 등이 포함된다 (박일의, 2008, p. 3).

체험 활동 과제의 구성 요소는 [그림 7]에서와 같이 설계개요, 활동 내용, 평가이다. 체험 활동 과제의 구성 요소 중 설계개요 (design brief)란 교사와 학생 간의 정확한 의사소통과 학생의 흥미를 유발시키기 위한 실습지시서이다. 설계개요에 포함되어야 할 사항은 주제명, 문제의 상황, 활동 목표, 유의 사항, 재료 및 공구 등이 있다 (장수웅, 2002). 그리고 활동 내용은 기술적인 문제해결과정에 기초하여 문제의 이해, 아이디어의 탐색과 개발, 실현, 평가의 단계로 제시된다. 평가의 내용은 활동 내용별로 평가항목을 포함한다. 활동내용, 평가영역에 걸쳐 자유서술형 문답지로 학습자의 적극적인 참여를 유도하고, 차후 이를 평가하기 위한 자료로 활용할 수 있다 (박일의, 2008, p. 30).

[그림 7] 체험 활동 과제의 구성요소

출처: 박일의. (2008). **기술교육에서 기술적 문제의 유형에 터한 통신기술 체험활동 과제의 개발**. 석사학위 논문, 한국교원대학교 대학원. p 30.

체험 활동 과제의 수준과 크기를 생각해 보기 위해 학습 자료 수준에서 다시 생각해 보면 체험 활동 과제는 체험 활동 수업에서 필요한 학습 자료이다. 이러한 학습 자료를 차시별로 나누어 수업이 가능하도록 계획한 것이 수업과정안이며 학습 자료의 조합으로 볼 수 있다. 즉 수업의 방법적인 측면만을 제시한 것이다 (김동입, 2008). 체험 활동 과제, 수업 과정안, 교육 프로그램, 교육과정의 관계를 살펴보면 [그림 8]과 같다.

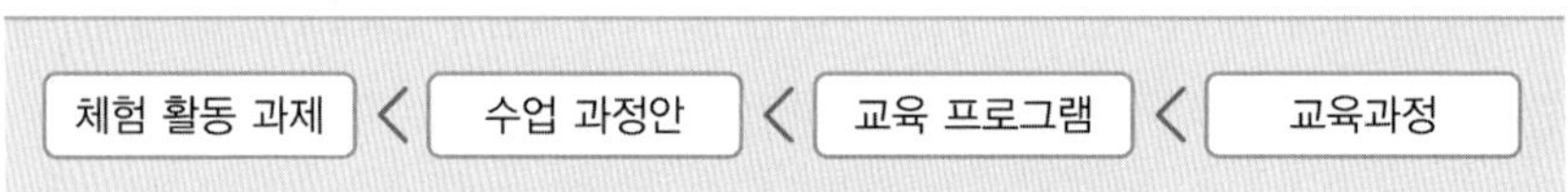

[그림 8] 수업 운영 계획안의 종류

출처: 김동입. (2008). **기술교육에서 문제해결의 단계별 능력을 기르는 체험 활동 과제의 개발**. 미간행 박사학위 논문, 한국교원대학교 대학원. p. 35.

실과 체험 활동 과제 개발 단계에 관한 선행 연구는 그 수가 많지 않다. 여기서는 중등 기술교과에서 체험 활동 교육 프로그램을 개발하기 위해 사용되는 모형을 이상갑 (2001, pp. 63-107) 사례, 실과 체험 활동 과제 개발 사례 (김희필 외, 2022)를 통하여 살펴보고자 한다.

이상갑 (2001, p. 63-107)은 기술교과 교육프로그램 개발의 개발 단계에서 절차를 다음 [그림 9]와 같이 설정하였다. 첫째, 요구분석은 기술교과, 학습자, 사회의 요구를 분석하여 새로운 교육 프로그램에 대한 이론적 근거를 마련하고자 하였다. 둘째, 주제 선정에서는 교과서를 분석하고 주제 선정 기준에 따라 선정하였다. 셋째, 교육목표의 설정은 기술적 소양의 함양과 창의적인 문제해결능력, 지식의 활용능력을 길러줄 수 있는 목표를 설정하였다.

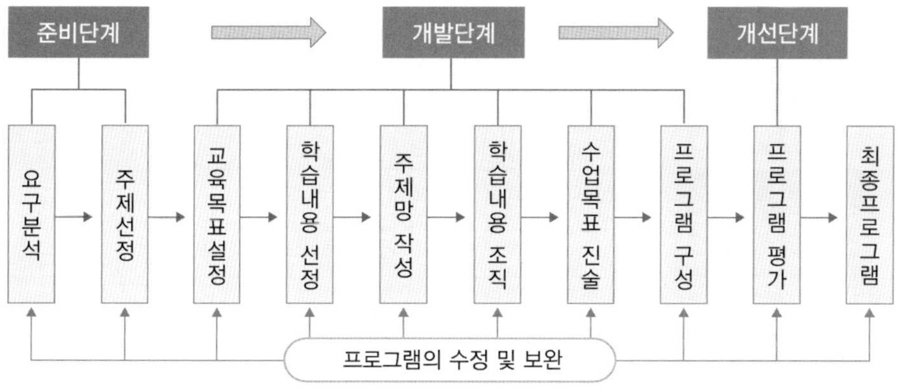

[그림 9] 기술교과 교육프로그램 개발 모형

출처: 이상갑. (2001). **주제 중심 통합적 접근에 의한 기술교과 교육프로그램 개발**. 미간행 박사학위논문, 한국교원대학교. p. 64

이상갑 (2001)이 구안한 기술교과 교육 프로그램 개발 모형은 실과 체험 활동 과제 개발을 위한 절차로서도 유용할 수 있다. 즉 준비, 개발, 개선의 3단계이지만, 준비는 요구분석, 주제 선정의 하위 2단계로 구성되어 있다. 개발 단계는 교육 목표 설정, 학습 내용 선정, 주제망 작성, 학습 내용 조직, 수업 목표 진술, 프로그램 구성의 하위 6단계로 구성되어 있다. 개선 단계는 프로그램 평가로 이루어져 있다. 이 하위 내용 요소들은 실과 체험 활동 과제를 프로그램으로 개발할 때 중요하게 참조할 필요가 있음을 시사한다.

김희필 외 (2022) 연구에서는 실과 체험 활동 과제의 개발 단계를 직접 고찰해볼 수 있다. 이 연구에서 적용된 활동 과제 개발 절차는 [그림 10]에서와 같이 준비 단계, 개발 단계, 개선 단계의 3단계이었다. 이 사례를 더 구체적으로 살펴보면 다음과 같다.

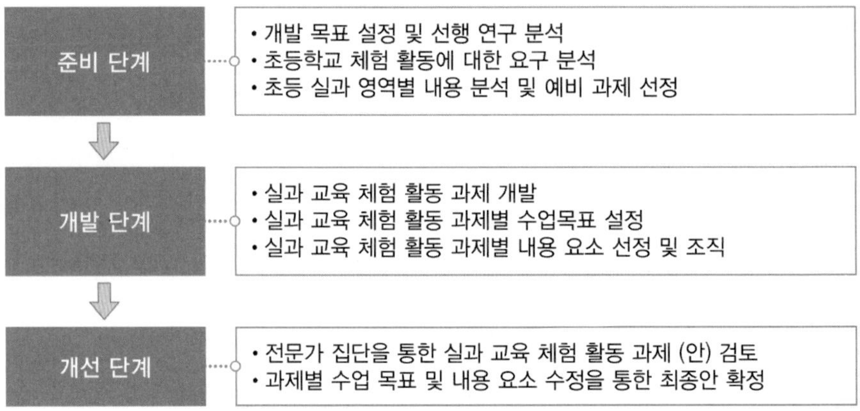

[그림 10] 실과 체험 활동 과제 개발 절차

출처: 김희필 외. (2022). 실과 교육 체험 활동 과제의 개발 및 초등교사의 교육 요구도. **한국실과교육학회지, 35**(2), 1-24. pp. 12-13. p. 4

준비 단계에서는 체험 활동 과제의 개발 목표를 정하였다. 개발 목표는 특정 연도 (혹은 회차) 실과 교육과정의 내용에 구애받지 않으면서, 초등교사의 지도하에 실과 수업뿐만 아니라 실과 교과 이외 활동에서도 적용이 가능한 실과 교육 체험 활동 과제를 개발하는 것이었다. 선행 연구 고찰을 통하여 실과에서의 체험 활동 영역과 과제를 분석하였고, 교육 현장 실천 가능성을 높이기 위한 시사점을 도출하였다 (p. 4).

개발 단계에서는 준비 단계에서 개발한 초등 실과 교육 체험 활동 과제들에 대하여 연구진의 검토 및 협의를 통해 실과교육 체험 활동 과제 목록을 수정 보완하였다 (p. 5).

개선 단계에서는 개발된 교수·학습 자료는 외부 전문가 집단의 검토 과정을 거쳐 수정 및 보완이 이루어졌다. 연구진의 개발 자료 (안)에 대하여 내용 삭제, 수정, 추가 등의 의견을 자유롭게 작성하도록 하여 의견 진술의 제한을 두지 않았다. 연구진은 이 검토진의 주요 검토 의견을 참고하여 실과교육 체험 활동 과제를 수정하여 최종안을 완성하였다 (p. 7).

4 실과 체험 활동의 주제

실과 체험 활동의 학습 주제를 개발하려는 노력은 실과교육이 시작된 이후 계속 되어져 왔다. 석사, 박사 학위 논문, 학회지에 실린 논문과 프로젝트 연구 결과물, 전문 서적 등에서 그 성과를 찾아볼 수 있다. 주요 연구 성과물로는 김종우 (2006), 오동규 (2011), 김영용 외 (2011), 박재경 (2012), 정미경, 이윤정, 최경은 (2012), 김효심 (2013), 이강욱 (2013), 정미경 외 (2013), 정혜경, 문성환 (2020), 이강미 (2021), 최소영, 이상원 (2022), 김희필 외 (2022) 등이 있다.

이 논문들에서 다루는 실과 체험 활동 주제는 영역, 주요 소재, 대상 학년, 수준에 있어서 다양하다. 다수의 연구 결과물들이 프로그램을 개발하고 그 프로그램의 교육적 효과를 다루고 있다. 이러한 연구 결과물을 소개하기에는 양이 방대하다. 여기서는 실과 체험 활동에 관한 주제를 종합적으로 다루고 있는 연구 성과를 실과의 주요 영역을 중심으로 하여 실과 체험 활동의 주제는 어떠한 것들이 있는지 살펴보고자 한다.

가. 가정 영역의 체험 활동 주제

김희필 외 (2022)는 실과 체험 활동 과제의 주제들을 개발하였다. 가정 영역의 체험 활동 과제와 주요 내용은 〈표 2〉에 나타나 있다. 이 연구에서 개발된 가정 영역의 체험 활동 과제는 자연 담은 올인원 비누바 만들기, 맛과 건강을 챙긴 그릭 요거트 만들기, 가족과 함께하는 집안일, 나만의 바나나 우유 만들기, DIY 면 생리대 만들어 후원하기, 친환경 레몬 알코올 소독제 만들기, 다과 만들기, 양말목 티코스터 만들기이다.

〈표 2〉 가정 영역 체험 활동 과제 및 주요 내용

체험 활동 과제	주요 내용
자연 담은 올인원 비누바 만들기	• 올인원 비누바 만들기 • 플라스틱의 사용이 환경에 어떤 영향을 미치는지 알기 • 친환경적인 삶을 위해 우리가 어떤 노력을 해야 하는지 알기
맛과 건강을 챙긴 그릭요거트 만들기	• 맛과 건강을 챙긴 그릭요거트 한 그릇을 만들기 • 영양소가 골고루 들어간 그릭요거트를 이용한 한 그릇 음식 만들기
가족과 함께하는 집안일	• 집안일의 종류를 찾아보며, 집안일 분담을 위한 합리적인 대안 찾기 • 집안일을 합리적으로 분담하고 행동으로 실천하기
나만의 바나나 우유 만들기	• 식품첨가물을 분석하기 및 정제당, 착색료, 착향료에 대해 알기 • 나만의 바나나 맛 우유를 만들기 • 영양 성분 표시를 살펴보며 음식을 섭취하기
DIY 면 생리대 만들어 후원하기	• 내 몸의 성장을 통해 신체 변화를 알기 • 기초 바느질하기 및 면생리대 후원하기
친환경 레몬 알코올 소독제 만들기	• 레몬을 활용한 친환경 레몬 알코올 소독제 만들기 • 친환경 레몬 알코올 소독제를 활용하여 청소하기
다과 만들기	• 다과의 역사를 이해하기 및 건강에 좋은 다과 만들기
양말목 티 코스터 만들기	• 직물의 조직 원리 알기 • 씨실과 날실의 조직 방법을 알고 티 코스터를 만들기 • 양말목을 활용하여 다양한 생활 소품 만들기

출처: 김희필 외. (2022). 실과 교육 체험 활동 과제의 개발 및 초등교사의 교육 요구도. **한국실과교육학회지, 35**(2), 1-24. pp. 12-13

김영용 외 (2011)의 연구에서도 가정 영역의 실과 체험 활동 주제가 개발되었다. 이 연구에서 개발된 실과 체험 활동 주제는 〈표 3〉에 나타나 있는데, 구체적으로 갈천으로 주머니 만들기, 감귤 천연비누 만들기, 전통 주거생활 체험하기, 물허벅 제주옹기 (항아리) 모형 만들기, 빙떡 만들기, 경단 만들기, 오미자, 감귤 화채 만들기, 백년초 요플레 만들기, 다도 체험하기, 통시 모형 만들기이다. 이 체험 활동 주제들은 제주 지역화 교육을 전제로 개발된 것으로서, 제주 지역의 다양한 실과 교육 소재를 활용하여 체험 활동 주제를 개발하였다는 데 의미가 있다.

〈표 3〉 가정학 영역 제주 지역화 학습 주제

학습 주제	개요	통합 주제
갈천으로 주머니 만들기	제주지역 천연염색법인 감물 염색 천인 갈천을 소재로 손바느질을 이용한 주머니 만들기	
감귤 천연비누 만들기	제주의 대표 1차 산업작물인 감귤을 소재로 한 휴대용 비누를 만들기	생명과학과 통합 주제
전통 주거생활 체험하기	제주 전통 가옥의 구성 요소인 안거리, 밖거리, 고팡, 정낭, 통시, 정지 등 전통 주거생활 체험 및 견학, 물허벅 (물을 길어 나르던 제주 전통 물통) 체험과 놀이	기술 영역과 통합 주제
물허벅 제주옹기 (항아리) 모형 만들기	물을 길어 나르던 대표적 제주 옹기인 전통 물허벅의 모형 제작하기	기술 영역과 통합 주제
빙떡 만들기	제주의 대표적인 전통향토 음식인 빙떡 만들기	
경단 만들기	감귤, 당근, 브로콜리, 백년초 즙, 진피가루 등으로 반죽한 색경단, 우도 땅콩, 콩가루, 흑임자 등을 묻힌 고물 경단 만들기	
오미자, 감귤 화채 만들기	오미자, 감귤을 이용한 화채 만들기	
백년초 요플레 만들기	제주의 특산품 백련초를 이용하여 요플레 만들기	
다도 체험하기	제주의 차밭 (서광다원–오설록, 서귀다원–서귀포, 다희연–조천읍)에서 차를 생산하는 과정 알아보기 및 다도 체험	
통시 모형 만들기	제주 지역의 전통 가옥에서 변소와 돼지막 (도통)이 함께 조성된 뒷간인 통시 모형 만들기	기술 영역과 통합 주제

출처: 김영용 외. (2011). 실과 제주 지역화 학습 주제의 개발 및 타당도 검증. **실과교육연구, 17**(4), 177-200.

나. 기술 영역의 체험 활동 주제

김희필 외(2022)의 연구에서 〈표 4〉와 같이 기술 영역의 체험 활동 과제가 개발되었다. 이 연구에서 개발된 기술 영역의 체험 활동 과제는 레고 블록을 활용한 태양광 자동차 모형 만들기, 3D펜을 활용한 교량 모형 만들기, 3D 설계 프로그램을 활용한 연필 낙하 방지 인형 캐릭터, 마이크로비트 (Microbit)를 활용한 통신 기기 만들기, 게싱백 (Guess bag) 발명 기법으로 히트 상품 발명하기, 전도성 테이프를 활용한 LED 입체 카드 만들기이다.

〈표 4〉 기술 영역 체험 활동 과제 및 주요 내용

체험 활동 과제	주요 내용
레고 블록을 활용한 태양광 자동차 모형 만들기	• 수송 기술의 개념, 원리, 가치 등을 이해하기 • 레고 디지털 디자이너로 태양광 자동차 모형을 구상하기 • 레고 블록을 활용하여 태양광 자동차 모형을 만들기
3D펜을 활용한 교량 모형 만들기	• 건설기술의 개념, 원리, 가치 등을 이해하기 • 교량 건설에 적합한 장소를 친구들과 의사소통을 통해 정하기 • 3D펜을 활용하여 교량을 만들기
3D 설계 프로그램을 활용한 연필 낙하 방지 인형 캐릭터	• 제조 기술의 개념, 원리, 구성 요소 등을 이해하기 • 3D 설계 프로그램 및 3D 프린터를 사용하기 • 3D 설계 프로그램을 활용하여 관절 인형을 만들기
마이크로비트 (Microbit)를 활용한 통신 기기 만들기	• 통신 기술의 개념, 원리, 가치 등을 이해하기 • 친구들과 의사소통을 통해 무선 통신 기기를 설계하기 • 고무 밴드 등의 폐자원을 활용하여 무선 통신 기기를 만들기
게싱백 (Guess bag) 발명 기법으로 히트 상품 발명하기	• 발명의 개념, 원리, 가치 등을 이해하기 • 발명 아이디어를 친구들과 의사소통을 통해 정하기 • 게싱백 발명 기법을 활용하여 히트 상품을 발명하기
전도성 테이프를 활용한 LED 입체 카드 만들기	• 전기의 개념, 원리, 구성 요소 등을 이해하기 • 일상생활의 문제를 해결하기 위해 전기회로를 구성하기 • 전도성 테이프를 활용하여 LED 입체 카드를 만들기

출처: 김희필 외. (2022). 실과 교육 체험 활동 과제의 개발 및 초등교사의 교육 요구도. **한국실과교육학회지, 35**(2), 1-24. p. 12

김영용 외 (2011)의 연구에서도 기술 영역의 실과 체험 활동 주제가 개발되었다. 이 연구에서 개발된 실과 체험 활동 주제는 〈표 5〉에 나타나 있는데, 구체적으로 태양광 발전기 만들기, 테우 모형 만들기, 돌하르방 양초 만들기, 제주 동차 만들기, 풍차 방앗간 모형 만들기, LED를 이용한 용연 다리 야경 꾸미기, 움직이는 제주 조랑말 만들기, 제주 초가집 모형 만들기, 브레이크 달린 썰매 발명하기, 원시 움막 모형 만들기이다. 이 체험 활동 주제들은 제주 지역 특성을 반영하여 개발된 실과 체험 활동 주제들이었다.

〈표 5〉 기술학 영역의 제주 지역화 학습 주제

학습 주제	개요	통합 주제
태양광 발전기 만들기	제주의 태양광 발전소 (서귀포시 성산읍 온평리 동원발전소, 삼양 발전소, 제주 복미태양광발전소 등)의 기초 발전소재인 태양 전지를 이용한 태양광 발전기 모형 만들기	
테우 모형 만들기	제주의 원시 고깃배인 테우 모형 만들기	
돌하르방 양초 만들기	육지의 장승과 같은 수호 석신인 돌하르방을 양초를 이용하여 모형으로 만들기	
제주 동차 만들기	통나무 바퀴로 된 제주 고유의 탈 것인 동차를 놀이용으로 제작하기	
풍차 방앗간 모형 만들기	제주에 많은 바람을 이용하는 장치인 풍차 방앗간 모형 만들기	
LED를 이용한 용연 다리 야경 꾸미기	한라산에서 바다로 흐르는 염하구인 용연의 다리에 LED를 이용하여 야경 꾸미기	
움직이는 제주 조랑말 만들기	천연 기념물 347호인 제주 전통말 (조랑말)을 몇 가지 기계요소를 이용하여 움직이는 모형 물체로 만들기	
제주 초가집 모형 만들기	제주의 전통 가옥인 제주 초가집의 모형을 만들기	가정 영역과 통합 주제
브레이크 달린 썰매 발명하기	겨울철 제주 오름에서 주로 타는 썰매에 적합한 제동 장치를 발명하기	
원시 움막 모형 만들기	제주 삼양동 선사유적지의 원시 움막 모형 만들기	가정 영역과 통합 주제

출처: 김영용 외. (2011). 실과 제주 지역화 학습 주제의 개발 및 타당도 검증. **실과교육연구, 17**(4), 177-200.

다. 생명과학 영역의 체험 활동 주제

김희필 외 (2022)의 연구에서 〈표 6〉과 같이 생명과학 영역의 체험 활동 과제가 개발되었다. 이 연구에서 개발된 생명과학 영역의 체험 활동 과제는 나만의 텃밭 만들기, 업사이클링 (upcycling) 컵을 활용한 다육식물 기르기, 나뭇잎 탁본하기, 식물을 이용한 천연물감 만들기, 스칸디아모스 토피어리 만들기이다.

〈표 6〉 생명과학 영역 체험 활동 과제 및 주요 내용

체험 활동 과제	주요 내용
나만의 텃밭 만들기 1	• 재배활동에 사용되는 농기구의 종류 알기 • 삽, 괭이, 레이크의 사용방법 익히기 및 텃밭 고르기
나만의 텃밭 만들기 2	• 이랑과 고랑을 만드는 이유 알기 • 이랑과 고랑 만드는 방법 알기 • 멀칭하는 이유를 알고 실천하기
업사이클링 (upcycling) 컵을 활용한 다육식물 기르기	• 업사이클링 컵을 활용한 다육식물 화분 만들기의 좋은 점 알고 만드는 과정을 알기 • 업사이클링 물건과 식물 가꾸기를 접목한 생활 속 사례를 찾아보기
나뭇잎 탁본하기	• 생물 다양성을 유지하기 위해 우리가 할 일 알기 • 환경을 보호하고 다양한 생물을 보존하려는 태도를 갖기 • 나뭇잎 탁본을 만들기
식물을 이용한 천연물감 만들기	• 식물의 색소를 활용하는 방법을 알기 • 식물의 특징을 찾고 천연물감을 만들어 보기
스칸디아모스 토피어리 만들기	• 환경정화 식물의 종류와 필요성을 알기 • 스칸디아모스를 활용하여 토피어리를 만들기

출처: 김희필 외. (2022). 실과 교육 체험 활동 과제의 개발 및 초등교사의 교육 요구도. **한국실과교육학회지, 35**(2), 1-24. p. 11

김영용 외 (2011)의 연구에서도 기술 영역의 실과 체험 활동 주제가 개발되었다. 이 연구에서 개발된 실과 체험 활동 주제는 〈표 7〉에 나타나 있다. 구체적으로, 제주 자생 식물 가꾸어 이용하기, 바닷가 동식물 체험하기, 제주 들꽃으로 장식품 제작하기, 오름과 곶자왈의 동식물 탐사하기, 자연물을 이용한 놀이하기, 제주 자생 식물을 이용한 조상들의 지혜 탐구하기, 자연림에서 생태 체험하기, 간이 연못에서 수생생물 기르기, 교과서 속의 식물 자료 재구성하기, 감귤 수확 체험하기이다. 이 체험 활동 주제들은 모두 제주 지역화 교육을 위해 개발된 것들로서 제주 특징이 강한 실과 체험 활동 교육 소재들이었다.

〈표 7〉 생명과학 영역 제주 지역화 학습 주제

학습 주제	개요	통합 주제
제주 자생 식물 가꾸어 이용하기	주위에서 쉽게 볼 수 있는 제주 자생 식물을 가꾸어서 식용, 약용, 관상용으로 이용하기	
바닷가 동식물 체험하기	4면이 바다인 제주의 바닷가에서 낚시, 보말, 파래, 톳 등의 동식물 채취하기	
제주 들꽃으로 장식품 제작하기	제주의 들꽃을 이용하여 꽃꽂이, 압화, 드라이플라워로 엽서, 열쇠고리 등을 제작하기	기술 영역과 통합 주제
오름과 곶자왈의 동식물 탐사하기	제주에만 있는 오름과 곶자왈의 다양한 동식물(새, 곤충, 꽃 등)을 살펴보며 제주의 환경에 다가가기	
자연물을 이용한 놀이하기	쉽게 접할 수 있는 자연물을 이용한 놀이 (솔방울 축구, 야구, 솔잎 줄다리기, 억새 화살 날리기 등)를 통해 환경 친화성을 기르기	
제주 자생 식물을 이용한 조상들의 지혜 탐구하기	의 · 식 · 주생활에 이용되었던 식물(띠, 나물, 우장, 갈옷 등)을 살펴보며 식물의 특성을 생활에 이용한 조상의 지혜를 찾아보기	가정 영역, 기술 영역과 통합 주제
자연림에서 생태 체험하기	자연림 (절물, 서귀포, 교래, 비자림 등)에서 환경을 탐구하고 삼림욕 체험하기	
간이 연못에서 수생생물 기르기	플라스틱, 비닐 등으로 만든 간이 연못에서 제주의 습지에 자생하는 수생생물 길러보기	
교과서 속의 식물 자료 재구성하기	교과서에 나오는 식물들을 비슷한 종류의 제주 자생식물로 대체하여 이용하기	
감귤 수확 체험하기	감귤 수확을 체험하며 열매가 땀의 결실임을 이해하고 제주만이 갖고 있는 환경 이해하기	

출처: 김영용 외. (2011). 실과 제주 지역화 학습 주제의 개발 및 타당도 검증. **실과교육연구, 17**(4), 177-200.

라. 정보 영역의 체험 활동 주제

김희필 외 (2022)의 연구에서 〈표 8〉과 같이 정보 영역의 체험 활동 과제가 개발되었다. 이 연구에서 개발된 정보 영역의 체험 활동 과제는 엔트리로 스크래치 그림판 만들고 상상화 그리기, 엔트리 드림 머신 만들기, 기계 학습 (machine learning)을 활용해 '나와 닮은 동물 찾기' 프로그래밍하기, 마인크래프트 에듀케이션을 활용한 스마트팜 만들기, 엔트리를 활용해 십자수 도안 프로그램 만들기이다.

〈표 8〉 정보 영역 체험 활동 과제 및 주요 내용

체험 활동 과제	주요 내용
엔트리로 스크래치 그림판 만들고 상상화 그리기	• 엔트리를 활용하여 스크래치 그림판 프로그래밍하기 • 엔트리로 만든 스크래치 그림판을 활용해 상상화 그리기
엔트리 드림 머신 만들기	• 박, 박자, 리듬, 빠르기의 의미를 이해하며, 엔트리를 활용하여 드럼머신 프로그래밍하기
기계 학습 (machine learning)을 활용해 '나와 닮은 동물 찾기' 프로그래밍하기	• 머신러닝과 빅데이터의 개념, 원리, 가치 등을 이해하기 • 엔트리를 활용해 나와 닮은 동물 찾기 프로그램 만들기
마인크래프트 에듀케이션을 활용한 스마트팜 만들기	• 마인크래프트 에듀케이션을 활용해 스마트팜 알고리즘을 설계하기 • 친구들과 협동하여 농사지은 작물을 가공한 산출물 만들기 • 프로그래밍을 통해 효율적인 농사짓기
엔트리를 활용해 십자수 도안 프로그램 만들기	• 엔트리를 활용해 십자수 도안 제작 프로그램을 설계하기 • 간단한 바느질 방법을 익혀 제품 만들기에 활용하기 • 직접 만든 도안을 활용해 간단한 생활용품을 창의적으로 제작하기

출처: 김희필 외. (2022). 실과 교육 체험 활동 과제의 개발 및 초등교사의 교육 요구도. **한국실과교육학회지, 35**(2), 1-24. p. 13

마. 진로 및 안전 영역의 체험 활동 주제

김희필 외 (2022)의 연구에서는 〈표 9〉와 같이 진로 및 안전 영역의 체험 활동 과제를 개발하였다. 이 연구에서 개발된 진로 및 안전 영역의 체험 활동 과제는 자전거 안전관리, 나의 진로 비전 보드 만들기, 나의 미래 직업 공간 꾸미기이다.

〈표 9〉 진로 및 안전 영역 체험 활동 과제 및 주요 내용

체험 활동 과제	주요 내용
자전거 안전관리	• 자전거의 구성요소를 이해하고, 안전하게 관리하는 방법을 알기
나의 진로 비전 보드 만들기	• 미래 사회의 모습과 특징을 이해하기 • 미래 사회에서 유망한 직업을 탐색하기 • 나의 진로 비전 보드를 만들기
나의 미래 직업 공간 꾸미기	• 미래 사회에서 직업의 변화를 탐색하기 • 자신의 적성과 흥미에 맞는 미래 직업을 골라 입체적인 공간으로 꾸미기

출처: 김희필 외. (2022). 실과 교육 체험 활동 과제의 개발 및 초등교사의 교육 요구도. **한국실과교육학회지, 35**(2), 1-24. pp. 13-14

5 실과 체험 활동 교수·학습 자료

가. 실과 교수 · 학습 자료의 개념

교육은 하나의 커뮤니케이션 과정이라 할 수 있는데, 그 과정에서 메시지를 주고받기 위한 수단이 되는 매개체를 교수 매체 또는 교수 · 학습 자료라고 한다 (정성봉, 2002, p. 294; 편혜정, 2015, pp. 22-23). 교수 · 학습 자료는 교사와 학습자의 커뮤니케이션에서 상호 간의 관계를 성립시키고 학습자를 수업목표에 도달하도록 돕는 매개물이 되는 것이다 (김영옥, 2010, p. 23). 따라서 교수 · 학습 자료는 협의의 개념에서는 학습 내용을 학습자에게 유의미하게 전달하는 매개체로, 광의의 개념에서는 수업에 영향을 미치는 다양한 요소의 총체로 정의할 수 있다 (정성봉, 2002, p. 294).

초기에는 교재나 자료, 그리고 학습 내용의 전달을 위한 매개체까지로 교수 · 학습 자료의 의미가 한정되었으나, 지금은 자료나 매개체의 이용 방법, 그리고 이를 활용하기 위한 계획, 설계, 실행, 평가까지를 아우르는 광범위한 개념으로 변화되었다 (정성봉, 2002, p. 295).

이러한 개념을 근거로 한 실과 체험 활동 교수 · 학습 자료란 실과 관련 체험 활동을 실천하기 위해 필요한 모든 인적, 물적 자원, 그리고 이들의 계획과 활용 방법까지를 모두 포함한 자원의 총체라고 할 수 있다.

나. 실과 체험 활동 교수 · 학습 자료 개발 준거

실과는 생활교육을 교육의 목표로 삼고, 노작교육을 교육의 방법으로 삼으며 통합된 지식을 교육의 내용으로 한다 (전국교육대학교 실과교과교육연구회, 2017, p. 20). 이러한 실과의 성격은 다른 교과와 구별되는 실과만의 독특한 특징이며 실과 체험 활동 교수 · 학습 자료 개발 시에는 이러한 실과의 성격이 반영될 필요가 있다.

실과교육이 생활교육을 목표로 한다는 것은 실과 교수 · 학습 자료에서 다루는 주제가 학생들의 일상생활과 맞닿아 있음을 시사한다. 생활은 명문화할 수 없는 지식의 통합체이며 실제를 통해서만 그 존재를 드러내므로 명제의 형태로 교수하거나 학습하는 것이 불가능한 '실제적 지식'이다 (최지연, 2010, p. 34). 따라서 실과 체험 활동 교수·학습 자료는 실제적 지식으로서의 생활을 가르치고 배우기 위해 교사를 매개로 한 실천적 경험을 제공하도록 구성되어야 한다.

이때의 실천적 경험은 노작교육이라는 교육 방법을 통해 구체화 된다. 실천적 지식은 공동체의 삶의 방식을 함께 경험하면서 이론적 지식이 아닌 몸과 마음으로 전수된다 (전국교육대학교 실과교과교육연구회, 2017, p. 22). 따라서 실천적 지식을 전수하기 위해서는 몸과 마음이 통합되어 사람과 사람 사이에서 직접 경험하는 수밖에 없다 (최지연, 2018). 노작은 새로운 가치 창출을 위하여 자기 통제 하에 이루어지는 실제적 활동이며 동시에 영혼과 육체가 결합하여 이루어지는 활동이다. 학습자는 생활 속에서 찾은 주제에 대해 교사와 동료들과 함께 노작 활동에 참여하면서 몸과 마음이 통합된 실천적 경험을 한다. 따라서 실과 교수·학습 자료는 이론적 지식이나 선언적 지식을 중심으로 구성하기보다 노작활동에 참여함으로써 실천적 활동을 경험할 수 있도록 구성해야 한다.

실과 교육에서 다루는 내용은 두 가지 측면에서 통합적 지식 구조를 가지고 있다. 하나는 실과 교과 내의 다양한 지식 간의 유기적 통합을 의미하고, 또 다른 하나는 다른 교과와의 통합이다 (전국교육대학교 실과교과교육연구회, 2017, pp. 25-27). 실과는 여러 개별적인 교과들로 파편화된 단편적 경험을 일상적 삶의 상황에 생생하게 집결시켜주는 기능을 한다 (이돈희, 1993, p. 258). 따라서 실과 체험 활동을 위한 교수·학습 자료는 맥락적 필요에 의해 실과 내의 여러 분야 및 영역 사이의 통합, 그리고 다른 교과와의 통합을 고려하여 그 내용을 구성할 필요가 있다.

다. 실과 체험 활동 교수·학습 자료의 유형

학교 현장에서 실과 체험 활동에 활용할 수 있는 교수·학습 자료의 유형은 매우 다양하다. 수업에서 활용할 수 있는 교수·학습 자료로는 교과서, 사진, 시청각 자료, 실물, 멀티미디어 자료 등의 일반적인 자료가 있으며, 수업 과정안, 학습지, 참고자료, 멀티미디어 요소 자료, 교육용 소프트웨어 등 정보통신 기술의 발달에 따라 새롭게 도입된 자료가 있다. 수업의 진행을 계획하고 수업에서 여러 자료를 활용하기 위한 계획까지 아우르는 매우 다양한 형태가 있다 (방인자, 2016, p. 23; 한국교육과정평가원, 2008, pp. 18-20). 교수 · 학습 자료를 매체별로 활용 주체, 자료 범주, 자료 성격, 교과 성격, 자료 수 등에 따라 분류하면 〈표 10〉과 같다 (전효선, 2005, p. 5).

〈표 10〉 교수 · 학습 콘텐츠 유형

<table>
<tr><th>구분</th><th colspan="5">교수 · 학습 콘텐츠 유형</th></tr>
<tr><td rowspan="3">매체별</td><td rowspan="2">A. 인쇄자료</td><td colspan="2">디지털 자료
(각종 컴퓨터 기반
매체 자료)</td><td rowspan="2">D.
시청각
자료</td><td rowspan="2">E.
구체물
자료</td></tr>
<tr><td>B. 온라인
디지털자료</td><td>C.
오프라인
디지털자료</td></tr>
<tr><td>각종 서지 자료 (교과서, 교과용 도서, 지도안, 워크북, 참고서, 유인물 (학습지, 평가지), 괘도, 소책자, 악보, 포트폴리오 등)</td><td>웹 자료,
웹 사이트 등</td><td>CD-ROM,
DVD,
PPT 등</td><td>비디오,
오디오,
OHP 등</td><td>실험도
구, 교구,
실물 등</td></tr>
<tr><td rowspan="2">활용
주체</td><td colspan="2">교사용</td><td colspan="3">학습자용 (학습자 주도형)</td></tr>
<tr><td colspan="2">지도안, 참고자료</td><td colspan="3">학습 활동지, 워크북, 읽기 자료</td></tr>
<tr><td>자료
범주</td><td colspan="2">전체형</td><td colspan="3">부분형</td></tr>
<tr><td>자료
성격</td><td colspan="2">단원별</td><td colspan="3">주제별</td></tr>
<tr><td>교과
성격</td><td colspan="2">개별교과</td><td colspan="3">비교과/통합교과/범교과/특별활동</td></tr>
<tr><td>자료 수</td><td colspan="2">단일</td><td colspan="3">복합: 세트형 자료, 키트형 자료</td></tr>
</table>

출처: 전효선. (2005). **교수학습을 위한 콘텐츠 개발 지침 · 콘텐츠 질 관리 지침 콘텐츠 질 관리 프로그램**. 교육인적자원부. p. 5

전효선 (2005)의 연구에서는 교수 · 학습 자료를 매체별로 인쇄 자료, 디지털 자료 (온/오프라인), 시청각 자료, 구체물 자료로 분류하였으며, 활용 주체별로는 교사용과 학습자용으로, 자료 범주에 따라서 전체형과 부분형으로, 자료 성격에 따라서는 단원과 주제로, 교과 성격에 따라서 개별교과와 비교과/통합교과/범교과/특별

활동으로, 자료 수에 따라 단일 자료와 복합 자료 등으로 구분하였다.

이지은 (2017, p. 23)은 교수·학습 자료를 개념상으로 분류해 교수 자료와 학습 자료로 나누고 이를 다시 세분화하여 〈표 11〉과 같이 제시하였다.

〈표 11〉 교수·학습 자료의 개념상 분류

<table>
<tr><td rowspan="5">교수학습 자료</td><td rowspan="4">교수자료</td><td>교수·학습 과정안</td><td>ICT, 일반</td></tr>
<tr><td>수업자료</td><td>일반, 요소</td></tr>
<tr><td>평가자료</td><td>수행평가, 총괄평가, 기초학력평가, 진단평가, 형성평가,</td></tr>
<tr><td>수업관련 정보</td><td>참고사이트, 아이디어, 수업이론, 수업사례</td></tr>
<tr><td>학습자료</td><td colspan="2">학습지, 문제지</td></tr>
<tr><td>자료형식</td><td colspan="3">그림, 사진, 소리, 모듈, 애니메이션, 동영상, 문서</td></tr>
</table>

출처: 이지은. (2017). **인디스쿨의 도덕교육 자료실에 나타난 다문화 교수·학습 자료 활용 연구**. 미간행 석사학위 논문, 서울교육대학교. p. 23

이지은 (2017)의 분류에 따르면 교수 자료에는 교수·학습 과정안과 수업 자료, 평가 자료, 수업 관련 정보 등이 포함되며, 학습 자료에는 학습지와 문제지가 포함된다. 또한 교수·학습 자료의 형태는 그림, 사진, 소리, 모듈, 애니메이션, 동영상, 문서 등 다양한 형식을 취할 수 있는 것으로 보았다.

따라서 실과 체험 활동 교수 학습 자료에는 다양한 유형이 존재하며, 체험 활동의 교육적 효과를 극대화 하기 위해 체험 활동의 영역, 주제 및 학습자 특성을 반영하여 교수 학습 자료가 선정 및 조직될 필요가 있다.

실과 체험 활동 교수·학습 자료를 개발한 김희필 외 (2022) 사례는 〈표 12〉와 같다. 이 사례를 보면, 실과 체험 활동 교수·학습 자료는 표지 및 개요, 대상 학년, 교수·학습 모형, 교수·학습 자료, 교수·학습 계획, 지도상 유의점, 교수·학습 과정, 과정 중심 수행 평가지, 관계 지식으로 구성되었음을 알 수 있다.

〈표 12〉 실과 체험 활동 과제 형식 및 개발 방법 사례

형식	주요 개발 방법
표지 및 개요	실과 교육 체험 활동 과제의 제목과 대표하는 사진을 통해 지도교사와 학습자가 체험하는 과제의 가독성을 높인다. 핵심어 (keywords)를 제시하여 실과 교육 체험 활동 과제에서 교육하고자 하는 교육 내용 요소를 쉽게 파악할 수 있도록 한다.
대상 학년	실과 교육 체험 활동 과제에 적합한 대상 학년을 제시하되 실과 교과를 지도하는 학년인 5~6학년에 구애받지 않고, 창의적 체험활동 등을 통해 학습 대상이 확대될 수 있을 경우 대상 학년의 폭을 넓혀 제시한다.
교수 · 학습 모형	실과 교육 체험 활동 과제에 적합한 교수 · 학습 모형을 선정하고, 교수 · 학습 모형에 따른 단계별 내용 요소를 제시한다.
교수 · 학습 자료	교수 · 학습에 필요한 재료, 도구, 수업 자료 (동영상, 프레젠테이션, 학습지, 평가지 등)를 제시한다.
교수 · 학습 계획	교수 · 학습에 필요한 학습 주제, 구체적인 학습 목표, 학습의 형태, 학습 장소 등을 제시한다.
지도상 유의점	교수 · 학습을 지도하기 위해 유의할 안전 사항이나 지도 중점 사항을 제시한다.
교수 · 학습 과정	교수 · 학습의 각 단계별 교사의 발문과 학생의 대답을 서술형으로 기록하고, 주의사항 및 지도상 유의점을 서술한다.
과정중심 수행평가지	교수 · 학습의 각 단계에 필요한 수행평가지를 제시하며, 각 문항에 예시 답안을 제시하여 지도 교사가 참고할 수 있도록 한다.
관계 지식	실과 교육 체험 활동 과제와 관련된 관계 지식을 폭넓게 제시한다.

출처: 김희필 외. (2022). 실과 교육 체험 활동 과제의 개발 및 초등교사의 교육 요구도. **한국실과교육학회지, 35**(2), 1-24. p. 8

PART

2

실과 체험 활동 교육의 실천

2부에서는 실과 체험 활동 과제 (김희필 외 2022)를 예시로 제시하였다. 교사들이 실과 체험 활동을 교육 현장에서 실천하기 위해서는 우선 실천의 주요 내용이 되는 활동 과제가 있어야 한다. 또한 이 활동 과제를 효과적으로 실천할 수 있도록 교수학습 과정안으로 대표되는 수업 적용 전략을 제시하였다. 독자는 실과 체험 활동 과제의 사례와 실제 적용 가능한 교수학습 과정안을 통하여 실과 체험 활동 교육의 실천 가능성에 대한 자신감을 얻을 수 있을 것이다.

이 책에서 소개하는 실과 체험 활동 과제는 김희필 외 (2022)의 연구 결과로서 가정 영역에서 8개, 기술 영역에서 6개, 생명과학 영역에서 6개, 정보 영역에서 5개, 안전과 진로 영역에서 3개가 제시되었다. 이들을 합하면 총 28개의 주제로서 적잖은 개수이다. 이러한 주제는 각 영역별 최신의 경향을 반영하여 개발되었다.

각 체험 활동 주제는 서로 독립하여 학습될 수 있도록 모듈식 특징을 갖는다. 모듈식 자료의 특징에 따라 실과 체험 활동 주제가 단독으로 활용될 수 있으며, 교사의 의도에 따라 복수 개의 실과 체험 활동 주제를 엮어 프로그램 형태로 운영할 수 있다.

각 실과 체험 활동 주제는 대상 학년, 교수 · 학습 모형, 교수 · 학습 자료, 교수 · 학습 계획, 지도상의 유의점, 교수 · 학습 과정안, 평가지 및 관계 지식의 내용으로 구성되었다. 이러한 내용은 저자들이 해당 체험 학습 주제에 대하여 추천하고자 하는 교수 · 학습 장면을 상정하고 제시한 하나의 안이다. 따라서 독자의 수업 의도에 따라 체험 활동 과제는 다양하게 재해석이 가능하다. 또한 수업 상황이나 장면은 재편집 가능하다. 여기에 제시된 실과 관련 체험 활동 주제가 독자의 적극적인 재해석을 바탕으로 하여 다양한 모습으로 교육 현장에 보급 및 확산 되기를 희망해 본다.

I

가정

1. 자연 담은 올인원비누바 만들기
2. 맛과 건강을 챙긴 그릭 요거트 만들기
3. 가족과 함께하는 집안일
4. 나만의 바나나 맛 우유 만들기
5. DIY 면 생리대 만들어 후원하기
6. 친환경 레몬 알코올 소독제 만들기
7. 다식 만들기
8. 양말목 티 코스터 만들기

1 자연 담은 올인원비누바 만들기

최근 코로나로 인하여 배달 음식이 많아지고, 플라스틱의 사용량이 많아지면서 환경오염 문제가 대두되고 있다. 이에 '제로 웨이스트(zero waste)'라고 하여 플라스틱의 사용량을 줄이려는 캠페인이 많이 이루어지고 있다. 샴푸의 경우는 액체로 되어 있어 용기에 담아야 하지만 비누바의 경우 고체이기 때문에 플라스틱 용기를 사용하지 않아도 돼서 환경오염을 줄일 수 있다. 또한 바로 방부제를 사용하지 않아도 되고 미생물에 오염이 되지 않아 물의 오염을 줄일 수 있다.

이번 활동 과제는 올인원비누바 만들기 활동을 통하여 학생들에게 제로 웨이스트의 실현을 위한 하나의 방법으로 친환경적인 삶을 위해 우리가 어떤 노력을 해야 하는지, 우리가 어떻게 실천할 수 있을지 찾아볼 수 있도록 구성되어 있다.

Keywords

제로 웨이스트, 올인원비누바, 친환경

1. 대상 학년: 3~6학년

2. 교수 학습 모형: 실습법

단계	본시 활동 요소
실습활동의 목적 및 관련 지식 이해	• 환경오염을 줄이기 위한 다양한 캠페인 살펴보기 • 나의 생활 속 플라스틱 사용경험 찾아보기
실습 과정 제시	• 재료 살펴보기 • 올인원비누바를 만드는 과정, 방법, 유의점 살펴보기
기본 기능 시범 관찰	• 나만의 올인원비누바 모양 구상하기 • 학습할 활동 모둠을 구성하기
기본 기능 습득	• 나만의 올인원비누바 만들어보기 • 작품을 만들 때 주의할 점 살펴보기
평가	• 소감 나눠보기 • 앞으로 환경을 지키기 위한 나의 노력 작성하기

3. 교수 · 학습 자료

가. 재료: SCI(신데트 분말), 콘스탄치(~~옥수수분말~~), 천연분말, 애플워시(계면활성제), 동백오일, 글리세린, 천연 향 오일

나. 도구: 비닐봉지, 종이컵, 작은 비커, 저울

다. 수업자료: 프레젠테이션 자료, 학습지, 평가지

4. 교수 · 학습 계획

가. 학습 주제: 올인원비누바 만들기

나. 학습 목표

1) 올인원비누바를 만들 수 있다.

2) 플라스틱의 사용이 환경에 어떤 영향을 미치는지 알 수 있다.

3) 친환경적인 삶을 위해 우리가 어떤 노력을 해야 하는지 알 수 있다.

다. 학습 형태: 모둠 활동

라. 학습 장소: 교실 또는 실과실습실

마. 평가 관점

1) 나만의 올인원비누바를 잘 만드는가?

2) 플라스틱의 사용이 환경에 미치는 영향을 알고 있는가?

3) 친환경적인 삶을 위한 우리 노력의 중요성을 알게 되었는가?

5. 지도상의 유의점

가. 올인원비누바 모양을 구상할 때 창의적으로 만들 수 있도록 지도한다.

나. SCI(신데트 분말), 콘스탄치(옥수수분말), 천연분말과 같은 가루 종류 사용 시 눈과 입에 들어가지 않도록 반드시 안전 지도를 한다.

다. 학습자의 연령에 따라 교사가 미리 가루를 소분하여 학생들에게 제공해도 좋으며 학습자의 수준을 고려하여 지도한다.

6. 교수 · 학습 과정

실과 교수·학습 과정안			
학습 주제	자연 담은 올인원비누바 만들기	학습형태	모둠 활동
		학습모형	실습법
학습 목표	1) 올인원비누바를 만들 수 있다. 2) 플라스틱의 사용이 환경에 어떤 영향을 미치는지 알 수 있다. 3) 친환경적인 삶을 위해 우리가 어떤 노력을 해야 하는지 알 수 있다.		

가. 실습활동의 목적 및 관련 지식 이해

■ 나의 생활 속 플라스틱 사용경험 찾아보기 **〈활동지 1〉**[1)]

Ⓣ 나는 플라스틱을 얼마나 사용하고 있나요?

1) 국립해양과학관 공식 블로그(https://blog.naver.com/kosm5000/222406243770)

Ⓢ 생각보다 많은 양의 플라스틱을 사용하는 것 같습니다.

Ⓣ 오늘 등교 전까지 어떤 플라스틱을 사용했는지 살펴볼까요?

Ⓢ 아침에 샴푸통을 이용했습니다.

Ⓢ 칫솔도 플라스틱으로 이루어졌습니다.

Ⓢ 부모님이 챙겨주신 물통도 플라스틱으로 되어 있습니다.

■ 환경오염을 줄이기 위한 다양한 캠페인 살펴보기

– [스마트 리빙] 비누가 돌아왔다! 환경오염 줄이는 '고체 샴푸' 外[2]

(https://tv.naver.com/v/3571991)

Ⓣ 우리가 사용하는 샴푸를 살펴볼까요? 플라스틱이 어느 부분이 있나요?

Ⓢ 샴푸액을 담는 통이 플라스틱입니다.

Ⓢ 샴푸액이 나오는 기둥도 플라스틱입니다.

Ⓢ 샴푸액을 누르는 부분도 플라스틱입니다.

Ⓣ 영상에서 플라스틱의 양을 줄이기 위해서 샴푸 대신 어떻게 하고 있나요?

Ⓢ 플라스틱이 필요 없는 비누바를 만들었습니다.

Ⓣ 이렇게 쓰레기의 양을 줄이는 활동은 '제로웨이스트'라고 합니다.
이번 시간에는 플라스틱이 필요 없는 '올인원비누바'를 만들어보겠습니다.

나. 실습 과정 제시

■ 재료 살펴보기

Ⓣ 오늘은 친환경 '올인원비누바'를 만들려고 합니다. 재료를 먼저 살펴봅시다.
빨간색 비누를 만들기 위해서는 어떤 천연 가루가 필요할까요?

Ⓢ 딸기가 빨간색이어서 빨간 가루로 될 것 같습니다.

Ⓢ 토마토도 빨간색입니다.

Ⓣ 노란색 비누를 만들기 위해서는 어떤 천연 가루가 필요할까요?

2) 뉴스투데이-스마트리빙(2018.07.09.)

Ⓢ 노란색 과일이 잘 생각이 안 납니다.

Ⓣ 과일 종류 말고 꽃 종류로 생각해보면 어떨까요?

Ⓢ 민들레가 노란색입니다.

Ⓣ 초록색 비누를 만들기 위해서는 어떤 천연 가루가 필요할까요?

Ⓢ 녹차를 이용하면 될 것 같습니다.

준비물 소개

가. 재료: SCI(신데트 분말), 콘스탄치(옥수수분말), 천연분말, 애플워시(계면활성제), 동백오일, 글리세린, 천연 향 오일

나. 도구: 비닐봉지, 종이컵, 작은 비커, 저울

만드는 방법(1인용)

① SCI(신데트 분말) 56g을 준비한다.
② ①과 콘스탄치(옥수수분말) 10g을 섞는다.
③ ②과 천연분말 2g을 섞는다.
※ ①②③은 가루 분말로 가루 날림이 있을 수 있어 마스크를 쓰고 만든다.
※ 천연분말로 색이 나타납니다.
④ 작은 비커에 애플워시(계면활성제) 13g을 넣어준다.
⑤ 동백오일 3g을 넣어준다.
⑥ 글리세린 5g을 넣어준다.
⑦ 감초 추출물 7g을 넣어준다.
⑧ 내가 원하는 '향'을 넣어준다.
⑨ 비닐 랩 안에서 가루와 액체가 섞일 수 있게 반죽한다.
⑩ 반죽을 꺼내서 내가 원하는 모양으로 만든다.

■ 작품을 만들 때 주의할 점 살펴보기

실습안전

① 가루를 사용하게 되면 가루 날림이 있어 학생들이 기침을 할 수 있어 마스크를 꼭 착용하고 진행한다.
② 비누 가루이기에 물이 닿으면 거품이 나기 때문에 물이 닿지 않도록 진행한다.
③ 약간의 오차가 생길 수 있지만 최대한 주어진 g에 맞게 계량한다.
④ 아이들이 다양한 모양으로 만들 수 있도록 허용적인 분위기를 조성한다.
⑤ 오일의 경우 천연오일 사용을 권장한다.

다. 기본 기능 시범 관찰

■ 나만의 올인원비누바 모양 구상하기 **〈활동지 2〉**

T 비누를 사용할 모양을 상상해서 그려봅시다.

S 전 동그란 모양으로 만들고 싶습니다.

S 동그란 모양은 굴러떨어질 수도 있어서 네모 모양으로 만들고 싶습니다.

S 전 삼각 김밥을 좋아해서 세모 모양으로 만들고 싶습니다.

S 전 캡틴 아메리카의 방패 모양으로 만들고 싶습니다.

S 전 저희 집 강아지 얼굴로 만들어보고 싶습니다.

S BTS 이니셜 모양으로 만들어보고 싶습니다.

■ 학습할 활동 모둠을 구성하기

T 같이 만들 조를 짜봅시다.

라. 기본 기능 습득

■ 나만의 올인원비누바 만들어보기

올인원비누바 만드는 방법

① SCI(신데트 분말) 56g을 준비한다.

⇨

② ①과 콘스탄치(옥수수분말) 10g을 섞는다.

③ ②과 천연분말 2g을 섞는다.

⇨

④ 작은 비커에 애플워시(계면활성제)13g을 넣어준다.

⑤ 동백오일 3g을 넣어준다.

⇨

⑥ 글리세린 5g을 넣어준다.

⑦ 감초 추출물 7g을 넣어준다.

⇨

⑧ 내가 원하는 '향'을 넣어준다.

마. 평가

■ 소감 나눠보기

Ⓣ 다른 친구들이 만든 올인원비누바와 비교하여 봅시다.

Ⓢ (결과물을 살펴보고 친구들끼리 의견을 교환한다.)

Ⓣ 직접 비누를 만들어 보니 어떤가요?

Ⓢ 어려운 줄 알았는데 너무 쉽고 재미있었습니다.

Ⓢ 집에서도 쉽게 만들 수 있을 것 같습니다.

Ⓢ 더 다양한 재료를 사서 비누를 만들어 보고 싶습니다.

Ⓢ 앞으로 플라스틱 사용량이 줄어들 것 같습니다.

■ 앞으로 환경을 지키기 위한 우리의 노력 작성하기 **〈활동지 3〉**

Ⓣ 오늘 우리가 만든 올인원비누바가 환경에 어떤 영향을 줄까요?

Ⓢ 삼푸통을 다 사용하면 삼푸통으로 인한 플라스틱통이 나오는데, 이로 인해 환경오염이 됩니다.

Ⓢ 올인원비누바를 사용하면 플라스틱 용기가 나오지 않아 환경오염을 줄입니다.

Ⓢ 샴푸나 액체 세제를 줄이고 천연재료를 사용하여 수질오염을 줄일 수 있습니다.

■ 평가하기

① 나만의 올인원비누바를 잘 만드는가?

② 샴푸의 사용이 환경에 미치는 영향을 알고 있는가?

③ 친환경적인 삶을 위한 우리 노력의 중요성을 알게 되었는가?

7. 과정중심 수행평가지

활동지 1 나의 생활 속 플라스틱 사용경험 찾아보기

〈활동지 1〉 나의 생활 속 플라스틱 사용 경험은?

자연 담은 올인원비누바 만들기

학년 반 번 이름( )

영 역	가정	실습일	년 월 일
주 제	자연 담은 올인원비누바 만들기	실습자	

활동 내용

◇ 친환경적인 삶을 위한 '올인원비누바'가 왜 필요한지 생각해봅시다.

참고 자료: 국립해양과학관 공식블로그

해림이는 '세계 해양의 날'을 맞이해서 '국립해양관' 블로그를 들어가 보았다. 거기서 '바다 생물들이 아파하고 있어요' 사진을 보았다. 사진을 보고 마음 속이 아파왔다. 우리가 버린 쓰레기들로 인해 바다 생물들이 아파하는 모습이었다. 우리의 편의를 위해 쓰고 버려진 쓰레기들이 바다로 흘러들어가 생물들에게 고통을 주고 있는 것이다. 바다로 흘러 들어간 플라스틱은 잘 썩지 않게 되어 바다 환경에 오염을 일으키고, 또 물고기들이 미세 플라스틱을 먹게 되면 생명에 위협을 받게 되는 것이다. 그리고 미세 플라스틱을 섭취한 물고기를 우리가 먹게 된다면 우리 역시 플라스틱을 먹는 것이다. 나는 평소 일상 속에서 내가 플라스틱을 얼마나 사용하는지 궁금해졌다.

1. 위에 제시된'바다 생물들이 아파하고 있어요' 사진을 보니 어떤 기분이 드나요?
   - 바다 생물들을 도와주고 싶습니다. 마음이 너무 속상합니다.

2. 하루 중에 내가 사용하는 플라스틱에는 어떤 것이 있는지 살펴봅시다.
   - 아침에 샴푸를 사용했는데, 샴푸통이 플라스틱입니다.
   - 아침에 물을 챙기기 위해서 500ml 플라스틱 물통을 가져왔습니다.
   - 어제 음료수 먹으려고 빨대를 사용했는데, 빨대도 플라스틱입니다.

3. 우리가 바다 생물들을 도우려면 어떻게 해야 할까요?
   - 플라스틱의 사용을 줄입니다. 일회용품 사용을 줄입니다.
   - 쓰레기를 아무 데나 함부로 버리지 않습니다.

활동지 2 나만의 올인원비누바 모양 구상하기

〈활동지 2〉 나만의 올인원비누바 모양 구상하기

자연 담은 올인원비누바 만들기

학년 반 번 이름( )

영 역	가정	실습일	년 월 일
주 제	자연 담은 올인원비누바 만들기	실습자	
활동 내용			

◇ **조건에 맞게 과제를 해결합니다.**

1. 플라스틱을 줄이기 위한 방법으로 '올인원 비누바'를 만들면 어떤 점이 좋을까요?
   - 플라스틱 용기 사용도 줄고, 환경오염을 막을 수 있습니다.

2. 만들고자 하는 비누 모양을 그려봅시다.
   왜 그런 모양으로 만들고 싶나요?

활동지 3 앞으로 환경을 지키기 위한 나의 노력 작성하기

〈활동지 3〉 앞으로 환경을 지키기 위한 나의 노력 작성하기

자연 담은 올인원비누바 만들기

학년　반　번　이름(　　　　　　)

영 역	가정	실습일	년　월　일
주 제	자연 담은 올인원비누바 만들기	실습자	

활동 내용

1. '올인원비누바 만들기'를 실습하면서 활동했던 과정을 생각하여 보고 스스로 평가해 봅시다.

평가 요소	잘함	보통	노력 요함
나만의 올인원비누바를 잘 만들었나요?			
샴푸의 사용이 환경에 미치는 영향을 알고 있나요?			
친환경적인 삶을 위한 우리 노력의 중요성을 알게 되었나요?			

2. 앞으로 환경을 지키기 위한 우리의 노력에 대해서 써봅시다.

8. 관계 지식

▣ 제로 웨이스트[3)]

제로 웨이스트(zero waste)는 모든 제품이 재사용될 수 있도록 장려하며 폐기물을 방지하는데 초점을 맞춘 원칙이다. 제품들이 쓰레기 매립지나 소각장, 바다에 쓰레기를 보내지 않는 것이 목표인데, 현재 플라스틱의 9%만이 실제로 재활용되고 있다. 제로 웨이스트 시스템에서는 소비의 최고 수준이 될 때까지 자재가 재사용될 것이다. ZWIA(Zero Waste International Alliance)에서 채택한 정의는 다음과 같다.

제로 웨이스트란, 모든 제품, 포장 및 자재를 태우지 않고, 환경이나 인간의 건강을 위협할 수 있는 토지, 해양, 공기로 배출하지 않으며 책임 있는 생산, 소비, 재사용 및 회수를 통해 모든 자원을 보존하는 것이다.

제로 웨이스트는 제품의 흐름을 크게 바꾸어 낭비가 없는 사회를 목표로 한다. 제로 웨이스트란 재활용과 재사용을 통해 폐기물을 없애는 것 이상의 것을 포함한다. 폐기물을 줄이기 위한 생산 · 유통 시스템의 재구축에 힘을 쏟고 있습니다. 제로 웨이스트는 목표와 이상에 가까운데 폐기물을 없애기 위한 지속적 가이드라인 원칙을 제공하여 친환경적인 삶을 유지할 수 있도록 우리 모두가 노력해야 한다.

▣ 올인원비누바란?[4)]

건강한 두피는 pH5.5의 약산성이다.

시중에 파는 세정제들은 알칼리가 높아 세정력이 강하지만 약산성인 우리 피부에 그만큼 자극도 세서 피부 장벽을 무너지게 한다. 피부가 예민한 사람, 지루성 두피염, 지성 두피, 어린아이들에게는 더더욱 약산성인 비누바를 사용해서 두피 pH를 맞춰야 한다.

비누바에서 향과 색을 입히는 재료들은 모두 천연성분이며, 각각의 효능이 있다. (ex.녹차분말, 티트리오일 여드름 치료에 효과) 일반 시중에 파는 비누 사용 시 피

3) "Zero waste international alliance 제로 웨이스트 국제 동맹" (영어). 2020년 10월 26일에 확인함.
4) "Transitioning to Zero Waste - What can local governments do NOW? 제로 웨이스트 전환 - 지금 지방정부가 할 수 있는 일은 무엇인가?"

부(얼굴, 몸)에 닿을 경우 피부에 매우 좋지 않고, 여드름 피부일 경우 여드름을 더욱 유발하게 된다. 하지만 비누바의 경우 올인원으로 사용해도 될 만큼 순한 성분으로 제작된다.

비누바에 들어가는 제품들은 모두 천연 유래성분으로 사용하여 환경에도 좋다. 그 이유로 첫째, 플라스틱 용기를 쓰지 않는다는 점, 둘째, 만들 때 일회 용기를 사용하지 않는다는 점, 셋째, 비누는 사용 후 자연으로 흘러가도 미생물에 의해 생분해되는 장점이 있다.

비누바를 사용하게 되면 환경과 자신에게 좋지만 작은 불편함이 있다. 편하게 짜서 쓰는 액상보다는 당연히 귀찮을 수 있으며, 가격도 저렴하진 않다. 하지만 환경오염을 줄이기 위한 우리 모두의 노력이 필요하다고 생각된다.

2 맛과 건강을 챙긴 그릭 요거트 만들기

바쁜 아침, 밥까지 먹기란 쉽지 않다. 특히 요즘 10대 학생들은 아침밥을 습관적으로 거르는 경우가 많다. 최근 아침밥의 대용으로 그릭 요거트(greek yogurt)[5]를 많이 먹고 있다. 그릭 요거트는 질감이 꾸덕꾸덕하고 맛이 진할 뿐 아니라 단백질 함량도 높아 영양적으로 우수한 제품이다. 일반적인 요거트 만드는 방법은 학생들이 시도하기 어려워 일회성일 뿐 지속성을 갖지 못하기 때문에 보다 간편하게 만들 수 있는 그릭 요거트를 만드는 방법을 소개하고자 한다.

이번 활동 과제에서는 간단하면서도 맛과 영양을 챙긴 '그릭 요거트'를 이용한 한 그릇 음식 만들기를 통해 아침 식사를 하는 올바른 식습관과 건강한 성장발달을 할 수 있도록 하는 것을 목표로 구성되어 있다.

Keywords

그릭 요거트, 맛과 건강, 제철과일

5) Greek Yogurt: 그리스를 비롯한 지중해 연안지역에서 전통 방식으로 만들어 먹던 요거트

1. 대상 학년: 2~6학년

2. 교수 · 학습 모형: 실습법

단계	본시 활동 요소
실습활동의 목적 및 관련 지식 이해	• 아침 식사의 중요성 • 그릭 요거트란 무엇일까?
실습 과정 제시	• 재료 살펴보기 • 그릭 요거트를 만드는 과정, 방법, 유의점 살펴보기 (시각적 자료 제공)
기본 기능 시범 관찰	• 그릭 요거트 시범 제공하기 – 실습 순서, 실습 방법, 유의점 시범 제시 • 영양소가 골고루 들어간 나만의 요거트 구상하기
기본 기능 습득	• 그릭 요거트 만들어보기 – 즉각적 피드백 제공 • 영양소에 맞는 나만의 요거트 만들기
평가	• 실습 과정 및 결과 평가

3. 교수 · 학습 자료

가. 재료: 플레인 요거트

나. 도구: 보자기, 채반, 볼, 누름돌

다. 수업자료: 프레젠테이션 자료, 학습지, 평가지

4. 교수 · 학습 계획

가. 학습 주제: 맛과 건강을 챙긴 그릭 요거트 만들기

나. 학습 목표

1) 맛과 건강을 챙긴 그릭 요거트를 만들 수 있다.

2) 영양소 균형이 잡힌 나만의 그릭 요거트를 구성할 수 있다.

3) 앞으로 우리 가족에게 맞춘 그릭 요거트를 만들 수 있다.

다. 학습 형태: 모둠 활동

라. 학습 장소: 교실 또는 실과실습실

마. 평가 관점

1) 맛과 건강을 챙긴 그릭 요거트를 만들 수 있는가?

2) 영양소 균형이 잡힌 나만의 그릭 요거트를 구성할 수 있는가?

3) 우리 가족이 좋아하는 그릭 요거트를 지속적으로 만들 수 있는가?

5. 지도상의 유의점

가. 그릭 요거트를 만들 때 청결을 유지할 수 있도록 한다.

나. 영양소 균형이 잡힌 나만의 그릭 요거트를 구성할 수 있도록 한다.

다. 그릭 요거트 제조 시 냉장고가 필요하므로 냉장고의 유무를 확인한다.

6. 교수 · 학습 과정

실과 교수·학습 과정안			
학습 주제	맛과 건강을 챙긴 그릭 요거트 만들기	학습 형태	모둠 활동
		학습 모형	실습법
학습 목표	1) 맛과 건강을 챙긴 그릭 요거트 한 그릇을 만들 수 있다. 2) 영양소 균형이 잡힌 나만의 그릭 요거트를 구성할 수 있다. 3) 앞으로 우리 가족에게 맞춘 그릭 요거트를 만들 수 있다.		

가. 실습활동의 목적 및 관련 지식 이해

■ 아침 식사의 중요성 **〈활동지 1〉**

– 아침 식사 거르면 살찌는 이유 처음으로 밝혀져

(https://youtu.be/GOPEDHxMG98 [6])

6) 연합뉴스(2018.11.8.) '아침 식사 거르면 살찌는 이유' 처음으로 밝혀져

Ⓣ 영상에 나온 쥐들은 어떻게 분류되었나요?

Ⓢ 아침밥을 먹은 쥐와 아침밥을 먹지 않은 쥐로 분류하였습니다.

Ⓣ 어떤 쥐가 살이 쪘나요?

Ⓢ 아침에 밥을 먹지 않은 쥐가 살이 쪘습니다.

Ⓣ 왜 그런 일이 일어났나요?

Ⓢ 아침 식사를 규칙적으로 하면 체내 시계가 다시 맞추어집니다.

Ⓣ 오늘 아침밥을 먹고 온 친구들 손들어 볼까요?
오늘 아침밥을 먹고 오지 않은 친구들 손들어 볼까요?

Ⓢ 저는 오늘 아침에 늦게 일어나서 밥을 먹지 못했습니다.

Ⓢ 저는 아침에 입맛이 없어서 먹지 않았습니다.

Ⓢ 저는 아침에 시리얼을 먹고 왔습니다.

Ⓣ 친구들이 아침에 입맛이 없어서 먹지 않거나 가볍게 먹는 모습을 볼 수 있습니다. 그래서 오늘은 아침에 간단하게 먹을 수 있는 영양소가 골고루 들어간 요거트 한 그릇을 만들어보려고 합니다.

■ 그릭 요거트란 무엇일까?

Ⓣ 플레인 요거트를 이용하여 한 그릇 음식을 먹은 적이 있나요?

Ⓢ 저는 아침에 엄마가 플레인 요거트와 과일을 주신 적이 있습니다.

Ⓣ 그릭 요거트를 먹어본 적이 있나요?

Ⓢ SNS에 사람들이 예쁘게 사진을 찍어서 올린 것을 보았습니다.

Ⓢ 집에서 부모님과 만들어 보았습니다.

– 요거트 관련 루머 싹 다 팩트체크 해드림
(https://youtu.be/GIUjEzaxGW4 [7])

Ⓣ 요거트는 밥 먹기 전에 먹으면 안 될까요?

Ⓢ 아니요~ 상관없어요.

---

7) 스브스뉴스(2020.5.27.) 요거트 관련 루머 싹 다 팩트체크 해드림

T 쇠숟가락으로 요거트를 먹으면 유산균이 다 죽을까요?

S 아니요~ 숟가락을 걱정할 필요가 없습니다.

S 옛날에는 산화된 숟가락이 많아서 안 좋았지만 지금은 상관없습니다.

T 요거트 위에 물이 있는데 이것을 무엇이라고 할까요?

S 단백질로 이루어진 '유청'입니다.

S 비타민, 유산균이 많이 있습니다.

나. 실습 과정 제시

■ 재료 살펴보기

T 오늘은 '맛과 건강을 챙긴 그릭 요거트 한그릇 만들기'를 만들려고 합니다. 재료를 먼저 살펴봅시다. 보자기는 왜 필요할까요?

S 보자기 안에 요거트를 담을 것 같습니다.

T 채반은 왜 필요할까요?

S 보자기 안에 있는 요거트를 유청과 분리해 줄 것 같습니다.

T 누름돌은 왜 필요할까요?

S 유청이 잘 분리될 수 있도록 보자기 위에 올려놓습니다.

T 유청을 분리하면 더 꾸덕꾸덕한 요거트를 만들 수 있습니다.

준비물 소개

가. 재료: 플레인요거트
나. 도구: 보자기, 고무줄, 채반, 볼, 누름돌

■ 그릭 요거트를 만드는 과정, 방법, 유의점 살펴보기

T 선생님이 그릭 요거트를 만드는 과정, 방법, 유의점을 살펴봅시다.

만드는 방법(1인용)

① 볼과 채반을 하나로 합치고 그 위에 보자기를 씌웁니다.
② 보자기 안에 플레인요거트를 넣습니다.
③ 플레인요거트를 담은 후 보자기 위를 고무줄로 묶습니다.
④ 채반 아래로 유청이 빠지는 모습을 확인합니다.
⑤ 유청을 다 빼기 위해 보자기 위에 누름돌을 올려둡니다.
⑥ 하루 동안 냉장고 안에 넣어둡니다.
⑦ 꾸덕꾸덕한 그릭 요거트 완성!
⑧ 제철 과일과 함께 넣은 그릭 요거트 한 그릇을 만듭니다.

다. 기본 기능 시범 관찰

■ 그릭 요거트 시범 제공하기

T 이번에는 여러분들이 직접 '그릭 요거트'를 만들어 봅시다. 요리를 하기 위해서 우리가 지켜야 할 점은 무엇이 있을까요?

S 손을 깨끗이 씻습니다.

S 앞치마와 모자를 꼭 착용하여 청결을 유지합니다.

S 조리 도중에는 침이 튀지 않게 마스크를 꼭 착용합니다.

■ 영양소가 골고루 들어간 나만의 그릭 요거트 한 그릇 구상하기 **〈활동지 2〉**

T 영양소를 고려한 '나만의 그릭 요거트 한 그릇'를 한번 구상해봅시다. 어떤 재료를 더 넣으면 좋을까요?

S 전 견과류를 더 넣어서 먹고 싶습니다.

S 전 제철과일(딸기, 청포도, 바나나, 블루베리) 등을 넣어서 먹고 싶습니다.

S 전 달달하게 꿀도 넣어보고 싶습니다.

라. 기본 기능 습득

■ 그릭 요거트 한 그릇 만들어보기

그릭 요거트 한 그릇 만드는 방법

① 볼과 채반을 하나로 합치고 그 위에 보자기를 씌웁니다.

⇨

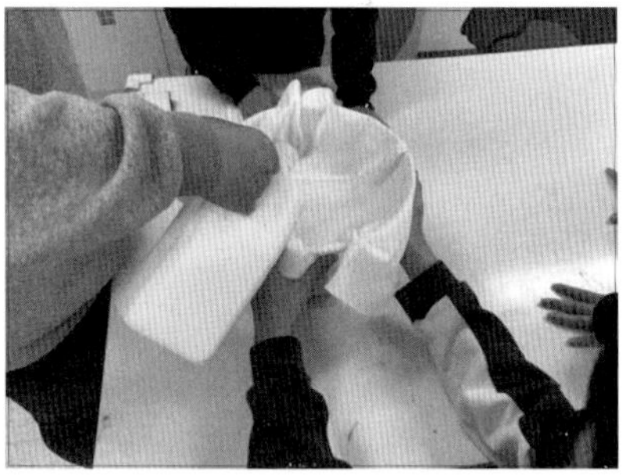

② 보자기 안에 플레인요거트를 넣습니다.

③ 플레인요거트를 담은 후 보자기 위를 고무줄로 묶습니다.

⇨

④ 채반 아래로 유청이 빠지는 모습을 확인합니다.

⑤ 유청을 다 빼기 위해 보자기 위에 누름돌을 올려둡니다.

⇨

⑥ 하루 동안 냉장고 안에 넣어둡니다.

■ 영양소에 맞는 나만의 요거트 만들기

그릭 요거트 한 그릇 만드는 방법

⑦ 꾸덕꾸덕한 그릭 요거트 완성!

⇨

⑧ 제철과일과 함께 넣은 그릭 요거트 한 그릇 만들기

실습안전

① 우리가 먹는 음식을 만들기에 청결을 유지할 수 있도록 합니다.
② 유산균이 들어간 요거트이기 때문에 만든 후 빠른 시일 내에 먹도록 합니다.

라. 평가

■ 소감 나눠보기

Ⓣ 직접 그릭 요거트를 만들어 보니 어떤가요?

Ⓢ 어려운 줄 알았는데 너무 쉽고 재미있었습니다.

Ⓢ 집에서도 쉽게 만들 수 있을 것 같습니다.

Ⓢ 아침마다 요거트를 만들어 오면 좋을 것 같습니다.

Ⓢ 한 그릇 그릭 요거트를 만들어보니 뿌듯합니다.

■ 실습과정 및 결과 평가 **〈활동지 3〉**

① 맛과 건강을 챙긴 그릭 요거트를 만들 수 있는가?

② 영양소 균형이 잡힌 나만의 그릭 요거트를 구성할 수 있는가?

③ 우리 가족이 좋아하는 그릭 요거트를 지속적으로 만들 수 있는가?

7. 과정중심 수행평가지

활동지 1 아침밥의 중요성

〈활동지 1〉 아침밥의 중요성

맛과 건강을 챙긴 그릭 요거트 만들기

학년 반 번 이름( )

영 역	가정	실습일	년 월 일
주 제	맛과 건강을 챙긴 그릭 요거트 만들기	실습자	
활동 내용			

◇ 윤진이의 하루

윤진이는 아침에 일어나기가 너무 힘들다. 아침마다 밥 먹고 가라고 하는 엄마의 잔소리가 너무 듣기 싫다. '나는 잠이 더 좋은데... 왜 자꾸 아침밥을 먹으라고 하시는 거야! 아침밥 먹기 귀찮아!' 하면서 잠을 더 자곤 한다. 잠을 더 자고 나서 학교를 가면 잠을 분명 더 잤는데도 피곤하고 집중이 되질 않았다. 왜 그런걸까? 몸에 이상이 있나? 싶었다. 분명 아침밥도 안 먹었는데 몸무게도 점차 늘어가는 내 모습을 보았다. 왜 그럴까?

1. 윤진이의 고민은 무엇인가요?
   - 피곤하고 몸무게가 점차 늘어나서 고민입니다.

2. 윤진이가 왜 그런 걸까요?
   - 아침에 아침밥을 안 먹기 때문입니다.

3. 아침밥을 먹으면 어떤 점이 좋아질까요?
   ① 집중력이 높아집니다.
   ② 비만을 예방합니다.
   ③ 변비를 해결합니다.
   ④ 영양소를 골고루 공급 받습니다.
   ⑤ 질병을 예방할 수 있습니다.

활동지 2 영양소가 골고루 들어간 나만의 그릭 요거트 한 그릇 구상하기

〈활동지 2〉 영양소가 골고루 들어간 나만의 그릭 요거트 한 그릇 구상하기

맛과 건강을 챙긴 그릭 요거트 만들기

학년 반 번 이름( )

영 역	가정	실습일	년 월 일
주 제	맛과 건강을 챙긴 그릭 요거트 만들기	실습자	
활동 내용			

◇ **조건에 맞게 과제를 해결합니다.**

1. 내가 준비해 온 재료와 친구들의 재료를 살펴봅시다.
   - 저는 사과를 좋아해서 사과를 가져왔습니다.
   - 저는 그릭 요거트에 꿀을 넣으면 맛있을 것 같아 꿀을 가져왔습니다.

2. 만들고자 하는 그릭 요거트 한 그릇을 그려봅시다.

활동지 3 올바른 식습관을 위한 버킷리스트 작성

〈활동지 3〉 올바른 식습관을 위한 버킷리스트 작성

맛과 건강을 챙긴 그릭 요거트 만들기

학년 반 번 이름( )

영 역	가정	실습일	년 월 일
주 제	맛과 건강을 챙긴 그릭 요거트만들기	실습자	
활동 내용			

1. '그릭 요거트 만들기'를 실습하면서 활동했던 과정을 생각하여 보고 스스로 평가를 해 봅시다.

평가 요소	잘함	보통	노력 요함
맛과 건강을 챙긴 그릭 요거트를 만들 수 있는가?			
영양소 균형이 잡힌 나만의 그릭 요거트를 구성할 수 있는가?			
우리 가족이 좋아하는 그릭 요거트를 지속적으로 만들 수 있는가?			

2. 앞으로 올바른 식습관을 위한 버킷리스트를 작성해 봅시다.

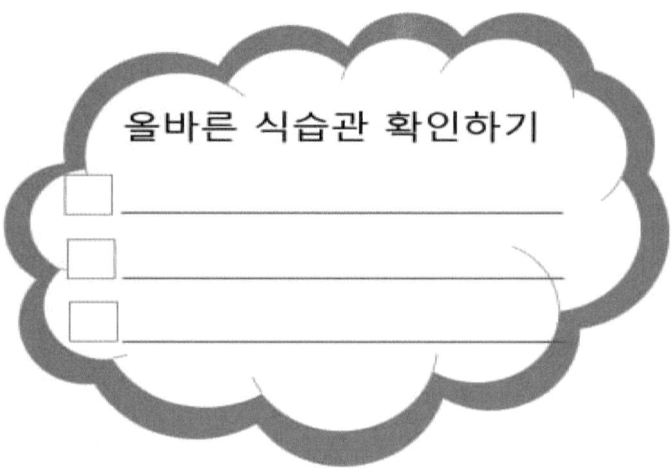

8. 관계 지식

▣ 그릭 요거트의 기원[8)]

그리스를 비롯한 지중해 연안지역에서 인공 첨가물 없이 전통 방식으로 만들어 먹던 요거트를 말한다. 그릭 요거트는 유청(whey) 제거 여부에 따라 두 가지 방법으로 만들어진다. 유청을 제거하지 않는 방법은 원유를 오랫동안 끓여 농축시킨 후에 유산균(젖산균)을 넣고 일정한 온도에 맞춰 수분을 제거하며 발효시키는 것으로 그리스의 일반 가정에서 많이 쓰는 방법이다. 또 다른 방법으로는 발효시킨 요구르트를 면포에 넣고 짜서 유청을 제거하고 단백질 고형분만 남기는 방법으로 유청이 제거되면서 농축되어 밀도가 높고 질감이 빽빽하며 잘 흘러내리지 않고 신맛이 강한 특징이 있다. 특유의 신맛을 조절하기 위해 과일이나 당분을 첨가하여 먹기도 한다.

그릭 요거트는 일반 요거트에 비해 수분이 제거되어 질감이 단단하고 맛이 진하다. 단백질이 1.5배 이상 높고 나트륨과 당 성분이 절반 이하로 낮다. 유산균도 1g당 1억 마리나 들어있어 근육과 골격을 강화시키고 면역력을 높여주며 정장작용[9)]을 도와 장 건강에 도움이 된다고 알려져 있다. 특히 유당 함유량이 일반적인 요거트에 비해 낮아서 유당불내증이 있는 사람들이 먹으면 좋다. 반면 유청을 제거하는 과정에서 영양분 손실이 일어나 칼륨과 칼슘 함유량은 상대적으로 낮은 편이다. 국제식품규격위원회(CODEX)에서는 단백질이 5.6% 이상 함유된 경우에만 농축 요거트로 인정하고 있는데, 우리나라에서는 아직 단백질 함량에 대한 정확한 기준이 없다.

---

8) [네이버 지식백과] 그릭 요거트 [Greek yogurt] (두산백과)
9) [네이버 지식백과] 대장기능이 정상적으로 작용하는 것

3 가족과 함께하는 집안일

집안일이란 집안의 살림살이와 관련된 일을 말하는 데 가족이 건강하고 편안하게 생활할 수 있도록 해주는 모든 일을 의미한다. 집안일의 종류, 집안일을 하는 구성원, 집안일의 역할 배분은 각 가정마다 다르기 때문에 협의와 배려가 필요하다.

이번 활동 과제에서는 친구들과의 토의 학습을 통하여 다양한 집안일의 종류를 살펴보고, 집안일을 효율적으로 배분하기 위한 역할배분 방법을 찾는 것을 목표로 한다. 이를 통하여 자신의 집안일에 대한 책임감을 가지고, 일로서의 집안일을 알고 직업의 세계를 이해할 수 있도록 구성되어 있다.

Keywords

모두가 함께하는 집안일, 자립심, 집안일, 화목한 우리 가족

1. 대상 학년: 5~6학년

2. 교수 · 학습 모형: 실천적 추론 학습법

단계		본시 활동 요소
문제정의		• 우리 집 집안일의 비중은? • 집안일 시간 통계 살펴보기
실천적 추론	문제해결을 위한 정보수집	• 집안일의 모습 그려보기 • 집안일 목록 작성하기
실천적 추론	바람직한 대안 탐색 및 최선의 안 선택	• 집안일을 합리적으로 분담하기 위한 대안 탐색하기 • 대안의 선택을 위한 기준 설정하기 • 최선의 안을 결정하기
행동		• 최선의 안을 실행하기 위한 방법 연습하기 • 최선의 안을 행동으로 실행하기
행동에 대한 평가		• 행동 결과와 행동과정 반성하기 • 새로운 목표 설정 및 문제 정의하기

3. 교수 · 학습 자료

가. 재료: 도화지

나. 도구: 채색도구(색연필, 가위 등)

다. 수업자료: 프레젠테이션 자료, 학습지, 평가지

4. 교수 · 학습 계획

가. 학습 주제: 집안일 목록 만들기

나. 학습 목표

1) 집안일의 종류를 찾아볼 수 있다.

2) 집안일을 분담하기 위한 합리적인 대안을 찾아볼 수 있다.

3) 집안일을 합리적으로 분담하고 행동으로 실천할 수 있다.

다. 학습 형태: 모둠 활동

라. 학습 장소: 교실

마. 평가 관점

1) 집안일의 종류를 찾아볼 수 있는가?

2) 집안일을 분담하기 위한 합리적인 대안을 찾아볼 수 있는가?

3) 집안일을 합리적으로 분담하고 행동으로 실천할 수 있는가?

5. 지도상의 유의점

가. 최선의 안을 선택하기 위한 방법을 협동하여 찾아볼 수 있도록 지도한다.

나. 각자의 최선의 안을 선택한 기준을 듣고 다른 친구들의 의견을 존중할 수 있도록 지도한다.

다. 가정과 연계하여 지속성을 가질 수 있도록 지도한다.

6. 교수 · 학습 과정

<table>
<tr><th colspan="4">실과 교수·학습 과정안</th></tr>
<tr><td rowspan="2">학습 주제</td><td rowspan="2">가족과 함께하는 집안일</td><td>학습형태</td><td>모둠 활동</td></tr>
<tr><td>학습모형</td><td>실천적 추론 학습법</td></tr>
<tr><td>학습 목표</td><td colspan="3">1) 집안일의 종류를 찾아볼 수 있다.
2) 집안일을 분담하기 위한 합리적인 대안을 찾아볼 수 있다.
3) 집안일을 합리적으로 분담하고 행동으로 실천할 수 있다.</td></tr>
</table>

가. 문제정의

■ 우리 집 집안일의 비중은? **〈활동지 1〉**

Ⓣ 여러분이 생각하기에 우리 집의 집안일은 주로 누가 하나요?

Ⓢ 우리집은 아빠가 해요.

Ⓢ 우리집은 엄마가 혼자 다 하세요.

Ⓢ 우리집은 가족이 다 같이 날을 정해서 해요.

Ⓢ 우리집은 각자가 해야 할 집안일을 정해 놓았어요.

Ⓣ 그럼 우리 구성원들의 집안일 비중을 한번 그래프로 그려볼까요?
원그래프를 사용해서 집안일의 비중을 표현해 봅시다.

Ⓢ 저희 집은 엄마가 80% 아빠가 10% 저와 동생은 각각 5%씩 했습니다.

Ⓢ 저희 집은 아빠가 40%, 엄마가 50%입니다.

Ⓢ 저희 집은 아빠가 80%, 엄마가 20%입니다.

■ 집안일 시간 통계 살펴보기

– 맞벌이 부부 '집안일 시간'(https://youtu.be/zsG8cNDwl1s)[10)]

Ⓣ 맞벌이 부부의 경우 남편과 아내 중 통계학적으로 누가 더 많이 하나요?

Ⓢ 아내가 더 많이 합니다.

Ⓣ 육아시간의 경우 누가 더 많이 하나요?

Ⓢ 아내가 3.5배 더 많이 하는 걸 볼 수 있습니다.

Ⓣ 외벌이의 경우는 어떤가요?

Ⓢ 외벌이의 경우도 아내가 더 많이 합니다.

나. 문제해결을 위한 정보수집

■ 집안일의 모습 그려보기

준비물 소개

가. 재료: 도화지
나. 도구: 채색도구(색연필, 가위 등)

10) 맞벌이 부부 '집안일 시간', 아내 130분 vs 남편 17분 (2019.04.10.)

활동 방법

① 도화지에 모둠이 다 같이 집안일을 하는 모습을 자유롭게 그린다.
※ 거실/ 방에서의 집안일을 하는 모습을 자유롭게 그릴 수 있도록 분위기를 조성한다.
※ 잘 그리는 것에 초점을 맞추는 것이 아니라 집안일을 하는 모습을 그릴 수 있도록 지도한다.

② 다 그린 후 '활동지 1'을 활용하여 활동지에 적힌 집안일에 해당하는 모습에 적는다.
※ 활동지에 없다면 추가적으로 적을 수 있도록 지도한다.

③ 다른 모둠의 집안일과 비교하여 우리 모둠에 부족한 부분을 찾아본다.
※ 우리 모둠에는 없는 다른 모둠의 집안일에는 무엇이 있는지 확인할 수 있도록 한다.

Ⓣ 모둠에 공통적으로 있던 집안일에는 무엇이 있나요?

Ⓢ 청소하기입니다.

Ⓢ 요리하기입니다.

Ⓢ 설거지하기입니다.

Ⓣ 우리 모둠에는 없는데 다른 모둠에는 있던 집안일에는 무엇이 있나요?

Ⓢ 강아지똥 치우기입니다.

Ⓢ 동생 돌보기입니다.

Ⓢ 식물에 물주기입니다.

■ 집안일 목록 작성하기 **〈활동지 2〉**

Ⓣ 지금부터 집안일 목록을 작성해 보도록 하겠습니다.
우리 집에서 필요한 집안일의 목록을 마인드 맵으로 작성해 봅시다.

Ⓢ 우리 집 집안일의 목록입니다. 집안일에 꼭 필요한 것으로 청소하기, 빨래하기, 요리하기, 설거지하기, 장보기를 집안일로 작성하였습니다.

Ⓢ 빨래와 관련된 집안일 목록도 많습니다. 빨래 널기, 빨래 개기, 빨래 분류하기, 다림질하기도 다 빨래하기의 종류입니다.

Ⓢ 청소도 종류가 많습니다. 청소기 돌리기, 청소기 비우기, 걸레로 닦기 등 다양합니다.

Ⓢ 우리 집은 강아지를 키워서 강이지 산책하기, 강아지 똥 치우기, 강

아지 씻기기, 강아지 놀아주기 등 강아지를 돌봐주기 위한 집안일의 목록이 다양합니다.

Ⓢ 우리 집은 어린 동생이 있어서 동생 기저귀 갈아주기, 동생과 놀아주기, 동생 밥 먹여주기가 있습니다.

다. 바람직한 대안 탐색 및 최선의 안 선택

■ 집안일을 합리적으로 분담하기 위한 대안 탐색하기

Ⓣ 각자의 집안일이 다 다른데, 이 집안일을 어떻게 분담하면 좋을지 얘기해봅시다.

Ⓢ 제 생각에는 아빠가 요리를 잘하시고, 엄마는 청소를 잘하셔서 잘하는 것으로 분담하면 좋을 것 같습니다.

Ⓢ 제 생각에 아침에는 빨래를 못하기 때문에 집에 계신 엄마가 빨래를 하시고, 아빠는 저녁에 퇴근하고 오시니깐 요리를 하시면 좋을 것 같습니다.

Ⓢ 저는 각자의 일은 각자가 하면 좋겠다고 생각합니다. 내 방 청소는 내가 하고, 부모님 방은 부모님께서 하시는 걸로 하면 좋겠다고 생각합니다.

Ⓢ 저희 집은 부모님 두 분 다 일을 하시기 때문에, 번갈아 가면서 집안일을 하는 게 좋다고 생각했습니다.

■ 대안의 선택을 위한 기준 설정하기

Ⓣ 집안일의 정하는 기준에는 어떤 것이 있을지 생각해 봅시다.

Ⓢ 각자가 잘하는 것으로 하면 좋을 것 같습니다.

Ⓢ 할 수 있는 집안일과 할 수 없는 집안일로 구분하면 좋을 것 같습니다.

Ⓢ 집안일의 크기에 따라 기준을 정하면 좋을 것 같습니다.

Ⓢ 가위, 바위, 보를 합니다.

Ⓢ 날짜별로 번갈아 가면서 합니다.

Ⓢ 위험한 것과 위험하지 않을 것으로 기준을 정합니다.

Ⓢ 힘든 것과 힘들지 않은 것으로 기준을 정합니다.

Ⓢ 매일 하는 것과 매일 하지 않아도 되는 것으로 기준을 정합니다.

■ 최선의 안을 결정하기

Ⓣ 각 가정의 집안일이 다르기 때문에 내가 생각한 기준을 정해봅시다.

Ⓢ 전 각자가 잘하는 것으로 기준을 정했습니다.

Ⓢ 전 제가 할 수 있는 집안일과 할 수 없는 집안일로 구분했습니다.

Ⓢ 전 집안일의 크기에 따라 기준을 정했습니다.

Ⓣ 자신이 정한 기준으로 역할 분담을 정해봅시다.

Ⓢ 전 매일 하되 힘들지 않은 일은 엄마가, 가끔 하지만 힘든 것은 아빠가 하는 것으로 정했습니다.

Ⓢ 전 제가 할 수 있는 일을 먼저 정했습니다. 신발장 정리나 침구 정리는 제가 할 수 있어서 제가 할 수 있는 일을 먼저 정해보았습니다.

Ⓢ 전 설거지의 경우, 월요일은 엄마, 화요일은 나, 수요일은 아빠 이렇게 번갈아 가면서 정했습니다.

Ⓢ 전 강아지 돌보기의 경우 온가족이 하면 좋을 거 같아, 강아지 돌보기는 온가족에게 역할 분담을 하였습니다.

라. 행동

■ 최선의 안을 실행하기 위한 방법 연습하기 **〈활동지 3〉**

– 단정한 집을 유지하는 10가지 습관
(https://youtu.be/o9OQ-UfKwXM)

Ⓣ 단정한 집을 유지하는 10가지 습관을 찾아봅시다.

Ⓢ 1. 현관을 늘 깨끗이 유지하기.

Ⓢ 2. 외출 후 바로 정리하기.

Ⓢ 3. 매일 환기시키기.

Ⓢ 4. 침구정리하기.

Ⓢ 5. 설거지 미루지 않기.

S 6. 모든 물건에 제자리 정해주기.

S 7. 표면 위는 비워두기.

S 8. 바로바로 청소하기.

S 9. 주방 마감 청소하기.

S 10. 매일 밤 리셋하기.

■ 최선의 안을 행동으로 실행하기

– 뉴스G – 집안일! 해본 아이 vs 안 해본 아이[11)]
(https://youtu.be/Xtq_yFuoqG0)

T 집안일을 해 본 아이와 안 해본 아이가 성장 후 어떤 차이가 있나요?

S 집안일을 해 본 아이가 성취감이 높습니다.

T 몇 살 때부터 집안일을 하면 좋은가요?

S 3~4살부터도 집안일을 하면 자립심, 책임감, 성공가능성이 높습니다.

T 3~4살 아이들이 할 수 있는 집안일에는 어떤 일이 있나요?

S 장난감 정리하기, 쓰레기통 쓰레기 버리기가 있습니다.

S 애완동물에게 밥주기, 도구 정리하기가 있습니다.

마. 행동에 대한 평가

■ 행동 결과와 행동과정 반성하기

T 가정에서 집안일을 분담하고 일주일간 잘했는지 확인해 봅시다.

S 저희 집은 각자가 집안일을 한날 스티커를 붙였습니다. 그랬더니 눈에도 보이고 각자 집안일을 열심히 하는 모습을 볼 수 있었습니다.

S 저희 집은 잘 이루어지지 않았습니다. 습관이 되다 보니 엄마만 위주로 집안일을 하는 모습을 볼 수 있었습니다. 다시 다음 주에는 온 가족이 집안일을 할 수 있도록 노력해야겠습니다.

S 일주일 동안 다 같이 집안일을 하다 보니 집이 훨씬 깨끗해지고 뿌듯함을 느꼈습니다.

---

11) EBS STORY(2015.8.27.)

Ⓢ 제가 스스로 하다 보니, 엄마의 잔소리가 많이 줄어들어 엄마랑 싸우는 일이 줄어들었습니다.

■ 새로운 목표 설정 및 문제 정의하기

Ⓣ 앞으로 쭉 집안일을 분담하여 하기 위해서 우리가 어떤 노력을 해야 할까요?

Ⓢ 누가 시켜서 하기보다는 내가 스스로 찾아서 집안일을 도우도록 노력해야 합니다.

Ⓢ 내 물건 내가 정리하는 습관을 가지도록 합니다.

Ⓢ 집안일을 하다 보니 내가 잃어버렸던 물건을 찾는 시간이 줄어들었습니다.

Ⓢ 엄마의 자유시간이 늘어나 온가족이 화목한 시간을 많이 가질 수 있었습니다.

7. 과정중심 수행평가지

활동지 1 우리 가족이 하는 집안일

〈활동지 1〉 우리 가족이 하는 집안일

가족과 함께하는 집안일

학년 반 번 이름( )

영 역	가정	실습일	년 월 일
주 제	가족과 함께하는 집안일	실습자	

활동 내용

◇ **예지의 하루**

예지네 집의 오늘 아침의 모습을 살펴봅시다.

1. 예지의 엄마는 오늘 아침에 어떤 집안 했나요?
   - 예지의 준비물을 찾아주었습니다.
   - 예지 아빠의 와이셔츠를 찾아주었습니다.
   - 아침밥을 차려 주었습니다.
   - 출근 준비를 하였습니다.

2. 우리집의 모습과 비교해봅시다.
   - 우리 집이랑 똑같습니다.
   - 우리 집은 아빠가 해주십니다.
   - 우리 집은 아침에 각자 준비합니다.

3. 예지네 집 만화를 보면 드는 생각은 어떤 점입니까?
   - 엄마가 많이 힘들어 보입니다.
   - 엄마만 집안일을 많이 하시는 것 같아서 속상합니다.
   - 엄마를 많이 도와드려야 겠다는 생각이 듭니다.

참고 자료: '집안일도 나누면 행복해져요', 교육부 (2020.11.06.)

활동지 2 집안일에는 무엇이 있을까?

〈활동지 2〉 집안일에는 무엇이 있을까?

가족과 함께하는 집안일

학년 반 번 이름( )

영 역	가정	주 제	가족과 함께하는 집안일	실습자		실습일	년 월 일
활동 내용							

◇ 우리 집의 집안일에는 무엇이 있을지 생각해봅시다.

활동지 3 단정한 집을 유지하는 10가지 습관

〈활동지 3〉 단정한 집을 유지하는 10가지 습관

가족과 함께하는 집안일

학년 반 번 이름( )

영 역	가정	실습일	년 월 일
주 제	가족과 함께하는 집안일	실습자	

활동 내용

◇ 단정한 집을 유지하는 10가지 습관

1. ______________________________

2. ______________________________

3. ______________________________

4. ______________________________

5. ______________________________

6. ______________________________

7. ______________________________

8. ______________________________

9. ______________________________

10. ______________________________

◇ 일주일동안 나의 모습 체크리스트

날짜	/	/	/	/	/	/	/
오늘은 어땠나요?							

____

____

8. 관계 지식

▣ 집안일의 뜻과 종류[12)]

집안일이란 무엇이 있을까요? 집안일이란 가정의 살림살이와 관련된 일을 말하는데 가족이 건강하고 편안하게 생활할 수 있도록 해주는 모든 일을 의미한다. 그러면 집안일에는 어떤 종류가 있을까요? 사람이 살아가는 데에는 의식주가 기본입니다. 먼저 의생활과 관련된 집안일에는 무엇이 있을까요? 빨래하기, 빨래 널기, 다림질하기, 빨래 개기, 옷 보관, 해진 옷 수선하기, 그리고 필요한 경우 옷을 구입하는 것도 포함된다.

그럼 식생활과 관련한 집안일에는 무엇이 있을까요? 음식 만들기, 상 차리기, 뒷정리하기, 설거지하기, 음식물 쓰레기 처리하기 하의 일이 있다.

다음으로 주생활과 관련한 집안일은 무엇이 있을까요? 청소하기, 정리 · 정돈하기, 쓰레기 분리배출하기, 집 수리하기 등의 일이 있다.

그 외에도 집안일에는 세금이나 공과금을 납부하고 물건을 구입하고 어른들의 경우 자녀를 돌보거나 노인을 봉양하기도 한다. 또한 생일이나 명절과 같은 행사를 하기도 하고 친지를 방문하는 것도 집안일이라고 할 수 있다. 이렇게 가족 모두가 건강하고 편안하게 생활할 수 있도록 해 주는 것이므로 꼭 필요한 일이라고 할 수 있다.

이렇게 꼭 필요하기도 하고 종류도 다양한 집안일은 매일 혹은 매월, 매년 되풀이되며 잔손이 많이 가기도 하고 신경 쓸 일이 많기까지 한다. 그럼에도 불구하고 집안일은 직접적인 대가가 주어지지 않기 때문에 가볍게 여겨져 노동의 가치를 인정받지 못하기도 한다.

▣ 맞벌이 부부의 가사 노동 시간 비교

우리나라는 전통적으로 남성이 사회에서 일을 하고 여성은 주로 전업주부로 집안일을 도맡아 하였다. 그러나 사회가 다변화되면서 여성의 사회 진출이 늘어나고 맞벌이 가정이 늘어나게 되었고 이것은 집안일의 분담이 가정의 문제가 되고 있다.

---

12) 집안일도 나누면 행복해져요, 교육부, 2020.11.06.,
https://m.post.naver.com/viewer/postView.nhn?volumeNo=29810456&memberNo=15194331

최근 남성의 가사분담률이 높아지기는 하였지만 여전히 가사는 여성이 맡아서 하는 것이라는 의식이 있어 남성은 집안일을 도와주는 사람일 뿐 함께 하는 사람이라는 의식은 부족한 실정이다.

2016년 충청지방통계청이 낸 '최근 5년간 통계로 본 세종지역 여성 · 남성의 삶' 보고서에 따르면 2016년 기준 세종시 기혼자들을 대상으로 설문조사한 결과 '가사는 남녀가 공평하게 분담해야 한다'라고 생각하는 비율이 남성은 45.4%, 여성은 59.5%였다. 하지만 실제로 공평하게 분담하고 있다고 응답한 비율은 남성이 18.7%, 여성은 18.8%였다. '생각'하는 비율보다 남성은 26.7%, 여성은 40.7%나 낮은 셈이다.

4 나만의 바나나 맛 우유 만들기

식품첨가물이란 식품 본래의 목적을 훼손하지 않는 범위에서 부패방지, 영양 강화, 착색, 착향 등의 목적으로 사용되는 화합물이다. 식품첨가물에 대한 바른 이해 속에서 우리가 먹는 음식에 대한 올바른 정보가 필요하다.

이번 활동 과제에서는 '바나나 맛 우유 KIT 만들기'를 통하여 식품첨가물의 종류를 살펴보고, 직접 바나나 맛 우유를 만들어 보고, 시중에 판매되는 가공식품의 식품구성표를 분석해 보는 것을 목표로 한다. 이를 통하여 식품에 대한 과학적인 원리와 우리가 먹는 식품에 대한 올바른 인식을 가지는 태도를 기르도록 구성되어 있다.

Keywords

바나나 맛 우유, 설탕, 식품첨가물, 착색료, 착향료

1. 대상 학년: 2~6학년

2. 교수 학습 모형: 프로젝트법

단계	본시 활동 요소
문제이해	• 바나나 맛 우유에는 바나나가 있을까? • 식품첨가물은 무엇일까?
해결 방안 연구	• 바나나 맛 우유는 어떻게 만들 수 있을까? • 시중 바나나 맛 우유 비교하기
실행하기	• 정제당, 착색료, 착향료의 양 계획하기 • 정제당, 착색료, 착향료의 양의 계획한 대로 수행하기 • 나만의 바나나 맛 우유 만들기
평가하기	• 나만의 바나나 맛 우유 평가하기 • 식품첨가물 분석하기

3. 교수 · 학습 자료

가. 재료: 치자가루, 우유, 정제당, 바나나 향 에센스

나. 도구: 빨대, 컵

다. 수업자료: 프레젠테이션 자료, 학습지, 평가지

4. 교수 · 학습 계획

가. 학습 주제: 나만의 바나나 맛 우유 만들기

나. 학습 목표

1) 식품첨가물을 분석할 수 있다.
2) 정제당, 착색료, 착향료에 대해 알며, 나만의 바나나 맛 우유를 만들 수 있다.
3) 앞으로 영양성분표시를 살펴보며 음식을 섭취할 수 있다.

다. 학습 형태: 개별학습

라. 학습 장소: 교실 또는 실과실습실

마. 평가 관점

1) 식품첨가물을 분석할 수 있는가?

2) 정제당, 착색료, 착향료를 알며, 나만의 바나나 맛 우유를 만들 수 있는가?

3) 앞으로 영양성분표시를 살펴보며 음식을 섭취할 수 있는가?

5. 지도상의 유의점

가. 정제당, 착색료, 착향료를 넣을 때 양을 조절하며 넣을 수 있도록 한다.

나. 식품첨가물을 왜 확인하며 음식을 먹어야 하는지 필요성을 알게 한다.

다. 앞으로 내 몸을 위한 건강한 음식물 섭취를 습관화할 수 있도록 한다.

6. 교수 · 학습 과정

<table>
<tr><th colspan="4">실과 교수·학습 과정안</th></tr>
<tr><td rowspan="2">학습 주제</td><td rowspan="2">나만의 바나나 맛 우유 만들기</td><td>학습 형태</td><td>개별학습</td></tr>
<tr><td>학습 모형</td><td>프로젝트법</td></tr>
<tr><td>학습 목표</td><td colspan="3">1) 식품첨가물을 분석할 수 있다.
2) 정제당, 착색료, 착향료에 대해 알며, 나만의 바나나 맛 우유를 만들 수 있다.
3) 앞으로 영양성분표시를 살펴보며 음식을 섭취할 수 있다.</td></tr>
</table>

가. 문제 이해

■ 바나나 맛 우유에는 바나나가 있을까?

T 평소 바나나 맛 우유를 먹어본 적이 있나요?

S 네, 목욕 끝나면 엄마랑 같이 노란색 바나나 맛 우유를 사 먹습니다.

S 저는 편의점에서 하얀 바나나 맛 우유를 먹었습니다.

S 엄마가 아침에 바나나와 우유를 갈아주셨습니다.

T 각자 먹었던 바나나 맛 우유의 색은 어떠한가요?

S 저는 노랗습니다.

S 저는 하얗습니다.

■ 식품첨가물은 무엇일까? **〈활동지 1〉**

– 식품첨가물, 알아보아요!

(https://youtu.be/_lnmh2Puc2E[13])

Ⓣ 식품첨가물이 무엇인가요?

Ⓢ 음식의 맛을 좋게 해요.

Ⓢ 음식의 향을 좋게 해요.

Ⓢ 음식의 색을 예쁘게 해요.

Ⓢ 음식의 모양을 예쁘게 해요.

Ⓢ 음식을 오랫동안 보관할 수 있게 해요.

Ⓣ 식품첨가물에는 무엇이 있나요?

Ⓢ 팽창제, 인공색소, 착향료, 첨가당이 있습니다.

나. 해결방안 연구

■ 바나나 맛 우유는 어떻게 만들 수 있을까?

Ⓣ 바나나 맛 우유는 어떻게 만들 수 있을까요?

Ⓢ 바나나와 우유를 갈아서 넣습니다.

Ⓢ 엄마가 바나나를 얼려 놓고 우유에 넣어서 갈아서 줍니다.

Ⓣ 그때 바나나 우유의 색깔은 어떤가요?

Ⓢ 제가 먹었던 것은 하얗습니다.

Ⓢ 제가 먹었던 것은 노랗습니다.

준비물 소개

가. 재료: 치자가루, 우유, 정제당, 바나나 향 에센스
나. 도구: 빨대, 컵

13) [2021 2차 어린이 교육] 식품첨가물, 알아보아요(2021.9.15.)

■ 시중 바나나 맛 우유 비교하기

Ⓣ 마트에서 사본 바나나 맛 우유를 먹어본 경험을 말해봅시다.

Ⓢ 노란색 바나나 맛 우유를 사먹어 보았습니다.

Ⓢ 저는 바나나 맛 우유인데 하얀색을 먹어보았습니다.

Ⓣ 각 우유의 성분표시를 살펴본 적이 있나요?

Ⓢ 저는 본 적이 없습니다.

Ⓢ 저는 살펴본 적은 있는데 이해가 잘 안 갔습니다.

Ⓢ 저는 칼로리를 살펴보며 간식을 구입합니다.

다. 실현하기

■ 정제당, 착색료, 착향료의 양 계획하기 **〈활동지 2〉**

Ⓣ 오늘은 바나나 맛 우유를 만들어보며 성분표시를 분석하고자 합니다. 먼저 정제당, 착색료, 착향료가 어떤 것인지 알아볼까요?

Ⓢ 정제당은 식품의 맛을 만들어 줍니다. 정제당을 넣으면 우유가 달아집니다.

Ⓢ 착색료는 식품의 색깔을 만들어 줍니다. 착색료를 넣으면 우유가 노랗게 변합니다.

Ⓢ 착향료는 식품의 냄새를 만들어 줍니다. 착향료를 넣으면 우유에서 바나나 향이 납니다.

Ⓣ 오늘은 바나나 맛 우유를 만드는 순서를 정해봅시다.

Ⓢ 저는 먼저 정제당의 양을 이용하여 우유를 달게 해보고 싶습니다.

Ⓢ 정제당을 저는 한 봉지만 넣고 싶습니다.

Ⓢ 저는 우유의 양을 보았을 때 정제당을 더 많이 넣어야 한다고 생각합니다.

Ⓢ 다음 착색료를 넣어서 우유의 색을 표현하고 싶습니다.

Ⓢ 다음 착향료를 넣어서 바나나 향을 표현하고 싶습니다.

■ 정제당, 착색료, 착향료의 양의 계획한 대로 수행하기

만드는 방법(1인용)

① 우유를 넣습니다.
② 정제당(설탕)을 넣고 맛을 봅니다.
③ 정제당(설탕)의 양을 조절합니다.
④ 착향료(바나나 에센스)를 5방울 넣습니다.
⑤ 미각과 후각을 이용하여 바나나 맛 우유를 만들어 봅니다.
⑥ 착색료(치자가루)를 넣어봅시다.
⑦ 나만의 '바나나 맛 우유'를 만들어 봅니다.

■ 나만의 바나나 맛 우유 만들기

나만의 바나나 맛 우유 만들기

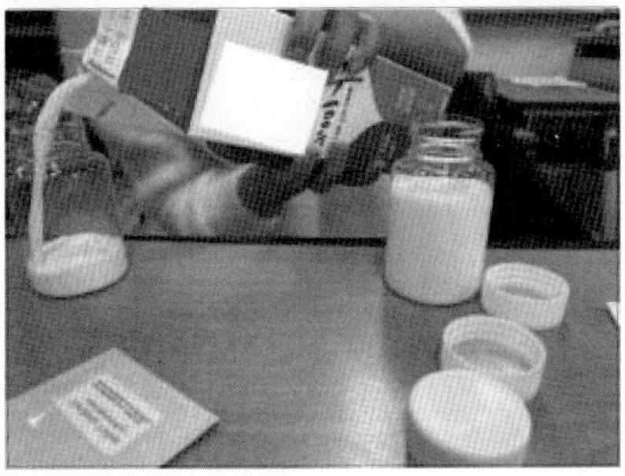

① 우유를 넣습니다.

② 정제당(설탕)을 넣고 맛을 봅니다.

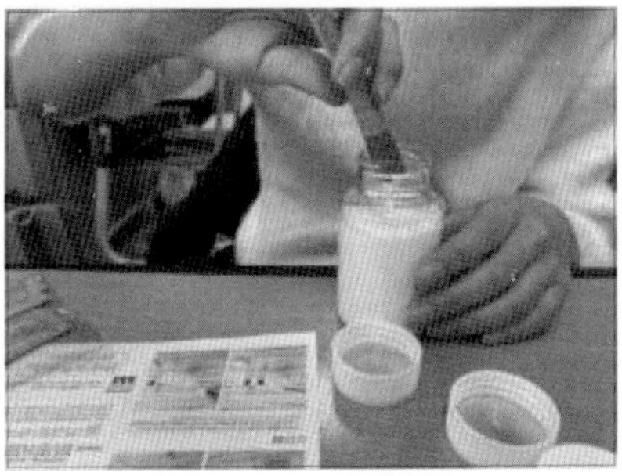

③ 정제당(설탕)의 양을 조절합니다.

④ 착향료(바나나 에센스)를 5방울 넣습니다.

⑤ 미각과 후각을 이용하여 바나나 맛 우유를 만들어 봅니다.

⑥ 착색료(치자가루)를 넣어봅시다.

⑦ 나만의 '바나나 맛 우유'만들어 봅니다.

⑧ 바나나 맛 우유 시음해봅시다(바나나 맛 우유 시음의 경우 주의가 필요하므로 원하지 않는 경우 눈으로만 비교하도록 할 필요가 있습니다.).

실습안전

① 우리가 먹는 음식을 만들기에 청결을 유지할 수 있도록 합니다.
② 치자가루를 너무 많이 넣지 않습니다.
③ 각 식품의 유통기한을 꼭 확인합니다.
④ 지나친 식품첨가물의 사용은 자제하며, 안전한 재료인지 꼭 확인해야 합니다.

라. 평가하기

■ 나만의 바나나 맛 우유 평가하기

Ⓣ 오늘 만든 바나나 맛 우유를 만들어 본 소감이 어떤가요?

Ⓢ 집에서 내가 만들어 먹는 '바나나 우유'와 사먹는 '바나나 맛 우유'의 차이점을 알 수 있었습니다.

Ⓢ 착향료로 바나나 맛 우유가 확 느껴졌습니다.

Ⓢ 착색료로 색을 변하게 할 수 있어서 재미있었습니다.

Ⓢ 내가 마시는 바나나 맛 우유에 들어간 성분을 알 수 있었습니다.

Ⓢ 바나나 맛 우유가 만들어진 과정을 알 수 있고, 우리가 마시는 우유 속에 들어있는 식품첨가물에 대해서 알 수 있었습니다.

Ⓢ 첨가물이 넣어서 우리가 먹는 음식에 맛과 향이 더욱 풍부해 진다는 것을 알 수 있었습니다.

■ 식품첨가물 분석하기 **〈활동지 3〉**

Ⓣ 마트에서 사온 음료를 보고 식품첨가물을 분석해 봅시다.

Ⓢ 저는 집에 있는 잼을 가져와 보았습니다.
잼을 봤더니 딸기 50%(국산), 설탕, 아미드펙틴, 구연산이 들어가 있습니다. 그 말은 즉 딸기가 반 들어가 있다는 것을 알 수 있었습니다.

Ⓢ 식품첨가물을 살펴보면서 먹으니까 내가 먹는 음식에 어떠한 재료들이 들어가는지 살펴보게 됩니다.

Ⓢ 식품첨가물을 보면서 영양 정보도 살펴보게 됩니다.

Ⓢ 내가 마신 딸기 우유의 성분을 보니까 딸기맛 향 에센스가 들어간다는 것을 알 수 있었습니다.

7. 과정중심 수행평가지

활동지 1 식품첨가물이란 무엇일까요?

〈활동지 1〉 식품첨가물이란 무엇일까요?

나만의 바나나 맛 우유 만들기

학년　　반　번　이름(　　　　　　　)

영 역	가정	실습일	년　월　일
주 제	나만의 바나나 맛 우유 만들기	실습자	
활동 내용			

1. 루키가 보여준 맛의 비밀은 무엇인가요?[14]
   - 식품첨가물 때문입니다.

2. 식품첨가물, 무엇일까요?

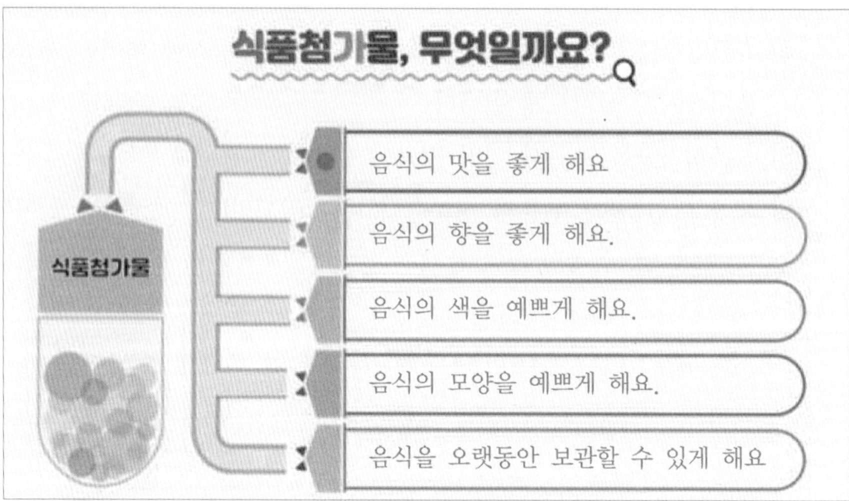

3. 식품첨가물에는 무엇이 있나요?
   - 팽창제, 인공색소, 착향료, 첨가당이 있습니다.

14) [2021 2차 어린이 교육] 식품첨가물, 알아보아요(2021.9.15.) https://youtu.be/_lnmh2Puc2E

활동지 2 정제당, 착색료, 착향료의 양 계획하기

〈활동지 2〉 정제당, 착색료, 착향료의 양 계획하기

나만의 바나나 맛 우유 만들기

학년 반 번 이름( )

영 역	가정	실습일	년 월 일
주 제	나만의 바나나 맛 우유 만들기	실습자	

활동 내용

◇ 조건에 맞게 과제를 해결합니다.

1. 나만의 바나나 맛 우유를 만들기 위한 재료를 살펴봅시다.
   ① 재료: 우유, 설탕(정제당), 바나나 향 에센스, 치자가루가 있습니다.
   ② 도구: 플라스틱 통, 빨대가 있습니다.

2. 나만의 바나나 맛 우유를 만들기 위한 과정을 확인해 봅시다.
   ① 우유를 넣습니다.
   ② 정제당(설탕)을 넣고 맛을 봅니다.
   ③ 정제당(설탕)의 양을 조절합니다.
   ④ 착향료를 5방울 넣습니다.
   ⑤ 미각과 후각을 이용하여 바나나 맛 우유를 만들어 봅니다.
   ⑥ 착색료를 넣어봅니다.
   ⑦ 나만의 '바나나 맛 우유'만들어 봅니다.

활동지 3 식품첨가물 분석하기

〈활동지 3〉 식품첨가물 분석하기

나만의 바나나 맛 우유 만들기

학년 반 번 이름( )

영 역	가정	실습일	년 월 일
주 제	나만의 바나나 맛 우유 만들기	실습자	
활동 내용			

1. 내가 사온 식품의 식품첨가물을 분석해 봅시다.
〈가공식품 포장지의 표시 정보를 보고 식품첨가물을 해석해 봅시다.〉

포장지를 붙이세요.

8. 관계 지식

▣ 식품첨가물에 대해 교육해야 하는 이유[15),16)]

식품첨가물은 식품에 인위적으로 첨가되는 것으로 모두 개별적으로 사용 목적, 사용 식품, 식품별 사용 기준이 정해져 있으며, 그 기준에 따라 사용되어야 한다. 그러나 대다수의 소비자들은 방송, 인터넷 등 다양한 매체 등을 통한 식품첨가물에 대한 잘못된 정보, 사업자의 식품첨가물 무첨가 마케팅 홍보 등으로 인해 식품첨가물에 대한 막연한 불안감과 함께 가공식품은 식품첨가물이 들어 있어서 위험하다고 생각하는 것으로 보고되고 있다(김정원, 2013)

따라서 최근 식품의약품안전처에서는 식품첨가물들의 소비 및 안전성 평가를 지속적으로 수행하며, 감미료, 보존료, 산화방지제, 표백제 등 기능별 식품첨가물에 대한 교육홍보 매체 개발 및 연구를 꾸준히 하고 있다. 하지만 소비자들의 식품첨가물에 대한 막연한 불안감 해소와 올바른 인식 개선을 위해서는 지속적인 식품첨가물 섭취 수준 모니터링과 안전성 평가, 그에 따른 과학적 사실을 포함한 정보 제공 노력이 지속적으로 이루어져야 하며, 소비자의 눈높이에 맞는 정보를 효과적으로 제공하는 것이 필요하다. 교사의 입장에서도 '식품첨가물'에 대한 교육이 이루어져야 할 필요성이 있다.

특히 어린이들은 가공식품 섭취 경향이 높을 뿐 아니라 식습관이 형성되는 시기이기 때문에 어린이의 눈높이에 맞는 식품첨가물에 대한 정보 제공이 더욱 필요하다. 맞벌이 가정의 증가로 어린이가 스스로 식품 구매를 결정하는 경우가 늘어났으며, 영양과 건강에 대한 지식이 부족한 어린이들은 잘못된 매체의 홍보에 쉽게 왜곡된 인식을 갖게 될 수 있다. 따라서 어린이 눈높이에 맞는 식품첨가물에 대한 올바른 정보 제공과 올바른 식품 선택 교육을 통해 식품첨가물에 대한 균형 잡힌 인식을 심어주고 안전한 식생활을 영위할 수 있도록 해야 한다(김경희, 최성희, 김정원,

---

15) 김정원(2013). 현대인들의 요구를 충족시켜주는 '식품첨가물' - 식품첨가물을 왜 사용해야 하나요? 과학과 기술, 529, 50-53.

16) 김경희, 최성희, 김정원(2011). 초등학생의 바른 식생활을 위한 식품첨가물 교육 매체 개발. 한국실과교육학회지, 24(2), 65-82.

2011). 또한 식품첨가물 중 착색료는 어린이들이 좋아하는 사탕, 음료수, 아이스크림 등에 주로 사용되는 식품첨가물로 착색료에 대한 어린이들의 인식 정도를 조사하여 착색료에 대해 보다 정확하고 구체적인 정보를 분석하고 올바른 섭취를 할 수 있도록 해야 한다.

5 DIY 면 생리대 만들어 후원하기

현대 사회에의 문화가 자본주의적, 도시화, 핵가족화, 개인화로 인하여 긍정적인 측면도 있지만 사회적, 복지적, 공동체적 삶은 과거보다 어려워지는 삶으로 변화하고 있다. 그로 인하여 과거에는 이웃의 어려움을 함께 도우며 극복해나가는 자발적인 상호부조의 기능이 잘 되었지만, 현재는 남을 위한 나눔과 배려는 잘 이루어지지 않고 있다. 누군가를 위해 기부하는 활동은 학생으로 하여금 인간의 기본적인 가치인 배려를 배울 수 있다.

이번 활동 과제에서는 월드비전을 통하여 생리대 KIT를 받아 면 생리대를 직접 만들어보고 이를 기부하여 생리대가 필요한 다른 친구에게 도움이 됨으로써 학생들로 하여금 교육적 가치를 가질 수 있도록 구성되어 있다.

Keywords

나눔과 배려, 생리대, 선한 영향력, 손바느질, 자립심, 후원

1. 대상 학년: 5~6학년

2. 교수 · 학습 모형: 실습법

단계	본시 활동 요소
실습활동의 목적 및 관련 지식 이해	• 성장과 발달 • 케냐, 탄자니아, 잠비아 국가에 면생리대를 왜 후원할까?
실습 과정 제시	• 재료 살펴보기 • 생리대를 만드는 과정, 방법, 유의점 살펴보기 (시각적 자료 제공)
기본 기능 시범 관찰	• 기초 바느질 익히기 – 시침질, 홈질, 박음질, 감침질 • '면생리대 만들기' 시범(영상) 제공하기 – 실습 순서, 실습 방법, 유의점 시범 제시
기본 기능 습득	• 면생리대 만들기 – 즉각적 피드백 제공 • 편지 작성하기
평가	• 직접 만들어서 선물하는 활동 소감 나누기

3. 교수 · 학습 자료

가. 재료: 면생리대 DIY 키트

나. 도구: 바늘, 실,

다. 수업자료: 프레젠테이션 자료, 학습지, 평가지

4. 교수 · 학습 계획

가. 학습 주제: 면 생리대 만들어 후원하기

나. 학습 목표

1) 내 몸의 성장을 통한 신체적 변화를 알 수 있다.

2) 기초 바느질을 할 수 있다.

3) 면생리대 후원을 통하여 '나눔과 배려'의 마음을 가질 수 있다.

다. 학습 형태: 협동학습

라. 학습 장소: 교실

마. 평가 관점

1) 내 몸의 성장을 통한 신체적 변화를 알 수 있는가?

2) 기초 바느질을 할 수 있는가?

3) 면생리대 후원을 통하여 '나눔과 배려'의 마음을 가질 수 있는가?

5. 지도상의 유의점

가. 내 몸의 성장을 통한 '신체적 변화'를 알고, 자연스러운 것임을 알 수 있도록 한다.

나. 바느질을 할 때 다치지 않도록 안전에 유의하며 만들 수 있도록 한다.

다. 후원의 진정한 의미를 알고, 그를 통해 '나눔과 배려'의 마음을 내면화할 수 있도록 한다.

6. 교수 · 학습 과정

<table>
<tr><th colspan="4">실과 교수·학습 과정안</th></tr>
<tr><td rowspan="2">학습 주제</td><td rowspan="2">DIY 면 생리대 만들어 후원하기</td><td>학습 형태</td><td>협동학습</td></tr>
<tr><td>학습 모형</td><td>실습법</td></tr>
<tr><td>학습 목표</td><td colspan="3">1) 내 몸의 성장을 통한 신체적 변화를 알 수 있다.
2) 기초 바느질을 할 수 있다.
3) 면생리대 후원을 통하여 '나눔과 배려'의 마음을 가질 수 있다.</td></tr>
</table>

가. 실습활동의 목적 및 관련 지식 이해

■ 성장과 발달 **〈활동지 1〉**

Ⓣ 건강한 발달이란 무엇일까요?

Ⓢ 발달을 할 때 '건강하게'라는 뜻은 무엇인가요?

S 건강하게 성장한다는 뜻인 거 같습니다.

S 내 몸의 성장을 바르게 한다는 뜻인 것 같습니다.

T 건강한 발달이란 신체적, 인지적, 정서적, 사회적으로 균형 있게 발달한다는 것입니다.

어느 한쪽만 치우치지 않고 골고루 균형 있는 발달이 필요합니다.

그럼 건강한 발달을 위해서 어떤 것이 필요할까요?

신체적 발달을 위해서는 어떤 노력이 필요할까요?

S 신체적 발달을 위해서는 규칙적인 습관이 필요합니다.

S 규칙적인 운동을 하고 밥을 골고루 먹습니다.

S 앉아만 있지 않고 운동을 합니다.

S 스트레스를 받지 않아야 합니다.

T 인지적 발달을 위해서는 어떤 노력이 필요할까요?

S 책을 읽습니다.

S 스스로 공부하는 습관을 가집니다.

S 다른 사람의 생각을 이해하려고 노력합니다.

T 정서적 발달을 위해서는 어떤 노력이 필요할까요?

S 나에 대해서 알아봅니다.

S 취미활동을 합니다.

S 여유를 가지고 긍정적으로 생각합니다.

S 일기를 쓰며 하루를 돌아봅니다.

T 사회적 발달을 위해서는 어떤 노력이 필요할까요?

S 친구들과 협동을 합니다.

S 다른 사람을 배려하는 마음을 가집니다.

S 사람들과 좋은 관계를 맺습니다.

S 나눔과 배려하는 마음을 실천합니다.

■ 케냐, 탄자니아, 잠비아 국가에 면생리대를 왜 후원해야 할까?

– 생리대 기부로 소녀들의 삶이 얼마나 바뀔까?

(https://youtu.be/usRCQ1FGtpc[17])

Ⓣ 아프리카 말라위 여학생들은 왜 학교를 결석하나요?

Ⓢ 생리기간이기 때문입니다.

Ⓢ 생리대가 없어서 학교를 가지 못합니다.

Ⓣ 생리대 대신에 무엇을 사용하나요?

Ⓢ 낡은 옷, 매트리스, 나뭇잎을 사용합니다.

Ⓣ 그럼에도 불구하고 이 친구들은 어떤 마음을 가지고 있나요?

Ⓢ 포기하지 않고 열심히 하려고 합니다.

Ⓢ 긍정적인 마인드를 가지고 있습니다.

Ⓢ 뭐든지 할 수 있다고 생각합니다.

Ⓣ 어떻게 긍정적인 마인드를 가질 수 있다고 생각하나요?

Ⓢ 주변에 도와주는 사람들이 많기 때문입니다.

Ⓣ 오늘 우리가 이 친구들을 도와주기 위해 면생리대를 만들어보고자 합니다.

나. 실습 과정 제시

■ 재료 살펴보기

Ⓣ DIY 면 생리대 키트 안을 살펴보겠습니다.

Ⓢ 면생리대 설명서가 있습니다.

Ⓢ 바늘과 실이 있습니다.

Ⓢ 엽서가 들어가 있어 친구들에게 편지를 쓸 수 있습니다.

Ⓢ QR코드도 있어서 쉽게 영상을 볼 수 있습니다.

준비물 소개

가. 재료: 면생리대 DIY 키트

나. 도구: 바늘, 실

다. 영상링크: https://youtu.be/NXm3zXMSs-I[18]

---

17) 생리대 기부로 소녀들의 삶이 얼마나 바뀔까?(2021.4.6.) , 굿네이버스

18) Basic for girls,월드비젼 DIY 면생리대 만들기, 월드비전

활동 방법

① 기초 바느질을 배웁니다.
홈질이란 일정한 간격을 두고 앞뒤로 박는 바느질입니다. 박음질은 앞뒤 모두 일자가 되도록 천 땀에서 뒤로 한 땀 간 다음, 두 땀 앞으로 전진하는 것을 반복해줍니다. 감침질이란, 바느질 선이 겉으로 드러나도록 두 원단을 완전히 관통시켜 실로 천을 감듯이 바느질 합니다.
※ 기초 바느질 기능을 제대로 익힐 수 있도록 연습을 충분히 합니다.
② 흡수 패드 위에 퀵 가이드를 대고 양 날개를 대칭으로 놓아둡니다.
※ 오른쪽 날개 똑 단추는 볼록 면이 아래로 향하게 놓아둡니다.
③ 날개 안쪽으로부터 7mm의 선을 따라 1차 박음질을 합니다.
④ 반대쪽 날개도 동일하게 박음질을 합니다.
⑤ 방수 패드 측면의 창구멍으로 손가락을 넣어 완전히 뒤집어 줍니다.
※ 뒤집었을 때 색상이 흐리다면 다시 선명한 부분을 찾아 뒤집어 줍니다.
⑥ 창구멍에 펜을 넣어 방수 패드를 끝까지 펴줍니다.
※ 끝까지 잘 펴주어야 생리혈이 새지 않습니다.
⑦ 창구멍을 감침질하여 막은 후 실밥을 정리합니다.
⑧ 퀵가이드로 바느질 위치를 확인 후, 방수배프 가장자리 전체를 둘러가며 홈질을 합니다.

■ 생리대를 만드는 과정, 방법, 유의점 살펴보기

Ⓣ 주의할 점에는 무엇이 있을까요?

Ⓢ 홈질, 박음질, 감침질을 잘 알고 구분해서 바느질을 해야 합니다.

Ⓢ 단추의 방향을 확인 후에 바느질을 합니다.

Ⓢ 펜을 넣어 끝까지 펴주어야 생리혈이 새지 않기 때문에 확인을 해야 합니다.

다. 기본 기능 시범 관찰 **〈활동지 2〉**

■ 기본 바느질 익히기

Ⓣ 홈질이란 무엇인가요?

Ⓢ 일정한 간격을 두고 앞뒤로 박는 바느질입니다.

Ⓣ 박음질이란 무엇인가요?

Ⓢ 박음질은 앞뒤 모두 일자가 되도록 천 땀에서 뒤로 한 땀 간 다음, 두 땀 앞으로 전진하는 것을 반복해줍니다.

Ⓣ 감침질이란 무엇인가요?

Ⓢ 바느질 선이 겉으로 드러나도록 두 원단을 완전히 관통시켜 실로 천을 감듯이 바느질합니다.

Ⓣ 홈질, 박음질, 감침질을 차분하게 연습해봅시다.

■ DIY '면생리대 만들기' 시범 제공하기

DIY 면생리대 만들기 만드는 방법

① 월드비전의 '면생리대 후원하기' DIY키트를 준비합니다.

⇨

② 재료를 확인합니다.
흡수패드, 바늘, 실, 단추, 엽서가 있는지 인합니다.

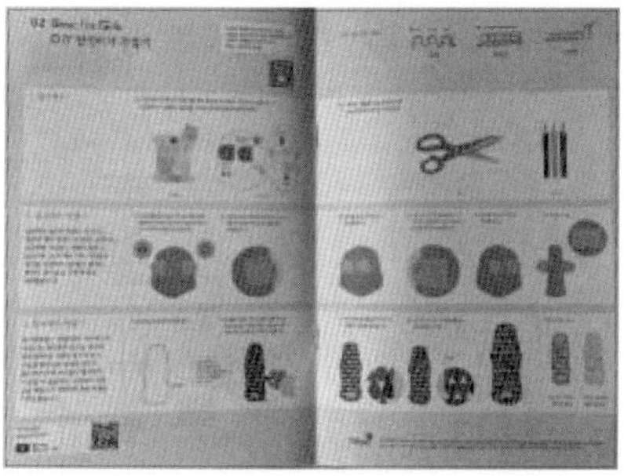

③ 설명서를 차근히 읽어봅니다.
영상을 바탕으로 다시 한번 과정을 확인합니다.

⇨

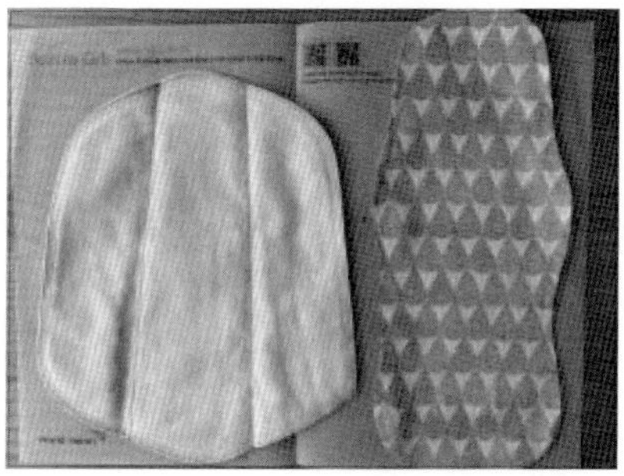

④ 흡수 패드 위에 퀵가이드를 대고 양 날개를 대칭으로 놓아둡니다.

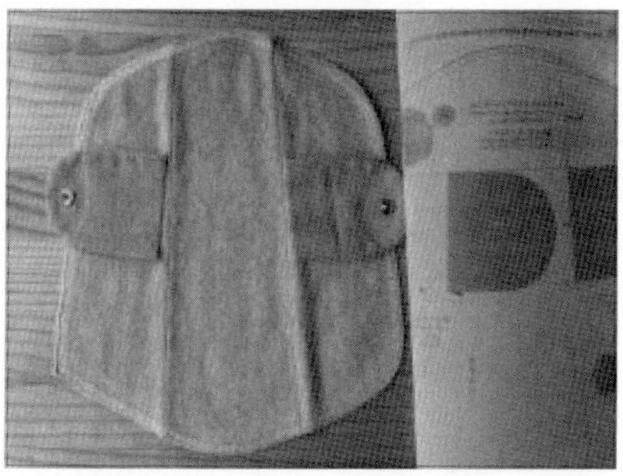

⑤ 오른쪽 날개 똑단추는 볼록면이 아래로 향하게 놓아둡니다.

⇨

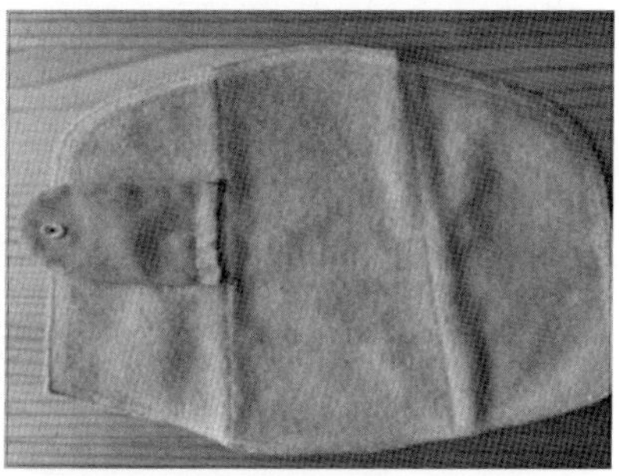

⑥ 날개 안쪽으로부터 7mm의 선을 따라 1차 박음질을 합니다.

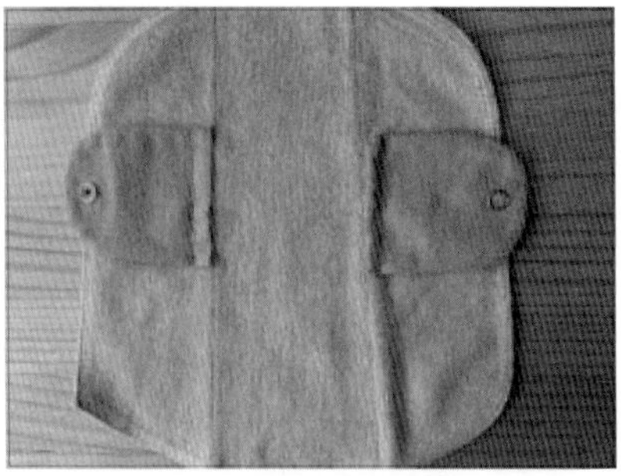

⑦ 반대쪽 날개도 동일하게 박음질을 합니다.

⑧ 방수 패드 측면의 창구멍으로 손가락을 넣어 완전히 뒤집어 줍니다.

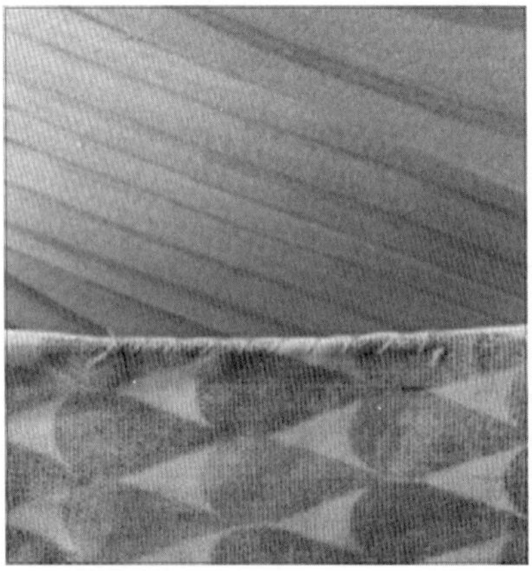

⑨ 창구멍을 감침질하여 막은 후 실밥을 정리합니다.

⑩ 감침질을 할 때는 두 개의 면이 확실하게 연결될 수 있도록 합니다.

⑪ 퀵가이드로 바느질 위치를 확인 후, 방수 패드 가장자리 전체를 둘러가며 홈질을 합니다.

⑫ 흡수패드 완성!

라. 기본 기능 습득

■ 면생리대 만들어 보기

T 홈질, 박음질, 감침질을 구분하며 만들어봅시다.

S 박음질이 어려운 것 같습니다.
두 땀 뒤로 갔다가 한 땀 앞으로 올 때 어렵습니다.

T 박음질을 할 때에는 일정한 간격으로 진행합니다.

S 감침질 하는 방법을 잘 모르겠습니다.

T 두 천이 하나의 천이 될 수 있도록 바느질을 합니다.

■ 편지 작성하기 **〈활동지 3〉**

T 잠비아에 있는 친구들에게 줄 면 생리대와 함께 친구에게 전할 말을 엽서에 적어봅시다.

S 내가 만든 면 생리대가 너에게 도움이 되면 좋겠어.

S 부족한 실력이지만 열심히 만들었어. 잘 사용해 주길 바래.

S 내가 만든 면 생리대가 누군가한테 도움이 된다는 게 나도 기쁘단다.

마. 평가

■ 직접 만들어서 선물하는 활동 소감 나누기

T 직접 면생리대를 만들어 본 소감을 나누어 봅시다.

S 생각보다 쉽고, 앞으로 나를 위한 생리대를 직접 만들어보려고 해봐야겠습니다.

S 바느질을 이용하여, 물건을 만든다는 게 신기하고 재미있었습니다.

S 누군가를 위해 면생리대를 만들어서 준다는 게 뿌듯하였습니다.

S 처음 기부활동을 해보았는데, 제 자신이 자랑스러웠습니다.
앞으로도 기부활동을 많이 해야겠습니다.

7. 과정중심 수행평가지

활동지 1 성장과 발달

〈활동지 1〉 성장과 발달

직접 만든 면생리대 후원하기

학년 반 번 이름( )

영 역	가정	실습일	년 월 일
주 제	DIY 면 생리대 만들어 후원하기	실습자	
활동 내용			

◇ **건강한 발달이란 무엇일까요?**

- 신체적, 인지적, 정서적, 사회적으로 균형 있게 발달한다는 것입니다.
- 어느 한쪽만 치우치지 않고 골고루 균형 있게 발달이 필요합니다.

◇ **신체적, 인지적, 정서적, 사회적으로 균형 있게 발달하려면 어떻게 해야 할까요?**

건강한 발달

신체적	인지적	정서적	사회적
1. 신체적 발달을 위해서는 규칙적인 습관이 필요합니다. 2. 규칙적인 운동을 하고 밥을 골고루 먹습니다. 3. 앉아만 있지 않고 운동을 합니다. 4. 스트레스를 받지 않아야 합니다.	1. 책을 읽습니다. 2. 스스로 공부하는 습관을 기릅니다. 3. 다른 사람의 생각을 이해하려고 노력합니다.	1. 나에 대해서 알아봅니다. 2. 취미활동을 합니다. 3. 여유를 가지고 긍정적으로 생각합니다. 4. 일기를 쓰며 하루를 돌아봅니다.	1. 친구들과 협동을 합니다. 2. 다른 사람을 배려하는 마음을 가집니다. 3. 사람들과 좋은 관계를 맺습니다. 4. 나눔과 배려하는 마음을 실천합니다.

〈활동지 2〉 기초 바느질 익히기

직접 만든 면생리대 후원하기

학년 반 번 이름( )

영 역	가정	실습일	년 월 일
주 제	DIY 면 생리대 만들어 후원하기	실습자	

활동 내용

◇ **'홈질'을 알아봅시다.**

그림 그려보기

1. 홈질은 어떻게 하는 건가요?
   - 일정한 간격을 두고 앞뒤로 박는 바느질입니다.

◇ **'박음질'을 알아봅시다.**

그림 그려보기

2. 박음질은 어떻게 하는 건가요?
   - 박음질은 앞뒤 모두 일자가 되도록 천 땀에서 뒤로 한 땀 간 다음, 두 땀 앞으로 전진하는 것을 반복해줍니다.

◇ **'김침질'을 알아봅시다.**

그림 그려보기

3. 감침질은 어떻게 하는 건가요?
   - 바느질 선이 겉으로 드러나도록 두 원단을 완전히 관통시켜 실로 천을 감듯이 바느질합니다.

◇ **바느질을 해 보니 어떤가요?**

- 바느질을 해 보니 우리의 옷이 만들어지는 과정이 손이 많이 간다는 것을 알 수 있었습니다. 그리고 옷을 소중히 여겨야겠다는 생각이 들었습니다.

활동지 3 편지쓰기

〈활동지 3〉 편지쓰기

직접 만든 면생리대 후원하기

학년 반 번 이름( )

영 역	가정	주 제	DIY 면 생리대 만들어 후원하기	실습일	년 월 일	실습자	
활동 내용							

8. 관계 지식

▣ 교육 기부의 교육적 가치[19)]

교육 기부는 기업, 대학, 공공기관, 개인 등 사회가 보유한 인적, 물적 자원을 유, 초, 중등 교육활동에 직접 활용할 수 있도록 비영리적으로 제공하는 것으로, 기관 보유 시설, 프로그램 및 이를 가공한 교육 자료의 제공, 악기 · 실험기자재, 영화 · 미술작품 임대 또는 무상 제공, 학생 동아리, 체험활동 등에 차량, 보험 제공, 강연, 멘토링, 지식 봉사 등을 포함하는 일체의 교육 활동을 의미한다(교육과학기술부, 2010a). 2010년 교육과학기술부(현 교육부)와 과학창의재단이 시행한 출연연과 대학이 제공하고 있는 교육기부 프로그램에 대한 조사에 따르면(교육과학기술부, 2010), 교육기부 주체자와 수혜자들 모두 교육기부 프로그램에 만족하고 있는 것으로 나타났다. 특히 학교 밖의 질 좋은 교육자원을 가지고 있는 기관의 방문으로 학생들의 지적 호기심을 불러일으키는 동기가 되었다는 반응을 보였다(신정순 외, 2015).

이번 면생리대 기부 교육을 통해서 시민성을 함양하고 있는 요소를 찾아내고자 하였다. 기부활동과 관련된 시민성 덕목을 찾아내고 국제 구호와 복지의 조화를 생각하며, 기부교육의 필요성과 학습방법을 제안하였다. 경험적 방법으로는 학생들의 기부활동이 형식에 그치지 않고 활성화되기 위한 방안과 청소년들이 기부를 특별하거나 어렵게 여기지 않고 실천하도록 교육적으로 가르칠 필요성이 있다고 생각되었다.

첫째, 나눔교육은 일시적이거나 한시적이지 않고 꾸준히 지속되어야 한다.

둘째, 나눔교육은 학교와 가정, 지역사회가 같이 연계하여 교육해야 한다.

셋째, 나눔교육이 지속적으로 학교-가정-지역사회에서 함께 이루어지려면 학습자의 눈높이에 맞는 다양한 나눔교육 프로그램들이 만들어져야 한다.

---

19) 강현주(2009). 시민성 함양을 위한 고등학교 청소년의 나눔교육, 한국교원대학교 대학원 석사학위논문.

6 친환경 레몬 알코올 소독제 만들기

코로나19로 인하여 소독에 관련된 제품이 많이 늘어났다. 우리가 흔히 사용하는 소독제 종류들은 액체형, 겔형, 티슈형 등이 있고, 분무기 형태로 사용하는 등 다양하게 사용하고 있다. 손뿐만 아니라 청소할 때도 소독제품은 현재 많이 사용하고 있다. 소독제품들의 일부는 화학용품으로 이루어져 피부에 닿으면 화상 등의 자극이 일어날 가능성이 있기에 조심조심 사용해야 한다. 소독이 생활화된 요즘, 우리 몸에 자극이 적은 친환경적인 소독제는 없을까 생각하며 친환경적인 소독제를 구상해보았다.

이번 활동 과제는 '친환경 레몬 알코올 소독제 만들기'를 통하여 레몬과 소독수를 합쳤을 때 어떤 반응이 생기는지 살펴보고, 직접 친환경 레몬 소독수를 만들어서, 우리 주변의 생활 때를 청소해 보도록 하는 것을 목표로 한다. 이를 통하여 생활과학 원리를 이해하고 청소하는 습관을 가질 수 있도록 하는 활동으로 구성되어 있다.

Keywords

내가 만드는 소독수, 레몬, 레몬소독수, 친환경소독제

1. 대상 학년: 2~6학년

2. 교수 · 학습 모형: 문제 해결 학습법

단계	본시 활동 요소
문제이해	• 우리가 사용하는 소독제품은 어떤 성분일까요? • 왜 레몬을 활용할까요?
해결 방안 연구	• 친환경 소독수는 어떻게 만들 수 있을까? • 시중 소독수 비교하기
실행하기	• 레몬의 양, 알코올의 양 계획하기 • 레몬의 양, 알코올의 양의 계획한 대로 수행하기 • 나만의 친환경 레몬 알코올 소독제 만들기
평가하기	• 나만의 친환경 레몬 알코올 소독제 평가하기

3. 교수 · 학습 자료

가. 재료: 레몬, 굵은 소금, 에탄올

나. 도구: 병, 분무기, 깔때기, 칼, 도마

다. 수업자료: 프레젠테이션 자료, 학습지, 평가지

4. 교수 · 학습 계획

가. 학습 주제: 친환경 레몬 알코올 소독제

나. 학습 목표

1) 친환경 레몬 알코올 소독제를 만드는 이유를 알 수 있다.

2) 레몬을 활용한 친환경 레몬 알코올 소독제를 만들 수 있다.

3) 친환경 레몬 알코올 소독제를 활용하여 청소하는 습관을 가질 수 있다.

다. 학습 형태: 개별학습

라. 학습 장소: 교실 또는 실과실습실

마. 평가 관점

1) 친환경 레몬 알코올 소독제를 만드는 이유를 알 수 있는가?

2) 레몬을 활용한 친환경 레몬 알코올 소독제를 만들 수 있는가?

3) 친환경 레몬 알코올 소독제를 활용하여 청소하는 습관을 가질 수 있는가?

5. 지도상의 유의점

가. 알코올 용품을 사용하기 때문에 피부에 직접적으로 닿지 않게 조심한다.

나. 레몬의 산성을 이용하여 염기성인 생활 때를 을 지울 수 있음을 알게 하고, 친환경 레몬 알코올 소독제를 생활 과학적인 측면에서 만들고자 함을 알게 한다.

다. 내가 만든 친환경 소독수를 활용하여 청소하는 습관을 가질 수 있도록 한다.

6. 교수·학습 과정

실과 교수·학습 과정안			
학습 주제	친환경 레몬 알코올 소독제 만들기	학습 형태	개별학습
		학습 모형	문제 해결 학습법
학습 목표	1) 친환경 레몬 알코올 소독제를 만드는 이유를 알 수 있다. 2) 레몬을 활용한 친환경 레몬 알코올 소독제를 만들 수 있다. 3) 친환경 레몬 알코올 소독제를 활용하여 청소하는 습관을 가질 수 있다.		

가. 문제 이해

■ 우리가 사용하는 소독제품은 어떤 성분일까요?

Ⓣ 우리가 평소에 사용하는 소독용 제품이 손에 닿았을 때 어떤 느낌이 드나요?

Ⓢ 손이 시원한 느낌이 듭니다.

Ⓢ 소독제를 손에 바르면 특유의 냄새가 납니다.

Ⓢ 락스 물이 손에 한번 닿은 적이 있는데 손이 따가웠습니다.

S 손에 닿자마자 시원한 촉감도 들었습니다.

T 왜 소독 제품들은 우리 몸에 닿으면 시원한 느낌이 들까요?

S 화학성분으로 이루어져 있기 때문입니다.

S 손에 닿자마자 금방 증발해 버리기 때문입니다.

T 이런 소독 제품들은 우리 몸에 어떤 영향을 미칠까요?

S 화학제품으로 이루어져 있다 보니, 눈이나 입에 들어가면 안 됩니다.

S 락스 물에 동전을 담그면, 동전이 녹습니다.

■ 왜 레몬을 활용할까요?

T 우리가 요즘 많이 사용하는 소독제는 어떤 특징을 가지고 있나요?

S 소독제를 이용하면 손에 있는 세균들이 없어집니다.

S 소독제 같은 경우는 우리 주변의 물건에 뿌려서 세균을 없앱니다.

T 그럼 소독제나 소독수의 경우 어떤 성질을 가지고 있을까요?

S 산성의 성질을 가지고 있습니다.

S 산성의 성질을 가지고 있기에 염기성인 생활 때를 없애줄 수 있습니다.

S 묵은 때를 없앨 때 소독수를 뿌려서 닦으면 깨끗하게 닦입니다.

나. 해결방안 연구

■ 친환경 레몬 알코올 소독제는 어떻게 만들 수 있을까요?

– 집에서 간단하게 만드는 레몬 에탄올 살균제
(https://youtu.be/rD7G6MLXqSY[20])

T 친환경 레몬 알코올 소독제는 어떻게 만들 수 있을까요?

S 레몬 껍질을 먼저 세척합니다.

S 깨끗하게 씻은 레몬 껍질을 작게 잘라 병에 담고, 에탄올을 넣어줍니다.

T 왜 레몬을 넣어줄까요?

S 레몬이 산성을 띠고 있으므로 염기성인 때를 잘 벗겨줍니다.

20) 집에서 간단하게 만드는 '레몬 에탄올 살균제'(2018.05.31.)

준비물 소개

가. 재료: 레몬, 굵은 소금, 에탄올
나. 도구: 병, 분무기, 깔때기, 칼, 도마

■ 시중 소독수와 비교해보기

Ⓣ 다른 소독수와 친환경 알코올 소독수는 어떤 차이가 있을까요?

Ⓢ 에탄올 냄새만 맡았을 땐 화학제품 향이 강했는데, 레몬을 넣으니 상큼한 향이 나서 냄새가 더 좋았습니다.

Ⓢ 레몬이 들어가 있어서 그냥 에탄올 보다 때가 더 잘 지워질 것 같습니다.

다. 실현하기

■ 레몬의 양, 알코올의 양 계획하기 **〈활동지 1〉**

Ⓣ 레몬의 양과 알코올의 양을 어떻게 하면 좋을까요?

Ⓢ 레몬 껍질이 1이면, 에탄올 2를 담습니다.

Ⓢ 저는 레몬향이 더 많이 났으면 하는 마음이 있어서, 레몬을 더 넣고 싶습니다.

Ⓢ 저는 많이 만들고 싶어서 양을 늘리고 싶습니다.

Ⓣ 각자의 양을 생각하며 어떻게 만들지 활동지 1에 적어봅시다.
주의할 점에는 무엇이 있을까요?

Ⓢ 알코올이 입이나 눈에 들어가지 않게 조심합니다.

Ⓢ 알코올이 장시간 손에 닿으면 피부에 좋지 않기 때문에 닿으면 바로 물로 씻을 수 있도록 합니다.

Ⓢ 분무기를 이용할 때 친구의 몸을 향하지 않게 하며, 물건에 뿌리도록 합니다.

Ⓢ 에탄올을 부을 때는 꼭 장갑을 끼고 합니다.

Ⓣ 친구들의 계획과 나의 계획을 비교해 봅시다.

Ⓢ 친구와 저는 레몬의 양이 다릅니다.

Ⓢ 친구는 저보다 알코올의 양이 훨씬 많습니다.

■ 레몬의 양, 알코올의 양의 계획한 대로 수행하기

만드는 방법(1인용)

① 레몬껍질을 깨끗하게 씻어줍니다.
② 깨끗하게 씻은 레몬 껍질을 작게 자릅니다.
③ 세척한 레몬 껍질을 소독된 유리병에 담고 레몬 껍질이 다 잠길 정도로 에탄올을 붓습니다.
④ 하루 동안 기다립니다.
⑤ 깔때기를 이용하여 분무기에 친환경 레몬 알코올 소독제를 담습니다.
⑥ 친환경 레몬 알코올 소독제를 이용하여 청소를 해봅시다.

■ 나만의 친환경 레몬 알코올 소독제 만들기

나만의 친환경 레몬 알코올 소독제 만들기

① 레몬껍질을 깨끗하게 씻어줍니다.

⇨

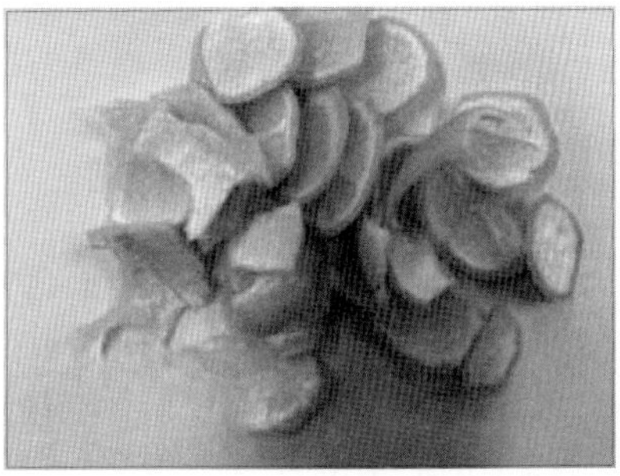

② 깨끗하게 씻은 레몬 껍질을 작게 자릅니다.

③ 세척한 레몬 껍질을 소독된 유리병에 담고 레몬 껍질이 다 잠길 정도로 에탄올을 붓습니다.

⇨

④ 하루 동안 기다립니다. (하루에서 이틀 숙성을 거치면 효과가 더 좋습니다.)

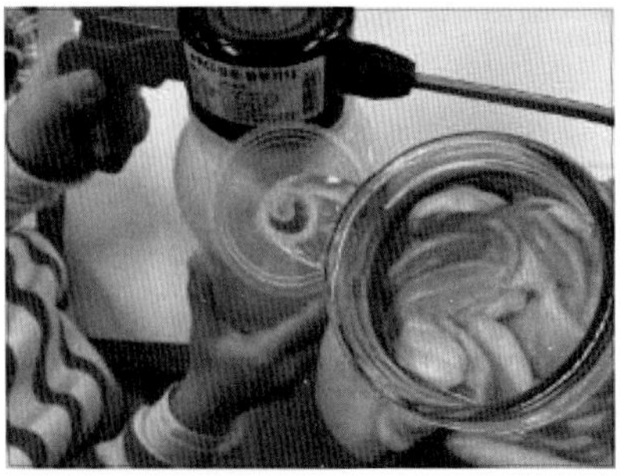

⑤ 깔때기를 이용하여 분무기에 친환경 레몬 알코올 소독제를 담습니다.

⇨

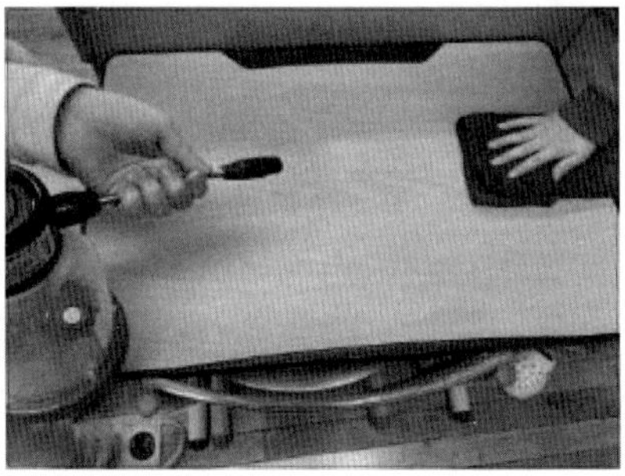

⑥ 친환경 레몬 알코올 소독제를 이용하여 청소를 해봅시다.

실습안전

① 알코올이 입이나 눈에 들어가지 않게 조심합니다.
② 알코올이 장시간 손에 닿으면 피부에 안 좋기 때문에 닿으면 바로 물로 씻을 수 있도록 합니다.
③ 분무기를 이용해서 뿌릴 때 친구의 몸을 향하지 않게 하며, 물건에 뿌리도록 안내합니다.
④ 에탄올을 이용할 때는 꼭 장갑을 끼고 합니다.

라. 평가하기

■ 나만의 친환경 레몬 알코올 소독제 평가하기

Ⓣ 오늘 나만의 친환경 레몬 알코올 소독제를 만들어 본 소감이 어떤가요?

Ⓢ 집에서 쉽게 소독제를 만들 수 있다는 것을 알 수 있었습니다.

Ⓢ 그냥 알코올 소독제를 이용하여 청소할 때는 화학제품의 냄새 때문에 머리가 아팠는데, 레몬이 들어가니깐 머리가 아프지 않았습니다.

Ⓢ 평소에 분무기 속에 알코올이 있으면 무색이어서 물인지 알코올인지 잘 구분이 안 갔는데, 레몬을 넣으니 색이 보여서 알코올 소독수라는 것을 한눈에 구분이 되었습니다.

Ⓢ 내가 만든 친환경 레몬 알코올 소독제를 이용해서 때를 벗기니 때가 더 잘 지워졌습니다.

Ⓢ 부모님을 도와 집안일을 도와드렸더니 칭찬을 받았습니다.

■ 나만의 친환경 레몬 알코올 소독제 만들기 평가하기 **〈활동지 2〉**

Ⓣ 내가 만든 친환경 레몬 알코올 소독제를 활용하여 집안일을 해볼까요? 내가 할 수 있는 집안일의 종류에는 어떤 것이 있을까요?

Ⓢ 전 빨래 널기를 해서 부모님을 도와드립니다.

Ⓢ 전 평소에 청소기를 밀고, 방바닥을 닦습니다.

Ⓢ 부모님과 함께 설거지를 합니다.

Ⓢ 아빠랑 같이 화장실 청소를 합니다.

Ⓢ 오늘 만든 친환경 알코올 소독수를 이용하면 묵은 때를 쉽게 벗길 수 있을 것 같습니다.

Ⓢ 가족이 다함께 친환경 레몬 알코올 소독제를 만들고, 이를 이용해서 집안일을 하면 좋을 것 같습니다.

Ⓣ 내가 할 수 있는 집안일을 정하고, 3주 동안 실천해보고 어땠는지 소감을 나누어봅시다.

7. 과정중심 수행평가지

활동지 1 레몬의 양, 알코올의 양 계획하기

〈활동지 1〉 레몬의 양, 알코올의 양 계획하기

친환경 레몬 알코올 소독제 만들기

학년 반 번 이름( )

영 역	가정	실습일	년 월 일
주 제	친환경 레몬 알코올 소독제 만들기	실습자	
활동 내용			

1. 레몬의 양과 알코올의 양을 정해봅시다.

레몬의 양:	알코올의 양:

- 레몬의 양과 알코올의 양을 1:2로 할 것입니다. 레몬의 양이 약 60g 정도 되니깐 알코올은 120L를 사용할 것입니다.

2. 만들 때 주의사항을 다시 한번 확인해 봅시다.
   ① 알코올이 입이나 눈에 들어가지 않게 조심합니다.
   ② 알코올이 장시간 손에 닿으면 피부에 안 좋기 때문에 닿으면 좋지 않기 때문에 바로 물로 씻을 수 있도록 합니다.
   ③ 분무기를 이용해서 뿌릴 때 친구의 몸을 향하지 않게 하며, 물건에 뿌리도록 안내합니다.
   ④ 에탄올을 이용할 때는 꼭 장갑을 끼고 합니다.

활동지 2 나만의 친환경 레몬 알코올 소독제를 이용하여 청소하기

〈활동지 2〉 나만의 친환경 레몬 알코올 소독제를 이용하여 청소하기

친환경 레몬 알코올 소독제 만들기

학년　반　번　이름(　　　　)

영 역	가정	주 제	친환경 레몬 알코올 소독제 만들기	실습일	년　월　일	실습자	
활동 내용							

★ 나만의 친환경 레몬 알코올 소독제를 이용하여 청소를 해봅시다.

〈 청소를 한 사진을 붙이거나 그림을 그려봅시다. 〉

☑ 내가 만든 친환경 레몬 알코올 소독제를 이용하여 주변을 청소해 봅시다.

1. 어디를 청소했나요?
   - 집에서 제 방을 청소했습니다.

2. 언제 청소를 했나요?
   - 학교 갔다 온 후 제 방 책상을 청소했습니다.

3. 청소를 하고 나서 기분이 어땠나요?
   - 제 방이 깨끗해진 모습을 보니깐 뿌듯했습니다.
   - 청소를 하고 나서 부모님께 칭찬을 받아서 기분이 좋았습니다.

8. 관계 지식

▣ 가정 내 10가지 레몬 사용법

① 쓰레기 처리: 아이스 큐브 트레이에 식초와 레몬 슬라이스를 넣고 얼립니다. 이 얼음 조각을 청소 및 환기가 필요한 쓰레기 더미 위에 놓으면 좋습니다.

② 냉장고: 스펀지를 이용하여 레몬즙을 빨아들이고 냉장고에 넣은 후 몇 시간 이후에 꺼냅니다. 그럼 악취를 제거시키는 것에 있어 베이킹 소다보다 탁월한 효과를 가지고 있습니다.

③ 방향제: 물을 끓인 후, 그 속에 레몬 껍질, 정향 그리고 계피 스틱을 넣습니다. 그리고 냄새를 없애고 싶은 곳에 두면 기존의 냄새를 없앨 수 있습니다.

④ 가습기: 가습기의 물에 레몬즙을 넣으면, 제품 탈취에 효과적입니다.

⑤ 입 냄새: 레몬 물을 마시면 입 냄새 제거에 효과적입니다. (입 안을 맹물로 헹군 후의 레몬 물을 마시면 치아 부식 예방에 도움이 됩니다.)

⑥ 쓰레기통: 몇몇 레몬 껍질을 쓰레기통에 넣으면 악취를 제거해 줍니다.

⑦ 손: 비누와 함께 레몬을 이용하여 손을 씻으면 마늘과 같이 지독한 냄새를 제거하는데 효과적입니다.

⑧ 전자레인지: 전자레인지 내의 음식 냄새가 거슬린다면, 한 그릇의 물에 레몬즙 그리고 레몬 슬라이스를 넣고 3분 동안 돌립니다. 그럼 전자레인지 속 음식 냄새를 제거해 줍니다.

⑨ 창문: 레몬 즙은 창문 유리의 기름기와 오염물을 제거해 줍니다. 옥수수 녹말, 식초 및 물과 혼합하여 창문 클리너로 사용하면 묵은 때가 사라집니다.

⑩ 물때 제거: 수도꼭지나 샤워기에 레몬을 문지릅니다. 물때를 제거하여 표면을 깨끗하게 해줍니다.

7 다식 만들기

우리나라에서 전통적으로 내려오는 과자를 한과류(韓果類)라고 한다. 양과(洋菓)와 구별하기 위해 붙여진 명칭이다. 곡식 가루를 반죽하여 기름에 지지거나 튀기는 유밀과, 가루를 꿀이나 조청으로 반죽하여 다식판에 박아낸 다식, 익힌 과일이나 뿌리 등을 조청이나 꿀에 조려 만든 정과, 과일을 삶아 걸러 굳힌 과편, 과일을 익혀서 다른 재료와 섞거나 조려서 만드는 숙실과, 견과나 곡식을 중탕한 뒤 조청에 버무려 만든 엿강정 등 여러 종류가 있다. 떡과 마찬가지로 전통 제례와 혼례 · 연회 등에 빼놓을 수 없는 음식이다.

이번 활동 과제는 우리의 전통적인 다과의 역사를 알고, 다과의 역사를 바탕으로 손쉽게 다식을 만드는 활동을 통하여 우리의 전통 간식을 소중히 하는 마음을 가지는 활동으로 구성되어 있다.

Keywords

건강한 다식, 다식 만들기, 다과의 역사

1. 대상 학년: 2~6학년

2. 교수·학습 모형: 실습법

단계	본시 활동 요소
실습활동의 목적 및 관련 지식 이해	• 우리에게 간식이란? • 임금님의 간식상 알아보기
실습 과정 제시	• 재료 살펴보기 • 다식을 만드는 과정, 방법, 유의점 살펴보기 (시각적 자료 제공)
기본 기능 시범 관찰	• 다식의 문양 살펴보기 • 다식 만들기 시범 제공하기 - 실습 순서, 실습 방법, 유의점 시범 제시
기본 기능 습득	• 다식 만들어 보기 - 즉각적 피드백 제공 • 차와 함께 다식 먹어보기
평가	• 실습 과정 및 결과 평가

3. 교수·학습 자료

가. 재료: 검은콩 가루, 꿀

나. 도구: 종이 그릇, 일회용 접시, 비닐장갑, 일회용 숟가락, 문양 틀

다. 수업자료: 프레젠테이션 자료, 학습지, 평가지

4. 교수·학습 계획

가. 학습 주제: 다식 만들기

나. 학습 목표

1) 다과의 역사를 이해할 수 있다.

2) 건강한 다식을 만들 수 있다.

3) 다식과 함께 차를 마시며 여유를 찾을 수 있다.

다. 학습 형태: 협동학습

라. 학습 장소: 교실

마. 평가 관점

1) 다과의 역사를 이해하였는가?

2) 건강한 다식을 만들 수 있는가?

3) 다식과 함께 차를 마시며 여유를 찾을 수 있는가?

5. 지도상의 유의점

가. 영양소를 고려한 '다식'을 만들며, 청결을 유지할 수 있도록 한다.

나. 과거 우리 역사 속 '다과'의 의미를 파악하며 다식 만들기를 할 수 있도록 한다.

다. 다식과 함께한 우리 전통 속의 차 문화를 알고, 마음의 안정을 취할 수 있도록 한다.

6. 교수 · 학습 과정

<table>
<tr><th colspan="4">실과 교수·학습 과정안</th></tr>
<tr><td rowspan="2">학습 주제</td><td rowspan="2">다식 만들기</td><td>학습 형태</td><td>협동학습</td></tr>
<tr><td>학습 모형</td><td>실습법</td></tr>
<tr><td>학습 목표</td><td colspan="3">1) 다식의 역사를 이해할 수 있다.
2) 건강한 다과를 만들 수 있다.
3) 다식과 함께 차를 마시며 여유를 찾을 수 있다.</td></tr>
</table>

가. 실습활동의 목적 및 관련 지식 이해

■ 우리에게 간식이란?

T 애들아, 혹시 최근에 먹은 간식이 있나요?

S 전 과자 먹었어요!!

Ⓢ 전 달고나 먹었어요~

Ⓢ 전 핫도그 먹었어요.

Ⓢ 전 겨울이라 호빵 먹었어요.

Ⓣ 우리 반 친구들 맛있는 음식을 먹었네요~
그럼 과거 임금님은 어떤 간식을 먹었을 것 같나요?

Ⓢ 과거 임금님은 한과를 먹었을 것 같습니다.

Ⓢ 추석 때 약과를 먹었는데, 과거부터 먹은 간식으로 알고 있습니다.

Ⓢ 엄마가 차를 많이 마시는데 옛날부터 차 문화를 많이 즐겼다고 들었습니다.

Ⓣ 간식은 무엇이라고 생각하나요?

Ⓢ 밥은 너무 부담되고, 그것보다 작은 느낌은 간소하게 먹을 수 있는 음식입니다.

Ⓢ 밥과 밥 사이에 먹는 음식입니다.

■ 임금님의 간식상 알아보기 **〈활동지 1〉**

- 클라스가 남달랐던 임금님의 간식상
(https://youtu.be/uByMz8FtcQI[21])

Ⓣ 정과는 어떤 음식일까요?

Ⓢ 과일이나 뿌리 채소를 꿀에다가 졸였습니다.

Ⓣ 매작과는 어떤 음식인가요?

Ⓢ 밀가루 반죽에 칼집 내어 꼬아서 튀긴 음식입니다.

Ⓣ 주악은 어떤 음식인가요?

Ⓢ 찹쌀가루를 반죽해 기름에 튀긴 음식입니다.

Ⓣ 마미체는 어떤 물건인가요?

Ⓢ 차 거름망입니다.

Ⓣ 서여향병은 무엇인가요?

Ⓢ 마로 만든 향기로운 떡입니다.

---

21) 클라스가 남달랐던 임금님의 간식상 (2021.5.5.)

Ⓣ 다과는 무엇과 함께 먹나요?

Ⓢ 다과는 차와 함께 먹었습니다.

Ⓣ 차를 마시면 마음이 어떨까요?

Ⓢ 차를 마시면 여유로운 느낌을 받을 수 있을 것 같습니다.

Ⓢ 마음이 편안해질 것 같습니다.

Ⓢ 힐링하는 시간을 가질 수 있을 것 같습니다.

나. 실습 과정 제시

■ 재료 살펴보기

Ⓣ 오늘 '다식 만들기'는 검은 콩가루로 진행하려고 합니다.
검은콩은 어디에 좋을까요?

Ⓢ 아빠가 흰머리 난다고 검은콩을 먹는 모습을 보았습니다.

Ⓢ 콩은 단백질로 되어있어 몸에 좋습니다.

Ⓣ 문양 틀은 어떻게 사용될까요?

Ⓢ 반죽된 검은콩 가루를 넣어 찍는 데 사용할 것 같습니다.

준비물 소개

가. 재료: 검은콩 가루, 꿀
나. 도구: 종이 그릇, 일회용 접시, 비닐장갑, 일회용 숟가락, 문양 틀

활동 방법

① **그릇에 검은콩 가루와 꿀을 넣어 섞습니다.**
※ 검은콩 가루가 주변에 많이 튈 수가 있기 때문에 바닥에 신문을 깔고 하는 것이 좋습니다.

② **검은콩 가루와 꿀이 잘 섞이도록 반죽합니다.**
※ 손으로 반죽하기에 청결을 유지하여 안전하게 요리할 수 있도록 합니다.

③ **문양 틀 위에 반죽된 검은콩 가루를 넣고 찍습니다.**
※ 문양 틀 위에 비닐봉지를 덧대서 검은콩 가루 반죽이 잘 떨어질 수 있도록 합니다.
※ 문양 틀 위에 찍을 때에는 꾹꾹 눌러 틀이 잘 찍힐 수 있도록 합니다.

■ 다식을 만드는 과정, 방법, 유의점 살펴보기

Ⓣ 지금부터 다식 만들기를 진행하겠습니다. 만드는 과정을 보며 유의할 점을 살펴봅시다.

Ⓢ 다식을 만들 때는 먹는 음식이기 때문에 꼭 위생을 철저히 합니다.

Ⓢ 위생장갑, 앞치마, 위생 모자를 꼭 씁니다.

Ⓢ 반죽을 할 때는 가루가 많이 떨어지지 않도록 조심합니다.

다. 기본 기능 시범 관찰

■ 다식의 문양 살펴보기

Ⓣ 다식의 문양이 어떤 문양인가요?

Ⓢ 태극기의 가운데 원 부분이랑 똑같은 것 같습니다.

Ⓢ 한국의 전통 문양같이 생겼습니다.

Ⓢ 연꽃 모양같이 생겼습니다.

Ⓢ 기와집에 찍혀있는 문양들이 있는 것 같습니다.

■ 다식 시범 제공하기

실습안전

① 우리가 먹는 음식을 만들기에 청결을 유지할 수 있도록 합니다.
② 실습 재료들이 눈에 들어가지 않도록 조심합니다.
③ 식재료들이 상하지 않게 보관합니다.
④ 각 식품의 유통기한을 꼭 확인합니다.

다식을 만드는 방법

① 기본 재료인 검은콩 가루, 꿀, 문양틀, 종이 그릇, 일회용 접시, 일회용 숟가락, 비닐장갑을 준비합니다.

⇨

② 종이 그릇 안에 검은콩가루와 꿀을 넣을 준비를 합니다.

③ 검은콩 가루를 넣고 검은콩 가루를 잘게 부숴줍니다.

⇨

④ 부서진 검은콩 가루 반죽이 물러지지 않도록 꿀을 조금씩 뿌려줍니다.

⑤ 검은콩 가루와 꿀이 잘 혼합되도록 일회용 숟가락으로 섞어줍니다.

⇨

⑥ 잘 뭉쳐질 수 있도록 장갑을 끼고 뭉쳐줍니다.

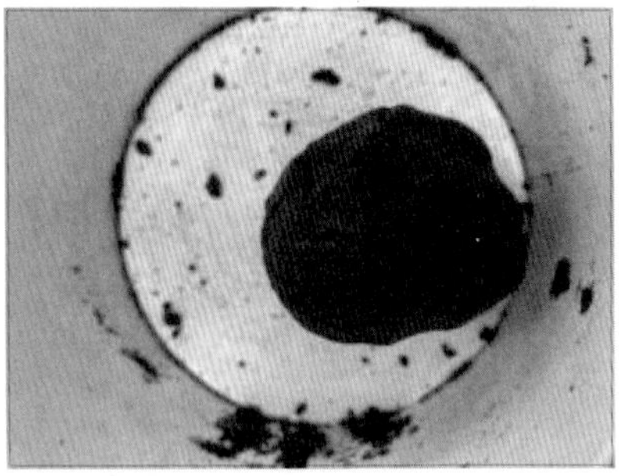

⑦ 검은콩 가루와 꿀이 잘 섞이도록 뭉쳐주며, 윤기가 나는지 확인합니다.

⇨

⑧ 찍고 나서 반죽이 잘 빠지도록 문양틀 위에 비닐로 씌워줍니다.

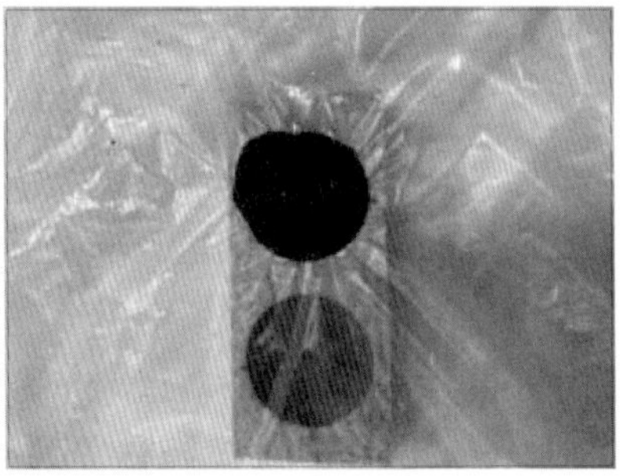

⑨ 비닐을 씌운 문양 틀 위에 검은콩 반죽을 꾹꾹 눌러줍니다.

⇨

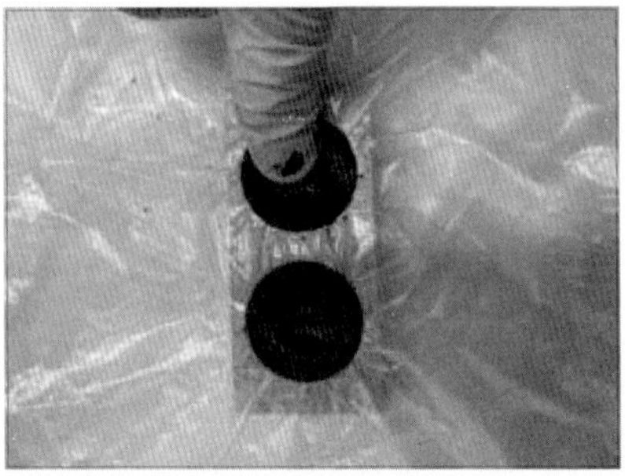

⑩ 문양이 정확하게 찍히도록 엄지손가락으로 꾹꾹 눌러주며, 위는 편평하게 만들어 줍니다.

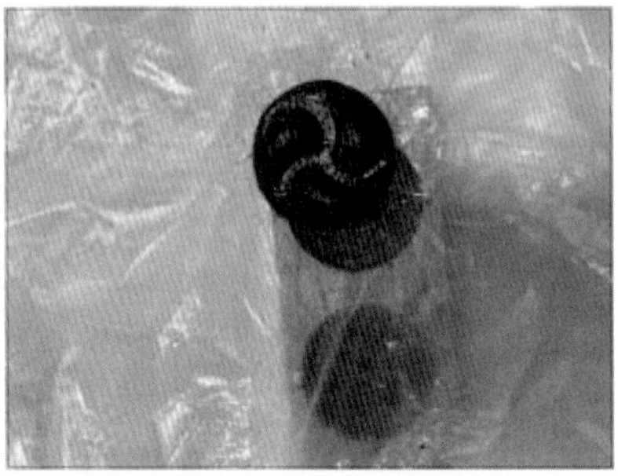

⑪ 조심스럽게 꺼내어 문양 틀 모양이 잘 찍혔는지 확인합니다.

⇨

⑫ 친구들과 다식을 만들고 접시에 예쁘게 담아 봅시다.

라. 기본 기능 습득

■ 다식 만들기

Ⓣ 다식을 만들 때는 반죽이 잘 되도록 많이 뭉쳐줍니다.

Ⓣ 반죽이 윤이 날 수 있도록 꿀의 양을 조절하며 조금씩 넣어줍니다. 꿀의 양이 너무 많으면 다과가 달고, 너무 적으면 잘 뭉쳐지지 않습니다.

Ⓣ 문양을 찍을 때는 꾹꾹 눌러서 찍어줍니다.

Ⓣ 과거 임금님의 간식상을 차리듯 다과를 그릇 위에 예쁘게 올려줍니다.

■ 차와 함께 다식 먹어보기

Ⓣ 다식을 먹을 때 차와 함께 마셔보도록 합니다. 차와 함께 마시니 어떤가요?

Ⓢ 다식을 차와 함께 마시니 소화도 잘됩니다.

Ⓢ 차를 마시니 마음이 편안해집니다.

마. 평가

■ 실습과정 및 결과 평가 **〈활동지 2〉**

Ⓣ 직접 다식을 만들어보니 어떤가요?

Ⓢ 옛날 전통 다식이어서 어려운 줄 알았는데 너무 쉽고 재미있었습니다.

Ⓢ 집에서도 쉽게 만들 수 있을 것 같습니다.

Ⓢ 검은콩 가루만이 아니라 다양한 가루를 사용해서 다식을 만들 수 있을 것 같습니다.

Ⓢ 다양한 문양으로 다식을 만들어보고 싶습니다.

Ⓢ 가족들과 함께 만들고 차를 마시며 여유를 즐겨보고 싶습니다.

Ⓢ 임금님의 전통 간식상을 차리고 먹어보니 제가 임금님이 된 것 같은 기분이 듭니다.

■ 실습과정 및 결과 평가

① 다과의 역사를 알 수 있는가?

② 영양소를 확인하며 건강한 다식을 만들 수 있는가?

③ 다식과 함께 차를 마시며 여유를 찾을 수 있는가?

7. 과정중심 수행평가지

활동지 1 다과의 역사

〈활동지 1〉 다과의 역사

다식 만들기

학년　　반　　번　　이름(　　　　　　　)

영　역	가정	실습일	년　　월　　일
주　제	다식 만들기	실습자	
활동 내용			

◇ 조선시대 '王' 체험

현진이는 오늘 궁중 체험을 하러 경복궁 '생과방'에 놀러 갔습니다. 현진이가 오늘 체험한 하루를 살펴볼까요?

1. 현진이가 먹은 간식은 무엇인가요?
   - 정과입니다.

1-1. 어떤 음식인가요?
   - 과일이나 뿌리채소를 꿀에 졸인 간식입니다.

2. 이 음식은 무엇인가요?
   - 매작과입니다.

2-1. 어떤 음식인가요?
   - 밀가루 반죽에 칼집을 내고 꼬아서 튀긴 음식입니다.

◇ 조선시대 '王'의 하루

현진이는 맛있는 다식을 먹으면서 과거 王들이 하루에 간식을 몇 번 먹었는지 궁금해졌습니다. 다음 '조선왕조실록'을 보며 王의 하루를 살펴봅시다.

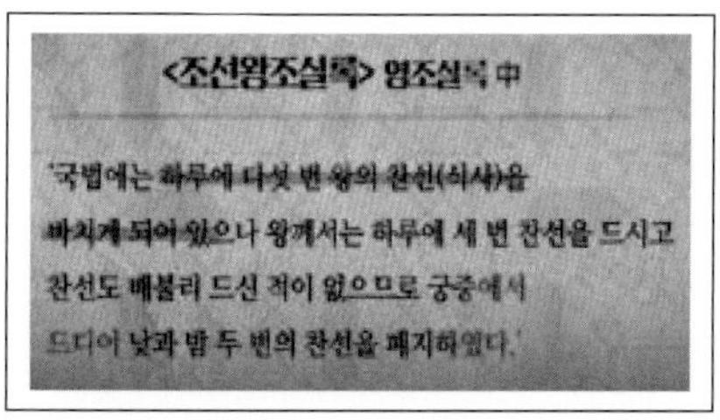

1. 왕은 하루에 몇 번의 간식상을 먹었나요?
   - 2번입니다.

2. 모든 간식을 다 먹었나요?
   - 아니요, 적게 먹었습니다.

활동지 2 다식 만들기 소감 나누기

〈활동지 2〉 다식 만들기 소감 나누기

다식 만들기

학년 반 번 이름( )

영 역	가정	실습일	년 월 일
주 제	다식 만들기 소감 나누기	실습자	

활동 내용

◇ **내가 찍은 전통 문양을 그려봅시다.**

색연필로 전통 무늬 색으로 꾸며 봅시다.

◇ **평가를 해봅시다.**

평가 내용	
① 다식의 역사를 알 수 있는가?	♡♡♡♡♡
② 영양소를 확인하며 건강한 다식을 만들 수 있는가?	♡♡♡♡♡
③ 다식과 함께 차를 마시며 여유를 찾을 수 있는가?	♡♡♡♡♡

8. 관계 지식

▣ 다과의 역사[22)]

우리의 전통 차에는 다식이 많이 사용되고 있으며 다식이란 다식판에 재료를 넣고 다식 틀에서 찍어내는 우리의 전통이 담겨 있는 한과류에 포함된다. 다식은 찻자리를 풍요롭게 만들고 차 문화가 발전하면서 차를 즐기는 사람에게 시각적, 미각적으로 즐거움을 주고 있다. 다식의 문양과 다양한 색상에는 예술적인 감각과 품격이 담겨 있으며 여기에 문양의 의미까지 알고 활용하면 그 특별함이 더할 것이다.

다식은 다식판에 재료를 넣고 찍어내어 만드는 음식으로 우리 민족의 오랜 전통이 담겨 있다. 18세기가 되자 다식의 재료가 다양해지면서 여러 색상의 다식이 만들어졌다. 차와 함께 먹는 다식은 우리 고유의 음식으로 차 마시는 풍습과 함께 제례와 혼례 등의 통과의례와 다과상, 진다례, 다정 모임, 연회 등에 필수적으로 오르는 음식이며 국가적인 행사에도 사용되었다. 차 문화에서 다식의 역할은 기존의 다식 개념뿐만 아니며 차와 어울리는 재료로 전통을 주제로 하여 미각적인 측면과 시각적인 측면을 충분히 표현할 수 있다.

다식의 활동 속에서 차문화와 전통다과를 알 수 있으며, 우리의 전통생활문화를 살펴봄으로써 식생활을 통한 우리의 전통을 중요하게 가지는 마음을 가질 수 있다.

---

22) 한식재단, 세계인을 위한 한국음식, 한림출판사(2014)

8 양말목 티 코스터 만들기

업사이클링(upcycling)이란 기존에 버려지는 제품을 단순히 재활용하는 차원을 넘어서 디자인을 가미하는 등 새로운 가치를 창출하여 새로운 제품으로 재탄생시키는 것을 말한다. 업사이클링의 우리말 표현은 '새 활용'이다. 생활 속에서 버려지거나 쓸모없어진 것을 수선해 재사용하는 리사이클링(recycling)의 상위 개념으로, 기존에 버려지던 제품을 단순히 재활용하는 차원에서 더 나아가 새로운 가치를 더해(upgrade) 전혀 다른 제품으로 다시 생산하는 것(recycling)을 말한다.

이번 활동 과제는 공장에서 양말을 만들 때 나오는 부산물인 양말목을 활용하여 직물의 조직 원리를 이해하고, 씨실과 날실의 조직방법의 이해를 바탕으로 티 코스터를 만들려고 한다. 나아가서 양말목을 활용한 여러 가지 생활용품 만들기까지 학습하게 함으로써 생활화가 가능하도록 구성되어 있다.

Keywords

양말목 만들기, 업사이클링, 재활용, 티 코스터

1. 대상 학년: 3~6학년

2. 교수 · 학습 모형: 실습법

단계	본시 활동 요소
실습활동의 목적 및 관련 지식 이해	• 내가 버린 일회용품의 양을 살펴보기 • 업사이클링이란?
실습 과정 제시	• 직물의 조직 원리 살펴보기 • 재료 살펴보기
기본 기능 시범 관찰	• 양말목 티 코스터를 만드는 방법 및 과정의 유의점 살펴보기 (시각적 자료 제공) • 씨실과 날실 조직 시범 제공하기 – 실습 순서, 실습방법, 유의점 시범 제시
기본 기능 습득	• 양말목 티 코스터 만들어 보기 – 즉각적 피드백 제공
평가	• 실습과정 및 결과 평가

3. 교수 · 학습 자료

가. 재료: 양말목

나. 도구: 직조틀

다. 수업자료: 프레젠테이션 자료, 학습지, 평가지

4. 교수 · 학습 계획

가. 학습 주제: 양말목 티 코스터 만들기

나. 학습 목표

1) 직물의 조직 원리를 알 수 있다.

2) 씨실과 날실의 조직 방법을 알고, 티 코스터를 만들 수 있다.

3) 양말목을 활용하여 다양한 생활소품을 변형하여 만들 수 있다.

다. 학습 형태: 협동학습

라. 학습 장소: 교실

마. 평가 관점

1) 직물의 조직 원리를 알 수 있는가?

2) 씨실과 날실의 조직 방법을 알고, 티 코스터를 만들 수 있는가?

3) 양말목을 활용하여 다양한 생활소품을 변형하여 만들 수 있는가?

5. 지도상의 유의점

가. 환경오염을 줄이기 위한 업사이클링의 의미를 알고, 절약하는 마음을 가질 수 있도록 한다.

나. 의류의 제작원리를 알고, 내 옷의 직물의 조직원리를 파악할 수 있도록 한다.

다. 양말목을 활용하여 만든 소품의 제작원리를 알고, 다양한 생활용품을 자기주도적으로 만들 수 있도록 한다.

6. 교수 · 학습 과정

<table>
<tr><th colspan="4">실과 교수·학습 과정안</th></tr>
<tr><td rowspan="2">학습 주제</td><td rowspan="2">양말목 티 코스터 만들기</td><td>학습 형태</td><td>개별학습</td></tr>
<tr><td>학습 모형</td><td>실습법</td></tr>
<tr><td>학습 목표</td><td colspan="3">1) 직물의 조직 원리를 알 수 있다.
2) 씨실과 날실의 조직 방법을 알고, 티 코스터를 만들 수 있다.
3) 양말목을 활용하여 다양한 생활소품을 변형하여 만들 수 있다.</td></tr>
</table>

가. 실습활동의 목적 및 관련 지식 이해

■ 내가 버린 일회용품의 양을 살펴보기

Ⓣ 최근 내가 버린 일회용품 쓰레기는 어떤 것이 있는지 살펴봅시다.

Ⓢ 전 과자를 먹고 과자봉투를 버렸습니다.

Ⓢ 전 편의점에서 라면 먹을 때 일회용 젓가락을 사용했습니다.

Ⓢ 엄마랑 카페를 갔는데, 엄마가 커피를 일회용 컵에 담아 마시고 버렸습니다.

Ⓢ 전 500ml 페트병을 사용하고 버렸습니다.

Ⓣ 우리가 버린 쓰레기들은 다 어디로 갈까요?

Ⓢ 최근 뉴스에서 바다에 버려진 모습을 보았습니다.

Ⓢ 쓰레기 더미 산을 본 적이 있습니다.

Ⓢ 땅 속에 묻지 않을까요?

■ 업사이클링이란? **〈활동지 1〉**

– 버려진 물건이 새로운 가치를 가지고 다시 태어난다, 업사이클링(upcycling)산업(https://youtu.be/at4VSLsFK28[23]))

Ⓣ 업사이클링의 뜻을 아는 친구들 있을까요?

Ⓢ Up+Cycling 이 합쳐진 말이니깐 다시 위로 순환되다의 뜻일까요?

Ⓢ 새로 만들어지는 뜻인 것 같습니다.

Ⓢ 저희가 버린 쓰레기들이 재탄생을 한다는 의미인 것 같습니다.

Ⓣ 영상에서 나온 업사이클링 가방의 경우 어떠한 특징이 있나요?

Ⓢ 모두 다른 트럭 방수천을 사용하기 때문에 같은 디자인이 나올 수 없습니다.

Ⓢ 남들과는 다른 가방을 가질 수 있어 '희소성'이 있습니다.

Ⓢ 제품의 이야기가 들어있습니다.

Ⓣ 이처럼 새로운 디자인을 접목해 새로운 물건을 만드는 것을 'Up Cycling'이라고 합니다. 업사이클링 제품에는 무엇이 있나요?

Ⓢ 유리 조각으로 만든 목걸이가 있습니다.

Ⓢ 폐천으로 만든 가방이 있습니다.

Ⓢ 자투리 가죽으로 만든 동전 지갑이 있습니다.

Ⓢ 폐소방호스로 가방을 만들었습니다.

---

23) 버려진 물건이 새로운 가치를 가지고 다시 태어난다, 업사이클링(upcycling) 산업(2015.12.3.)

Ⓢ 저는 집에서 안 입는 양말로 인형을 만들어보았습니다.

나. 실습 과정 제시

■ 직물의 조직 원리 살펴보기 **〈활동지 2〉**

Ⓣ 씨실과 날실의 방향은 서로 어떠한가요?

Ⓢ 수직입니다.

Ⓣ 직물의 조직에는 3가지가 있습니다. 평직/능직/수자직이 있습니다.
평직은 한 올씩 서로 교차 조직된 것으로, 간단하고 긴밀해서 질깁니다.
능직은 두 올 이상 교차 조직된 것으로, 평직보다 덜 구겨지고 윤기가 납니다.
수자직은 다섯 올 이상 교차된 것으로, 능직보다 더 부드럽고 광택이 많아 드레스에서 많이 쓰입니다.

Ⓣ 학습지에 원리를 살펴보며 작성해 봅시다.

■ 재료 살펴보기

Ⓣ 오늘'양말목 티 코스터 만들기'에는 양말목으로 진행하려고 합니다.
양말목은 어디서 나온 걸까요?

Ⓢ 양말목은 양말을 만들 때 나오는 부산물입니다.
공장에서 양말을 만들면서 산더미만큼 나오는 양말목들은 다 버려집니다.

Ⓣ 이 양말목을 이용해서 다시 멋진 생활용품으로 만들 수 있습니다.
오늘 그 중 한 가지인 티 코스터를 만들어 보려고 합니다. 티 코스터란 무엇일까요?

Ⓢ 티 코스터는 편성물로 만든 컵받침을 의미합니다.

준비물 소개

가. 재료: 양말목 **나. 도구:** 직조틀

다. 기본 기능 시범 관찰

■ 씨실과 날실 조직 시범 제공하기

Ⓣ 씨실과 날실을 직조틀에 끼워보겠습니다. 먼저 양말목을 평행하게 끼워줍니다.

반대 방향으로 다시 끼워줍니다. 한쪽이 위로 가게 끼우고, 지그재그로 위아래로 번갈아 가면서 끼워줍니다.

■ 양말목 티 코스터를 만드는 방법 및 과정의 유의점 살펴보기

– 양말목공예 1단계: 티매트(https://youtu.be/fmMbaRZ9og0[24])

Ⓣ 주의할 점은 무엇이 있을까요?

Ⓢ 처음 끼울 때 평행을 유지하게 끼워야 합니다.

Ⓢ 지그재그로 끼울 때 양말목이 꼬이지 않고 평행을 유지하도록 끼워주는 게 모양을 예쁘게 만들 수 있습니다.

Ⓢ 빼먹은 고리가 없는지 확인합니다.

활동 방법

① 양말목을 직조틀의 첫 번째 칸과 평행한 세로 칸에 위아래를 맞춰 걸어 끼웁니다. 같은 방법으로 두 번째 칸부터 마지막 칸까지 걸어 끼웁니다(날줄 역할).
② 평행하게 위치를 맞춰줍니다.
③ 90도 방향으로 직조틀을 돌려 첫 줄 끝에 양말목 하나를 끼워 들고 한번은 아래 줄 동일한 1개 양말목(두 줄) 위로 지나가고 다음번에는 아래로 들어가며 지나갑니다. 계속 지그재그로 위아래로 번갈아 가면서 끼워준 후, 반대 끝 쪽에 양말목 고리 끝을 걸쳐 끼웁니다(씨줄 역할). 남은 칸을 순서대로 계속하는데 다음 줄을 끼워 갈 때는 앞 칸과 위아래를 엇갈리게 끼우는 것이 중요합니다.
④ 지그재그로 엇갈리게 처음부터 끝까지 연결해서 끼워줍니다.
※ 지그재그로 끼울 때 양말목이 꼬이지 않고 평행을 유지하도록 끼워주어야 모양을 예쁘게 만들 수 있습니다.
⑤ 끝에 있는 고리 2개를 풀리지 않도록 빼줍니다.
⑥ 직조틀이 다 차도록 걸어 끼운 후에는 가장자리 칸마다 걸려 있는 양말목 고리들 중 2개를 풀어 양손으로 잡고 두 개 중 오른쪽 손에 있는 고리를 벌려 그 속으로 왼쪽 손의 고리를 잡아 빼내옵니다. 빼내온 고리와 다시 풀어낸 고리를 같은 방법으로 오른쪽 손에 있는 고리를 벌려 그 속으로 왼쪽 손의 고리를 잡아 빼내오는데 4면을 돌아가며 이를 반복합니다.

24) 양말목공예 1단기: 티매트(2020.7.19.)

⑦ 왼쪽에 있는 고리를 빼서 오른쪽 고리 속으로 집어넣어 줍니다.
⑧ 같은 방법으로 계속하며, 오른쪽 고리에 넣어줍니다.
※ 차례대로 놓을 수 있도록 신경 써서 잘 확인해야 합니다.
※ 빼먹은 고리가 없는지 확인합니다.
⑨ 빠져 나와 있는 마지막 고리를 조금 힘을 줘 당깁니다.
⑩ 마지막 고리를 묶어 주어서 고정이 되었으면 완성!
※ 전체 면을 평평하게 모양을 잡아 주어 음료수 컵이 잘 놓이도록 합니다.

양말목 티 코스터 만드는 방법

① 양말목을 직조틀의 첫 번째 칸과 평행한 세로 칸에 위아래를 맞춰 걸어 끼웁니다. 같은 방법으로 두 번째 칸부터 마지막 칸까지 걸어 끼웁니다(날줄 역할).

⇨

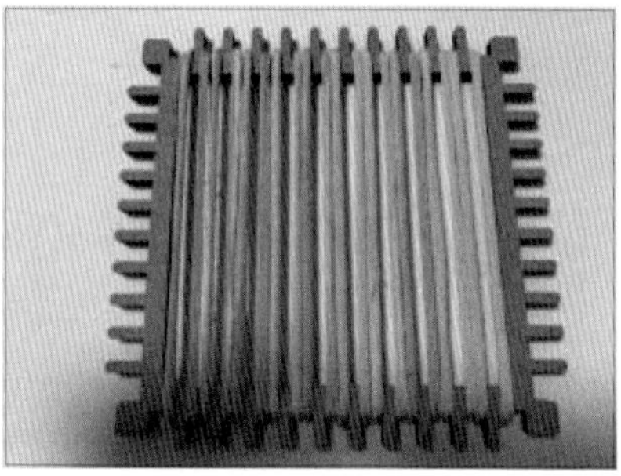

② 평행하게 위치를 맞춰줍니다.

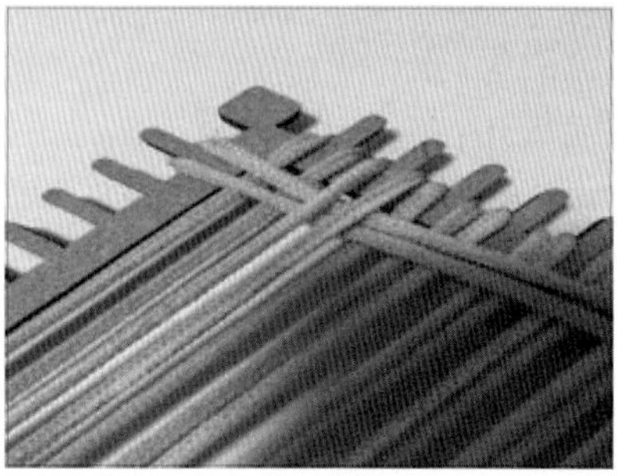

③ 90도 방향으로 직조틀을 돌려 첫 줄 끝에 양말목 하나를 끼워 들고 한번은 아래 줄 동일한 1개 양말목(두 줄) 위로 지나가고 다음 번에는 아래로 들어가며 지나갑니다. 계속 지그재그로 위아래로 번갈아 가면서 끼워준 후, 반대 끝 쪽에 양말목 고리 끝을 걸쳐 끼웁니다(씨줄 역할). 남은 칸을 순서대로 계속하는데 다음 줄을 끼워 갈 때는 앞 칸과 위아래를 엇갈리게 끼우는 것이 중요합니다.

⇨

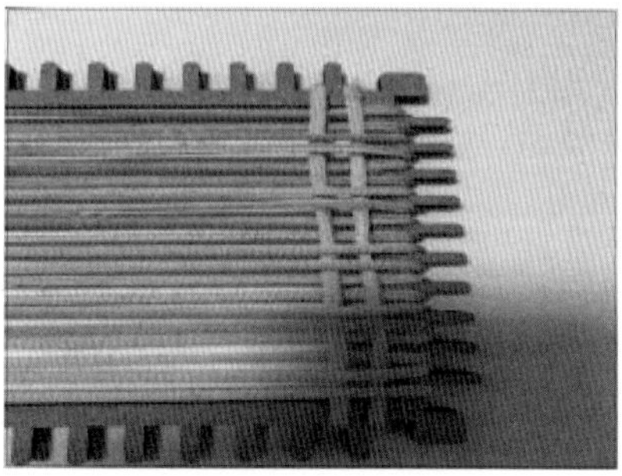

④ 지그재그로 엇갈리게 처음부터 끝까지 연결해서 끼워줍니다.

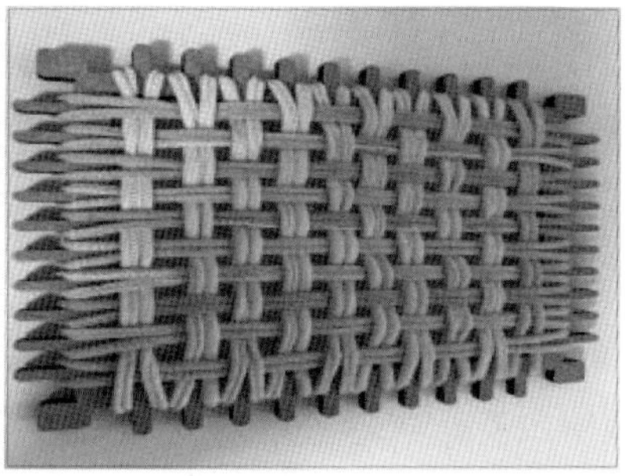

⑤ 지그재그로 끼울 때 양말목이 꼬이지 않고 평행을 유지하도록 끼워주어야 모양을 예쁘게 만들 수 있습니다.

⇨

⑥ 끝에 있는 고리 2개를 풀리지 않도록 빼줍니다.

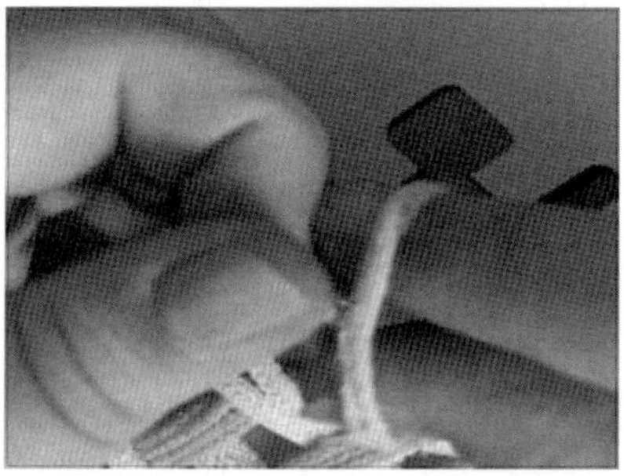

⑦ 직조틀이 다 차도록 걸어 끼운 후에는 가장자리 칸마다 걸려 있는 양말목 고리 중 2개를 풀어 양손으로 잡고 두 개 중 오른쪽 손에 있는 고리를 벌려 그 속으로 왼쪽 손의 고리를 잡아 빼내옵니다. 빼내온 고리와 다시 풀어낸 고리를 같은 방법으로 오른쪽 손에 있는 고리를 벌려 그 속으로 왼쪽 손의 고리를 잡아 빼내오는데 4면을 돌아가며 이를 반복합니다.

⇨

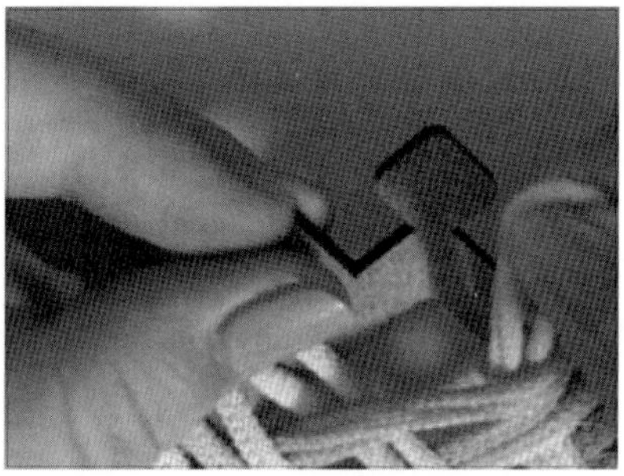

⑧ 왼쪽에 있는 고리를 빼서 오른쪽 고리 속으로 집어 넣어 줍니다.

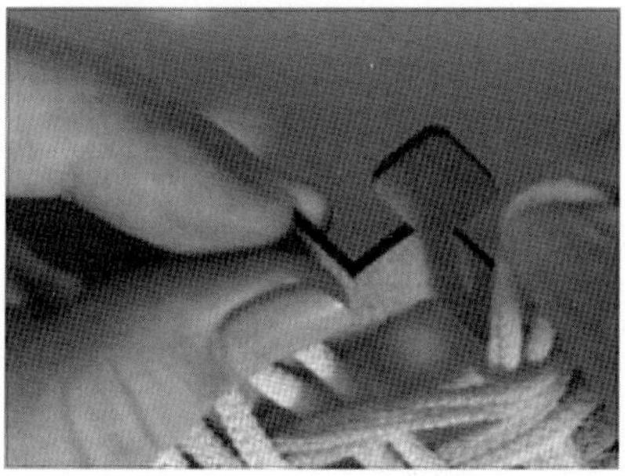

⑨ 같은 방법으로 계속하며, 오른쪽 고리에 넣어줍니다.

⇨

⑩ 차례대로 놓을 수 있도록 신경 써서 잘 확인해야 합니다.

⑪ 빠먹은 고리가 없는지 확인합니다.

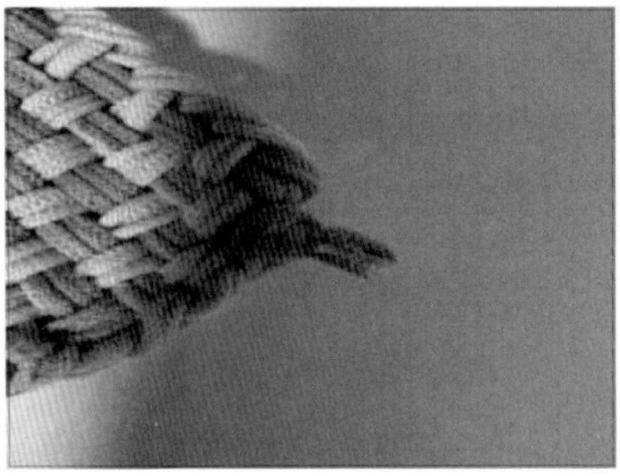

⑫ 빠져 나와 있는 마지막 고리를 조금 힘을 줘 당깁니다.

⇨

⑬ 마지막 고리를 묶어 주어서 고정이 되었으면 완성!

⑭ 전체 면을 평평하게 모양을 잡아 주어 음료수 컵이 잘 놓이도록 합니다.

라. 기본 기능 습득

■ 양말목 티 코스터 만들어 보기

Ⓣ 직물의 조직이 어떻게 이루어지는지 생각하며 만들어 봅시다.

Ⓢ 위로 아래로 만들어보니 씨실과 날실이 단단하게 엮이는 것을 볼 수 있었습니다.

Ⓣ 고리를 만들 때 순서를 잘 기억해 봅시다.
왼손과 오른손의 방향을 잘 확인하고, 고리를 놓치지 않게 끼워줍니다.

Ⓢ 선생님, 왼손과 오른손 고리에 끼워 넣기가 어렵습니다

Ⓣ 두 개를 오른쪽 손에 있는 고리로 왼쪽 손에서 잡고, 잡은 고리를 넣어줍니다.

Ⓣ 연습을 하다 보면 충분히 완성할 수 있습니다.
처음에만 어렵지 열심히 하다 보면 멋진 티 코스터를 완성할 수 있을 것입니다.

마. 평가

■ 실습과정 및 결과 평가

Ⓣ 만들면서 어려운 점이 있었나요?

Ⓢ 두 번째 위아래로 연결할 때 위아래로 해야 하는 데 깜빡하고 같은 방향으로 했습니다.

Ⓢ 고리를 연결할 때 조금 어려웠습니다.

Ⓢ 고리가 중간에 빠질까 봐 걱정되었습니다.

Ⓢ 마지막에 묶을 때 고리를 묶기 어려웠습니다.

■ 실습과정 및 결과 평가

① 직물의 조직 원리를 알 수 있는가?

② 씨실과 날실의 조직 방법을 알고, 티 코스터를 만들 수 있는가?

③ 양말목을 활용하여 만들 수 있는 다양한 생활소품을 찾을 수 있는가?

7. 과정 중심 수행평가지

활동지 1 업사이클링이란?

〈활동지 1〉 업사이클링이란?

양말목 티 코스터 만들기

학년 반 번 이름( )

영 역	가정	실습일	년 월 일
주 제	양말목 티 코스터 만들기	실습자	
활동 내용			

◇ **"지구를 살려주세요!"**

지연이는 요즘 '지구를 지키는 학교, 환경을 보호하는 학생, 환경교육!'에 관심이 많다. 최근 뉴스에서 사람들이 많이 버리는 쓰레기로 인해서 지구가 아파하는 모습을 보고, 마음이 아팠다. 매년 예년보다 더운 여름을 보내고 있고, 북극의 빙하들이 녹아 동물들이 살 곳을 잃는 모습을 보고 내가 도와줄 일은 없을까 고민이 되었다.

1. 지연이가 교육부 블로그에서 찾은 왼쪽의 그림을 보고 어떤 생각이 드나요?

지구를 소중히 여겨야 한다고 생각합니다.
내 손에 지구의 운명이 달려있다는 생각이 듭니다.

◇ **업사이클링이란?**

지연이가 본 업사이클링 영상을 같이 보며, 업사이클링에 대해서 알아봅시다. QR코드를 스캔해주세요.

2. 업사이클링의 뜻은 무엇인가요?

새로운 디자인을 접목해 새로운 물건을 만드는 것입니다.

2-1. 업사이클링 제품의 특징은 무엇인가요?

희소성을 가지고 있습니다.
이야기를 가지고 있습니다.

〈활동지 2〉 직물의 조직 원리 살펴보기

양말목 티 코스터 만들기

학년　반　번　이름(　　　　　)

영 역	가정	실습일	년　월　일
주 제	양말목 티 코스터 만들기	실습자	

활동 내용

◇ **직물에 대해 알아봅시다.**

〈보기〉
원료　섬유　씨실　날실　섬유　열　접착제

만드는 방법에 따른 천의 종류를 살펴봅시다.	
직물	**원 료** 에서 채취한 **섬 유** 를 꼬아 실을 만든 다음, **씨 실** 과 **날 실** 을 교차하여 만듭니다.
부직포	**섬 유** 에 **열** 을 가하여 **접 착 제** 를 사용하여 만듭니다.

◇ **직물 중 평직을 짰을 때의 완성 모양을 색칠하여 봅시다.**

8. 관계 지식

▣ 업사이클링이란[25)]

쓸모가 없어져 버려지는 제품을 단순히 재활용하는 차원을 넘어 친환경적인 디자인이나 아이디어, 기술 등의 가치를 부가하여 새로운 제품으로 재탄생시키는 활동이나 그러한 제품이다. '개선하다'라는 의미의 '업그레이드(Upgrade)'와 '재활용'이란 의미의 '리사이클링(Recycling)'이 결합된 단어이다. 1994년 독일의 디자이너 라이너 필츠(Reiner Pilz)가 소개한 용어로, 우리말로는 '새 활용'이라고도 불린다. 쓸모가 없어져 버려지는 제품을 단순히 재활용하는 차원을 넘어 친환경적인 디자인이나 아이디어, 기술 등의 가치를 부가하여 새로운 제품으로 재탄생시키는 활동이나 그러한 제품을 가리킨다.

재활용이 쓸모없어진 제품을 수거하여 고치거나 재처리하는 과정에서 많은 에너지를 필요로 하고 이산화탄소를 발생시키는 등의 환경문제를 야기하기도 하며 재처리 과정 이후 제품의 품질이 떨어진다면, 이는 업사이클링에 대비하여 '다운사이클링(downcycling)'에 해당한다고 볼 수 있다. 반면, 업사이클링은 별도의 공정 과정 없이 필요 없는 물건을 새로운 가치가 있는 제품으로 만드는 것이기 때문에 매립 및 소각되는 쓰레기의 양은 줄고 재처리에 쓰이는 자원 낭비도 방지되어 더욱 친환경적이라는 장점이 있다.

버려진 트럭 덮개용 방수천을 활용해 독특한 디자인의 가방을 제작한 스위스의 최초 업사이클링 기업을 시작으로, 가죽을 리폼한 카드지갑, 버려진 튜브로 만든 핸드백, 폐금속을 가공해 만든 전등 등 다양한 재료를 이용한 독창적이고도 친환경적인 제품들이 곳곳에서 생산되고 있다. 이전에는 주로 패션이나 잡화 관련 제품이 많이 만들어졌으나, 최근에는 미술이나 인테리어 등의 분야에서도 활용되어 하나의 산업으로 발전하고 있는 추세이다.

25) [네이버 지식백과] 업사이클링

▣ 직물의 3원 조직[26)]

직물의 삼원조직은 평직, 능직, 수자직의 3가지 기본조직을 말한다. 경사와 위사가 어떤 방식으로 교차하였는지에 따라 나뉘고 직물은 삼원조직을 바탕으로 만들어진다. 경사는 세로, 위사는 가로 방향이다.

1. 평직
   - 3원조직 중에서 가장 간단한 조직이다.
   - 가장 튼튼한 옷감으로 의복에 많이 사용되는 조직이다.
   - 가장 보편적이고 제직이 간단하며 앞뒤의 구별이 없다.
   - 날실과 씨실이 한 올씩 교대로 교차된 조직이다.
   - 교차점이 가장 많은 조직으로 여러 가지 방법으로 장식을 하거나 조직에 변화를 줌으로써 성질이 다른 직물을 얻을 수 있다.
   - 안과 밖의 구별이 없고 비교적 바닥이 얇지만 튼튼하고 마찰에 강해 실용적이다.
   - 광택이 적고 조직점이 많아 실이 자유롭게 움직이지 못해서 구김이 잘 생긴다.
   - 밀도를 크게 할 수 없다.
   - 평직물의 종류로는 광목, 당목, 옥양목, 포플린, 명주, 모시, 머슬린 등이 있다.

2. 능직(사문직)
   - 사문직이라고도 하며 날실과 씨실이 3올 이상 교차하여 만들고, 표면에 능선이 나타난다.
   - 능선의 각 경사가 심할수록 내구성이 좋다.
   - 사문선의 각도가 45ㅇ보다 큰 것을 급사문직이라고도 한다.
   - 경사 또는 위사가 한 올, 두 올 또는 그 이상의 올이 교대로 계속하여 업 또는 다운되어 조직점이 대각선 방향으로 연결된 선이 나타난다.

26) 돈시아 기출탄탄 양장기능사 필기(2017.09.15.)

- 능직은 분수로 엮인 조직을 표시할 수 있는데 경사가 위사 아래로 내려간 수를 분모에 쓰고 위사가 위로 올라온 수를 분자에 써서 표시한다.
- 능직은 직물의 밀도에 따라 각도가 달라지는데, 경사와 위사의 밀도가 같을 때 45°가 되며 이것을 정칙능직이라고 한다.

3. 수자직(주자직)

- 날실과 씨실이 5올 이상 길게 떠 교차되는 직물이다.
- 경, 위사의 조직점이 적어 유연하다.
- 경사가 표면에 많이 보이는 것을 경수자직, 위사가 표면에 많이 보이도록 한 것을 위수자직이라고 한다. (경수자/위수자)
- 매수는 조직을 완성하는데 드는 경사와 위사의 수를 말하는데 5매 수자, 8매 수자가 가장 많이 쓰인다.
- 뜀수는 어떤 1올의 실의 교차점에서 바로 인접하고 있는 그 다음 실의 교차점까지의 거리인 실 올수를 말한다.
- 주자직은 일 완전조직 안에 경사와 위사가 1번씩만 교차되도록 한 조직이다.
- 주자직을 만들기 위해서는 경사와 위사 올의 수를 정한 후 뜀수를 결정해 주는데 뜀수는 평직이나 능직에서는 1로 되어있고 주자직에서는 2 이상이다.
- 주자직의 뜀수를 구하는 방법은 두 개의 정수로 일완전조직이 되도록 조를 짜 만든다.
- 수자직은 평직과 능직보다 부드럽고 표면이 매끄러우며 광택이 좋지만 내구성이 약해 실용적이지 않다.
- 마찰강도가 약하다.
- 가장 주름이 잘 잡히지 않는 직물이다.
- 수자직으로 만든 직물의 종류에는 목공단, 새틴, 도스킨, 양단 등이 있다.

Ⅱ

기술

1. 레고 블록을 활용한 태양광 자동차 모형 만들기
2. 3D펜을 활용한 교량 모형 만들기
3. 3D 설계 프로그램을 활용한 연필 낙하 방지 인형 캐릭터 제작하기
4. 마이크로비트를 활용한 통신 기기 만들기
5. 게싱백 발명 기법으로 히트 상품 발명하기
6. 전도성 테이프를 활용한 LED 입체 카드 만들기

1 레고 블록을 활용한 태양광 자동차 모형 만들기

레고 (Lego) 블록은 아이들이 쉽게 다룰 수 있으며 아이들에게 매우 친숙한 교구이다. 레고 블록은 건축물이나 자동차 등의 형태를 쉽게 만들고 변형할 수 있는 장점이 있다. 레고 블록을 활용하여 태양광 자동차 모형을 제작하는 활동을 통해 학생들은 자연스럽게 수송 기술의 의미와 중요성을 이해할 수 있다. 뿐만 아니라 태양광을 수송 기술에 적용하는 과정을 통해 지속가능발전의 활용 방법을 체험할 수 있다.

이번 활동 과제는 레고 블록을 활용하여 보다 효율적인 태양광 자동차 모형을 만드는 것을 목표로 하고 있다. 학교 수업시간에 태양광 자동차 모형을 제작하는 과정에서 발생되는 문제 상황을 바탕으로 새로운 태양광 자동차 모형을 탐색하고, 레고 디지털 디자이너 프로그램으로 태양광 자동차를 설계하여 레고 블록으로 태양광 자동차를 제작하는 활동으로 구성되어 있다.

Keywords

블록, 수송 기술, 지속가능발전, 태양광

1. 대상 학년: 4~6학년

2. 교수 · 학습 모형: 문제해결 학습법

단계	본시 활동 요소
문제 확인하기	• 문제 상황 파악하기 • 태양광 자동차 모형 탐색하기
활동 계획하기	• 태양광 자동차 모형 구상하기 • 레고 디지털 디자이너로 태양광 자동차 모형 설계하기 • 레고 블록을 활용한 태양광 자동차 모형 제작 방법 알아보기
실행하기	• 재료와 도구 파악하기 • 레고 블록을 활용한 태양광 자동차 모형 제작하기
평가하기	• 레고 블록으로 제작한 태양광 자동차 모형으로 경주하기 • 레고 블록으로 제작한 태양광 자동차 모형 평가하기

3. 교수 · 학습 자료

가. 재료: 레고 블록, 태양광 전지, 건전지 홀더, 모터 등

나. 도구: 칼, 가위, 글루건 (gluegun), 줄자, 타이머 등

다. 수업자료: 프레젠테이션 자료, 활동지 등

[그림 II-1] 교수 · 학습 자료 예시

4. 교수 · 학습 계획

가. 학습 주제: 레고 블록을 활용한 태양광 자동차 모형 만들기

나. 학습 목표

1) 수송 기술의 개념, 원리, 가치 등을 이해할 수 있다.
2) 레고 디지털 디자이너로 태양광 자동차 모형을 구상할 수 있다.
3) 레고 블록을 활용하여 태양광 자동차 모형을 제작할 수 있다.
4) 수송 기술에 흥미와 관심을 가질 수 있다.

다. 학습 형태: 개별 학습

라. 학습 장소: 실과실습실, 컴퓨터실

마. 평가 관점

1) 레고 블록을 활용한 태양광 자동차 모형 만들기 실습 과정에 따라 창의적으로 태양광 자동차 모형을 제작할 수 있는가?
2) 레고 블록을 활용하여 태양광 자동차 모형을 견고하고 빠르게 이동할 수 있도록 제작할 수 있는가?
3) 레고 블록을 활용한 태양광 자동차 모형 만들기 활동에 적극적으로 참여하였는가?

5. 지도상의 유의점

가. 레고 디지털 디자이너를 처음으로 다루는 학생들은 레고 디지털 디자이너를 충분하게 탐색할 수 있도록 한다.

나. 레고 디지털 디자이너를 활용한 태양광 자동차 아이디어를 산출하거나 선정할 때는 허용적인 분위기를 제공한다.

다. 레고 디지털 디자이너를 바탕으로 태양광 자동차 모형을 제작하는 경험을 갖는데 초점을 두고 제작 과정이 다소 미흡하더라도 격려하여 레고 블록을 활용한 태양광 자동차 모형을 완성시킬 수 있도록 한다.

라. 실습 재료 및 도구의 부족 등으로 태양광 자동차 모형 제작이 불가능한 경우에는 레고 디지털 디자이너를 활용한 태양광 자동차 모형 제작 아이디어를 산출하는 단계까지 진행하는 활동으로 수업을 변형하여 운영할

수 있다.

마. 칼, 가위 등을 사용할 때에는 날카로운 부분에 손을 베일 수 있고, 글루건을 사용할 때에는 글루건 노즐에 손을 데일 수 있으므로 사전에 안전교육을 충분히 실시한다.

바. 컴퓨터, 태블릿 등의 교육 여건이 충분하지 않은 경우에는 레고 디지털 디자이너를 활용하지 않고 연필로 구상도를 그리는 것으로 아이디어 산출 단계를 변형하여 수업할 수 있다.

6. 교수 · 학습 과정

<table>
<tr><th colspan="4">실과 교수·학습 과정안</th></tr>
<tr><td rowspan="2">학습 주제</td><td rowspan="2">레고 블록을 활용한
태양광 자동차 모형 만들기</td><td>학습 형태</td><td>개별 학습</td></tr>
<tr><td>학습 모형</td><td>문제해결 학습법</td></tr>
<tr><td>학습 목표</td><td colspan="3">1) 수송 기술의 개념, 원리, 가치 등을 이해할 수 있다.
2) 레고 디지털 디자이너로 태양광 자동차 모형을 구상할 수 있다.
3) 레고 블록을 활용하여 태양광 자동차 모형을 제작할 수 있다.</td></tr>
</table>

가. 문제 확인하기 단계 (20분)

■ 문제 상황 파악하기 **〈활동지 1〉**

Ⓣ 동건이는 학교에서 태양광 자동차를 만들었습니다. 태양 전지에서 흡수한 태양의 빛 에너지가 전기 에너지로 변환되어 모터를 돌리고, 모터의 운동 에너지가 바퀴에 전달되어 태양광 자동차가 이동하는 원리였습니다. 친구들과 경주를 하는데 친구들이 똑같은 설명서를 보고 만들었음에도 태양광 자동차의 속도가 각각 달랐습니다. 동건이는 친구들과 경주를 하던 중에 어떻게 하면 더 멋지고 빠른 태양광 자동차를 만들 수 있는지 고민에 빠졌습니다. 그러던 중에 어릴 때 가지고 놀던 레고 블록이 떠올랐습니다. 오랫동안 사용하지 않아 상자에 담아두었던 레고 블록들을 모아서 태양광 자동차를 만들면 쉽고 간단하게 멋진 태양광 자동차를 만들 수 있을 것 같았습니다.

Ⓣ 동건이는 학교에서 무엇을 만들었나요?

Ⓢ 태양광 자동차를 만들었습니다.

Ⓣ 여러분도 태양광 자동차를 만들었던 경험이 있나요?

Ⓢ 발명 동아리 활동에서 만든 적이 있습니다.

Ⓣ 태양광 자동차의 원리는 무엇인가요?

Ⓢ 태양 전지에서 흡수한 태양의 빛 에너지가 전기 에너지로 변환되어 모터를 돌리고, 모터의 운동 에너지가 바퀴에 전달되어 태양광 자동차가 이동하는 원리입니다.

Ⓣ 동건이가 친구들과 태양광 자동차 경주를 하던 중 어떤 고민에 빠졌나요?

Ⓢ 친구들이 똑같은 설명서를 보고 만들었음에도 불구하고 태양광 자동차의 속도가 각각 다른 것을 보고 더 빠르고 멋진 자동차를 만들고 싶었습니다.

Ⓣ 동건이는 어떻게 고민을 해결하려고 하나요?

Ⓢ 어릴 때 가지고 놀았지만 지금은 잘 사용하지 않은 레고 블록들을 모아서 태양광 자동차를 만들려고 합니다.

■ 태양광 자동차 모형 탐색하기 **〈활동지 2〉**

Ⓣ 오늘은 레고 블록을 가지고 태양광 자동차 모형을 만들 예정입니다. 레고 블록으로 태양광 자동차 모형을 만들기 위해 먼저 태양광 자동차 모형의 구성요소를 알아봅시다.

Ⓣ 태양광 자동차 모형의 주요 구성요소는 무엇인가요?

Ⓢ 태양광 전지, 모터, 바퀴, 풀리, 벨트, 차체 등 입니다.

Ⓣ 태양광 자동차 모형의 주요 구성 요소별 특징과 기능을 알아봅시다. 태양 전지는 어떤 역할을 하나요?

Ⓢ 태양의 빛 에너지를 전기 에너지로 변환합니다.

Ⓣ 모터는 어떤 역할을 하나요?

Ⓢ 공급된 전기 에너지를 운동 에너지로 변환합니다.

Ⓣ 바퀴는 어떤 역할을 하나요?

Ⓢ 모터로부터 얻은 운동 에너지를 활용하여 차체를 이동시킵니다.

T 풀리와 벨트는 어떤 역할을 하나요?

S 모터와 바퀴 사이에 운동 에너지를 전달합니다.

T 차체는 어떤 역할을 하나요?

S 넓고 단단하게 구성되어 있어 태양광 자동차 모형의 형태를 유지시킵니다.

나. 활동 계획하기 단계 (50분)

■ 태양광 자동차 모형 구상하기 **〈활동지 3〉**

T 태양광 자동차 모형이 빠르게 달리기 위해서는 어떻게 만들어야 할까요?

S 동력 전달이 잘 되도록 만듭니다.

S 차체를 단단하게 만듭니다.

S 바퀴를 크게 만듭니다.

T 제작하고자 하는 태양광 자동차 모형의 구상도를 그려봅시다.

■ 레고 디지털 디자이너로 태양광 자동차 모형 설계하기 **〈활동지 4〉**

T 구상도를 보며 레고 디지털 디자이너 프로그램으로 태양광 자동차 모형을 설계해 봅시다. 차체가 될 밑판을 선택합니다. 태양전지의 크기, 바퀴의 크기, 차축의 길이 등 태양광 자동차 모형의 다른 구성요소를 고려하며 크기를 정합니다.

T 차체 아래쪽에 차축을 연결할 블록을 만들어주고 축을 넣습니다. 앞바퀴에 동력을 연결할지 뒷바퀴에 동력을 연결할지 생각하며 축의 길이를 정합니다.

T 바퀴와 기어를 만듭니다. 바퀴를 만들 때는 차체의 크기를 보고 바퀴의 크기와 너비를 정합니다. 기어를 만들 때는 모터에 연결할 기어와의 비율을 고려합니다.

T 자의 뒷면을 만듭니다. 차의 뒤쪽은 모터가 지지하는 부분이 되므로 모터의 크기를 생각하면서 높이를 정합니다. 차의 뒤쪽에는 후미등을 설치할 수 있으므로 후미등을 설치하려면 미리 위치를 정합니다.

Ⓣ 차의 앞면을 만듭니다. 차의 앞쪽은 차의 뒤쪽과의 비율을 생각하며 만듭니다. 차의 앞쪽에는 전조등을 설치할 수 있으므로 전조등을 설치하려면 미리 위치를 정합니다. 또한 투명한 블록을 활용하면 앞 유리창을 만들 수 있습니다.

Ⓣ 차의 양쪽 옆면으로 차의 앞면과 뒷면을 연결해주고 다양한 악세서리를 활용하여 차를 꾸며줍니다.

■ 레고 블록으로 태양광 자동차 모형 제작하는 방법 알아보기 **〈활동지 5〉**

Ⓣ 레고 디지털 디자이너를 활용하여 설계한 태양광 자동차 모형 설계도를 보면서 태양광 자동차를 만들어봅시다.

Ⓣ 레고 블록으로 차체를 만듭니다. 뒷바퀴와 축을 만들고 축 사이에 기어를 끼워줍니다. 축이 흔들리지 않도록 적당한 레고 블록을 선택하여 단단하게 고정합니다.

Ⓣ 글루건으로 모터가 회전하는 부분에 기어를 고정합니다.

Ⓣ 뒷바퀴 축에 끼워둔 기어와 모터에 붙인 기어를 맞추어 차체에 모터를 고정합니다.

Ⓣ 건전지 홀더와 모터를 연결하고 차체에 고정합니다.

Ⓣ 차체에 태양광 전지판을 연결하고 꾸밉니다.

다. 실행하기 단계 (40분)

■ 재료와 도구 파악하기

Ⓣ 레고 블록을 활용한 태양광 자동차 모형 만들기에 필요한 재료는 무엇인가요?

Ⓢ 레고 블록, 태양광 전지, 건전지 홀더, 모터 등입니다.

Ⓣ 레고 블록을 활용한 태양광 자동차 모형 만들기에 필요한 도구는 무엇인가요?

Ⓢ 칼, 가위, 글루건 등입니다.

■ 레고 블록을 활용한 태양광 자동차 모형 제작하기

Ⓣ 레고 블록을 활용한 태양광 자동차 모형 제작 방법을 잘 살펴보며 태양광 자동차 모형을 제작해봅시다.

수업 안전

- 글루건은 노즐 부분이 매우 뜨겁기 때문에 사용할 때 주의합니다.
- 칼, 가위 등을 사용할 때는 날카로운 부분에 손이 베이지 않도록 주의합니다.

라. 평가하기 단계 (10분) **〈활동지 6〉**

■ 레고 블록을 활용한 태양광 자동차 모형으로 경주하기

Ⓣ 날씨가 맑은 날 레고 블록을 활용한 태양광 자동차 모형으로 경주를 해 봅시다. 거리를 10m 정도로 일정하게 정하고 시간을 측정합니다.

■ 레고 블록을 활용한 태양광 자동차 모형 평가하기

Ⓣ 레고 블록을 활용한 태양광 자동차 모형 만들기 활동을 평가해 봅시다.

Ⓣ 레고 블록을 활용한 태양광 자동차 모형 만들기 실습 과정에 따라 창의적으로 태양광 자동차 모형을 제작하였습니까?

Ⓢ 태양광 자동차 모형을 창의적으로 만든 것 같습니다.

Ⓣ 레고 블록을 활용한 태양광 자동차 모형 만들기 활동에 적극적으로 참여하였습니까?

Ⓢ 실습에 적극적으로 참여하였습니다.

Ⓣ 레고 블록을 활용한 태양광 자동차 모형으로 친구들과 재미있게 경주에 참여하였습니까?

Ⓢ 레고 블록을 활용한 태양광 자동차 모형으로 친구들과 재미있게 경주를 했습니다.

7. 과정중심 수행평가지

활동지 1 문제 상황 파악하기

〈활동지 1〉 문제 상황 파악하기

레고 블록을 활용한 태양광 자동차 모형 만들기

학년 반 번 이름 ( )

영 역	기술	실습일	년 월 일
주 제	레고 블록을 활용한 태양광 자동차 모형 만들기	실습자	
활동 내용			

◇ **다음 지문을 읽고 문제 상황을 파악합니다.**

동건이는 학교에서 태양광 자동차를 만들었습니다. 태양 전지에서 흡수한 태양의 빛 에너지가 전기 에너지로 변환되어 모터를 돌리고, 모터의 운동 에너지가 바퀴에 전달되어 태양광 자동차가 이동하는 원리였습니다. 친구들과 경주를 하는데 친구들이 똑같은 설명서를 보고 만들었음에도 불구하고 태양광 자동차의 속도가 각각 달랐습니다. 동건이는 친구들과 경주를 하던 중에 어떻게 하면 더 멋지고 빠른 태양광 자동차를 만들 수 있는지 고민에 빠졌습니다. 그러던 중에 어릴 때 가지고 놀던 레고 블록이 떠올랐습니다. 오랫동안 사용하지 않아 상자에 담아두었던 레고 블록들을 모아서 태양광 자동차를 만들면 쉽고 간단하게 멋진 태양광 자동차를 만들 수 있을 것 같았습니다.

1. 동건이는 학교에서 무엇을 만들었나요?
   태양광 자동차를 만들었습니다.

2. 태양광 자동차의 원리는 무엇인가요?
   태양전지에서 흡수한 태양의 빛 에너지가 전기 에너지로 변환되어 모터를 돌리고, 모터의 운동 에너지가 바퀴에 전달되어 태양광 자동차가 이동하는 원리입니다.

3. 동건이가 친구들과 태양광 자동차 경주를 하던 중 어떤 고민에 빠졌나요?
   친구들이 똑같은 설명서를 보고 만들었음에도 불구하고 태양광 자동차의 속도가 각각 다른 것을 보고 더 빠르고 멋진 자동차를 만들고 싶었습니다.

4. 동건이는 어떻게 고민을 해결하려고 하나요?
   어릴 때 가지고 놀았지만 지금은 잘 사용하지 않은 레고 블록들을 모아서 태양광 자동차를 만들려고 합니다.

활동지 2 태양광 자동차 모형 탐색하기

〈활동지 2〉 태양광 자동차 모형 탐색하기

레고 블록을 활용한 태양광 자동차 모형 만들기

학년 반 번 이름 ( )

영 역	기술	실습일	년 월 일
주 제	레고 블록을 활용한 태양광 자동차 모형 만들기	실습자	
활동 내용			

◇ 태양광 자동차 모형의 구성 요소와 특징을 알아봅시다.

• 태양광 자동차 모형의 주요 구성 요소

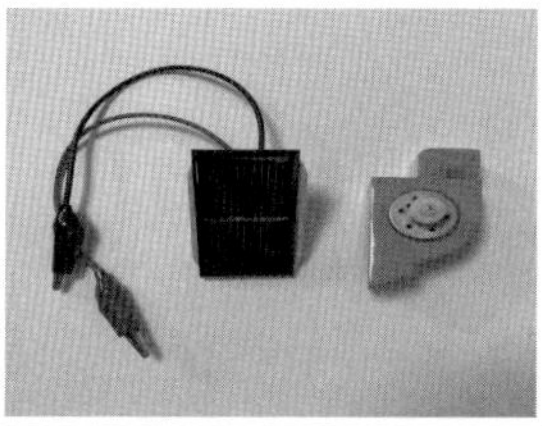
태양전지와 모터

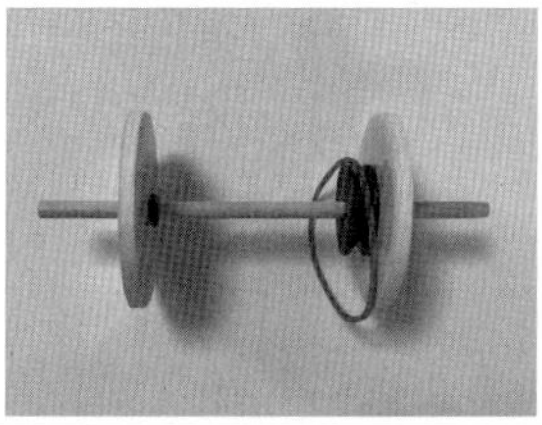
바퀴와 풀리 및 벨트

차체

[교구 참고 자료] 숲속의 샘. 솔라카(SOLAR CAR).

• 태양광 자동차 모형의 구성요소별 특징

1. 태양 전지: 태양의 빛 에너지를 전기 에너지로 변환한다.

2. 모터: 공급된 전기 에너지를 운동 에너지로 변환한다.

3. 바퀴: 모터의 운동 에너지를 활용하여 차체를 이동시킨다.

4. 풀리와 벨트: 모터와 바퀴 사이에 운동 에너지를 전달한다.

5. 차체: 넓고 단단하게 구성되어 있어 태양광 자동차의 형태를 유지시킨다.

활동지 3 태양광 자동차 모형 구상하기

〈활동지 3〉 태양광 자동차 모형 구상하기

레고 블록을 활용한 태양광 자동차 모형 만들기

학년 반 번 이름 ( )

영 역	기술	실습일	년 월 일
주 제	레고 블록을 활용한 태양광 자동차 모형 만들기	실습자	
활동 내용			

◇ **레고 블록을 활용한 태양광 자동차 모형을 구상해봅시다.**

1. 태양광 자동차 모형이 빠르게 달리기 위해서는 어떻게 만들어야 할까요?
   동력 전달이 잘 되도록 만듭니다. 차체를 단단하게 만듭니다. 바퀴를 크게 만듭니다.

2. 제작하고자 하는 태양광 자동차 모형의 구상도를 그려봅시다.

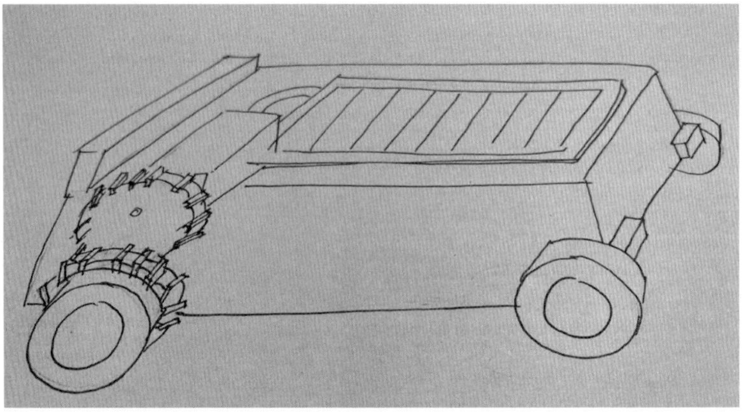

활동지 4 태양광 자동차 모형 설계하기

〈활동지 4〉 태양광 자동차 모형 설계하기

레고 블록을 활용한 태양광 자동차 모형 만들기

학년 반 번 이름 ( )

영 역	기술	실습일	년 월 일
주 제	레고 블록을 활용한 태양광 자동차 모형 만들기	실습자	

활동 내용

◇ **레고 디지털 디자이너 (Lego Digital Designer)를 사용하여 태양광 자동차 모형을 구상하는 방법을 알아봅시다.**

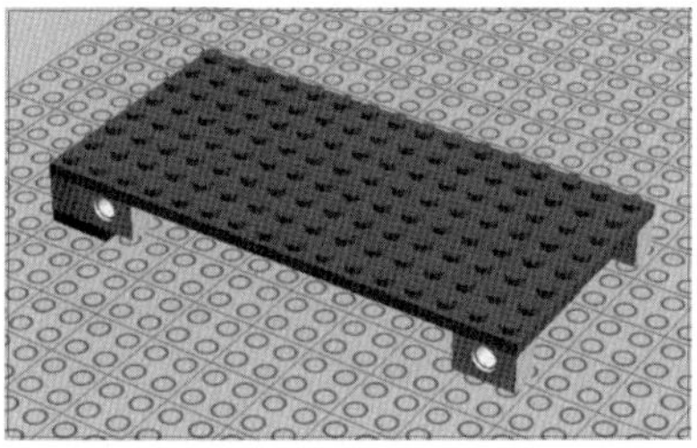

① 차체 만들기

⇨

② 차체에 바퀴를 끼울 축 넣기

③ 바퀴와 기어 만들기

⇨

④ 뒷면 만들기

⑤ 앞면 만들기

⇨

⑥ 양쪽 옆면 만들기

활동지 5 레고 블록을 활용한 태양광 자동차 모형을 만드는 방법 알아보기

〈활동지 5〉 레고 블록을 활용한 태양광 자동차 모형을 만드는 방법 알아보기

레고 블록을 활용한 태양광 자동차 모형 만들기

학년 반 번 이름 ( )

영 역	기술	실습일	년 월 일
주 제	레고 블록을 활용한 태양광 자동차 모형 만들기	실습자	

활동 내용

◇ **레고 블록을 활용하여 태양광 자동차 모형을 만드는 방법을 알아봅시다.**

① 뒷바퀴와 축 만들기

⇨

② 앞바퀴와 축 만들기

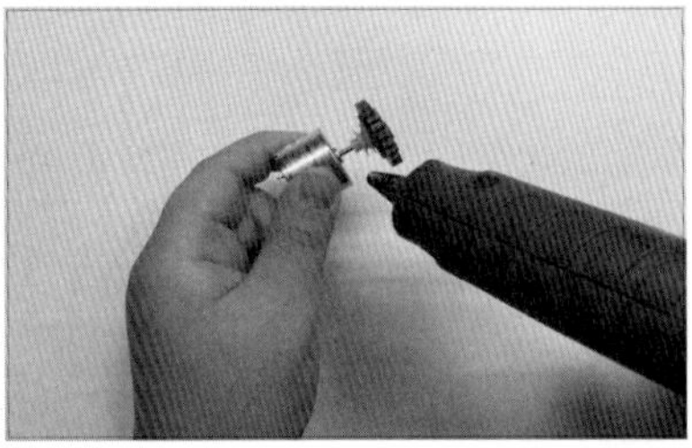
③ 글루건으로 모터에 기어 고정하기

⇨

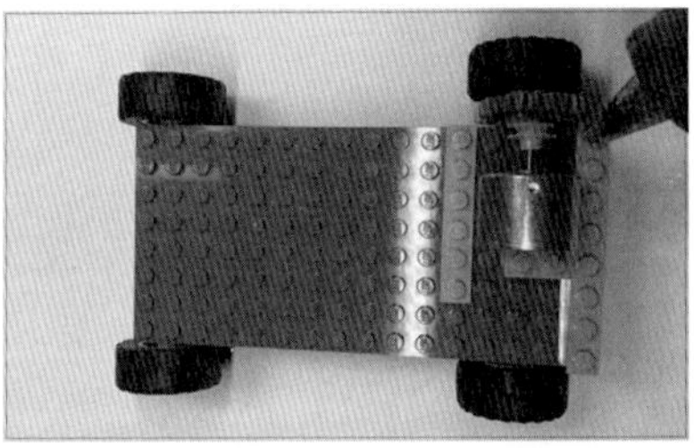
④ 글루건으로 차체에 모터 고정하기

⑤ 건전지 홀더와 모터 연결하기

⇨

⑥ 태양광 전지판 연결하고 꾸미기

〈활동지 6〉 레고 블록을 활용한 태양광 자동차 모형 만들기 실습 평가하기

레고 블록을 활용한 태양광 자동차 모형 만들기

학년 반 번 이름 ( )

영 역	기술	실습일	년 월 일
주 제	레고 블록을 활용한 태양광 자동차 모형 만들기	실습자	

활동 내용

1. 레고 블록을 활용한 태양광 자동차 모형 만들기 실습 과정을 생각해 보고 스스로 평가를 해 봅시다.

평가 요소	잘함	보통	노력요함
레고 블록을 활용한 태양광 자동차 모형 만들기 실습 과정에 따라 창의적으로 태양광 자동차 모형을 제작하였습니까?			
레고 블록을 활용하여 태양광 자동차 모형을 견고하고 빠르게 이동할 수 있도록 제작하였습니까?			
레고 블록을 활용한 태양광 자동차 모형 만들기 활동에 적극적으로 참여하였습니까?			
〈 제작한 레고 블록을 활용한 태양광 자동차 모형의 잘된 점이나 보완했으면 하는 점을 적어봅시다. 〉			

2. 다른 친구들이 완성한 레고 블록을 활용한 태양광 자동차 모형을 살펴보고 잘된 점이나 보완할 점을 써 봅시다.

8. 관계 지식

▣ 레고 디지털 디자이너 (Lego digital designer)[27] 사용 방법

ㅁ 레고 디지털 디자이너의 메인 화면

레고 디지털 디자이너의 첫 화면은 세 가지 (lego digital designer, lego mindstorms, lego digital designer extended) 모드 중 하나를 선택할 수 있도록 구성되어 있다. 또한 화면 오른쪽 하단은 프로젝트를 만들거나 불러올 수 있는 아이콘으로 구성되어 있다.

ㅁ 브릭 팔레트 (The Brick palette)

레고 디지털 디자이너에서 프로젝트를 생성하면 화면 왼쪽에 레고 브릭 팔레트가 나온다. 레고 브릭의 형태에 따라 32개의 그룹으로 되어 있다. 블록 아이콘을 선택하면 크기가 다르지만 형태가 비슷한 하위 블록을 선택할 수 있도록 구성되어 있다.

팔레트 상단에는 검색창이 있어서 레고 블록을 검색할 수 있도록 지원하고 있다.

팔레트 하단에는 스케일바가 있어서 레고 블록을 크거나 작게 볼 수 있으며, 블록의 색깔을 변경할 수 있다.

27) Google에서 Lego digital designer를 검색하면 LEGO 홈페이지에서 쉽게 프로그램을 다운로드 받을 수 있다.

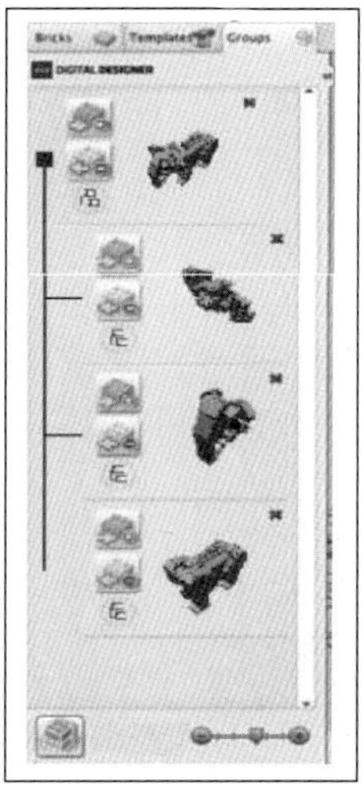

ㅁ 그룹 팔레트 (Grouping palette)

그룹 팔레트를 활용하면 필요할 때 쉽게 그룹을 불러 올 수 있다. 먼저 그룹을 지정하고자 하는 블록을 선택하고 그룹 만들기 버튼을 클릭하면 그룹이 설정된다.

그룹에 추가 버튼을 누르면 기존에 그룹에 블록이 추가된다.

그룹에서 제거 버튼을 누르면 기존에 그룹에서 블록이 제거된다.

서브 그룹 만들기 버튼을 누르면 여러 가지 그룹 항목을 만들 수 있다.

2 3D펜을 활용한 교량 모형 만들기

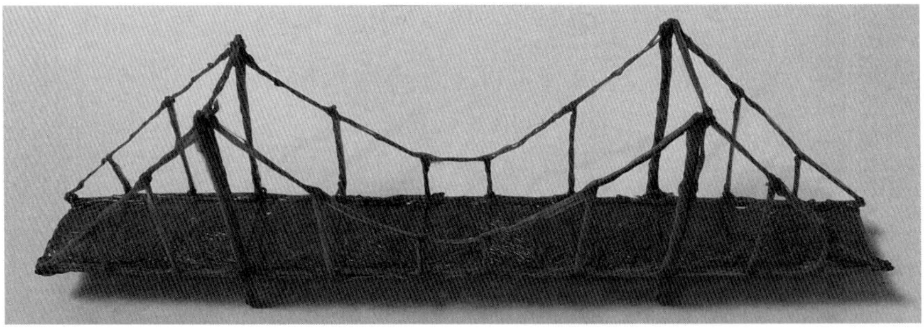

3D펜을 활용하여 다양한 물건을 제작해 보는 경험은 학생들에게 아이디어를 발상하고 시각적 이미지를 도출하는 기회를 제공하기 때문에 창의성 발현의 측면과 도구의 조작 능력 배양에 있어서도 중요한 교육적 의미를 지닌다.

이번 활동 과제는 3D펜을 활용하여 튼튼하고 효과적인 교량 모형을 제작하는 것을 목표로 하고 있다. 교량 모형 제작 후보지의 특징을 파악하여 교량 제작 장소를 선정하고, 다양한 교량 유형을 탐색하여 3D펜으로 교량 모형을 제작하는 활동으로 구성되어 있다.

초등학교 3~4학년 학생들의 경우에는 문제 해결의 의미보다는 단순히 교량 제작의 경험을 통해 교량에 대한 흥미와 관심을 유발할 수 있으며, 초등학교 5~6학년 학생들은 문제를 해결하며 교량의 사회적 의미를 생각해 볼 수 있다.

Keywords

3D펜, 건설 기술, 교량

1. 대상 학년: 4~6학년

2. 교수·학습 모형: 액션 러닝 학습법

단계	본시 활동 요소
과제 명확화	• 문제 상황 자세히 살펴보기 (구체화하기) • 문제 정의하기
과제 연구	• 교량 모형 제작 후보지의 특징 파악하기 • 교량 모형을 제작할 장소 선정하기 • 다양한 교량의 유형 탐색하기
해결방안 도출	• 재료와 도구 파악하기 • 교량 모형 제작 방법 탐색하기 • 교량 모형 구상도 그리기
실행하기	• 교량 모형 제작도 그리기 • 3D펜으로 교량 모형 제작하기
평가하기	• 교량 모형 발표 및 공유하기 • 교량 모형 평가하기

3. 교수·학습 자료

가. 재료: A4용지, 필라멘트, 테이프 등

나. 도구: 3D펜, 가위, 칼 등

다. 수업자료: 프레젠테이션 자료, 활동지 등

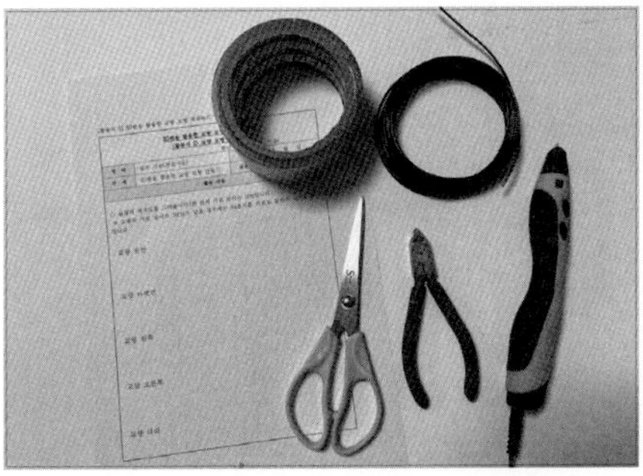

[그림 II-2] 교수·학습 자료 예시

4. 교수·학습 계획

가. 학습 주제: 3D펜을 활용하여 교량 모형 만들기

나. 학습 목표

1) 건설기술의 개념, 원리, 가치 등을 이해할 수 있다.
2) 교량 건설에 적합한 장소를 친구들과 의사소통을 통해 정할 수 있다.
3) 3D펜을 활용하여 교량 모형을 제작할 수 있다.
4) 건설기술에 흥미와 관심을 가질 수 있다.

다. 학습 형태: 2인 1모둠 학습 (짝 활동)

라. 학습 장소: 실과실습실 또는 교실

마. 평가 관점

1) 모둠에서 계획한 대로 교량 모형을 완성하였는가?
2) 교량의 특징을 살려 교량 모형을 튼튼하게 제작하였는가?
3) 교량 모형을 제작할 때 모둠원과 협력하여 적극적으로 참여하였는가?

5. 지도상의 유의점

가. 5~6학년을 대상으로 프로그램을 운영할 때에는 3D펜을 활용하여 교량 모형을 제작하는 것보다는 학생들이 제시된 문제를 해결하는데 초점을 맞추어 지도한다.

나. 3~4학년을 대상으로 프로그램을 운영할 때에는 문제를 해결하는 것보다 3D펜을 활용하여 교량 모형을 제작하는 경험을 갖는데 초점을 맞추어 지도한다.

다. 3D펜을 활용하여 교량 모형을 제작할 때는 구조물이 흔들리지 않고 단단하게 제작되도록 지도한다.

라. 3D펜을 활용하여 교량 모형을 제작할 때는 가로, 세로, 높이 등이 문제에 제시된 길이의 비율과 맞는지 확인하도록 지도한다.

마. 3D펜을 다룰 때는 3D펜의 노즐 부분이 뜨겁기 때문에 사전에 안전교육을 실시하고 안전에 유의하여 3D펜을 사용하도록 지도한다.

바. 필라멘트는 유해물질이 발생하지 않는 안전한 필라멘트를 선택한다. 필

라멘트에 열을 가하여 녹을 때 약간의 냄새가 발생할 수 있으므로 3D펜을 사용할 때에는 마스크를 착용하고 통풍이 잘 되는 곳에서 사용하도록 지도한다.

6. 교수 · 학습 과정

실과 교수·학습 과정안			
학습 주제	3D펜을 활용한 교량 모형 만들기	학습 형태	모둠 학습 (2인 1모둠)
		학습 모형	액션 러닝 학습법
학습 목표	1) 건설기술의 개념, 원리, 가치 등을 이해할 수 있다. 2) 교량 건설에 적합한 장소를 친구들과 의사소통을 통해 정할 수 있다. 3) 3D펜을 활용하여 교량을 제작할 수 있다.		

가. 과제 명확화 단계 (10분) **〈활동지 1〉**

■ 문제 상황 자세히 살펴보기

Ⓣ 그림 자료에서 보는 것처럼 동건이네 집과 학교 사이에는 강이 있습니다. 강에는 다리 (단순교)가 하나 있는데 비가 와서 강이 범람하면 차량이 통제됩니다. 다리를 이런 장소에 만든 이유는 강폭이 500m로 짧은 곳이라 다리를 만들기 쉬웠기 때문이라고 합니다. 날씨가 맑은 날에는 이 다리를 건널 수 있기 때문에 학교까지 오는 시간이 5분밖에 걸리지 않습니다. 하지만 비가 오는 날에 다리 위로 강물이 범람하여 통행이 차단되면 남쪽 도로로 돌아가야 합니다. 다리가 통제되어 남쪽 도로를 이용해서 동건이가 학교까지 오는 시간은 30분이나 됩니다. 비가 오는 날에도 동건이가 학교에 빠르고 안전하게 올 수 있도록 새로운 다리가 필요합니다. 현재 건설된 다리의 위치에 새로운 다리를 건설하는 것이 거리 측면에서는 가깝지만 지반 (땅)이 약해서 튼튼한 다리를 놓을 수 없다고 합니다. 지반이 강해서 튼튼한 다리를 만들 수 있는 지점을 지도에 표시했습니다. 1부터 4번 지점 중 가장 적절하다고 생각되는 곳에 튼튼한 다리 모형을 제작하는 것이 오늘의 과제입니다.

Ⓣ 과제를 보다 명확하게 이해하기 위해 동건이의 상황에 대하여 알아봅시다. 비가 오는 날 동건이는 어떤 불편한 점이 있을까요?

Ⓢ 평상시에 학교에 오는 시간이 5분 정도 걸리는데 비가 와서 다리에 통행이 통제되면 30분이 걸리기 때문에 지각을 할 것 같습니다.

Ⓣ 또 다른 불편한 점은 없을까요?

Ⓢ 비가 오는 날 강이 범람하는지 범람하지 않는지를 확인하기 어려워 답답할 것 같습니다.

Ⓢ 비가 오는 날 강이 범람할 수 있기 때문에 안전하지 않을 것 같습니다.

■ 문제 정의하기

Ⓣ 동건이가 겪는 문제 상황을 어떻게 정의할 수 있을까요?

Ⓢ 동건이가 학교에 빨리 가기 위해서는 다리를 건너야 하는데 비가 와서 강이 범람하여 다리에 통행이 통제되면 먼 길로 돌아가야 하는 것이 문제입니다.

Ⓣ 이러한 문제를 해결하기 위해서는 어떻게 해야 할까요?

Ⓢ 새로운 다리를 만들어 주면 좋을 것 같습니다.

나. 과제 연구 단계 (30분) **〈활동지 1〉**

■ 문제 상황과 관련된 내용 학습하기

Ⓣ 강에 새롭고 안전한 다리를 놓아주기 위해서는 어떤 정보가 필요할까요?

Ⓢ 강의 폭, 수심, 통행량, 주민의 요구 등에 대한 정보가 필요합니다.

Ⓣ 강의 폭에 대한 정보부터 알아볼까요?

Ⓢ 지도의 1번 위치는 1km, 2번 위치는 2km, 3번 위치는 1.5km, 4번 위치는 2.5km입니다. 길이가 긴 순서로는 4번, 2번, 3번 1번입니다.

Ⓣ 강의 수심은 어떤가요?

Ⓢ 지도의 1번 위치는 4m, 2번 위치는 2m, 3번 위치는 3m, 4번 위치 1m입니다. 강의 수심이 깊은 순서는 1번, 3번, 2번, 4번입니다.

Ⓣ 통행량이 많은 순서대로 위치를 말해 봅시다.

Ⓢ 지도의 1번 위치가 통행량이 많고, 2번과 4번 위치는 통행량이 보통입니다. 3번 위치는 통행량이 적습니다.

Ⓣ 주민의 요구가 많은 순서대로 위치를 말해 봅시다.

Ⓢ 지도의 3번과 4번 위치는 주민의 요구가 많고, 2번 위치는 주민의 요구가 보통입니다. 1번 위치는 주민의 요구가 적습니다.

■ 교량 모형을 제작할 장소 선정하기

Ⓣ 1번 위치의 특징을 설명해봅시다.

Ⓢ 1번 위치는 강의 폭이 가장 짧고 수심이 가장 깊습니다. 통행량은 많고 주민의 요구는 적습니다.

Ⓣ 2번 위치의 특징을 설명해봅시다.

Ⓢ 2번 위치는 강의 폭이 긴 편이고 수심은 얕은 편입니다. 통행량과 주민의 요구는 보통입니다.

Ⓣ 3번 위치의 특징을 설명해봅시다.

Ⓢ 3번 위치는 강의 폭이 짧은 편이고 수심은 깊은 편입니다. 통행량이 적으나 주민의 요구는 많습니다.

Ⓣ 4번 위치의 특징을 설명해봅시다.

Ⓢ 4번 위치는 강의 폭이 가장 길고 수심은 가장 얕습니다. 통행량은 보통이고 주민의 요구는 많습니다.

■ 다양한 교량의 유형 탐색하기 **〈활동지 2〉**

Ⓣ 다리의 유형에 대하여 알아봅시다. 다리는 자료에서 보는 것처럼 단순교, 아치교, 트러스교 등이 있습니다.

Ⓣ 단순교는 교량의 양 끝에 교각을 세우고 그 위에 상판을 얹어 다리를 만드는 방법입니다. 만들기 쉽지만 다리가 쉽게 처지기 때문에 길게 만들 수 없는 단점이 있습니다.

Ⓣ 아치교는 다리의 아래쪽을 아치 형태의 구조로 만든 다리를 말합니다. 다리 아래쪽의 아치 형태의 곡선 구조는 고대 로마시대부터 많이 사용되어 왔으며, 이러한 구조로 인해 단순교에 비해 무거운 물

체를 지탱할 수 있습니다.

Ⓣ 다음은 트러스교입니다. 삼각형으로 연결한 골조구조로 만들어진 다리를 트러스교라고 합니다. 트러스교는 작은 부품을 연결하여 다리를 건설할 수 있기 때문에 빠른 속도로 다리를 건설할 수 있을 뿐만 아니라 무거운 물체를 견디는 강도가 좋습니다.

다. 해결방안 도출 단계 (20분)

■ 재료와 도구 파악하기

Ⓣ 교량 모형을 제작하기 위해서 3D펜을 사용할 것입니다. 우선 3D펜의 사용 방법을 알아봅시다. 우선 3D펜 전원을 켭니다. 출력 버튼을 눌러주면 온도가 올라가기 시작합니다. 필라멘트를 투입구에 넣고 출력 버튼을 눌러주면 출력을 시작합니다.

실습안전

- 3D펜에서 필라멘트가 나오는 노즐 부분은 약 180℃ 이상으로 온도가 올라갑니다. 화상의 위험이 있으니 주의합니다. 저온형 3D펜을 사용하면 화상의 위험을 줄일 수 있습니다.
- 3D펜으로 작업을 한 후에는 노즐이 막힐 수 있으므로 필라멘트를 제거합니다.
- 필라멘트가 가열될 때 약간의 냄새가 발생할 수 있으므로 3D펜을 사용할 때는 마스크를 착용하고 통풍이 잘 되는 곳에서 사용합니다.

■ 교량 모형 제작 방법 탐색하기 **〈활동지 3〉**

Ⓣ 3D펜을 활용하여 교량 모형을 제작하는 방법을 알아봅시다. 우선 교량 모형의 제작도에 테이프를 붙입니다. 다음은 3D펜으로 제작도를 따라 그립니다. 각 면이 완성되면 3D펜으로 각 면을 붙여줍니다. 수심을 생각하여 교량의 다리를 만들어 줍니다.

■ 교량 모형 구상도 그리기 **〈활동지 4〉**

Ⓣ 각 모둠은 교량을 제작할 위치를 확인하고 선택한 위치에 맞게 교량의 구상도를 그려봅시다. 구상도를 그릴 때에는 교량의 형태를 선택

하여 그립니다. 다리의 개수와 위치도 구상도에 표시합니다.

Ⓢ (모둠별로 교량의 구상도를 완성한다.)

라. 실행하기 단계 (40분) **〈활동지 5〉**

■ 교량 모형 제작도 그리기

Ⓣ 교량의 구상도가 완성되면 교량의 제작도를 그립니다. 교량의 제작도는 실제 모형의 바탕이 되기 때문에 길이를 잘 맞추어 그립니다. 교량의 제작도는 교량의 윗면, 아랫면, 왼쪽면, 오른쪽면의 길이를 맞추어 그립니다.

Ⓣ 교량 모형을 제작할 때 강의 폭은 100m를 1cm로 제작합니다. 1번 위치의 경우에는 1km이므로 교량의 길이는 10cm가 됩니다. 4번 위치에 교량을 건설할 경우 교량의 길이는 몇 cm가 될까요?

Ⓢ 4번 위치의 강폭은 2.5km이므로 4번 위치의 교량은 25cm로 제작하여야 합니다.

Ⓣ 교량 모형을 제작할 때 실제 다리 높이 1m를 1cm로 제작합니다. 강이 범람하는 것을 막기 위해 수심보다 1m 이상 높게 제작합니다. 1번 위치의 경우 수심이 4m입니다. 수심보다 1m 이상 교량 다리를 높게 제작하여야 하므로 교량 다리의 높이를 5cm 이상으로 제작합니다. 2번 위치의 교량 다리의 높이는 최소 몇 cm가 되어야 할까요?

Ⓢ 2번 위치의 수심은 2m이고 수심보다 1m가 높게 교량이 제작되어야 하므로 교량 다리를 최소 3cm로 제작하면 됩니다.

Ⓣ 교량 모형의 모든 면이 강폭과 길이를 일정하게 맞추어야 튼튼하게 교량을 제작할 수 있습니다.

Ⓢ (모둠별로 교량의 제작도 완성한다.)

■ 교량 모형 제작하기

Ⓣ 교량의 제작도가 완성된 모둠은 3D펜을 사용하여 교량을 제작합니다. 왼쪽면, 오른쪽면과 윗면은 반드시 채울 필요는 없으나 밑면은 전부 채워서 완성합니다. 밑면의 두께는 3D펜으로 3~5mm가 될 수

있도록 조절합니다.

Ⓢ (모둠별로 3D펜을 사용하여 교량을 제작한다.)

마. 평가하기 단계 (20분) **〈활동지 6〉**

■ 교량 모형 발표 및 공유하기

Ⓣ 제작한 교량이 튼튼한지 살펴보고 다른 모둠에서 만든 교량과 비교하여 봅시다.

Ⓢ (여러 모둠에서 제작한 교량을 살펴보고 모둠끼리 의견을 교환한다.)

수업 TIP

- 제작한 교량이 튼튼한지 알아보기 위해서 쇠구슬이나 분동 등으로 단위 무게를 정해 교량 상판에 차례로 얹어보고 다리가 어느 정도의 무게를 버틸 수 있는지 확인할 수 있습니다.

Ⓣ 다른 모둠에서 만든 교량을 살펴보고 제작한 교량에 참고할 점이 있으면 3D펜을 사용하여 보강합니다.

■ 교량 모형 평가하기

Ⓣ 교량 모형 만들기 활동 결과를 활동지에 평가해 봅시다.

Ⓣ 완성한 교량이 모둠에서 계획한대로 잘 제작되었는지 확인해봅시다.

Ⓢ 3D펜을 다루는 것이 서툴러서 계획한대로 완벽하게 제작되지는 않았지만 정한 위치에 맞게 제작된 것 같습니다.

Ⓣ 활동 과정 중 자신의 실습 태도에 대하여 생각해봅시다.

Ⓢ 모둠원과 의사소통을 하며 실습에 적극적으로 참여하였습니다.

7. 과정중심 수행평가지

활동지 1 교량 모형 제작 과제 파악하기

〈활동지 1〉 교량 모형 제작 과제 파악하기

3D펜을 활용한 교량 모형 만들기

학년 반 번 이름 ( )

영 역	기술	실습일	년 월 일
주 제	3D펜을 활용한 교량 모형 만들기	실습자	
활동 내용			

◇ **다음 지문을 읽고 조건에 맞게 과제를 해결합니다.**

그림 자료에서 보는 것처럼 동건이네 집과 학교 사이에는 강이 있습니다. 강에는 다리 (단순교)가 하나 있는데 비가 와서 강이 범람하면 차량이 통제됩니다. 이러한 장소에 다리를 만든 이유는 강폭이 500m로 짧은 곳이라 다리를 만들기 쉬웠기 때문이라고 합니다. 날씨가 맑은 날에 이 다리를 건너 학교까지 오는 시간은 5분 정도입니다. 하지만 비가 오는 날, 다리에 강물이 범람하여 통행이 차단되면 남쪽 도로로 돌아가야 합니다. 다리가 통제되어 남쪽 도로를 이용해서 동건이가 학교까지 오는 시간은 30분 정도입니다. 비가 오는 날에도 동건이가 학교에 빠르고 안전하게 올 수 있도록 새로운 다리가 필요합니다. 현재 건설된 다리의 위치에 새로운 다리를 건설하는 것이 거리 측면에서는 가깝지만 지반 (땅)이 약해서 튼튼한 다리를 놓을 수 없다고 합니다. 지반이 강해서 튼튼한 다리를 만들 수 있는 지점을 지도에 표시했습니다. 1부터 4번 지점 중 가장 적절하다고 생각되는 곳에 튼튼한 다리 모형을 제작하는 것이 오늘의 과제입니다.

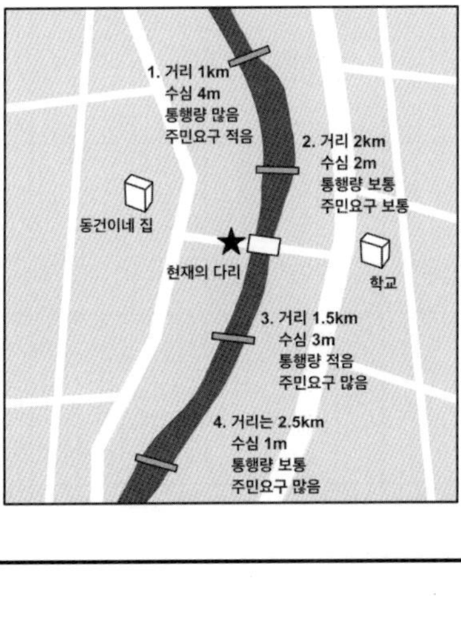

활동지 1 교량 모형 제작 과제 파악하기 (계속)

활동 내용

1. 지문에 제시된 위치 중 강의 폭이 긴 순서대로 쓰시오.
   후보지 4 → 후보지 2 → 후보지 3 → 후보지 1

2. 지문에 제시된 위치 중 수심이 깊은 순서대로 쓰시오.
   후보지 1 → 후보지 3 → 후보지 2 → 후보지 4

3. 지문에 제시된 위치 중에서 통행량이 많은 순서대로 쓰시오.
   후보지 1 → 후보지 2 = 후보지 4 → 후보지 3

4. 지문에 제시된 위치 중에서 주민의 요구가 많은 순서대로 쓰시오.
   후보지 3 = 후보지 4 → 후보지 2 → 후보지 1

5. 다리 건설 후보지의 특징을 표에 정리해 봅시다.

	강의 폭	수심	통행량	주민의 요구	선택한 장소
후보지 1	1Km	4m	많음	적음	
후보지 2	2Km	2m	보통	보통	
후보지 3	1.5Km	3m	적음	많음	
후보지 4	2.5Km	1m	보통	많음	

활동지 2 교량의 형태와 특징 학습하기

〈활동지 2〉 교량의 형태와 특징 학습하기

3D펜을 활용한 교량 모형 만들기

학년 반 번 이름 ( )

영 역	기술	실습일	년 월 일
주 제	3D펜을 활용한 교량 만들기	실습자	
활동 내용			

◇ 교량의 형태와 특징에 대하여 알아봅시다.

1. 단순교

- 단순교는 교량의 양 끝에 교각을 세우고 그 위에 상판을 얹어 다리를 만드는 방법입니다. 만들기 쉽지만 다리가 쉽게 처지기 때문에 길게 만들 수 없는 단점이 있습니다.

• 단순교 (예시)

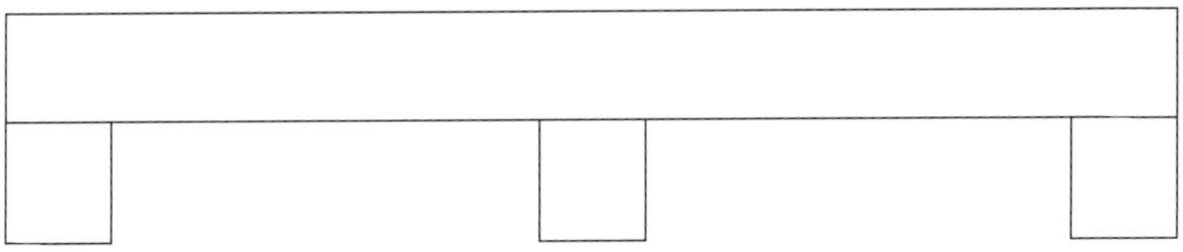

2. 아치교

- 아치교는 다리의 아래쪽을 아치 형태의 구조로 만든 다리를 말합니다. 구조가 단순교에 비해 무거운 물체를 지탱할 수 있으며, 고대 로마시대부터 많이 사용되어 왔습니다.

• 아치교 (예시)

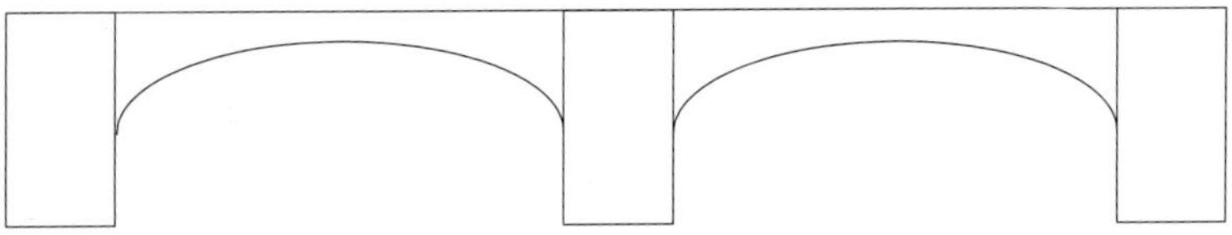

3. 트러스교

- 삼각형으로 연결한 골조구조로 만들어진 다리를 트러스교라고 합니다. 트러스교는 작은 부품을 연결하여 다리를 건설할 수 있기 때문에 빠른 속도로 다리를 건설할 수 있을 뿐만 아니라 무거운 물체를 견디는 강도가 좋습니다.

• 트러스교 (예시)

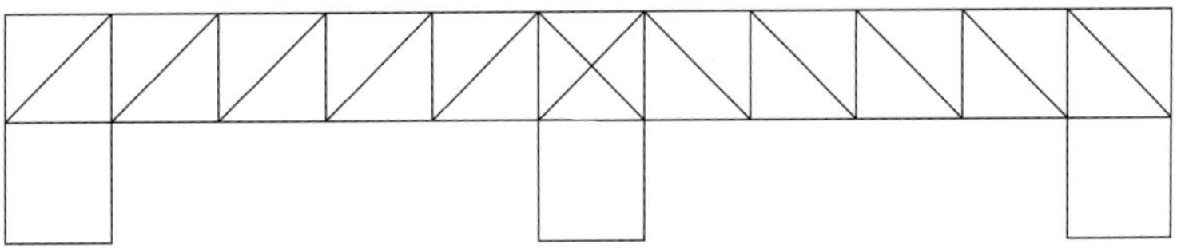

활동지 3 교량 모형 제작 방법 알아보기

〈활동지 3〉 교량 모형 제작 방법 알아보기

3D펜을 활용한 교량 모형 만들기

학년 반 번 이름 ( )

영 역	기술	실습일	년 월 일
주 제	3D펜을 활용한 교량 모형 만들기	실습자	
활동 내용			

◇ **3D펜으로 교량 모형 만드는 방법**

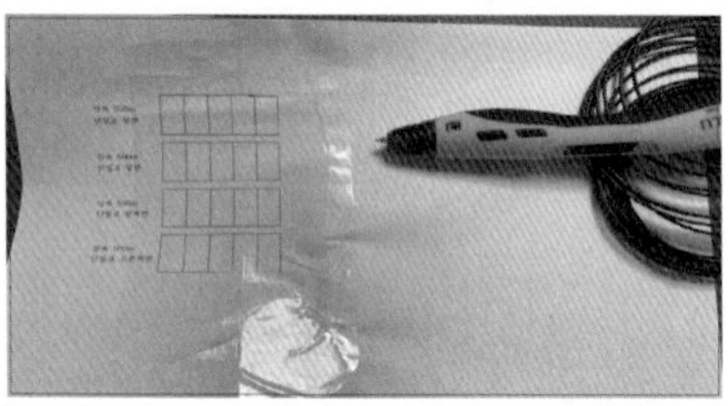

① 도면에 테이프 붙이기

⇨

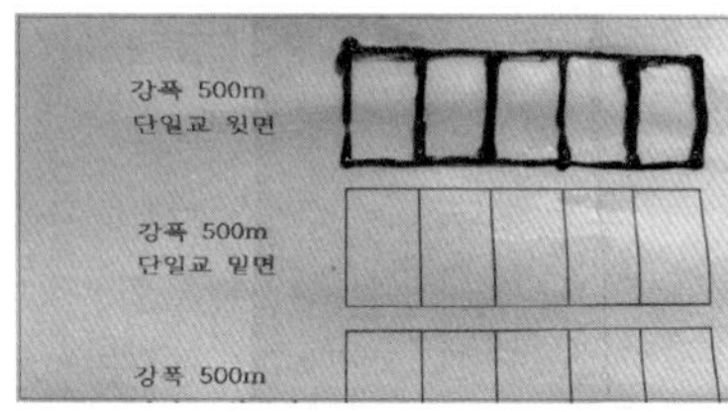

② 3D펜으로 도면 따라 그리기

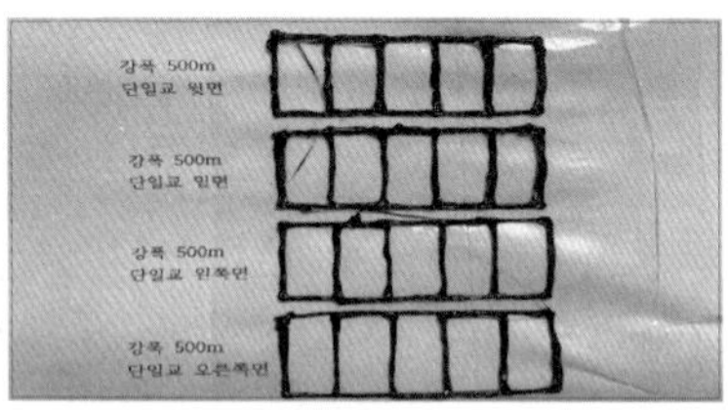

③ 3D펜으로 모든 면 완성하기

⇨

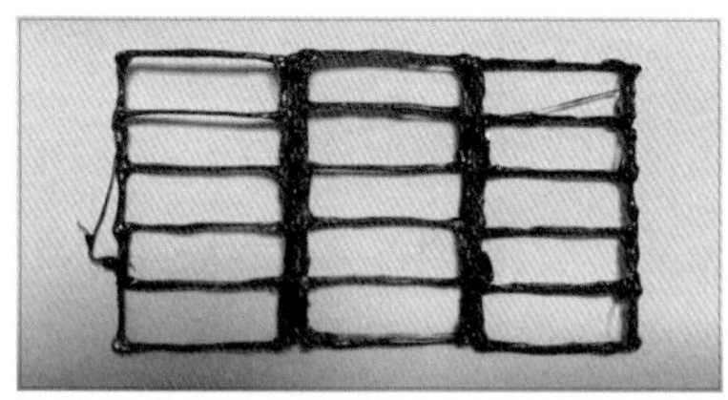

④ 윗면과 옆면 연결하기

⑤ 옆면 구부려서 형태잡기

⇨

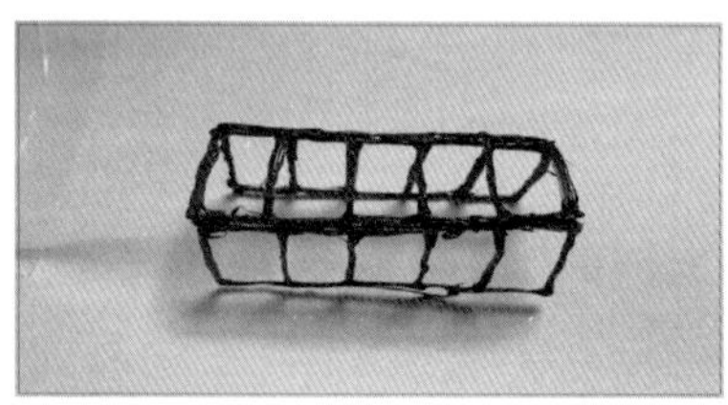

⑥ 밑면 연결하기

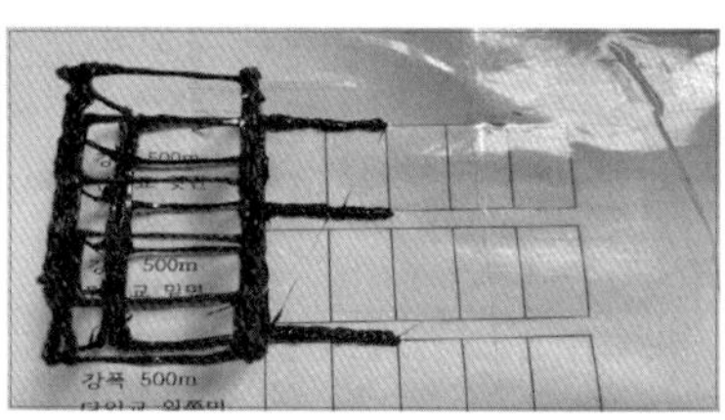

⑦ 교량 다리 만들기

⇨

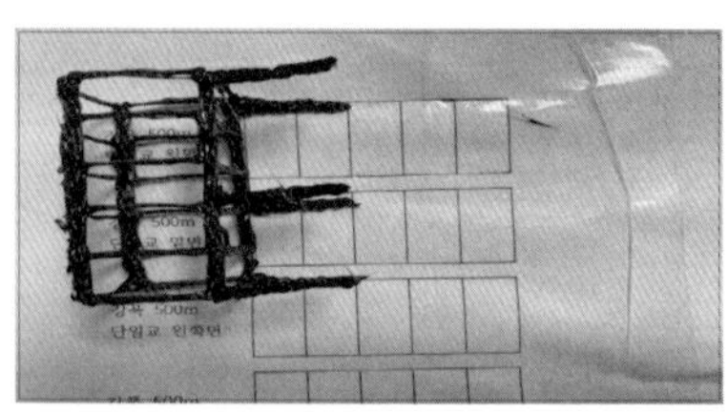

⑧ 교량 다리 다듬기

〈활동지 4〉 교량 모형 설계하기

3D펜을 활용한 교량 모형 만들기

학년 반 번 이름 ( )

영 역	기술	실습일	년 월 일
주 제	3D펜을 활용한 교량 만들기	실습자	
활동 내용			

◇ **조건에 맞게 과제를 해결합니다.**

1. 교량을 세우기에 가장 적당하다고 생각한 위치는 어디이고, 그 이유는 무엇인가요?
   후보지3입니다. 강폭이 좁아 교량 건설에 비교적 유리하고, 주민의 요구가 많아 현재는 통행량이 적지만 교량이 건설되면 통행량이 늘어날 것이라고 생각합니다.

2. 제작하고자하는 교량의 형태를 구상도로 그려봅시다.

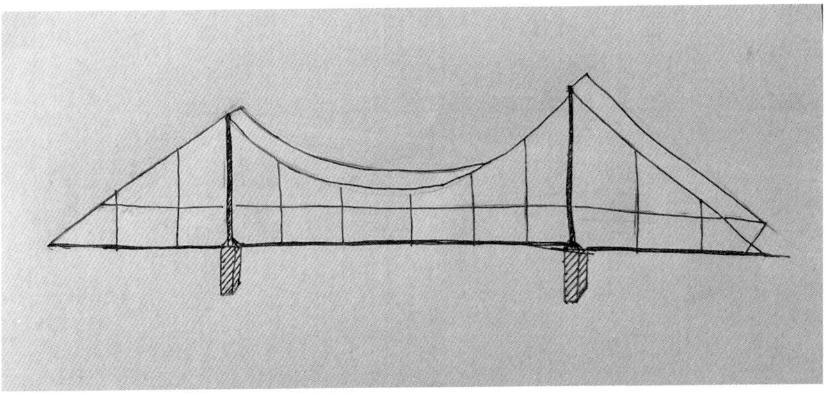

활동지 5 교량 모형 제작하기

〈활동지 5〉 교량 모형 제작하기

3D펜을 활용한 교량 모형 만들기

학년 반 번 이름 (   )

영 역	기술	실습일	년 월 일
주 제	3D펜을 활용한 교량 모형 만들기	실습자	
활동 내용			

◇ **교량의 제작도를 그려봅시다. (한 칸의 가로 길이는 1cm입니다.)**

※ 교량의 가로 길이가 10cm가 넘을 경우에는 A4용지를 가로로 돌려서 제작도를 그립니다.

• 교량 윗면

• 교량 아랫면

• 교량 왼쪽

• 교량 오른쪽

• 교량 다리

활동지 6 교량 모형 평가하기

〈활동지 6〉 교량 모형 평가하기

3D펜을 활용한 교량 모형 만들기

학년 반 번 이름 ( )

영 역	기술	실습일	년 월 일
주 제	3D펜을 활용한 교량 모형 만들기	실습자	
활동 내용			

1. 교량 모형 만들기를 실습하면서 활동했던 과정을 생각하여 보고 스스로 평가를 해 봅시다.

평가 요소	잘함	보통	노력요함
교량 모형이 모둠에서 계획한 대로 완성되었습니까?			
교량의 특징을 살려 교량 모형을 튼튼하게 제작하였습니까?			
교량 모형을 제작할 때 모둠원과 협력하여 적극적으로 참여하였습니까?			
〈 제작한 교량 모형의 잘된 점이나 보완했으면 하는 점을 적어봅시다. 〉			

2. 다른 모둠에서 완성한 교량 모형을 살펴보고 잘된 점이나 보완할 점을 써 봅시다.

8. 관계 지식

▣ 3D펜

3D펜은 노즐을 통해 나온 플라스틱 재료를 쌓아올려 원하는 물건을 제작하는 도구이다. 3D펜에 사용되는 소재는 열가소성수지로 열을 가하면 물렁물렁해지는 성질을 가지고 있다. 보통 ABS나 PLA와 같은 합성 플라스틱을 말한다. 3D펜 속으로 들어간 열가소성수지는 3D펜 노즐의 열처리장치를 통과하면서 강한 점성을 띠게 되고 이러한 상태에서 원하는 모양을 그려나가면 공기 중으로 나온 소재가 빠른 속도로 굳으면서 입체적인 모양을 제작할 수 있다.

▣ 3D펜의 사용 방법

3D펜에 어댑터를 꽂고 노즐 방향의 화살표가 그려진 버튼을 누르면 예열을 시작한다. 예열이 완료되면 3D펜 뒤쪽에 필라멘트를 넣는다. 노즐 방향의 화살표가 그려진 버튼을 누르면 노즐을 통해 필라멘트가 나오고 버튼을 한 번 더 누르거나 반대 방향의 화살표가 그려진 버튼을 누르면 필라멘트가 멈춘다.

▣ 열가소성수지

열가소성수지는 열을 가했을 때 녹고 온도를 낮추면 고체 상태로 돌아가는 고분자수지를 말한다. 열가소성수지는 폴리에틸렌, 폴리에틸렌 테레프탈레이트, 폴리염화비닐, 폴리염화비닐리덴, 폴리스티렌, 폴리프로필렌 등이 있다.

▣ PLA (Poly Lactic Acid)

PLA (Poly Lactic Acid)는 옥수수의 전분에서 추출한 원료로 만든 친환경수지로 3D펜이나 3D프린터에 사용되는 필라멘트의 주된 재료이다. 사용 중에는 일반 플라스틱과 동등한 특징을 가지지만 폐기할 때에는 미생물에 의해 완전히 분해되는 재질로 되어있다.

▣ PCL (Poly Capro Lactone)

PCL (Poly Capro Lactone)은 친환경재료를 사용한 생분해성 플라스틱으로 저온(50~100℃)에서 사용이 가능한 필라멘트이다. PCL은 PLA에 비해 굳는 속도가 느리기 때문에 출력 후 손으로 만지면서 모양을 다듬을 수 있는 장점이 있는 반면 원하는 형태를 정교하게 작업하기 어려운 단점이 있다.

3 3D 설계 프로그램을 활용한 연필 낙하 방지 인형 캐릭터 만들기

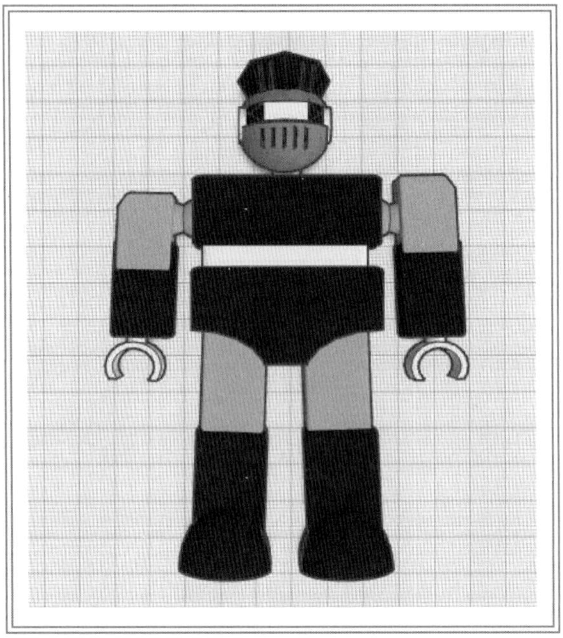

캐릭터 디자인은 학생들에게 스스로 아이디어를 발상하고 시각적 이미지를 도출하는 기회를 제공하기 때문에 창의성 발현의 측면에서 중요한 교육적 의미를 지닌다. 3D 설계 프로그램을 활용하여 캐릭터를 제작하는 활동을 통해 학생들은 제조 기술의 개념, 원리, 구성 요소 등을 이해할 수 있으며, 조형 요소를 입체적으로 활용하는 경험을 통해 공간 지각 능력을 배양할 수 있다.

이번 활동 과제는 3D 설계 프로그램을 활용하여 상황에 맞는 캐릭터를 디자인하는 것을 목표로 하고 있다. 일상생활에서 발생하는 문제 상황을 바탕으로 3D 설계 프로그램을 학습하고, 캐릭터 디자인을 구상하여 3D 프린터로 제작하는 활동으로 구성되어 있다.

Keywords

3D 설계 프로그램 (tinkercad), 3D 프린터, 제조 기술

1. 대상 학년: 4~6학년

2. 교수 · 학습 모형: 디자인 씽킹 학습법

단계	본시 활동 요소
공감	• 연필이 굴러 떨어지는 문제 상황 파악하기 • 동건이의 고민 공감하기
문제정의	• 연필이 굴러 떨어지는 문제 상황 자세히 살펴보기 • 연필이 굴러 떨어지는 문제 정의하기
정보 수집 및 관련 내용 학습	• 3D 설계 프로그램 학습하기 • 예시 자료 제작 과정 탐색하기
아이디어 발상	• 연필이 굴러 떨어지는 문제를 해결할 아이디어 떠올리기 • 아이디어 선정하고 구상도 그리기
제작하기	• 설계도 작성하기 • 3D 프린터로 설계한 캐릭터 제작하기
평가하기	• 작품 발표 및 공유하기 • 피드백 받고 수정하기

3. 교수 · 학습 자료

가. 재료: A4용지, 필라멘트 등

나. 도구: 컴퓨터 또는 태블릿, 3D 프린터, 사포, 칼, 펜치, 연필 등

다. 수업자료: 프레젠테이션 자료, 활동지 등

4. 교수 · 학습 계획

가. 학습 주제: 3D 설계 프로그램을 활용하여 관절 인형 캐릭터 만들기

나. 학습 목표

1) 제조 기술의 개념, 원리, 구성 요소 등을 이해할 수 있다.
2) 일상생활의 문제를 해결하는데 3D 설계 프로그램 및 3D 프린터를 사용할 수 있다.
3) 3D 설계 프로그램을 활용하여 관절 인형을 제작할 수 있다.
4) 제조 기술에 흥미와 관심을 가질 수 있다.

다. 학습 형태: 개별학습

라. 학습 장소: 컴퓨터실 또는 실과실습실

마. 평가 관점

1) 3D 설계 프로그램으로 제작한 관절 인형 캐릭터가 주어진 문제를 잘 해결하였는가?
2) 3D 설계 프로그램으로 제작한 관절 인형 캐릭터가 계획한 대로 완성되었는가?
3) 3D 설계 프로그램으로 관절 인형 캐릭터를 제작할 때 적극적으로 참여하였는가?

5. 지도상의 유의점

가. 관절 인형 캐릭터를 설계할 때 캐릭터를 디자인하는 것보다는 학생들이 제시된 문제를 해결하는데 초점을 맞추도록 지도한다.

나. 관절 인형 캐릭터를 설계할 때 제시된 과정을 바탕으로 창의적으로 변형할 수 있도록 지도한다.

다. 3D 설계 프로그램을 다룰 때는 학생들이 자기 주도적으로 탐색할 수 있도록 허용적인 분위기를 만든다.

라. 3D 설계 프로그램으로 관절 인형 캐릭터를 제작할 때는 구상도 단계에서부터 가로, 세로, 높이 등의 치수를 꼼꼼히 확인하도록 지도한다.

마. 3D 설계 프로그램으로 설계한 관절 인형 캐릭터를 3D 프린터로 출력할

경우에는 출력시 주의사항을 반드시 확인하고 환기가 잘 되는 장소에서 출력한다.

바. 3D 프린터로 출력한 출력물을 후가공 할 경우에 펜치, 칼, 사포 등의 도구 사용에 따른 주의사항을 사전교육하고 사용시 유의하도록 지도한다.

6. 교수 · 학습 과정

실과 교수·학습 과정안			
학습 주제	3D 설계 프로그램을 활용한 연필 낙하 방지 인형 캐릭터 만들기	학습 형태	개별 학습
		학습 모형	디자인 씽킹 학습법
학습 목표	1) 제조 기술의 개념, 원리, 구성 요소 등을 이해할 수 있다. 2) 3D 설계 프로그램을 활용하여 관절 인형 캐릭터를 제작할 수 있다. 3) 3D 설계 프로그램을 활용하여 일상생활의 불편한 점을 해결할 수 있다.		

가. 공감 단계 (10분) **〈활동지 1〉**

■ 연필이 굴러 떨어지는 문제 상황 확인하기

Ⓣ 동건이는 동생이 공부를 할 때 연필이 자꾸 굴러 떨어지는 것을 보고 연필이 떨어지지 않도록 하는 좋은 방법이 없는지 고민하였습니다. 동생에게 육각기둥 모양의 연필을 사용해보도록 했지만 손이 아프다고 둥근 기둥 모양의 연필을 사용하고 싶어했습니다. 지우개 사이에 연필을 두니까 연필이 떨어지지 않는 것을 보고 연필을 끼울 수 있는 물건을 만들면 좋겠다는 생각을 했습니다. 기왕이면 3D 설계 프로그램을 활용하여 동생이 좋아할만한 인형의 형태로 만들고 인형의 머리나 팔이 움직이면 동생이 좋아해서 잃어버리지 않고 가지고 다닐 수 있을 것이라고 생각했습니다.

■ 동건이의 고민 공감하기

Ⓣ 동건이는 동생의 어떤 상황을 보면서 불편하다고 생각했나요?

Ⓢ 동생이 공부를 할 때 연필이 자꾸 굴러 떨어지는 것이 불편하다고 생각했습니다.

Ⓣ 여러분도 비슷한 경험을 한 적이 있나요?

Ⓢ 학교에서 친구들이 연필을 사용할 때 연필이 떨어져서 심이 부러지거나 부러진 심이 책상 밑으로 들어가 교실 바닥이 더러워진 경험이 있습니다.

나. 문제 정의 (10분) **〈활동지 1〉**

■ 연필이 굴러 떨어지는 문제 상황 자세히 살펴보기

Ⓣ 동건이가 찾은 해결 방법은 무엇이었나요?

Ⓢ 둥근기둥 모양의 연필을 육각기둥 모양의 연필로 바꾸면 연필이 굴러 떨어지지 않을 것이라고 생각했습니다.

Ⓣ 동건이가 찾은 해결 방법에는 어떤 문제가 발생했나요?

Ⓢ 동생이 손이 아파서 육각기둥 모양의 연필을 사용하고 싶어하지 않았습니다.

■ 연필이 굴러 떨어지는 문제 정의하기

Ⓣ 동건이가 만들고 싶은 물건은 무엇인가요?

Ⓢ 연필이 굴러 떨어지지 않도록 하는 물건입니다.

Ⓣ 연필이 굴러 떨어지는 이유는 무엇인가요?

Ⓢ 연필이 둥근기둥 모양으로 되어 있어서 쉽게 구르기 때문입니다.

Ⓣ 동건이가 힌트를 얻은 해결 방법은 무엇인가요?

Ⓢ 지우개 사이에 연필이 끼어 있으면 연필이 굴러 떨어지지 않는 것을 보고 힌트를 얻었습니다.

Ⓣ 동건이는 힌트를 얻은 해결 방법을 적용하여 무엇을 만들고 싶어 하나요?

Ⓢ 동생이 좋아할만한 인형을 만들고 싶어 합니다. 기왕이면 3D 설계 프로그램을 활용하여 팔이나 머리가 움직이는 인형을 만들어 동생이 잃어버리지 않고 가지고 다닐 수 있으면 좋겠다고 생각하였습니다.

다. 정보 수집 및 관련 내용 학습 (40분) **〈활동지 2〉**

■ 3D 설계 프로그램 학습하기

[T] 동건이가 3D 설계 프로그램을 활용하여 연필이 굴러 떨어지는 것을 방지하는 관절 인형을 만들기 위해서는 어떤 정보가 필요할까요?

[S] 3D 설계 프로그램의 사용 방법을 알아야 할 것 같습니다.

[T] 네, 맞아요. 그래서 이번 시간에는 3D 설계 프로그램 중 하나인 틴커캐드의 사용 방법을 간단하게 알아보겠습니다.

[T] 인터넷 검색 엔진에서 틴커캐드를 검색해서 틴커캐드 홈페이지에 들어갑니다. 수업코드를 입력하고 자신의 이름을 입력하면 3D 설계 프로그램을 사용할 수 있습니다. 홈페이지의 상단 메뉴를 보면 '알아보기' 메뉴가 있습니다. '알아보기' 메뉴를 클릭합니다. 10개의 스타터를 따라서 하다보면 3D 설계 프로그램의 사용 방법을 쉽게 익힐 수 있습니다.

[S] (10개의 스타터를 따라하면서 3D 설계 프로그램을 익힌다.)

[T] 동건이가 동생을 위해 만들 관절 인형 캐릭터의 3D 설계 과정을 따라하면서 관절 인형 캐릭터를 만들어봅시다. 첫 번째 작업 공간에 몸통이 될 직육면체를 가져옵니다. 직육면체의 크기를 가로 32mm, 세로 20mm, 높이 10mm로 바꾸어줍니다. 큰 직육면체 아래에 오른쪽 다리가 될 작은 직육면체를 가져옵니다. 직육면체의 크기를 가로 10mm, 세로 10mm, 높이 20mm로 바꾸어주고 적당한 위치에 놓아줍니다. 직육면체를 복사하여 왼쪽 다리도 만들어줍니다. 머리와 몸통을 연결할 커넥터 (왼쪽 메뉴의 Hardware 탐색)를 가져옵니다. 커넥터의 크기를 가로 12mm, 세로 6mm, 높이 6mm로 바꾸어줍니다. 몸통에 머리, 오른쪽 팔, 왼쪽 팔의 위치에 만들어줍니다. 머리가 될 직육면체를 가져옵니다. 직육면체의 크기를 가로 18mm, 세로 12mm, 높이 10mm로 바꾸어주고 머리 위치에 놓아줍니다. 오른쪽 팔이 될 직육면체를 가져옵니다. 직육면체의 크기를 가로 10mm, 세로 20mm, 높이 10mm로 바꾸어주고 오른쪽 팔의 위치에 놓아줍니다. 오른쪽 팔을 복사하고 복사한 직육면체를 왼쪽 팔의 위치에 놓아줍니다. 왼쪽 팔, 오른쪽 팔, 머리가 되는 직육면체와 커넥터 사이에 8mm의 구로 된 구멍을 만들어줍니다.

다. 아이디어 발상 단계 (10분) **〈활동지 3〉**

■ 연필이 굴러 떨어지는 문제를 해결할 아이디어 떠올리기

Ⓣ 동건이가 만든 관절 인형 캐릭터를 참고하여 문제 상황에 알맞은 관절 인형을 디자인해 봅시다. 어떠한 형태로 관절 인형 캐릭터를 만들고 싶나요?

Ⓢ 머리의 모양을 둥근 기둥 형태로 바꾸고 싶습니다.

Ⓢ 커넥터를 더 사용하여 관절 인형의 다리도 움직일 수 있게 하고 싶습니다.

Ⓢ 관절 인형의 등에 별 무늬를 넣고 싶습니다.

■ 아이디어 선정하고 구상도 그리기

Ⓣ 만들고 싶은 관절 인형 캐릭터를 정하고 활동지에 구상도를 그려봅시다. 구상도는 만들고 싶은 관절 인형 캐릭터의 구체적인 형태를 결정하기 전에 아이디어 상태의 대강의 모양을 그린 그림을 말합니다. 구상도를 그릴 때부터 가로, 세로, 높이를 미리 정해두면 3D 설계 프로그램을 활용하여 디자인을 할 때 쉽게 설계할 수 있습니다.

Ⓢ (활동지에 구상도를 그린다.)

라. 제작하기 단계 (40분)

■ 설계도 작성하기

Ⓣ 관절 인형 캐릭터의 구상도가 완성되면 3D 설계 프로그램을 활용하여 디자인합니다. 디자인할 때는 몸통과 팔, 다리의 길이를 잘 맞추어 제작합니다. 커넥터의 위치를 확인하고 커넥터와 몸통 사이에 구멍을 낼 때에는 투명하게 만들어 구멍의 위치가 맞는지 확인합니다.

Ⓢ (3D 설계 프로그램으로 관절 인형을 제작한다.)

■ 3D 프린터로 설계한 캐릭터 제작하기

Ⓣ 설계가 마무리된 학생은 설계한 캐릭터를 STL 파일로 내보내고 3D 프린터로 출력합니다.

[T] 3D 프린터로 출력한 출력물은 상태에 따라 사포나 펜치 등으로 다듬어 줍니다.

실습안전

① 펜치를 사용할 때에는 펜치에 손을 집힐 수 있으므로 주의합니다.
② 사포를 사용할 때에는 출력물을 잡은 손이 너무 위쪽에 있을 경우 손톱이 사포에 갈릴 수 있으므로 주의합니다.

마. 평가하기 단계 (10분) **〈활동지 4〉**

■ 작품 발표 및 공유하기

[T] 완성된 디자인은 3D 프린터로 출력하여 의도한대로 출력되었는지 확인합니다. 출력물이 연필이 굴러 떨어지는 문제를 해결하였는지 확인합니다. 팔과 다리 등 움직여야 하는 부분이 잘 움직이는지 확인합니다.

[T] 관절 인형 캐릭터 만들기 활동 결과를 활동지에 평가해 봅시다.

[T] 완성한 관절 인형이 연필이 굴러떨어지는 문제를 잘 해결하였는지 확인해봅시다.

[S] 3D 프린터로 출력한 출력물에 연필을 꽂아두면 연필이 떨어지지 않습니다.

[T] 완성한 관절 인형이 계획한대로 잘 제작되었는지 확인해봅시다.

[S] 3D 설계 프로그램을 다루는 것이 서툴러서 계획한대로 완벽하게 제작되지는 않았지만 원하는 모양으로 제작된 것 같습니다.

[T] 활동 과정 중 자신의 실습 태도에 대하여 생각해봅시다.

[S] 실습 절차에 맞추어 실습에 적극적으로 참여하였습니다.

■ 피드백 받고 수정하기

[T] 다른 친구들이 만든 관절 인형과도 비교하여 봅시다.

[S] (출력물을 살펴보고 친구들끼리 의견을 교환한다.)

[T] 친구들의 의견 중 참고할만한 의견이 있으면 활동지에 기록해두고 다음에 3D 설계 프로그램을 활용하여 캐릭터를 제작할 때 활용합니다.

7. 과정중심 수행평가지

활동지 1 해결 과제 분석하기

〈활동지 1〉 해결 과제 분석하기

3D 설계 프로그램을 활용한 연필 낙하 방지 인형 캐릭터 만들기

학년 반 번 이름 ( )

영 역	기술	실습일	년 월 일
주 제	3D 설계 프로그램을 활용한 연필 낙하 방지 인형 캐릭터 만들기	실습자	
활동 내용			

◇ **다음 지문을 읽고 조건에 맞게 과제를 해결합니다.**

동건이는 동생이 공부를 할 때 연필이 자꾸 굴러 떨어지는 것을 보고 연필이 떨어지지 않도록 하는 좋은 방법이 없는지 고민하였습니다. 동생에게 육각기둥 모양의 연필을 사용해보도록 했지만 손이 아프다고 둥근 기둥 모양의 연필을 사용하고 싶어했습니다. 지우개 사이에 연필을 두니까 연필이 떨어지지 않는 것을 보고 비슷한 형태의 물건을 만들어 연필을 끼우도록 하면 좋겠다는 생각을 했습니다. 기왕이면 3D 설계 프로그램을 활용하여 동생이 좋아할만한 인형의 형태로 만들고 인형의 머리나 팔이 움직이면 동생이 좋아해서 잃어버리지 않고 가지고 다닐 수 있을 것이라고 생각했습니다.

1. 동건이는 동생의 어떤 상황을 보면서 불편하다고 생각했나요?
   동생이 공부를 할 때 연필이 자꾸 굴러 떨어지는 것이 불편하다고 생각했습니다.

2. 여러분도 비슷한 경험을 한 적이 있나요?
   학교에서 친구들이 연필을 사용할 때 연필이 떨어져서 심이 부러지거나 부러진 심이 책상 밑으로 들어가 교실 바닥이 더러워진 경험이 있습니다.

3. 동건이가 찾은 해결 방법은 무엇이었나요?
   둥근기둥 모양의 연필을 육각기둥 모양의 연필로 바꾸면 연필이 굴러 떨어지지 않을 것이라고 생각했습니다.

활동지 1 해결 과제 분석하기 (계속)

활동 내용
4. 동건이가 찾은 방법에는 어떤 문제가 있었나요? 동생이 손이 아프다고 육각기둥 모양으로 생긴 연필을 사용하지 않으려고 하였습니다. 5. 동건이가 만들고 싶은 물건은 무엇인가요? 연필이 굴러 떨어지지 않도록 하는 물건입니다. 6. 연필이 굴러 떨어지는 이유는 무엇인가요? 연필이 둥근기둥 모양으로 되어 있어서 쉽게 구르기 때문입니다. 7. 동건이가 힌트를 얻은 해결 방법은 무엇인가요? 지우개 사이에 연필이 끼어 있으면 연필이 굴러 떨어지지 않는 것을 보고 힌트를 얻었습니다. 8. 동건이는 힌트를 얻은 해결 방법을 적용하여 무엇을 만들고 싶어 하나요? 동생이 좋아할만한 인형을 만들고 싶어 합니다. 기왕이면 3D 설계 프로그램을 활용하여 팔이나 머리가 움직이는 인형을 만들어 동생이 잃어버리지 않고 가지고 다닐 수 있으면 좋겠다고 생각하였습니다.

활동지 2 정보 수집 및 관련 내용 학습하기

〈활동지 2〉 정보 수집 및 관련 내용 학습하기

3D 설계 프로그램을 활용한
연필 낙하 방지 인형 캐릭터 만들기

학년 반 번 이름 ( )

영 역	기술	실습일	년 월 일
주 제	3D 설계 프로그램을 활용한 연필 낙하 방지 인형 캐릭터 제작하기	실습자	
활동 내용			

◇ **관절 인형 만드는 방법**

① 직육면체 도형 만들기

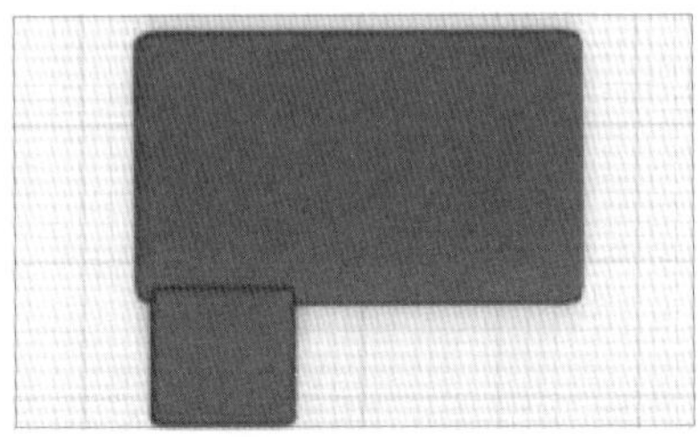

② 사각형 도형 아래에 오른쪽 발이 될 작은 직육면체 만들기

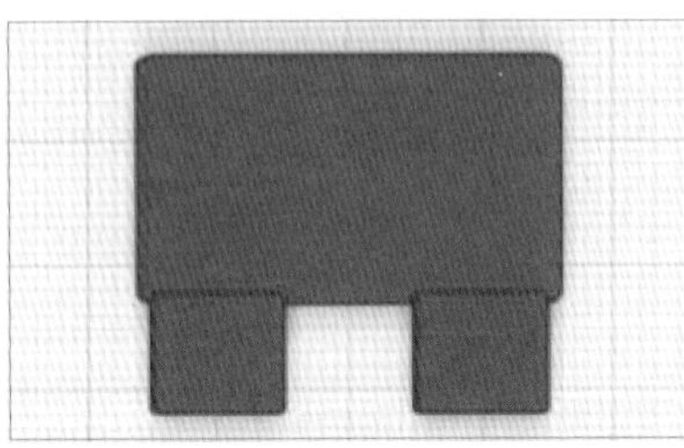

③ 사각형 도형 아래에 왼쪽 발이 될 작은 직육면체 만들기

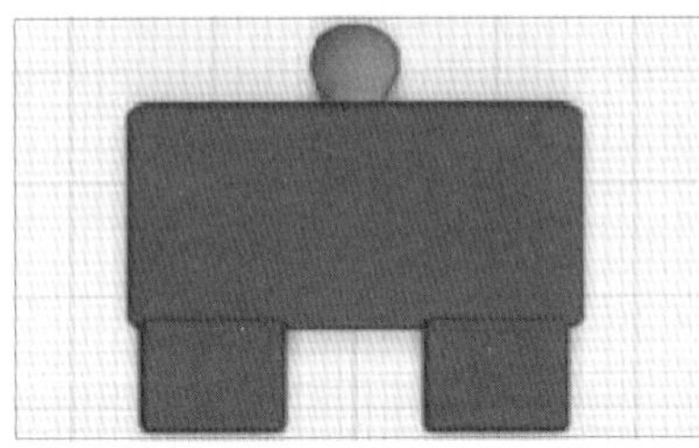

④ 머리와 몸통을 연결할 커넥터 만들기

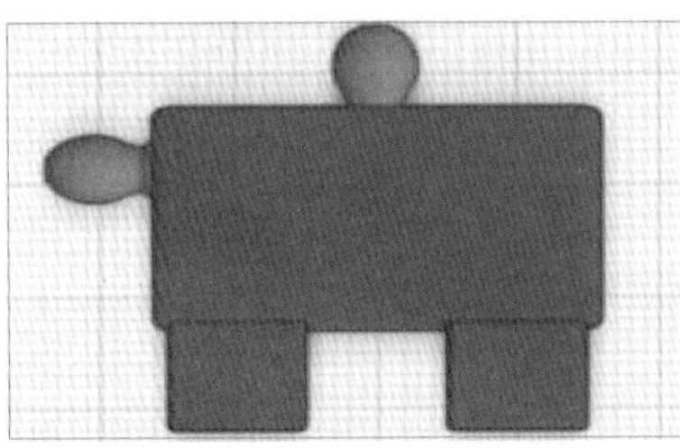

⑤ 몸통과 오른쪽 팔을 연결할 커넥터 만들기

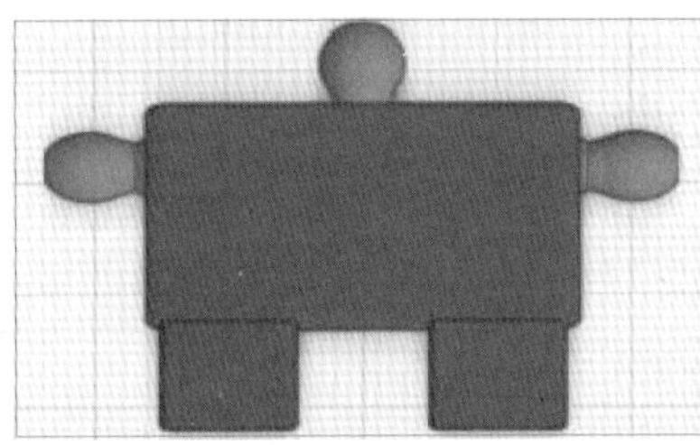

⑥ 몸통과 왼쪽 팔을 연결할 커넥터 만들기

활동지 2 정보 수집 및 관련 내용 학습하기 (계속)

활동 내용

◇ 관절 인형 만드는 방법

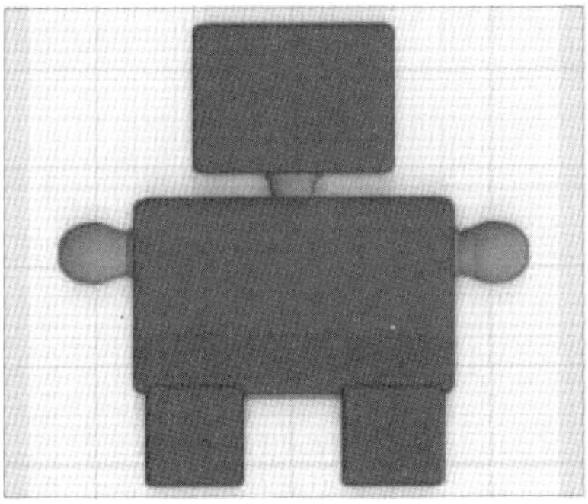

⑦ 머리가 될 직육면체 만들기

⇨

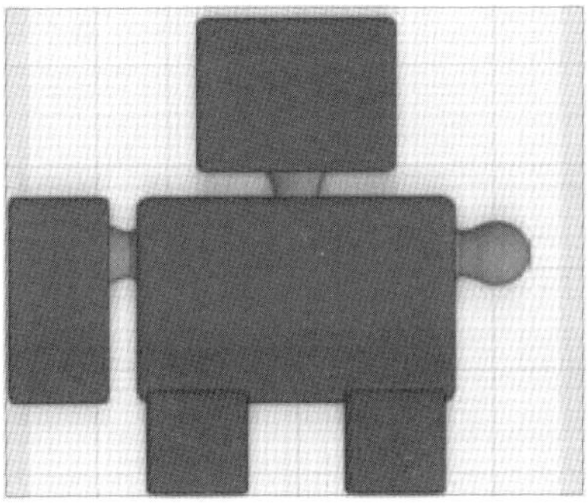

⑧ 오른쪽 팔이 될 직육면체 만들기

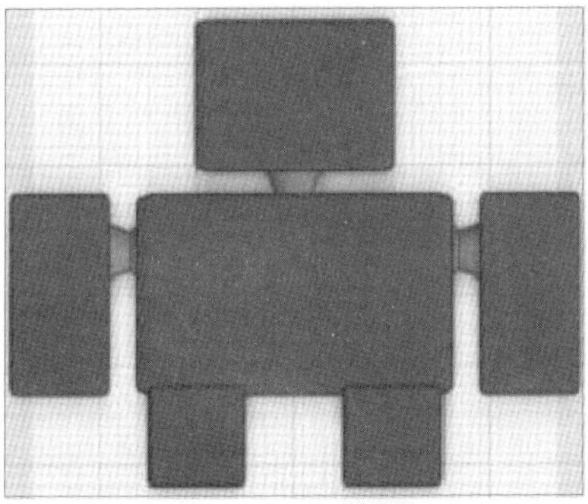

⑨ 왼쪽 팔이 될 직육면체 만들기

⇨

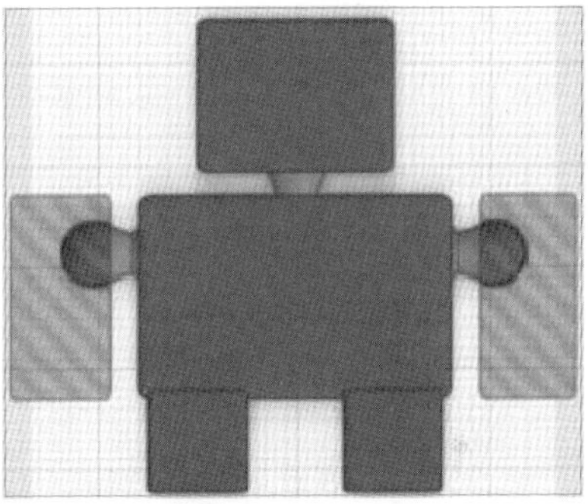

⑩ 왼쪽 팔과 오른쪽 팔의 커넥터 사이에 구멍 만들기

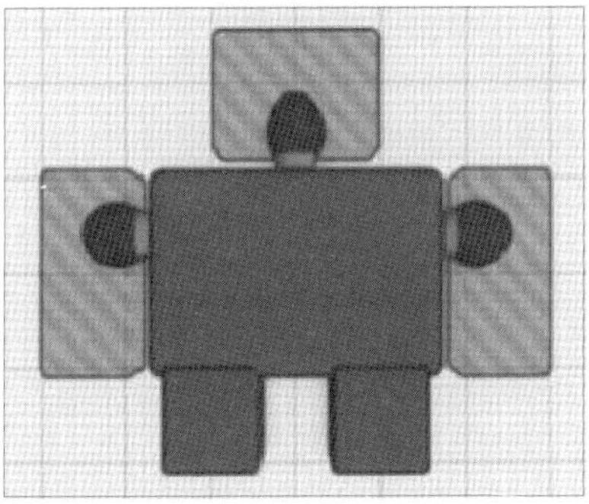

⑪ 머리와 커넥터 사이에 구멍 만들기

⇨

⑫ 3D 프린터로 제작하기

활동지 3 | 3D 설계 프로그램으로 인형 캐릭터 설계하기

〈활동지 3〉 3D 설계 프로그램으로 인형 캐릭터 설계하기

3D 설계 프로그램을 활용한 연필 낙하 방지 인형 캐릭터 만들기

학년 반 번 이름 ( )

영 역	기술	실습일	년 월 일
주 제	3D 설계 프로그램을 활용한 연필 낙하 방지 인형 캐릭터 만들기	실습자	
활동 내용			

◇ **조건에 맞게 과제를 해결합니다.**

1. 동건이가 만든 관절 인형을 참고하여 문제 상황에 알맞은 관절 인형 캐릭터를 디자인해 봅시다. 어떠한 형태로 관절 인형 캐릭터를 만들고 싶나요?
   머리의 모양을 둥근 기둥 형태로 바꾸고 싶습니다.

2. 제작하고자하는 관절 인형 캐릭터를 구상도로 그려봅시다.

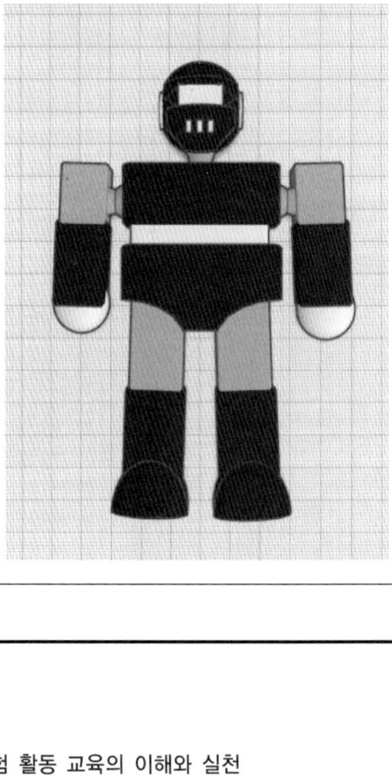

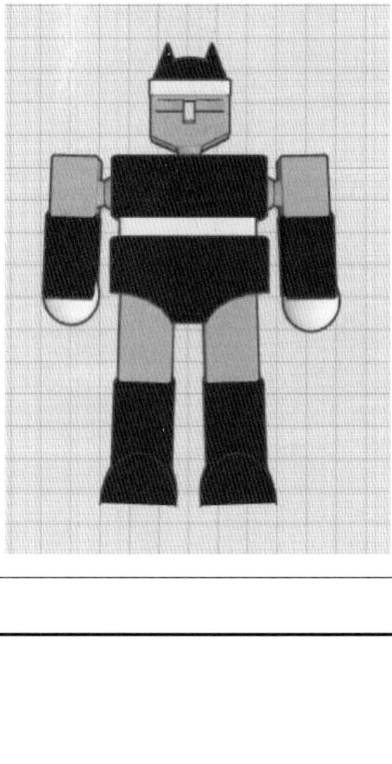

활동지 4 인형 캐릭터 평가하기

〈활동지 4〉 인형 캐릭터 평가하기

3D 설계 프로그램을 활용한 연필 낙하 방지 인형 캐릭터 만들기

학년 반 번 이름 ( )

영 역	기술	실습일	년 월 일
주 제	3D 설계 프로그램을 활용한 연필 낙하 방지 인형 캐릭터 만들기	실습자	
활동 내용			

1. 관절 인형 만들기를 실습하면서 활동했던 과정을 생각하여 보고 스스로 평가를 해 봅시다.

평가 요소	잘함	보통	노력요함
완성된 관절 인형이 주어진 문제를 잘 해결하였습니까?			
완성된 관절 인형이 계획한 대로 완성되었습니까?			
관절 인형을 제작할 때 적극적으로 참여하였습니까?			
〈 제작한 관절 인형의 잘된 점이나 보완했으면 하는 점을 적어봅시다. 〉			

2. 다른 친구들이 완성한 관절 인형을 살펴보고 잘된 점이나 보완할 점을 써 봅시다.

8. 관계 지식

▣ 틴커캐드[28)]

틴커캐드 (Tinkercad)는 전 세계 사람들이 생각하고, 만들고, 제작할 수 있도록 도와주는 무료 온라인 소프트웨어 도구 집합으로, 3D 디자인, 엔지니어링 및 엔터테인먼트 소프트웨어 기업인 Autodesk의 3D 설계 프로그램이다.

무료 온라인 소프트웨이이기 때문에 정교한 모양의 3D 디자인 형태를 제작하는데 한계가 있는 반면 초등학생들이 쉽게 접근할 수 있으며 사용자 편의성을 강조하여 초보자들이 3D 설계를 쉽게 할 수 있는 장점이 있다.

▣ 스케치업[29)]

스케치업 (SketchUp)은 트림블사의 3D 모델링 프로그램이다. 간편한 인터페이스로 쉽게 모델링 할 수 있는 것이 특징이다. 3D 설계 중 건축물을 제작하는데 장점이 있으며, 관련 자료는 3D웨어하우스와 익스텐션웨어하우스로 제공된다. 3D웨어하우스는 스케치업 3D모델을 스케치업 유저가 자발적으로 업로드하거나 다운로드가 가능하게 공유하는 플랫폼이며, 익스텐션웨어하우스는 스케치업의 플러그인 (루비)의 공유 플랫폼이다.

---

28) 틴커캐드 홈페이지. (2022). Tinkercad 소개. https://www.tinkercad.com/
29) 스케치업 홈페이지. (2022). Sketchup 소개. https://www.sketchup.com/

4 마이크로비트를 활용한 통신 기기 만들기

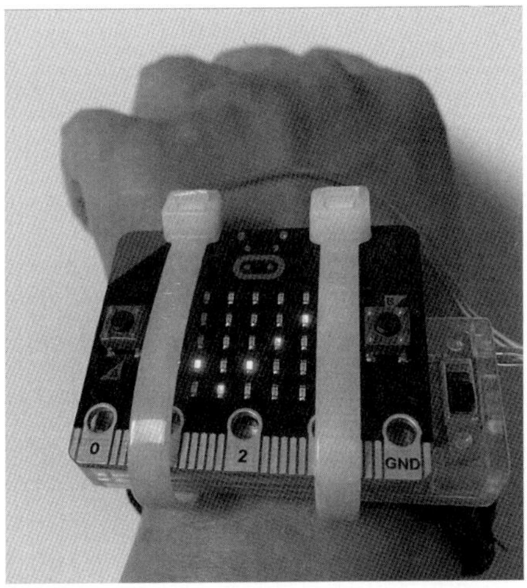

마이크로비트 (microbit)는 영국 BBC에서 만든 교육용 마이크로컨트롤러로 외부 입출력을 위한 다양한 단자를 제공한다. 마이크로비트에 내장된 블루투스 센서를 활용하면 무선 통신 기술을 체험할 수 있다. 마이크로비트를 사용하여 무선 통신 기기를 만드는 활동은 학생들이 마이크로비트의 다양한 부품을 탐색하며 무선 통신 기기에 사용되는 기본 부품의 형태, 구조와 기능을 이해할 수 있도록 한다. 뿐만 아니라 무선 통신 기기를 사용하기 위해 필요한 전기회로의 구성 요소 및 구성 방법을 이해할 수 있도록 한다.

이번 활동 과제는 마이크로비트를 활용하여 무선 통신 기기를 만드는 것을 목표로 하고 있다. 실전화기에서 발생하는 문제 상황을 바탕으로 마이크로비트의 구성 요소 및 사용 방법을 탐색하여, 무선 통신 프로그램을 코딩하고 무선 통신 기기를 제작하는 활동으로 구성되어 있다.

Keywords

마이크로비트, 코딩, 통신 기술

1. 대상 학년: 4~6학년

2. 교수·학습 모형: 프로젝트법

단계	본시 활동 요소
목적 설정하기	• 문제 상황 파악하기 • 마이크로비트 탐색하기 • 마이크로비트로 무선 통신 코딩하기
활동 계획하기	• 마이크로비트를 활용한 무선 통신 기기 제작 방법 알아보기
실행하기	• 재료와 도구 파악하기 • 마이크로비트를 활용한 무선 통신 기기 제작하기
평가하기	• 마이크로비트를 활용한 무선 통신 기기로 놀이하기 • 마이크로비트를 활용한 무선 통신 기기 평가하기

3. 교수·학습 자료

가. 재료: 마이크로비트, 건전지 케이스, 케이블 타이, 고무밴드 등

나. 도구: 칼, 가위, 글루건 등

다. 수업자료: 프레젠테이션 자료, 활동지 등

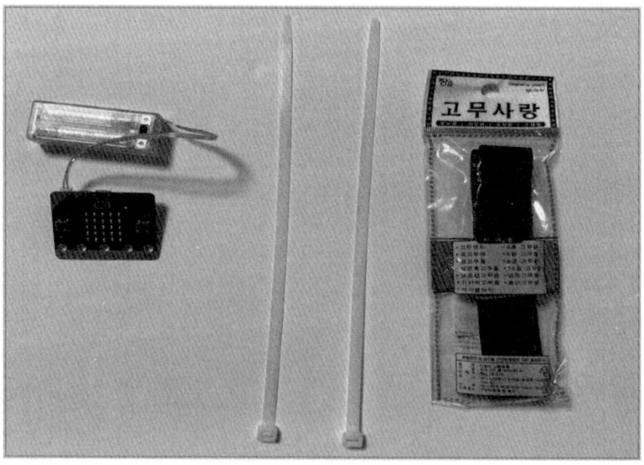

[그림 II-3] 교수·학습 자료 예시

4. 교수 · 학습 계획

가. 학습 주제: 마이크로비트를 활용한 무선 통신 기기 만들기

나. 학습 목표

1) 통신 기술의 개념, 원리, 가치 등을 이해할 수 있다.
2) 친구들과 의사소통을 통해 무선 통신 기기를 설계할 수 있다.
3) 고무밴드 등의 폐자원을 활용하여 무선 통신 기기를 제작할 수 있다.
4) 통신 기술에 흥미와 관심을 가질 수 있다.

다. 학습 형태: 모둠학습

라. 학습 장소: 실과실습실 또는 컴퓨터실

마. 평가 관점

1) 마이크로비트로 무선 통신 기기 만들기 제작 과정에 따라 창의적으로 무선 통신 기기를 제작하였는가?
2) 마이크로비트를 활용한 무선 통신 기기 만들기 활동에 적극적으로 참여하였는가?
3) 마이크로비트를 활용한 무선 통신 기기로 친구들과 재미있게 놀이를 하는가?

5. 지도상의 유의점

가. 마이크로비트를 처음으로 다루는 학생들은 마이크로비트를 충분하게 탐색할 수 있도록 한다.

나. 마이크로비트를 활용한 무선 통신 기기의 코딩 아이디어를 산출하거나 선정할 때는 허용적인 분위기를 제공한다.

다. 무선 통신 기기를 제작하는 경험을 갖는데 초점을 두고 제작 과정이 다소 미흡하더라도 격려하여 제품을 완성시킬 수 있도록 한다.

라. 실습 재료 및 도구의 부족 등으로 제작이 어려운 경우에는 문제 상황을 바탕으로 무선 통신 기기 제작 아이디어 산출 단계까지로 수업을 변형하여 진행할 수 있다.

6. 교수 · 학습 과정

<table>
<tr><th colspan="4">실과 교수·학습 과정안</th></tr>
<tr><td rowspan="2">학습 주제</td><td rowspan="2">마이크로비트를 활용한
무선 통신 기기 만들기</td><td>학습 형태</td><td>모둠학습</td></tr>
<tr><td>학습 모형</td><td>프로젝트법</td></tr>
<tr><td>학습 목표</td><td colspan="3">1) 통신 기술의 개념, 원리, 가치 등을 이해할 수 있다.
2) 친구들과 의사소통을 통해 무선 통신 기기를 구상할 수 있다.
3) 고무밴드 등의 폐자원을 활용하여 무선 통신 기기를 제작할 수 있다.</td></tr>
</table>

가. 목적 설정하기 단계 (30분)

■ 문제 상황 자세히 살펴보기 **〈활동지 1〉**

T 동건이는 동생과 종이컵을 이용하여 실 전화기를 만들었습니다. 실 전화기로 동건이 방에서 동생 방에 있는 동생과 이야기를 하니까 너무 신기하고 재미있었습니다. 실 전화기 놀이를 하던 중 갑자기 아무 말도 들리지 않았습니다. 그래서 실 전화기의 실을 따라가다 보니 실이 중간에 끊어져 있었습니다. 동건이는 실이 끊어져도 다른 공간에 있는 동생과 신호를 주고받을 수 있는 방법이 없는지 고민하던 중 마이크로비트를 사용하면 무선 통신을 할 수 있다는 것을 알게 되었습니다. 여러분도 동건이와 같은 경험을 한 적이 있나요? 동건이를 도와주기 위해 오늘은 마이크로비트를 활용한 무선 통신 기기 만들기를 해 보겠습니다. 우선 문제 상황을 자세히 살펴봅시다.

T 동건이는 동생과 종이컵으로 무엇을 만들었나요?

S 실 전화기를 만들었습니다.

T 실 전화기 놀이를 하던 중 갑자기 아무 말도 들리지 않은 이유는 무엇인가요?

S 실 전화기의 실이 중간에 끊어져 있었습니다.

T 동건이에게 생긴 고민은 무엇인가요?

S 실이 끊어져도 동생과 신호를 주고받을 방법은 없는지 고민이 되었습니다.

Ⓣ 동건이가 고민을 해결할 수 있는 방법은 무엇인가요?

Ⓢ 마이크로비트를 활용해서 무선 통신 기기를 만드는 방법입니다.

■ 마이크로비트 탐색하기 **〈활동지 2〉**

Ⓣ 오늘은 마이크로비트를 가지고 무선 통신 기기를 만들기를 할 예정입니다. 무선 통신 기기를 만들기 위해 먼저 마이크로비트의 구성 요소를 알아봅시다. 마이크로비트의 앞면을 살펴볼까요?

Ⓣ 마이크로비트의 앞면은 몇 개의 부품으로 구성되어 있나요?

Ⓢ 7개의 부품으로 구성되어 있습니다.

Ⓣ 마이크로비트 웹페이지 탐색을 통해 마이크로비트 구성 요소의 특징과 기능을 알아봅시다. 버튼은 몇 개인가요?

Ⓢ A버튼과 B버튼 2개입니다.

Ⓣ LED 디스플레이는 몇 개인가요?

Ⓢ 5×5배열로 25개입니다.

Ⓣ 마이크로비트의 아래쪽에 동그란 구멍은 몇 개인가요?

Ⓢ 5개입니다.

Ⓣ 가장 오른쪽 구멍 아래에는 어떤 글씨가 쓰여 있나요?

Ⓢ GND라고 쓰여 있습니다.

Ⓣ 마이크로비트의 뒷면은 몇 개의 부품으로 구성되어 있나요?

Ⓢ 10개의 부품으로 구성되어 있습니다.

Ⓣ 라디오와 블루투스 안테나는 어떤 기능을 하나요?

Ⓢ 무선으로 다른 마이크로비트와 통신할 수 있습니다.

Ⓣ 프로세서 및 온도센서는 어떤 기능을 하나요?

Ⓢ 명령을 가져오고 해독합니다. 또한 온도를 측정합니다.

Ⓣ 나침반과 가속도계는 어떤 기능을 하나요?

Ⓢ 자기장의 강도를 확인하고 중력의 힘을 측정합니다.

Ⓣ 핀은 어떤 기능을 하나요?

Ⓢ 핀을 이용해서 LED, 모터, 센서 등과 같은 외부 장치들을 연결할 수 있습니다.

Ⓣ USB 소켓은 어떤 기능을 하나요?

Ⓢ 프로그램을 다운로드하고 USB로 전원을 공급합니다.

Ⓣ 노란색 LED는 어떤 기능을 하나요?

Ⓢ 전원이 잘 공급되는지 확인할 수 있습니다.

Ⓣ 리셋버튼은 어떤 기능을 하나요?

Ⓢ 마이크로비트를 다시 시작할 수 있습니다.

Ⓣ 배터리 소켓은 어떤 기능을 하나요?

Ⓢ 컴퓨터에서 플러그를 제거하고 건전지로 전원을 공급할 수 있습니다.

Ⓢ 전력 소모가 큰 외부 장치를 연결할 때 추가 전력을 공급할 수 있습니다.

Ⓣ USB 인터페이스 칩은 어떤 기능을 하나요?

Ⓢ 코드를 마이크로비트에 저장하고 컴퓨터와 데이터를 주고받을 수 있습니다.

■ 마이크로비트로 무선 통신 코딩하기 **〈활동지 3〉**

Ⓣ 마이크로비트 홈페이지로 들어가서 무선 통신을 위한 코딩을 해 봅시다. 마이크로비트에서 코딩하기 (Let's code)를 클릭합니다. 다음 화면에서 코드 편집기 (Make Code)를 클릭합니다.

Ⓣ 시작하면 실행 블록을 가져와서 라디오 그룹을 1로 설정합니다.

수업 TIP

- 전체 수업을 할 경우에는 라디오 그룹을 1로 설정하고, 모둠별 수업을 구성할 경우에는 모둠별로 라디오 그룹 번호를 맞추도록 한다.

Ⓣ 'A버튼을 누르면 실행' 블록을 가져옵니다. 신호를 보내기 위해 '라디오 전송 수(0)' 블록을 가져옵니다. '아이콘 출력' 블록을 가져와서 원하는 아이콘을 클릭합니다. '일시중지 1초' 블록을 가져옵니다. 'LED 스크린 지우기' 블록을 가져와서 연결하면 아이콘이 나오고 1초 후에

스크린이 지워집니다.

Ⓣ 'B버튼을 누르면 실행' 블록을 가져옵니다. 신호를 보내기 위해 '라디오 전송 수(1)' 블록을 가져옵니다. '아이콘 출력' 블록을 가져와서 원하는 아이콘을 클릭합니다. '일시중지 1초' 블록을 가져옵니다. 'LED 스크린 지우기' 블록을 가져와서 연결하면 아이콘이 나오고 1초 후에 스크린이 지워집니다.

Ⓣ 'A+B버튼을 누르면 실행' 블록을 가져옵니다. 'LED 스크린 지우기' 블록을 가져와서 연결하면 스크린이 지워집니다.

Ⓣ '라디오 수신하면 실행(receivedNumber)' 블록을 가져옵니다. '논리 조건/실행' 블록을 가져옵니다. 수신한 번호가 0인 경우에는 A버튼에서 만든 '아이콘 출력' 블록을 넣어줍니다. 수신한 번호가 0이 아닌 경우에는 B버튼에서 만든 '아이콘 출력' 블록을 넣어줍니다.

Ⓣ 코딩이 다 끝나면 마이크로비트에 USB를 연결하여 다운로드 해 줍니다.

나. 활동 계획하기 단계 (10분) **〈활동지 4〉**

■ 마이크로비트를 활용한 무선 통신 기기 제작 방법 알아보기

Ⓣ 마이크로비트의 오른쪽을 케이블 타이를 이용하여 건전지에 고정합니다.

Ⓣ 마이크로비트의 왼쪽을 케이블 타이를 이용하여 건전지에 고정합니다.

Ⓣ 케이블 타이 끝을 잘라 정리합니다.

Ⓣ 케이블 타이 사이에 고무밴드를 넣습니다.

Ⓣ 팔목에 맞게 고무밴드를 글루건으로 붙이고 팔목에 착용합니다.

다. 실행하기 단계 (30분)

■ 재료와 도구 파악하기

Ⓣ 마이크로비트를 활용한 통신기기 만들기에 필요한 재료는 무엇인가요?

Ⓢ 마이크로비트, 건전지 케이스, 케이블타이, 고무밴드 등이 필요합니다.

Ⓣ 마이크로비트를 활용한 통신기기 만들기에 필요한 도구는 무엇인가요?

Ⓢ 칼, 가위, 글루건 등

■ 마이크로비트를 활용한 무선 통신 기기 제작하기

Ⓣ 마이크로비트를 활용한 무선 통신 기기 제작 방법을 잘 살펴보며 무선 통신 기기를 제작해봅시다.

수업 안전

- 글루건은 노즐 부분이 매우 뜨겁기 때문에 사용할 때 주의합니다.
- 케이블 타이를 칼로 자를 경우에는 손이 베이지 않도록 주의하고 되도록 가위를 사용하여 천천히 자릅니다.

라. 평가하기 단계 (10분)

■ 마이크로비트를 활용한 무선 통신 기기로 놀이하기 **〈활동지 5〉**

Ⓣ 마이크로비트를 활용한 무선 통신 기기로 스무고개 놀이를 해 봅시다. 우선 교실에 있는 물건을 하나 정해보겠습니다. 여러분이 질문을 하면 마이크로비트를 활용한 무선 통신 기기로 답을 알려주겠습니다.

Ⓢ 둥근 모양인가요?

Ⓣ ×

Ⓢ 네모난 모양인가요?

Ⓣ √

Ⓢ 크기가 손바닥 정도인가요?

Ⓣ ×

Ⓢ 크기가 사람 몸 정도인가요?

Ⓣ ×

Ⓢ 크기가 보다 큰가요?

Ⓣ √

Ⓢ 색깔이 갈색인가요?

Ⓣ ×

S 색깔이 흰색인가요?

T √

S 화이트보드 칠판입니다.

T 정답입니다.

T 여러분도 친구들과 마이크로비트 무선 통신 기기를 활용하여 스무고개 놀이를 해 봅시다.

■ 마이크로비트를 활용한 무선 통신 기기 평가하기 **〈활동지 6〉**

T 마이크로비트를 활용한 무선 통신 기기를 활동지에 평가해 봅시다.

T 마이크로비트를 활용한 무선 통신 기기 만들기 제작 과정에 따라 창의적으로 무선 통신 기기를 제작하였습니까?

S 아이콘을 창의적으로 만든 것 같습니다.

T 마이크로비트를 활용한 무선 통신 기기 만들기 활동에 적극적으로 참여하였습니까?

S 실습에 적극적으로 참여하였습니다.

T 마이크로비트를 활용한 무선 통신 기기로 친구들과 재미있게 놀이를 하였습니까?

S 마이크로비트를 활용한 무선 통신 기기로 친구들과 재미있게 놀이를 했습니다.

7. 과정중심 수행평가지

활동지 1 문제 상황 파악하기

〈활동지 1〉 문제 상황 파악하기

마이크로비트를 활용한 무선 통신 기기 만들기

학년 반 번 이름 ( )

영 역	기술	실습일	년 월 일
주 제	마이크로비트를 활용한 무선 통신 기기 만들기	실습자	
활동 내용			

◇ **다음 지문을 읽고 문제 상황을 파악합니다.**

동건이는 동생과 종이컵을 이용하여 실 전화기를 만들었습니다. 실 전화기로 동건이 방에서 동생 방에 있는 동생과 이야기를 하니까 너무 신기하고 재미있었습니다. 실 전화기 놀이를 하던 중 갑자기 아무 말도 들리지 않았습니다. 그래서 실 전화기의 실을 따라가다 보니 실이 중간에 끊어져 있었습니다. 동건이는 실이 끊어져도 다른 공간에 있는 동생과 신호를 주고받을 수 있는 방법이 없는지 고민하던 중 마이크로비트를 사용하면 무선 통신을 할 수 있다는 것을 알게 되었습니다. 여러분도 동건이가 겪은 일은 경험한 적이 있나요?

1. 동건이는 동생과 종이컵으로 무엇을 만들었나요?
   실 전화기를 만들었습니다.

2. 실 전화기 놀이를 하던 중 갑자기 아무말도 들리지 않은 이유는 무엇인가요?
   실 전화기의 실이 중간에 끊어져 있었습니다.

3. 동건이에게 생긴 고민은 무엇인가요?
   실이 끊어져도 동생과 신호를 주고받을 수 있는 방법은 없는지 고민이 되었습니다.

4. 동건이가 고민을 해결할 수 있는 방법은 무엇인가요?
   마이크로비트를 활용해서 무선 통신 기기를 만드는 방법입니다.

〈활동지 2〉 마이크로비트 탐색하기

마이크로비트를 활용한 무선 통신 기기 만들기

학년 반 번 이름 ( )

영 역	기술	실습일	년 월 일
주 제	마이크로비트를 활용한 무선 통신 기기 만들기	실습자	

활동 내용

◇ **마이크로비트 웹페이지 탐색 (마이크로비트 - 사용자 설명서)을 통해 마이크로비트의 구성 요소와 특징을 알아봅시다.**

https://microbit.org/get-started/user-guide/overview/#original-micro:bit

• 앞면의 구성요소와 특징

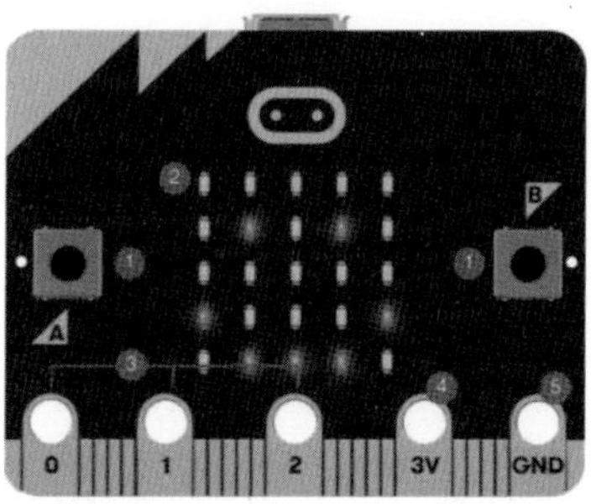

원래 마이크로:비트

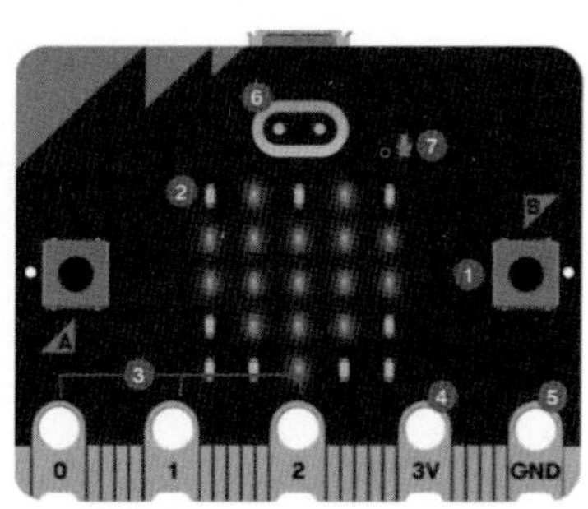

새로운 micro:bit와 사운드

1. 버튼: 분리된 2개 (A와 B)의 버튼이 있습니다.

2. LED 디스플레이 및 광센서: 5×5배열로 된 25개의 LED로 구성되어 있습니다.

3. 핀 GPIO: GPIO핀은 헤드폰, 터치센서 등 다른 전자 기기와 확장이 가능하도록 합니다.

4. 핀 3볼트 전원: 3V 전력의 다른 기기와 확장할 수 있습니다.

5. 핀 접지: 3V 전력의 다른 기기와 확장할 수 있습니다.

6. 터치로고: 새로운 microbit의 골드 로고는 터치 센서로 작동합니다.

7. 마이크 LED: 새로운 microbit는 내장 마이크로 소리를 들을 수 있습니다.

활동 내용

◇ **마이크로비트 웹페이지 탐색 (마이크로비트 - 사용자 설명서)을 통해 마이크로비트의 구성요소와 특징을 알아봅시다.**
https://microbit.org/get-started/user-guide/overview/#original-micro:bit

• 뒷면의 구성요소와 특징

원래 마이크로:비트

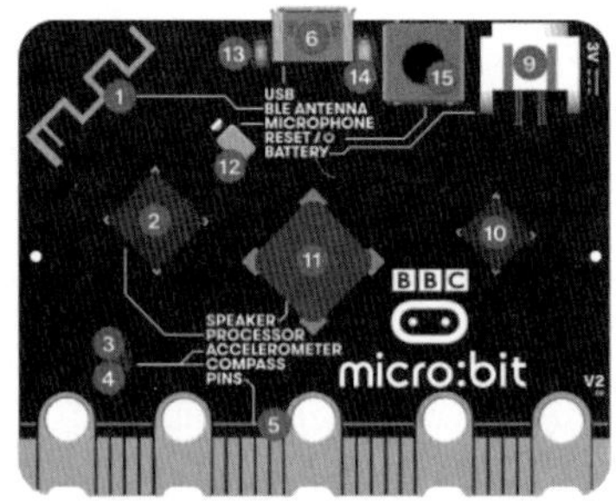

새로운 micro:bit와 사운드

1. 라디오 및 블루투스 안테나: 무선으로 다른 마이크로비트와 통신할 수 있습니다.
2. 프로세서 및 온도센서: 명령을 가져오고, 해독합니다. 또한 온도를 측정합니다.
3, 4. 나침반 및 가속도계: 자기장의 강도를 확인하고, 중력의 방향을 측정합니다.
5. 핀: 핀을 이용해서 LED, 모터, 센서 등과 같은 외부 장치들을 연결할 수 있습니다.
6. 마이크로 USB 소켓: 프로그램을 다운로드하고 USB로 전원을 공급합니다.
7. 노란색 LED: 노란색이 깜빡 거리면 전원이 공급되고 있는 것입니다.
8. 리셋 버튼: 재설정 버튼으로 마이크로비트를 다시 시작할 수 있습니다.
9. 배터리 소켓: 컴퓨터에서 플러그를 뽑고 배터리(AAA 건전지 2개)를 사용할 수 있습니다.
10. USB 인터페이스 칩: 코드를 마이크로비트에 저장하고 컴퓨터와 데이터를 주고 받습니다.
11. 스피커: 새로운 마이크로비트는 스피커가 있어 사운드를 들을 수 있습니다.
12. 마이크: 새로운 마이크로비트는 LED가 있어 사운드 레벨을 모니터링할 때 켜집니다.
13. 빨간색 전원 LED: 새로운 마이크로비트는 전원이 공급될 때 빨간색 LED가 표시됩니다.
14. 노란색 USB LED: 새로운 마이크로비트는 컴퓨터와 통신할 때 노란색 LED가 표시됩니다.
15. 재설정 및 전원 버튼: 새로운 마이크로비트는 재설정 버튼을 누르면 재설정 됩니다.

활동지 3 마이크로비트로 무선 통신 코딩하기

〈활동지 3〉 마이크로비트로 무선 통신 코딩하기

마이크로비트를 활용한 무선 통신 기기 만들기

학년 반 번 이름 ( )

영 역	기술	실습일	년 월 일
주 제	마이크로비트를 활용한 무선 통신 기기 만들기	실습자	
활동 내용			

◇ **마이크로비트 홈페이지에서 다음 화면과 같이 코딩을 합니다.**

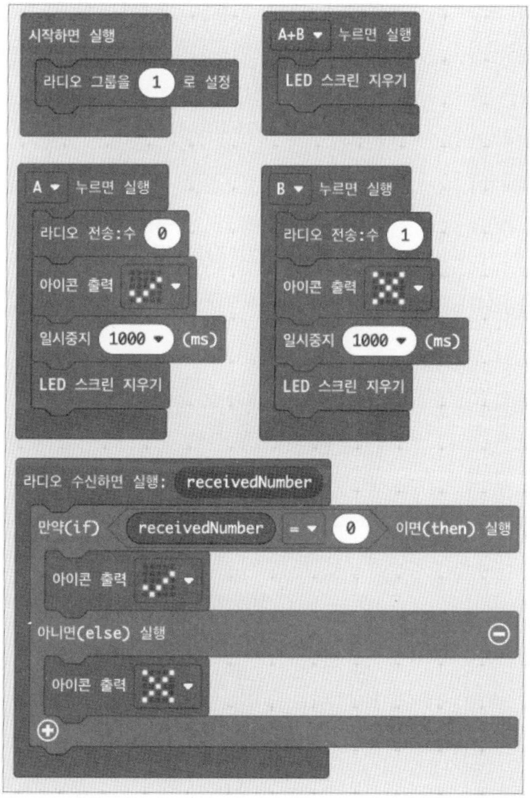

〈 코딩 설명 〉

1. 마이크로비트를 시작하면 라디오 그룹이 설정됩니다.
2. A버튼을 누르면 '네' 아이콘이 1초 동안 출력되었다가 LED 스크린이 지워집니다.
3. B버튼을 누르면 '아니오' 아이콘이 1초 동안 출력되었다가 LED 스크린이 지워집니다.
4. A와 B버튼을 동시에 누르면 수신 받았던 LED 스크린이 지워집니다.
5. 신호를 받은 마이크로비트에는 '네' 또는 '아니오' 아이콘이 LED 스크린 창에 나타납니다.

활동지 4 마이크로비트를 활용한 무선 통신 기기 제작 과정 알아보기

〈활동지 4〉 마이크로비트를 활용한 무선 통신 기기 제작 과정 알아보기

마이크로비트를 활용한 무선 통신 기기 만들기

학년 반 번 이름 ( )

영 역	기술	실습일	년 월 일
주 제	마이크로비트를 활용한 무선 통신 기기 만들기	실습자	
활동 내용			

◇ 마이크로비트를 활용하여 무선 통신 기기를 만드는 방법을 알아봅시다.

① 마이크로비트와 오른쪽을 케이블 타이를 이용하여 건전지에 고정하기

⇨

② 마이크로비트와 왼쪽을 케이블 타이를 이용하여 건전지에 고정하기

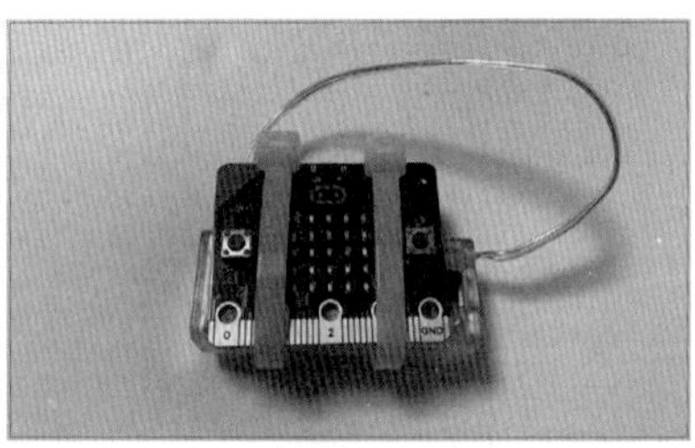

③ 케이블 타이 끝을 잘라 정리하기

⇨

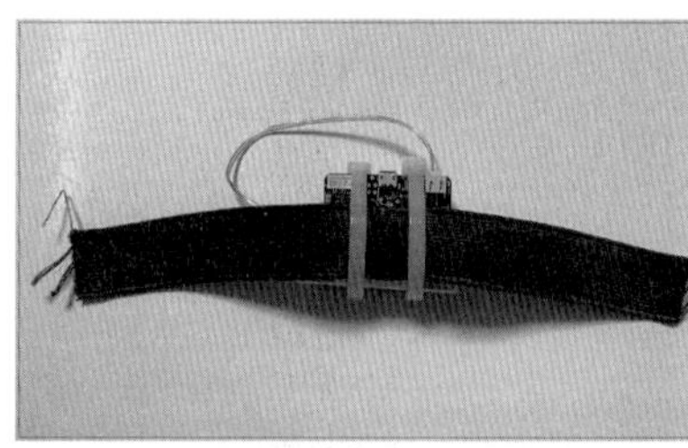

④ 케이블타이 사이에 고무밴드 넣기

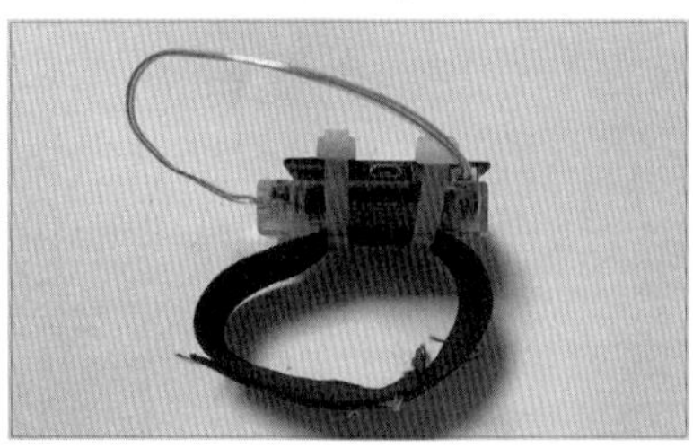

⑤ 팔목에 맞게 고무밴드를 글루건으로 붙이기

⇨

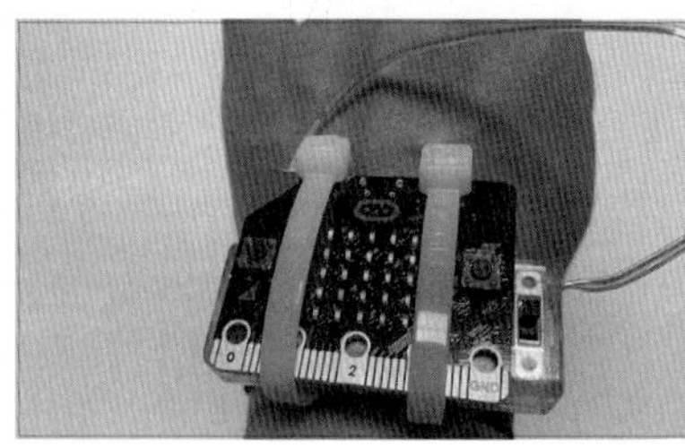

⑥ 팔목에 착용하기

활동지 5 마이크로비트를 활용한 무선 통신 기기로 놀이하기

〈활동지 5〉 마이크로비트를 활용한 무선 통신 기기로 놀이하기

마이크로비트를 활용한 무선 통신 기기 만들기

학년 반 번 이름 ( )

영 역	기술	실습일	년 월 일
주 제	마이크로비트를 활용한 무선 통신 기기 만들기	실습자	
활동 내용			

◇ **마이크로비트를 활용하여 스무고개 놀이를 해 봅시다.**

1. 교실에 있는 물건 하나 정하기: 화이트보드 칠판

2. 친구들의 질문을 받고 마이크로비트로 서로 답해봅시다.

〈예시〉 1. 둥근 모양인가요?: × 2. 네모난 모양인가요?: √ 3. 크기가 손바닥 정도인가요?: × 4. 크기가 사람 몸 정도인가요?: × 5. 크기가 보다 큰가요?: √ 6. 색깔이 갈색인가요?: × 7. 색깔이 흰색인가요?: √ 〈정답은 화이트보드 칠판입니다.〉	예시를 참고하여 질문을 만들어봅시다.

활동지 6 마이크로비트를 활용한 무선 통신 기기로 만들기 평가하기

〈활동지 6〉 마이크로비트를 활용한 무선 통신 기기 만들기 실습 평가하기

마이크로비트를 활용한 무선 통신 기기 만들기

학년 반 번 이름 ( )

영 역	기술	실습일	년 월 일
주 제	마이크로비트를 활용한 무선 통신 기기 만들기	실습자	
활동 내용			

1. 마이크로비트로 무선 통신 기기 만들기 실습 과정을 생각해 보고 스스로 평가를 해 봅시다.

평가 요소	잘함	보통	노력요함
마이크로비트로 무선 통신 기기 만들기 제작 과정에 따라 창의적으로 무선 통신 기기를 제작하였습니까?			
마이크로비트를 활용한 무선 통신 기기 만들기 활동에 적극적으로 참여하였습니까?			
마이크로비트를 활용한 무선 통신 기기로 친구들과 재미있게 놀이를 하였습니까?			
〈 제작한 무선 통신 기기의 잘된 점이나 보완했으면 하는 점을 적어봅시다. 〉			

2. 다른 친구들이 완성한 무선 통신 기기를 살펴보고 잘된 점이나 보완할 점을 써 봅시다.

8. 관계 지식

▣ 마이크로비트 기본 블록30)

마이크로비트의 기본적인 함수/동작을 실행시킬 수 있습니다. 마이크로비트의 기본 블록은 다음과 같습니다.

기본 블록	기본 블록 이름 및 실행동작
	showNumber 수를 출력합니다.
	showIcon 선택한 아이콘을 LED 스크린에 출력합니다.
	showLeds 이미지를 LED 스크린에 출력합니다.
	showString 텍스트 문자열을 한 번에 한 문자씩 출력합니다.
	ClearScreen 모든 LED를 끕니다.
	forever 원하는 코드를 무한반복 실행합니다.
	pause 원하는 시간동안 아무 작업도 하지 않습니다.
	showArrow 방향 표시를 LED 스크린에 출력합니다.

30) microbit. (2022). microbit reference. https://makecode.microbit.org/reference.

▣ 마이크로비트 입력 블록

센서로부터 이벤트나 데이터를 입력받습니다. 마이크로비트의 대표적인 입력 블록은 다음과 같습니다.

입력 블록	입력 블록 이름 및 실행동작
A ▾ 누르면 실행	OnButtonPressed 버튼(A, B, A+B)을 눌렀다 놓았을 때, 작업을 실행시킵니다.
흔들림 ▾ 감지하면 실행	OnGesture 움직임을 감지했을 때, 작업을 실행시킵니다.
P0 ▾ 연결(on)되면 실행	OnPinPressed 핀이 연결되면 작업을 실행시킵니다.
A ▾ 눌림 상태	buttonIsPressed "A", "B" 버튼의 상태를 읽어옵니다.
P0 ▾ 연결(on) 상태	pinIsPressed 핀의 상태(연결됨, 끊김)를 감지합니다.
흔들림 ▾ 감지 상태	isGesture 현재 움직임이 감지되었는지 검사합니다.
자기센서 값(°)	compassHeading 자기센서로 읽어들인, 북쪽 방향의 각도를 읽어옵니다.
온도센서 값(°C)	temperature 온도를 섭씨(℃) 단위로 읽어옵니다.
가속도센서 x축 ▾ 값(mg)	acceleration 가속도센서로 읽어들인 가속도 값을 밀리지(mg) 단위로 읽어옵니다.
빛센서 값	lightLevel 빛센서로 읽어들인 빛의 밝기를 0(어두움)~255(밝음) 범위로 변환해 읽어옵니다.
기울기센서 앞-뒤 ▾ 값(°)	rotation X축을 중심으로 앞-뒤로 기울어진 각도나 Y축을 중심으로 좌-우로 기울어진 각도를 읽어옵니다.
작동시간(ms)	runningTime 전원이 켜진 후 흐른 시간을 밀리초(ms) 단위로 읽어옵니다.

5 게싱백 발명 기법으로 히트 상품 발명하기

발명을 보다 효과적으로 수행하기 위해 다양한 발명 기법 (더하기 기법, 빼기 기법, 모양 바꾸기 기법, 반대로 생각하기 기법 등)이 활용되고 있다. 게싱백(Guessing bag) 발명 기법은 교사들이 다양한 발명 기법을 보다 정교하게 사용할 수 있도록 하는 교수 학습 도구이자 학생들이 흥미를 갖고 발명 기법을 학습할 수 있는 학습 방법이다.

이번 활동 과제는 게싱백 발명 기법을 활용하여 일상생활에서 발명 아이디어를 산출하고 발명품을 제작하는 것을 목표로 하고 있다. 일상생활에서 발생하는 문제 상황을 바탕으로 게싱백 발명 기법을 알아보고, 이를 적용하여 발명 아이디어를 산출하는 활동으로 구성되어 있다.

Keywords

게싱백, 발명, 발명 기법, 히트 상품

1. 대상 학년: 4~6학년

2. 교수 · 학습 모형: 액션 러닝 학습법

단계	본시 활동 요소
과제 명확화	• 문제 상황 자세히 살펴보기 (구체화하기) • 문제 정의하기
과제 연구	• 다양한 발명 기법 알아보기
해결방안 도출	• 발명 아이디어 산출하기 • 게싱백 발명 기법 활용하기 • 발명 아이디어 선정하기 • 발명품 구상도 그리기
실행하기	• 재료와 도구 파악하기 • 발명품 제작하기
평가하기	• 발명품 발표 및 공유하기 • 발명품 평가하기

3. 교수 · 학습 자료

가. 재료: 투명한 비닐우산

나. 도구: 게싱백, 캡슐, 페인트 마커, 유성매직 등

다. 수업자료: 프레젠테이션 자료, 활동지 등

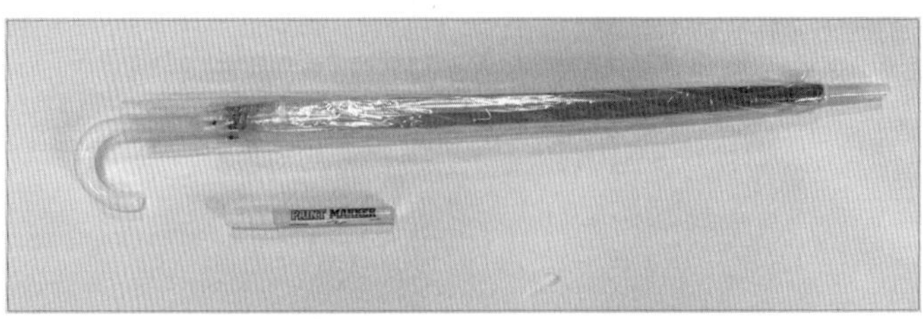

[그림 II-4] 교수 · 학습 자료 예시

4. 교수 · 학습 계획

가. 학습 주제: 게싱백 발명 기법으로 히트 상품 발명하기

나. 학습 목표

1) 발명의 개념, 원리, 가치 등을 이해할 수 있다.

2) 친구들과 의사소통을 통해 발명 아이디어를 정할 수 있다.

3) 게싱백 발명 기법을 활용하여 히트 상품을 제작할 수 있다.

4) 발명에 흥미와 관심을 가질 수 있다.

다. 학습 형태: 개별학습

라. 학습 장소: 실과실습실 또는 교실

마. 평가 관점

1) 게싱백 발명 기법을 이해하고 사용할 수 있는가?

2) 발명 아이디어를 바탕으로 발명품을 계획한 대로 제작할 수 있는가?

3) 발명품 제작에 적극적으로 참여하는가?

5. 지도상의 유의점

가. 발명 아이디어를 산출하는 것보다는 학생들이 제시된 문제를 통해 게싱백 발명 기법을 익히는데 초점을 두도록 한다.

나. 발명 아이디어를 선정할 때는 발명의 의미나 기준을 너무 엄격하게 제시하면 발명이 어려워질 수 있으므로 허용적인 분위기를 조성한다.

다. 발명품을 제작할 때는 발명 아이디어를 구현해내는 데 초점을 두고, 제작이 다소 미흡하더라도 격려하여 발명품 제작을 완성할 수 있도록 한다.

라. 첫 번째와 두 번째 게싱백에서 나오는 캡슐에 담긴 쪽지의 내용에 따라 실습이 불가능하거나 재료 준비 및 수업 진행이 어려울 수 있으므로 문제 상황을 바탕으로 발명 아이디어를 산출하는 단계까지로 수업을 변형하여 진행할 수 있다.

6. 교수 · 학습 과정

<table>
<tr><th colspan="4">실과 교수·학습 과정안</th></tr>
<tr><td rowspan="2">학습 주제</td><td rowspan="2">게싱백 발명 기법으로
히트상품 발명하기</td><td>학습 형태</td><td>개별학습</td></tr>
<tr><td>학습 모형</td><td>액션 러닝 학습법</td></tr>
<tr><td>학습 목표</td><td colspan="3">1) 발명의 개념, 원리, 가치 등을 이해할 수 있다.
2) 친구들과 의사소통을 통해 발명 아이디어를 정할 수 있다.
3) 게싱백 발명 기법을 활용하여 히트 상품을 제작할 수 있다.</td></tr>
</table>

가. 과제 명확화 단계 (10분) **〈활동지 1〉**

■ 문제 상황 자세히 살펴보기

Ⓣ 비가 오는 월요일 아침에 동건이가 학교에 걸어가고 있었습니다. 도로에는 물이 고여 웅덩이를 이루는 곳도 있었습니다. 마침 뒤에서 달려오던 트럭이 물웅덩이를 밟고 지나가는 바람에 물이 온 몸에 튀었습니다. 트럭 기사에게 항의하고 싶었지만 이미 트럭이 지나가고 없었습니다. 학교에 가서 아침에 벌어진 일을 생각해보니 너무 화가 났습니다. 비가 오는 날 운전을 하는 사람들이 보행자를 잘 볼 수 있도록 하면 좋겠다고 생각했습니다. 우산에 글을 쓰거나 그림을 그려 보행자의 존재를 알릴 수 있는 방법은 없는지 고민하였습니다. 비가 오는 날 운전자가 보행자를 잘 볼 수 있도록 하는 우산을 만드는 것이 오늘의 과제입니다.

Ⓣ 동건이는 어떻게 학교에 갔나요?

Ⓢ 걸어서 학교에 갑니다.

Ⓣ 월요일 아침 날씨는 어땠나요?

Ⓢ 비가 많이 내렸습니다.

■ 문제 정의하기

Ⓣ 동건이는 비가 오는 월요일 아침에 어떤 일을 겪었나요?

Ⓢ 트럭이 물웅덩이를 밟고 지나가 물이 온 몸에 튀었습니다.

Ⓣ 동건이가 물이 튈 것을 알아채지 못한 이유는 무엇인가요?

Ⓢ 트럭이 뒤에서 달려왔기 때문입니다.

T 이러한 문제를 해결하기 위해서는 어떻게 해야 할까요?

S 운전자에게 보행자의 존재를 잘 알릴 수 있도록 하면 좋을 것 같습니다.

T 주어진 문제를 다시 정의해보면 운전자가 보행자를 잘 볼 수 있도록 하는 우산을 제작하는 것이 오늘의 과제입니다.

나. 과제 연구 단계 (10분) **〈활동지 2〉**

■ 다양한 발명 기법 알아보기

T 체계적으로 발명 아이디어를 떠올리기 위해 발명 기법을 활용해 봅시다.

T 발명 기법은 크게 3가지로 구분할 수 있습니다. 첫째, 더하기 기법입니다. 더하기 기법은 서로 같거나 다른 물체를 더하여 새로운 발명 아이디어를 떠올리는 기법입니다.

T 서로 같은 물건을 더해봅시다. 바위와 바퀴를 더하면 무엇이 될까요?

S 이중바퀴가 됩니다.

T 프라이팬과 프라이팬을 더하면 무엇이 될까요?

S 붕어빵틀, 와플틀 등이 됩니다.

T 서로 다른 물건을 더해봅시다. 연필과 지우개를 더하면 무엇이 될까요?

S 연필지우개가 됩니다.

T 짜장면과 짬뽕을 더하면 무엇이 될까요?

S 짬짜면이 됩니다.

T 둘째, 빼기 기법입니다. 빼기 기법은 기존에 사용하는 물건에서 부품이나 재료를 빼도 기능이나 효과를 유지할 수 있도록 하는 발명 아이디어를 떠올리는 방법입니다.

T 선풍기에서 날개를 빼면 무엇이 될까요?

S 날개 없는 선풍기가 됩니다.

T 전화기에서 선을 빼면 무엇이 될까요?

S 휴대폰이 됩니다.

T 셋째, 바꾸기 기법입니다. 바꾸기 기법은 기존에 사용하는 물건에서 바꿀 수 있는 부분을 찾아 발명 아이디어를 떠올리는 방법입니다. 바꿀 수 있는 부분은 색, 모양, 크기, 위치, 무게, 용도, 재료 등입니다.

다. 해결방안 도출 단계 (20분) **〈활동지 3〉**

■ 발명 아이디어 산출하기

Ⓣ 운전자가 보행자의 존재를 잘 알 수 있도록 하는 우산을 만들기 위해서 어떤 방법을 사용하면 좋을까요?

Ⓢ 우산의 색깔을 노랗게 바꿔줍니다.

Ⓢ 우산을 더 크게 만듭니다.

Ⓢ 우산의 모양을 별 모양으로 만듭니다.

■ 게싱백 발명 기법 활용하기

Ⓣ 게싱백 발명 기법은 여러 가지 발명 기법 중 바꾸기 기법을 응용한 것입니다. 첫 번째 게싱백에서 캡슐을 하나 뽑습니다. 첫 번째 게싱백에는 색, 모양, 크기, 위치, 무게, 용도, 재료 캡슐이 들어 있습니다. 이 중에서 하나를 뽑습니다.

Ⓢ 색을 뽑았습니다.

Ⓢ 두 번째는 색 게싱백에서 캡슐을 하나 뽑습니다. 두 번째 게싱백에는 흰색, 검정색, 빨강색, 주황색, 노랑색, 녹색, 파랑색, 보라색, 자주색 등 색깔과 관련된 캡슐이 들어 있습니다.

Ⓢ 흰색을 뽑았습니다.

Ⓣ 그러면 운전자가 보행자를 잘 볼 수 있도록 하는 우산을 발명하는 아이디어를 떠올릴 때 흰색을 중점적으로 생각합니다.

Ⓣ 운전자가 보행자를 잘 볼 수 있도록 하는 우산을 발명하는 아이디어를 흰색을 이용하여 바꿔봅시다. 우산을 어떻게 바꿀 수 있을까요?

Ⓢ 우산 전체를 흰색으로 바꿀 수 있습니다.

Ⓢ 우산의 절반을 흰색으로 바꿉니다.

Ⓢ 우산에 흰색으로 그림을 그립니다.

Ⓢ 우산에 흰색으로 글씨를 씁니다.

Ⓣ 우산에 그림이나 글씨를 쓴다면 어떤 글씨를 쓰거나 그림을 그리고 싶나요?

Ⓢ 교통안전과 관련된 글씨를 쓰거나 그림을 그리고 싶습니다.

Ⓣ 교통안전과 관련된 글씨는 어떤 것이 있을까요?

Ⓢ 우리 모두 안전 운전 합시다.

Ⓢ 비 오는 날에는 속도를 줄여주세요.

Ⓢ 아이가 걷고 있어요.

Ⓣ 교통안전과 관련된 그림에는 어떤 것이 있을까요?

Ⓢ 자동차 그림이 있습니다.

Ⓢ 교통안전 표지판 그림이 있습니다.

수업 TIP

- 게싱백에서 나온 캡슐 (흰색)로 발명 아이디어를 떠올리지 못할 경우에는 다시 첫 번째와 두 번째 게싱백에서 캡슐을 뽑고 새로운 발명 아이디어를 떠올려봅니다.
- 발명 아이디어를 산출할 때는 반드시 게싱백에서 나온 항목으로 발명 아이디어를 떠올리는 것은 아닙니다. 게싱백에서 나온 항목을 바탕으로 다양한 아이디어를 산출하도록 합니다.

■ 발명 아이디어 선정하기

Ⓣ 여러 가지 발명 아이디어 중에서 하나를 선정해 봅시다.

Ⓢ '우리 모두 안전 운전 합시다.' 라는 글씨에 자동차 그림을 그리면 운전자가 보행자의 위치를 확인하고 운전을 할 경우 조심할 것 같습니다.

■ 발명품 구상도 그리기 **〈활동지 4〉**

Ⓣ 선정한 발명 아이디어를 바탕으로 구상도를 그립니다. 흰색으로 그림을 그리거나 글씨를 쓸 내용의 크기를 정하고 위치를 표시합니다.

Ⓢ (발명품 구상도를 완성한다.)

라. 실행하기 단계 (30분)

■ 재료와 도구 파악하기

Ⓣ 발명품 제작에 필요한 재료는 투명한 비닐 우산입니다. 투명한 비닐 우산에 화이트 마카나 유성매직을 사용하면 글씨를 쓰거나 그림을 그릴 수 있습니다.

실습안전

- 화이트마커가 손이나 옷에 묻으면 잘 지워지지 않기 때문에 주의합니다.
- 우산을 펼치고 접을 때 주변에 친구가 있으면 다칠 수 있으므로 주위를 잘 살핍니다.

■ 발명품 제작하기

Ⓣ 발명품 구상도에 그린 내용을 바탕으로 투명한 비닐 우산에 화이트 마커로 글씨를 쓰거나 그림을 그려봅시다.

Ⓢ (발명품을 제작한다.)

마. 평가하기 단계 (10분) **〈활동지 5〉**

■ 발명품 발표 및 공유하기

Ⓣ 제작한 발명품이 문제를 해결했는지 다른 친구가 만든 발명품과 비교하여 봅시다.

Ⓢ (여러 친구들이 제작한 발명품을 살펴보고 친구들끼리 의견을 교환 한다.)

Ⓣ 다른 친구들이 만든 발명품을 살펴보고 참고할 점이 있으면 수정합 니다.

■ 발명품 평가하기

Ⓣ 발명품 제작 과정과 결과를 평가해 봅시다.

Ⓣ 발명품이 계획한대로 잘 제작되었는지 확인해봅시다.

Ⓢ 발명 아이디어의 창의성이 뛰어나지는 않지만 구상한 대로 제작된 것 같습니다.

Ⓣ 활동 과정 중 자신의 실습 태도에 대하여 생각해봅시다.

Ⓢ 실습에 적극적으로 참여하였습니다.

7. 과정중심 수행평가지

활동지 1 문제 상황 파악하기

〈활동지 1〉 문제 상황 파악하기

게싱백 발명 기법으로 히트 상품 발명하기

학년 반 번 이름 ( )

영 역	기술	실습일	년 월 일
주 제	게싱백 발명 기법으로 히트 상품 발명하기	실습자	
활동 내용			

◇ **다음 지문을 읽고 문제 상황을 파악합니다.**

비가 오는 월요일 아침에 동건이가 학교에 걸어가고 있었습니다. 월요일에는 미술 수업이 있어서 가방, 실내화 주머니 보조 가방 그리고 미술 준비물 가방에 우산까지 들고 학교에 가려고 하니 여간 힘든 것이 아니었습니다. 학교에 등교하는 중에 비가 많이 내려 우산으로 가리다 보니 앞이 잘 보이지 않았습니다. 도로에는 물이 고여 웅덩이를 이루는 곳도 있었습니다. 마침 트럭이 물웅덩이를 밟고 지나가는 바람에 물이 온 몸에 튀었습니다. 트럭 기사에게 항의하고 싶었지만 이미 트럭이 지나가고 없었습니다. 학교에 가서 아침에 벌어진 일을 생각해보니 너무 화가 났습니다. 비가 오는 날 운전을 하는 사람들이 보행자를 잘 볼 수 있도록 하면 좋겠다고 생각했습니다. 우산에 글을 쓰거나 그림을 그려 보행자의 존재를 알릴 수 있는 방법은 없는지 고민하였습니다.

1. 비 오는 월요일 아침에 동건이가 등교할 때 들고 가는 물건은 무엇인가요?
   가방, 실내화 주머니 보조 가방, 미술 준비물 가방, 우산 등입니다.

2. 동건이가 우산을 쓰고 갈 때 불편한 점은 무엇인가요?
   비가 많이 내려 우산으로 가리다 보니 앞이 잘 보이지 않았습니다.

3. 동건이에게 벌어진 사건은 무엇인가요?
   트럭이 물웅덩이를 밟고 지나가 물이 온 몸에 튀었습니다.

4. 동건이는 사건을 어떻게 해결하고 싶어 하나요?
   우산에 글을 쓰거나 그림을 그려 보행자의 존재를 알리고 싶어 하였습니다.

활동지 2 발명 기법 학습하기

〈활동지 2〉 발명 기법 학습하기

게싱백 발명 기법으로 히트 상품 발명하기

학년 반 번 이름 ( )

영 역	기술	실습일	년 월 일
주 제	게싱백 발명 기법으로 히트 상품 발명하기	실습자	
활동 내용			

◇ **다양한 발명 기법에 대하여 알아봅시다.**

1. 더하기 기법: 서로 같거나 다른 물체를 더하여 새로운 발명 아이디어를 떠올린다.
   * 서로 같은 물건을 더하는 발명: 바퀴+바퀴=이중바퀴, 프라이팬+프라이팬=붕어빵틀
   * 서로 다른 물건을 더하는 발명: 연필+지우개=연필지우개, 짜장면+짬뽕=짬짜면

2. 빼기 기법: 기존에 사용하는 물건에서 부품이나 재료를 빼도 기능이나 효과를 유지하는 발명 아이디어를 떠올린다.
   * 선풍기-날개=날개 없는 선풍기, 전화기-선=휴대폰

3. 바꾸기 기법: 기존에 사용하는 물건에서 바꿀 수 있는 부분을 찾아 발명 아이디어를 떠올린다.

   가. 색: 기존에 사용하는 물건 전체 또는 부분의 색을 바꾼다.
   - 흰색, 검정색, 빨강색, 주황색, 노랑색, 녹색, 파랑색, 보라색, 자주색 등

   나. 모양: 기존에 사용하는 물건 전체 또는 부분의 모양을 바꾼다.
   - 삼각기둥, 사각기둥, 오각기둥, 원기둥, 구 등

   다. 크기: 기존에 사용하는 물건 전체 또는 부분의 크기를 크거나 작게 바꾼다.
   - 매우 크게, 크게, 작게, 매우 작게 등

   라. 위치: 기존에 사용하는 물건 전체 또는 부분의 위치를 바꾼다.
   - 위로, 아래로, 왼쪽으로, 오른쪽으로, 앞으로, 뒤로 등

   마. 무게: 기존에 사용하는 물건 전체 또는 부분의 무게를 늘리거나 줄인다.
   - 매우 무겁게, 무겁게, 가볍게, 매우 가볍게 등

   바. 재료: 기존에 사용하는 물건 전체 또는 부분의 재료를 바꾼다.
   - 종이, 비닐, 플라스틱, 나무, 쇠, 천 등

   사. 용도: 기존에 사용하는 물건의 용도를 바꾼다.

활동지 3 게싱백 발명 기법으로 히트 상품 발명하는 과정 알아보기

〈활동지 3〉 게싱백 발명 기법으로 히트 상품 발명하는 과정 알아보기

게싱백 발명 기법으로 히트 상품 발명하기

학년 반 번 이름 ( )

영 역	기술	실습일	년 월 일
주 제	게싱백 발명 기법으로 히트 상품 발명하기	실습자	
활동 내용			

◇ **게싱백 발명 기법**

① 첫 번째 게싱백에서 캡슐 뽑기

⇨

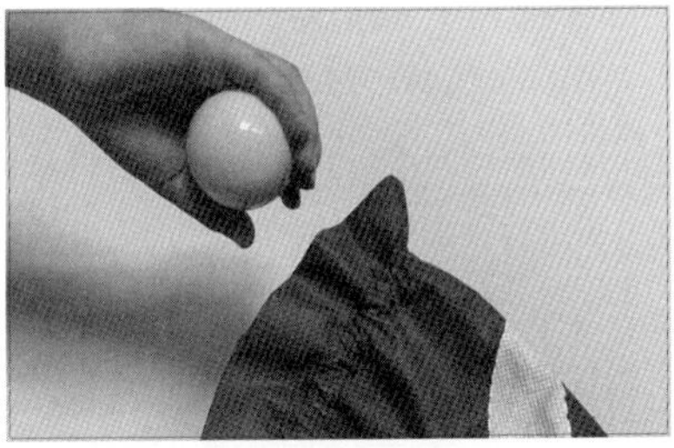

② 두 번째 게싱백에서 캡슐 뽑기

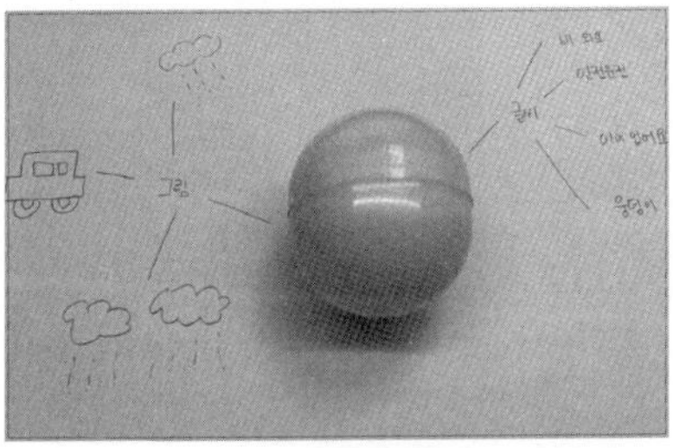

③ 캡슐에서 나온 것을 활용하여 발명 아이디어 떠올리기

⇨

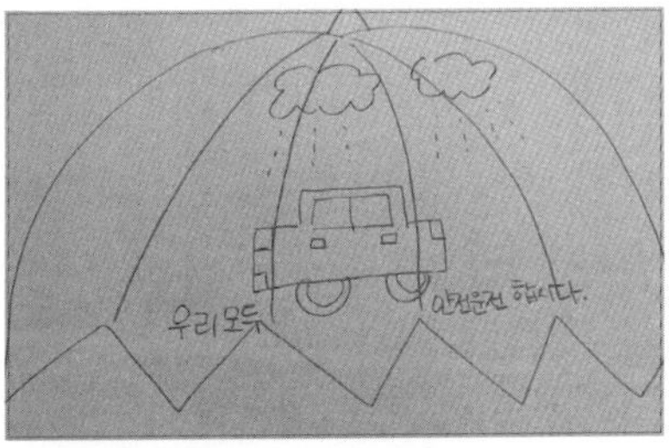

④ 여러 아이디어 중 하나를 선정하기

⑤ 선정된 아이디어로 발명품 제작하기

⇨

⑥ 제작한 발명품 발표하고 평가하기

활동지 4 게싱백 발명 기법으로 발명 아이디어 구상하기

〈활동지 4〉 게싱백 발명 기법으로 발명 아이디어 구상하기

게싱백 발명 기법으로 히트 상품 발명하기

학년 반 번 이름 ( )

영 역	기술	실습일	년 월 일
주 제	게싱백 발명 기법으로 히트 상품 발명하기	실습자	

활동 내용

◇ **발명품을 구상해 봅시다.**

1. 우산에 쓰고 싶은 글씨나 그림은 무엇이고, 그 이유는 무엇인가요?
   '우리 모두 안전운전 합시다'라는 문구를 우산에 쓰고 싶습니다. 왜냐하면 글씨를 보면 운전자가 속도를 줄일 것 같기 때문입니다.

2. 제작하고자하는 발명품의 구상도로 그려봅시다.

〈제작 예시〉

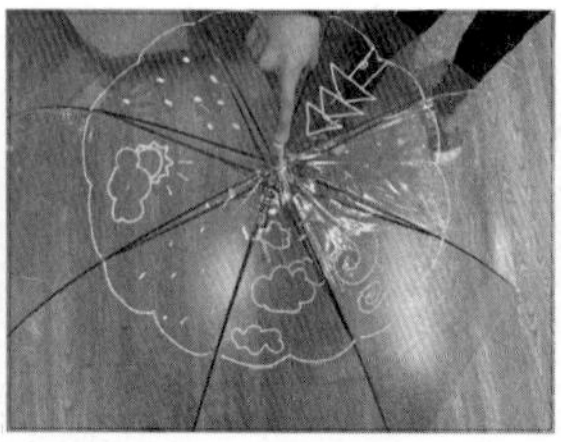

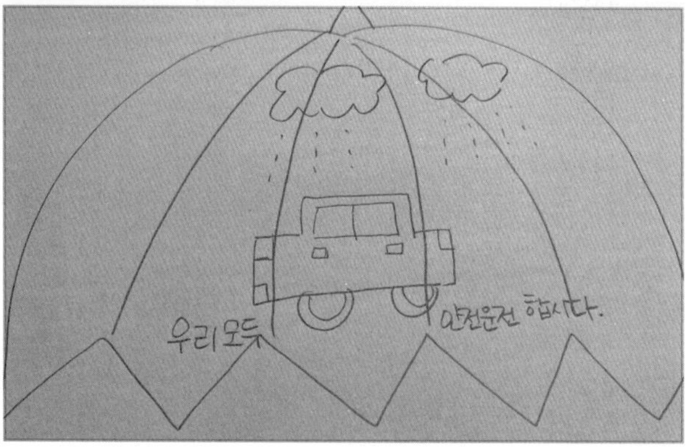

활동지 5 발명품 평가하기

〈활동지 5〉 발명품 평가하기

게싱백 발명 기법으로 히트 상품 발명하기

학년 반 번 이름 ( )

영 역	기술	실습일	년 월 일
주 제	게싱백 발명 기법으로 히트 상품 발명하기	실습자	
활동 내용			

1. '게싱백 발명 기법으로 히트 상품 발명하기' 실습을 하면서 활동했던 과정을 생각하여 보고 스스로 평가를 해 봅시다.

평가 요소	잘함	보통	노력요함
발명품이 문제를 해결하는데 도움이 되었습니까?			
발명품이 계획한 대로 완성되었습니까?			
발명품을 제작할 때 적극적으로 참여하였습니까?			
〈 제작한 발명품의 잘된 점이나 보완했으면 하는 점을 적어봅시다. 〉			

2. 다른 친구들이 완성한 발명품을 살펴보고 잘된 점이나 보완할 점을 써 봅시다.

8. 관계 지식

▣ 게싱백과 캡슐

게싱백 (Guessing bag)은 물음표가 써 있는 주머니이다. 주머니 속에 무엇이 들어있는지 모르기 때문에 학생들의 흥미와 호기심을 자극할 수 있다. 또한 다양한 항목이 임의방식으로 뽑히는 장점이 있기 때문에 고정된 생각에서 벗어날 수 있도록 할 수 있다. 캡슐은 문방구의 뽑기 기계에 주로 사용되는 것으로 작은 물건이나 쪽지를 담아 수업에 활용할 수 있다. 게싱백이 없을 경우에는 상자나 에코백 등 주변에서 사용할 수 있는 다양한 물건을 활용할 수 있다. 캡슐이 없는 경우에는 종이를 접어 사용하거나 나무막대기 등을 활용할 수 있다.

게싱백의 첫 번째 주머니에 들어갈 캡슐은 색, 모양, 크기, 위치, 무게, 용도, 재료 등의 상위 항목으로 구성한다. 게싱백의 두 번째 주머니에 들어갈 캡슐은 상위 항목에 따른 각각의 하위 항목으로 구성한다. 첫 번째 캡슐이 '색'인 경우에 두 번째 캡슐은 흰색, 검정색, 빨강색, 주황색, 노랑색, 녹색, 파랑색, 보라색, 자주색 등으로 구성한다. 첫 번째 캡슐이 '모양'인 경우에 두 번째 캡슐은 삼각기둥, 사각기둥, 오각기둥, 원기둥, 구 등으로 구성한다. 첫 번째 캡슐이 '크기'인 경우에 두 번째 캡슐은 매우 크게, 크게, 작게, 매우 작게 등으로 구성한다. 첫 번째 캡슐이 '위치'인 경우에 두 번째 캡슐은 위로, 아래로, 왼쪽으로, 오른쪽으로, 앞으로, 뒤로 등으로 구성한다. 첫 번째 캡슐이 '무게'인 경우에 두 번째 캡슐은 매우 무겁게, 무겁게, 가볍게, 매우 가볍게 등으로 구성한다. 첫 번째 캡슐이 '재료'인 경우에 두 번째 캡슐은 종이, 비닐, 플라스틱, 나무, 쇠, 천 등으로 구성한다.

6 전도성 테이프를 활용한 LED 입체 카드 만들기

전기는 우리 생활 전반에 사용되고 있으며 우리의 삶을 윤택하게 해주는 물질이다. 전도성 구리 테이프를 활용하여 LED 입체 카드를 제작하는 활동을 통해 학생들은 전기의 개념, 구성 요소, 사용 방법 등을 이해할 수 있으며, 전기회로를 구성하는 방법을 실습을 통해 익히게 된다. 또한 입체 카드를 창의적으로 제작하고 전기회로와 연결하는 과정을 통해 우리 생활에서 사용하는 가전제품을 개발하는 과정을 간접적으로 체험할 수 있다.

이번 활동 과제는 전도성 구리 테이프를 활용하여 LED 입체 카드를 만드는 것을 목표로 하고 있다. 기념일에 카드를 보내는 상황을 바탕으로 전도성 테이프를 활용한 LED 입체 카드를 제작하는 과정을 탐색하고 제작하는 활동으로 구성되어 있다.

Keywords

LED 입체 카드, 전기, 전기회로

1. 대상 학년: 4~6학년

2. 교수 · 학습 모형: 디자인 씽킹 학습법

단계	본시 활동 요소
공감	• 카드를 보내는 문제 상황 파악하기 • 동건이의 고민 공감하기
문제정의	• 빛이 나는 카드를 만들 때 생긴 문제 상황 자세히 살펴보기 • 빛이 나는 카드를 만들 때 생긴 문제 정의하기
정보 수집 및 관련 내용 학습	• 전도성 테이프를 활용한 LED 입체 카드 제작 과정 탐색하기 – 입체 카드 만드는 방법 학습하기 – 전기회로 구성하는 방법 학습하기
아이디어 발상	• 전도성 테이프를 활용한 LED 입체 카드 구상하기 • 아이디어 선정하고 구상도 그리기
제작하기	• 전도성 테이프를 활용한 LED 입체 카드 만들기
평가하기	• 전도성 테이프 활용한 LED 입체 카드 발표 및 공유하기 • 피드백 받고 수정하기

3. 교수 · 학습 자료

가. 재료: 종이, LED, 전도성 테이프, 건전지 등

나. 도구: 가위, 색연필, 사인펜 등

다. 수업자료: 프레젠테이션 자료, 활동지 등

[그림 II-5] 교수 · 학습 자료 예시

4. 교수 · 학습 계획

가. 학습 주제: 전도성 테이프를 활용한 LED 입체 카드 만들기

나. 학습 목표

1) 전기의 개념, 원리, 구성 요소 등을 이해할 수 있다.
2) 일상생활의 문제를 해결하기 위해 전기회로를 구성할 수 있다.
3) 전도성 테이프를 활용하여 LED 입체 카드를 제작할 수 있다.
4) 전기에 흥미와 관심을 가질 수 있다.

다. 학습 형태: 개별학습

라. 학습 장소: 교실 또는 실과실습실

마. 평가 관점

1) 주어진 문제를 해결하기 위해 전기회로를 올바르게 구성하였는가?
2) 전도성 테이프를 활용한 LED 입체 카드를 계획한 대로 완성되었는가?
3) 전도성 테이프를 활용한 LED 입체 카드 제작에 적극적으로 참여하였는가?

5. 지도상의 유의점

가. 문제를 해결할 때에는 학생들이 입체 카드를 제작하는 것보다 전기회로를 구성하는데 관심을 갖도록 지도한다.

나. 학생들이 창의적으로 설계한 입체 카드의 형태에 따라 전기회로의 모양이 달라지므로 전기회로를 융통성 있게 구성할 수 있도록 지도한다.

다. LED 입체 카드를 설계할 때에는 학생들이 자기 주도적으로 탐색할 수 있도록 허용적인 분위기를 만든다.

라. 전기회로를 올바르게 구성하였더라도 LED 개수, 연결 방법 등에 따라 빛이 나지 않는 경우가 있으므로 전지의 개수도 바꿔가면서 전기회로를 구성하도록 한다.

6. 교수 · 학습 과정

<table>
<tr><th colspan="4">실과 교수·학습 과정안</th></tr>
<tr><td rowspan="2">학습 주제</td><td rowspan="2">전도성 테이프를 활용한
LED 입체 카드 만들기</td><td>학습 형태</td><td>개별 학습</td></tr>
<tr><td>학습 모형</td><td>디자인 씽킹 학습법</td></tr>
<tr><td>학습 목표</td><td colspan="3">1) 전기의 개념, 원리, 구성 요소 등을 이해할 수 있다.
2) 일상생활의 문제를 해결하기 위해 전기회로를 구성할 수 있다.
3) 전도성 테이프를 활용하여 LED 입체 카드를 제작할 수 있다.</td></tr>
</table>

가. 공감 단계 (5분) **〈활동지 1〉**

■ 카드를 보내는 문제 상황 파악하기

Ⓣ 기념일마다 동건이는 동생에게 카드를 선물합니다. 올해 크리스마스에는 조금 더 특별한 카드를 만들어 동생에게 주고 싶었습니다. 학교에서 팝업북 만들기 활동을 통해 배운 입체 크리스마스 트리를 꾸며 카드를 만드니 조금 특별해졌습니다. 그런데 크리스마스 트리가 반짝반짝 빛이 나면 더 멋있을 것 같았습니다. 과학시간에 배운 전기회로를 이용하면 크리스마스트리를 반짝반짝 빛나게 만들 수 있을 것 같았습니다.

Ⓣ 동건이는 기념일마다 동생에게 무엇을 선물합니까?

Ⓢ 카드를 선물합니다.

Ⓣ 올해 크리스마스 무렵에 동건이는 어떤 고민을 했나요?

Ⓢ 조금 더 특별한 카드를 만들어 동생에게 주고 싶었습니다.

Ⓣ 동건이가 찾은 해결 방법은 무엇이었나요?

Ⓢ 학교에서 배운 팝업 북 만들기 활동을 통해 카드를 만들었습니다.

Ⓣ 동건이가 카드에 추가하고 싶은 것은 무엇이었나요?

Ⓢ 반짝반짝 빛이 나면 더 좋을 것 같다고 생각했습니다.

■ 동건이의 고민 공감하기

Ⓣ 여러분도 가족이나 친구에게 카드를 보낸 적이 있나요?

Ⓢ 할머니 생신 때 카드를 써서 드린 적이 있습니다.

Ⓣ 여러분도 특별한 카드를 만든 경험을 한 적이 있나요?

Ⓢ 학교에서 크리스마스 때 트리 모양으로 카드를 만든 것이 있습니다.

나. 문제 정의 (5분) **〈활동지 2〉**

■ 빛이 나는 카드를 만들 때 생긴 문제 상황 자세히 살펴보기

Ⓣ 동건이가 동생에게 선물할 빛이 반짝반짝 나는 카드를 만들기 위해 과학 시간에 배운 내용을 살펴보았습니다. 우선 전기회로를 구성하기 위해서는 전지, 전선, 발광 다이오드 (LED), 클립 등이 필요했습니다. 전선 대신에 전도성 테이프 (구리 테이프)를 사용할 수 있다는 것도 기억이 났습니다. 발광 다이오드 (LED)의 긴 다리는 전지의 (+)극과 연결하고, 짧은 다리는 전지의 (−)극과 연결해야 한다는 것도 생각났습니다. 우선 전기회로를 만들기 위해 카드에 발광 다이오드 (LED), 건전지, 클립 등을 놓을 위치를 정하고 연필로 표시하였습니다. 그런데 발광 다이오드를 여러 개 연결할 때는 전기회로를 어떤 형태로 구성하면 좋을지 고민이 되었습니다. 직렬연결과 병렬연결을 과학시간에 배웠지만 막상 적용해보려고 하니, 전지의 (+)극과 (−)극이 섞여 빛이 나지 않을 것 같아 걱정되었습니다.

Ⓣ 전기회로를 구성하기 위해 필요한 준비물은 무엇인가요?

Ⓢ 전지, 전선 (또는 전도성 테이프), 발광 다이오드 (LED), 클립 등입니다.

Ⓣ 발광 다이오드 (LED)를 전지에 연결할 때 주의할 점은 무엇인가요?

Ⓢ 발광 다이오드 (LED)의 긴 다리는 전지의 (+)극에 연결하고, 짧은 다리는 전지의 (−)극에 연결하여야 합니다.

Ⓣ 동건이가 입체 카드에 전기회로를 만들기 위해 연필로 표시한 것은 무엇인가요?

Ⓢ 전지, 발광 다이오드 (LED), 클립 등의 위치입니다.

■ 빛이 나는 카드를 만들 때 생긴 문제 정의하기

Ⓣ 동건이에게 생긴 고민은 무엇인가요?

Ⓢ 여러 개의 발광 다이오드 (LED)를 연결할 때 전기회로를 어떻게 구성

해야 할지 고민되었습니다.

Ⓣ 여러 개의 발광 다이오드 (LED)를 연결하는 방법은 어떤 방법이 있나요?

Ⓢ 직렬연결과 병렬연결이 있습니다.

Ⓣ 여러 개의 전지를 연결하는 방법은 어떤 방법이 있나요?

Ⓢ 직렬연결과 병렬연결이 있습니다.

Ⓣ 동건이가 전기회로를 올바르게 구성하기 위해서는 연필로 그린 전기회로에서 확인해야 하는 것은 무엇인가요?

Ⓢ 발광 다이오드 (LED)가 직렬연결로 구성되어 있는지 병렬연결로 구성되어 있는지 확인해야 합니다.

Ⓣ 발광 다이오드 (LED)가 직렬연결로 구성되어 있다면 발광 다이오드 (LED)의 개수와 전지의 개수를 맞추어 전지도 직렬연결로 구성합니다.

다. 정보 수집 및 관련 내용 학습 (15분) **〈활동지 3〉**

■ 입체 카드 만드는 방법 학습하기

Ⓣ 동건이가 동생에게 특별한 입체 카드를 선물하기 위해 무엇을 알아야 하나요?

Ⓢ 입체 카드 만드는 방법을 알아야 합니다.

Ⓣ 네, 맞아요. 그럼 입체 카드 만드는 방법을 크리스마스트리 입체 카드 만들기를 바탕으로 간단하게 알아보겠습니다.

Ⓣ 카드를 검정색 A4 중성지를 반으로 접습니다. 반으로 접힌 종이에 트리가 될 삼각형 그리고 비슷한 간격으로 두 개의 선을 그립니다. 삼각형 안쪽에 두 선과 밑면을 가위로 자릅니다. 트리가 될 삼각형을 안쪽으로 접습니다. 나무 기둥을 만들 경우에는 삼각형 아래쪽에 사각형을 그리고 안쪽으로 접습니다. 카드를 검정색 A4 중성지를 펴면 입체 카드가 됩니다. 색연필, 사인펜, 크레파스 등으로 꾸며주면 완성됩니다.

■ 전기회로 구성하는 방법 학습하기

Ⓣ 이번에는 전기회로를 구성하는 방법을 알아봅시다. A4 종이를 반으

로 접고 LED를 켜는데 필요한 재료 배치합니다. 재료 위치를 연결하여 연필로 전기회로를 그립니다. 전지를 전도성 테이프로 연결합니다. 전지에 LED 연결합니다. 만들어 둔 입체 카드와 전기회로를 연결하면 전도성 테이프를 활용한 LED 입체 카드가 완성됩니다.

다. 아이디어 발상 단계 (15분) **〈활동지 4〉**

■ '전도성 테이프를 활용한 LED 입체 카드 만들기' 문제를 해결할 아이디어 떠올리기

Ⓣ 동건이가 만든 LED 입체 카드를 참고하여 문제 상황에 알맞은 LED 입체 카드를 디자인해 봅시다. 어떠한 모양의 LED 입체 카드를 만들고 싶나요?

Ⓢ 하트 모양의 LED 입체 카드를 만들고 싶습니다.

Ⓢ 케이크 모양의 LED 입체 카드를 만들고 싶습니다.

Ⓢ 산타클로스 모양의 LED 입체 카드를 만들고 싶습니다.

■ 아이디어 선정하고 구상도 그리기

Ⓣ 만들고 싶은 LED 입체 카드를 정하고 활동지에 구상도를 그려봅시다. 구상도를 그릴 때부터 가로, 세로, 높이를 정해두면 LED 입체 카드 쉽게 제작할 수 있습니다.

Ⓢ (활동지에 구상도를 그린다.)

라. 제작하기 단계 (30분)

■ 전도성 테이프를 활용한 LED 입체 카드 만들기

Ⓣ LED 입체 카드의 구상도가 완성되면 LED 입체 카드 제작 방법에 맞추어 제작합니다.

Ⓢ (LED 입체 카드를 제작한다.)

실습안전

① 펜치를 사용할 때에는 펜치에 손을 집힐 수 있으므로 주의합니다.
② 전기를 다룰 때에는 감전의 우려가 있으므로 젖은 손으로 다루지 않도록 주의합니다.

마. 평가하기 단계 (10분) **〈활동지 5〉**

■ 작품 발표 및 공유하기

Ⓣ 전도성 테이프를 활용한 LED 입체 카드 만들기 활동의 과정과 결과를 평가해 봅시다.

Ⓣ '전도성 테이프를 활용한 LED 입체 카드 만들기' 문제를 잘 해결하였는지 확인해봅시다.

Ⓢ 세상에 하나뿐인 특별한 LED 입체 카드가 완성되었습니다.

Ⓣ 완성된 LED 입체 카드는 계획한 대로 제작되었는지 확인합니다.

Ⓢ 제작이 서툴러서 계획한 대로 완벽하게 제작되지는 않았지만 원하는 모양으로 제작된 것 같습니다.

Ⓣ 활동 과정 중 자신의 실습 태도에 대하여 생각해봅시다.

Ⓢ 실습에 적극적으로 참여하였습니다.

■ 피드백 받고 수정하기

Ⓣ 다른 친구들이 만든 LED 입체 카드와 비교하여 봅시다.

Ⓢ (결과물을 살펴보고 친구들끼리 의견을 교환한다.)

Ⓣ 친구들의 의견 중 참고할만한 의견이 있으면 활동지에 기록해두고 다음에 전도성 테이프를 활용한 LED 입체 카드 만들기를 할 때 활용합니다.

7. 과정중심 수행평가지

활동지 1 해결 과제 분석하기

〈활동지 1〉 해결 과제 분석하기

전도성 테이프를 활용한 LED 입체 카드 만들기

학년 반 번 이름 ( )

영 역	기술	실습일	년 월 일
주 제	전도성 테이프를 활용한 LED 입체 카드 만들기	실습자	
활동 내용			

◇ **다음 지문을 읽고 문제 상황을 파악합니다.**

기념일마다 동건이는 동생에게 카드를 선물합니다. 올해 크리스마스에는 조금 더 특별한 카드를 만들어 동생에게 주고 싶었습니다. 학교에서 팝업북 만들기 활동을 통해 배운 입체 크리스마스트리를 꾸며 카드를 만드니 조금 특별해졌습니다. 그런데 크리스마스 트리는 반짝반짝 빛이 나면 더 멋있을 것 같았습니다. 과학시간에 배운 전기회로를 이용하면 크리스마스 트리를 반짝반짝 빛나게 만들 수 있을 것 같았습니다.

1. 동건이는 기념일마다 동생에게 무엇을 선물합니까?
   카드를 선물합니다.

2. 올해 크리스마스 무렵에 동건이는 어떤 고민을 했나요?
   조금 더 특별한 카드를 만들어 동생에게 주고 싶었습니다.

3. 동건이가 찾은 해결 방법은 무엇이었나요?
   학교에서 배운 팝업 북 만들기 활동을 통해 카드를 만들었습니다.

4. 동건이가 카드에 추가하고 싶은 것은 무엇이었나요?
   반짝반짝 빛이 나면 더 좋을 것 같다고 생각했습니다.

활동지 2 문제 정의하기

〈활동지 2〉 문제 정의하기

전도성 테이프를 활용한 LED 입체 카드 만들기

학년 반 번 이름 (   )

영 역	기술	실습일	년 월 일
주 제	전도성 테이프를 활용한 LED 입체 카드 만들기	실습자	
활동 내용			

◇ **다음 지문을 읽고 문제 상황을 자세히 살펴봅시다.**

동건이가 동생에게 선물할 빛이 반짝반짝 나는 카드를 만들기 위해 과학 시간에 배운 내용을 살펴보았습니다. 우선 전기회로를 구성하기 위해서는 전지, 전선, 발광 다이오드 (LED), 클립 등이 필요합니다. 전선 대신에 전도성 테이프 (구리 테이프)를 사용할 수 있다는 것도 기억이 났습니다. 발광 다이오드 (LED)의 긴 다리는 전지의 (+)극과 연결하고, 짧은 다리는 전지의 (−)극과 연결해야 한다는 것도 생각났습니다. 우선 전기회로를 만들기 위해 카드에 발광 다이오드 (LED), 전지, 클립 등을 놓을 위치를 정하고 연필로 표시하였습니다. 그런데 발광 다이오드를 여러 개 연결할 때는 전기회로를 어떤 형태로 구성하면 좋을지 고민이 되었습니다. 직렬연결과 병렬연결을 과학시간에 배웠지만 막상 적용해보려고 하니, 전지의 (+)극과 (−)극이 섞여 빛이 나지 않을 것 같아 걱정되었습니다.

1. 전기회로를 구성하기 위해 필요한 준비물은 무엇인가요?
   전지, 전선 (또는 전도성 테이프), 발광다이오드 (LED), 클립 등입니다.

2. 발광 다이오드 (LED)를 전지에 연결할 때 주의할 점은 무엇인가요?
   발광 다이오드 (LED)의 긴 다리는 전지의 (+)극에 연결하고, 짧은 다리는 전지의 (−)극에 연결하여야 합니다.

3. 동건이가 입체 카드에 전기회로를 만들기 위해 연필로 표시한 것은 무엇인가요?
   전지, 발광 다이오드 (LED), 클립 등의 위치입니다.

4. 동건이에게 생긴 고민은 무엇인가요?
   여러 개의 발광 다이오드 (LED)를 연결할 때 전기회로를 어떻게 구성해야 할지 고민되었습니다.

활동지 3 전도성 테이프를 활용한 LED 입체 카드 만드는 과정 학습하기

〈활동지 3〉 전도성 테이프를 활용한 LED 입체 카드 제작 과정 학습하기

전도성 테이프를 활용한 LED 입체 카드 만들기

학년 반 번 이름 ( )

영 역	기술	실습일	년 월 일
주 제	전도성 테이프를 활용한 LED 입체 카드 만들기	실습자	

활동 내용

◇ 전도성 테이프를 활용한 LED 입체 카드 제작 방법 (입체 카드 만드는 방법)

① 검정색 A4 중성지를 반으로 접기

⇨

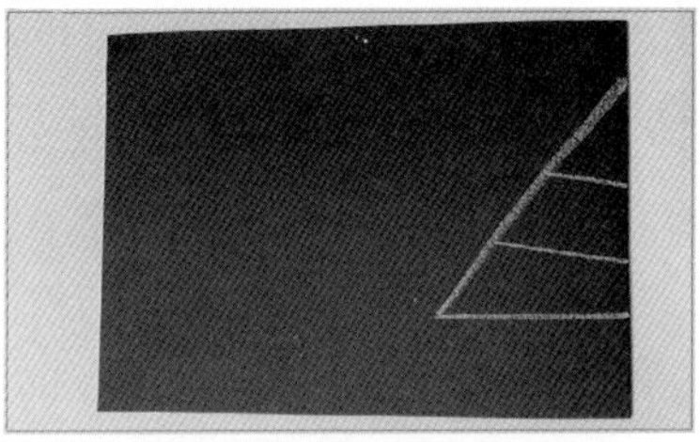

② 접힌 부분에 트리가 될 삼각형을 그리고 비슷한 간격으로 두 개의 선 긋기

③ 삼각형 안쪽에 두 선과 밑면을 가위로 자르기

⇨

④ 트리가 될 삼각형과 사각형을 안쪽으로 접기

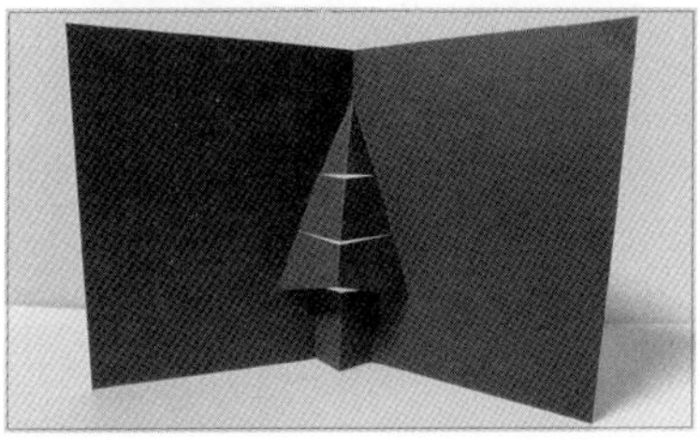

⑤ 검정색 A4 중성지 펴기

⇨

⑥ 트리 입체 카드 꾸미기

활동지 3 전도성 테이프를 활용한 LED 입체 카드 만드는 과정 학습하기 (계속)

활동 내용
◇ 전도성 테이프를 활용한 LED 입체 카드 제작 방법 (전기회로 구성하는 방법)

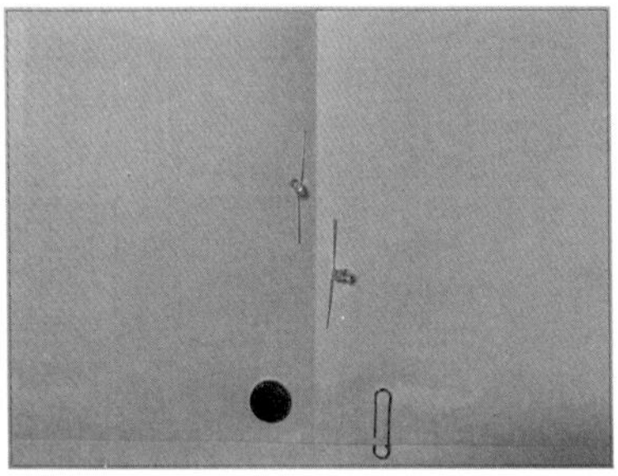

⑦ A4 종이를 반으로 접고 LED를 켜는데 필요한 재료 배치하기

⇨

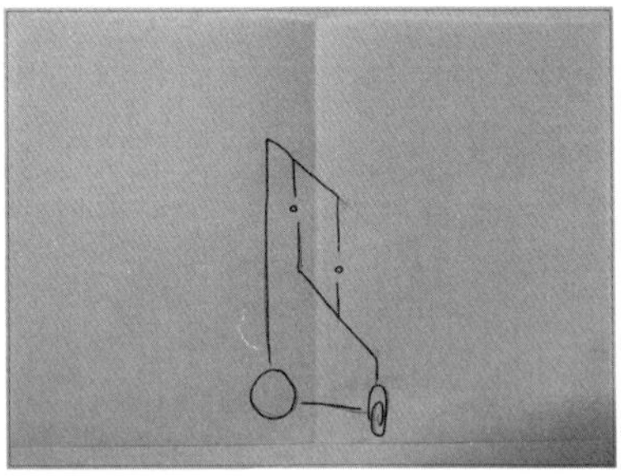

⑧ 재료 위치를 연결하여 전기회로 그리기

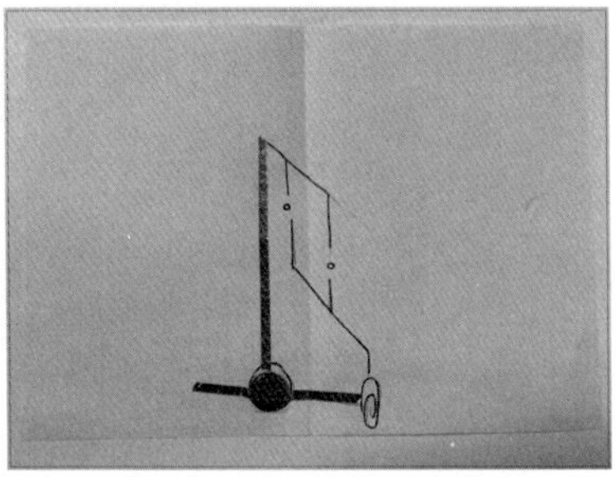

⑨ 전지를 전도성 테이프로 연결하기

⇨

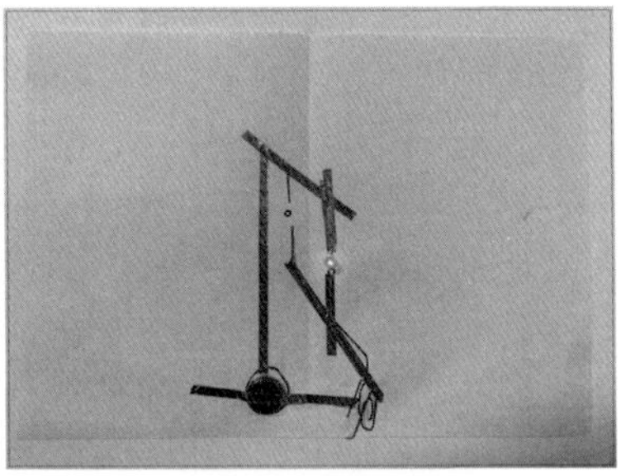

⑩ 전지에 LED 연결하기

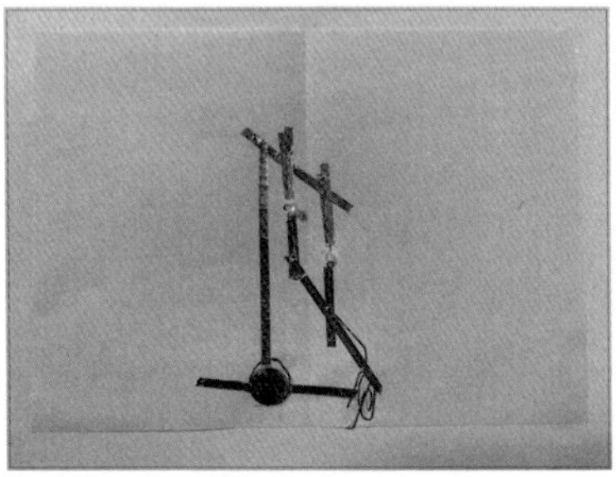

⑪ 추가로 LED 연결하여 전자회로 완성하기

⇨

⑫ 입체 카드와 연결하여 전도성 테이프를 활용한 LED 입체 카드 완성

활동지 4 전도성 테이프를 활용한 LED 입체 카드 설계하기

〈활동지 4〉 전도성 테이프를 활용한 LED 입체 카드 설계하기

전도성 테이프를 활용한 LED 입체 카드 만들기

학년 반 번 이름 ( )

영 역	기술	실습일	년 월 일
주 제	전도성 테이프를 활용한 LED 입체 카드 만들기	실습자	
활동 내용			

◇ **조건에 맞게 과제를 해결합니다.**

1. 동건이가 만든 전도성 테이프를 활용한 LED 입체 카드를 참고하여 창의적인 LED 입체 카드를 디자인해 봅시다. 어떤 디자인의 LED 입체 카드를 만들고 싶나요?
   하트 모양의 입체 카드를 만들고 싶습니다.

2. 제작하고자하는 LED 입체 카드의 구상도를 그려봅시다.

활동지 5 전도성 테이프를 활용한 LED 입체 카드 평가하기

〈활동지 5〉 전도성 테이프를 활용한 LED 입체 카드 평가하기

전도성 테이프를 활용한 LED 입체 카드 만들기

학년 반 번 이름 ( )

영 역	기술	실습일	년 월 일
주 제	전도성 테이프를 활용한 LED 입체 카드 만들기	실습자	
활동 내용			

1. '전도성 테이프를 활용한 LED 입체 카드 만들기' 실습했던 과정을 생각하여 보고 스스로 평가를 해 봅시다.

평가 요소	잘함	보통	노력요함
LED 입체 카드를 창의적으로 설계했습니까?			
LED 입체 카드를 계획한 대로 완성했습니까?			
LED 입체 카드를 제작할 때 적극적으로 참여하였습니까?			
〈 제작한 LED 입체 카드의 잘된 점이나 보완했으면 하는 점을 적어봅시다. 〉			

2. 다른 친구들이 완성한 LED 입체 카드를 살펴보고 잘된 점이나 보완할 점을 써 봅시다.

8. 관계 지식

▣ 입체카드 만드는 방법

입체카드를 구상할 때에는 카드를 보내는 대상, 카드에 쓸 내용, 카드를 보내는 시기 등을 고려한다. 카드를 보내는 대상이 웃어른인 경우에는 격식을 갖추어 카드를 제작하고, 친구나 동생인 경우에는 흥미나 관심을 갖도록 카드를 구성한다. 카드에 쓸 내용이 초대의 글인지 축하의 글인지 사과의 글인지 등에 따라 카드의 색이나 모양을 선택한다. 카드를 보내는 계절에 따라 구성을 바꿀 수 있다. 봄에는 분홍색이나 노란색 등을 사용하면 봄 분위기를 연출할 수 있고, 여름에는 파랑색이나 초록색으로 여름 분위기를 연출한다. 가을에는 갈색이나 빨간색을 사용하면 가을 분위기를 만들 수 있다. 겨울에는 파랑색이나 흰색을 사용하면 겨울 분위기를 나타낼 수 있다. 카드를 만드는 시기의 특별한 이벤트에 따라 카드의 구성을 바꿀 수 있다. 크리스마스 등의 외국 기념일인지 설날이나 추석 등 우리나라 명절인지 등에 따라 카드의 색이나 모양을 달리하면 기념일의 느낌을 표현할 수 있다.

입체카드에서 튀어나올 이미지의 모양이나 개수를 바꾸면 입체카드를 다양하게 제작할 수 있다. 카드에 사용할 종이를 반으로 접은 다음, 반으로 접힌 부분을 기준으로 사각형을 여러 개 그리고 접힌 부분에 수직인 변을 자른 후 안쪽으로 접으면 이미지를 붙일 팝업 부분을 여러 개 만들 수 있다. 팝업 부분에 다양한 이미지를 붙여주면 성격에 맞는 카드를 제작할 수 있다. 튀어나오는 팝업의 모양을 바꿀 때에는 사각형의 가로, 세로의 길이를 바꾸거나 사각형을 삼각형 등으로 바꿔주는 방법이 있다.

▣ 직렬연결과 병렬연결[31]

직렬연결은 한 전지의 (+)극을 다른 전지의 (−)극과 연결하는 방법이다. 이 때 전압은 각 전지 전압의 합과 같다. 예를 들어 전압 1.5V 건전지 3개를 직렬 연결하면 4.5V가 된다. 따라서 전압을 높여서 사용할 때 직렬접속이 사용된다.

---

31) 한국전력공사. (2022). 전기 이야기. 한국전력공사 홈페이지.

병렬연결은 각 전지의 (+)극은 (+)극끼리, (−)극은 (−)극끼리 같은 극을 공통으로 연결하는 것이다. 이때의 전압은 전지 1개의 전압과 같지만 전지의 수명은 전지의 개수만큼 늘어나게 된다. 즉, 전지를 사용할 수 있는 시간은 전지의 수에 비례한다.

III

농업

1. 생활 속 농기구 다루기
2. 이랑과 고랑 만들기
3. 업사이클링 컵을 활용한 다육식물 기르기
4. 나뭇잎 탁본하기
5. 식물을 이용한 천연물감 만들기
6. 스칸디아모스 토피어리 만들기

1 생활 속 농기구 다루기

농사에 사용되고 있는 농기구의 종류는 매우 다양하다. 우리 조상들은 오랜 시간 전부터 다양한 농기구를 만들었고 이를 이용하여 직접 텃밭을 일구거나 식물을 재배하는 활동을 해왔다. 호미, 괭이 같은 것들이 우리 조상들이 오래전부터 사용해왔던 대표적인 농기구이다. 그런데 중요한 것은 각각의 농기구는 종류도 다양할 뿐만 아니라 각기 사용 방법도 다르다는 것이다. 따라서 농기구에 따른 사용법을 익히는 것이 필요하다.

또 농기구의 올바른 사용법을 익힌 후 실제로 농기구를 이용하여 식물을 가꾸면 가꾸기 활동이 훨씬 더 수월하고 효과적일 것이다. 따라서 효율적인 재배활동을 하기 위해서는 농기구의 종류에는 어떤 것들이 있으며 어떤 용도로 쓰이는지 알아야 한다. 이 모듈 학습에서는 올바른 농기구의 사용법을 익히고 농기구를 이용하여 텃밭을 일구는 활동을 한다.

Keywords

농기구, 식물, 재배

1. 대상 학년: 5~6학년

2. 교수 학습 모형: 실습법

단계	본시 활동 요소
실습활동의 목적 및 관련 지식 이해	• 자신이 알고 있는 농기구의 종류에 대해서 이야기 해보기 • 농기구를 다루어본 경험 나누기
실습 과정 제시	• 농기구의 종류와 농기구의 사용 방법 알기
기본 기능 시범 관찰	• 농기구의 사용 방법 알기 – 삽질하기 – 괭이질 하기 – 레이크 사용하기
기본 기능 습득	• 농기구의 사용 방법 체험하기
평가	• 농기구 사용 방법에 대한 자기 평가하기

3. 교수 · 학습 자료

가. 재료: 농기구를 다룰 수 있는 텃밭

나. 도구: 삽, 괭이, 레이크(rake) 등

다. 수업자료: 프레젠테이션 자료, 학습지, 평가지 등

4. 교수 · 학습 계획

가. 학습 주제: 농기구 사용법 알기

나. 학습 목표

1) 재배활동에 사용되는 농기구의 종류를 알 수 있다.

2) 대표적인 농기구인 삽, 괭이, 레이크의 사용 방법을 알 수 있다.

3) 삽, 괭이, 레이크를 사용하여 텃밭 고르기를 할 수 있다.

다. 학습의 형태: 모둠 활동

라. 학습 장소: 야외 텃밭

마. 평가 관점:

1) 바른 자세로 삽질을 할 수 있는가?

2) 괭이를 사용하여 골을 내었을 때 골의 폭과 깊이가 일정한가?

3) 레이크로 다듬은 땅의 표면이 고르게 되는가?

5. 지도상 유의점

가. 농기구 사용 실습 전 안전 유의 사항(농기구의 모서리 부분 주의, 농기구로 장난치지 않기 등)에 대해서 지도한다.

나. 야외 텃밭에서는 뛰지 않도록 주의하고 실습 전 잡초 제거나 소독을 실시한다.

다. 농기구 사용 시 될 수 있으면 장갑, 모자, 장화 등 실습 복장을 착용하도록 한다.

6. 교수 · 학습 과정

<table>
<tr><th colspan="4">실과 교수·학습 과정안</th></tr>
<tr><td rowspan="2">학습 주제</td><td rowspan="2">농기구 다루기</td><td>학습 형태</td><td>모둠 활동</td></tr>
<tr><td>학습 모형</td><td>실습법</td></tr>
<tr><td>학습 목표</td><td colspan="3">1) 재배 활동에 사용되는 농기구의 종류를 알 수 있다.
2) 대표적인 농기구인 삽, 괭이, 레이크의 사용 방법을 알 수 있다.
3) 삽, 괭이, 레이크를 사용하여 텃밭 고르기를 할 수 있다.</td></tr>
</table>

가. 실습 활동의 목적 및 관련 지식 이해

■ 자신이 알고 있는 농기구의 이름과 사용법 말해보기

Ⓣ 자신이 알고 있거나 사용해 본 적이 있는 농기구의 이름을 말해봅시다.

Ⓢ 호미, 쟁기, 괭이 등을 알고 있습니다.

Ⓣ 각각의 농기의 용도도 알고 있나요?

Ⓢ 네, 쟁기는 밭을 갈 때 사용하고 호미는 잡초를 제거할 때 주로 사용합니다.

■ 농기구 사용에 대한 경험 나누기

Ⓣ 농기구를 사용한 경험이 있으면 친구들과 나누어 봅시다.

Ⓢ 네, 저는 시골 외가에서 할머니와 함께 호미를 이용하여 잡초를 제거한 적이 있습니다.

Ⓣ 또 다른 친구의 경험도 들어볼까요?

Ⓢ 네, 저는 부모님과 함께 괭이를 이용하여 주말농장에서 저희 밭을 일구어 본 적이 있습니다.

나. 실습 과정 제시

■ 농기구의 종류 및 용도 알기 **〈활동지 1〉**

Ⓣ 재배 활동에 사용되는 농기구에는 어떤 것들이 있을까요?

Ⓢ 호미, 쟁기, 삽, 괭이, 레이크 같은 것들이 있습니다.

Ⓣ 각각 농기구의 용도는 무엇인가요?

Ⓢ 쟁기는 밭을 갈 때, 호미는 잡초를 제거할 때 사용합니다.

■ 농기구의 사용법 알기

Ⓣ 농기구 사용법은 먼저 저의 시범을 잘 본 후 이를 반복적으로 연습하는 과정을 통해 배우면 좋을 것 같습니다.

다. 기본 기능 시범 관찰

■ 삽의 사용

Ⓣ 삽의 사용법은 다음과 같습니다.

① 먼저 손을 하늘로 향하게 해서 삽의 손잡이를 잡습니다.

② 다음으로 삽 목 부근을 다른 손으로 잡습니다.

③ 그런 다음 이 상태에서 45도 각도로 비스듬히 삽을 땅속에 집어넣습니다.

④ 다음으로 흙을 뜬 후 삽을 자신의 허리 부근까지 들어 올린 다음 다시 제자리에 흙을 놓아둡니다.

Ⓢ 네, 잘 관찰하였습니다.

a. 손잡이 잡기 b. 삽 목 잡기 c. 45도 각도 d. 흙 들어 올리기

[그림 Ⅲ-1] 삽 사용법

■ 괭이의 사용

Ⓣ 괭이의 사용법은 다음과 같습니다.

① 먼저 한 손으로는 괭이의 중간 부분을 다른 한 손은 괭이 끝부분을 가볍게 잡습니다.

② 다음으로 한 발을 뒤로 뻗고 앞쪽에 괭이를 둡니다.

③ 이 상태에서 뒤쪽 발을 기준으로 괭이질을 하면서 등 뒤쪽 방향으로 이동합니다. 이때 골의 너비는 30cm, 깊이는 10cm 정도로 만듭니다.

Ⓢ 네, 잘 관찰하였습니다.

a. 괭이 잡기 b. 바로서기 c. 골 만들기

[그림 Ⅲ-2] 괭이 사용법

■ 레이크의 사용

T 레이크의 사용법은 다음과 같습니다.

① 먼저 손으로는 레이크의 중간 부분을 다른 한 손은 레이크의 끝 부분을 가볍게 잡습니다.

② 고랑에 서서 레이크를 사용하며 레이크로 두둑 표면을 두들겨 흙 알갱이를 부숴줍니다.

③ 레이크를 당길 때는 가볍게, 밀 때는 힘을 주어 두둑 표면을 고르게 해줍니다.

S 네, 잘 관찰하였습니다.

a. 레이크 잡기 b. 알갱이 부수기 c. 표면 고르게 하기

[그림 Ⅲ-3] 레이크 사용법

라. 기본 기능 습득

■ 농기구 다루기

T 앞서 관찰한 내용을 바탕으로 삽 다루기 실습을 해봅시다. 어떻게 진행하면 되지요?

S ① 삽 손잡이 잡기

② 삽 목 잡기

③ 45도 각도로 땅속에 집어넣기

④ 흙 퍼기 순으로 진행하면 됩니다.

T 좋습니다. 다음 괭이 다루기 실습도 해봅시다. 어떻게 진행하면 되지요?

Ⓢ ① 괭이 중간 부분 잡기

② 한 발을 뒤로 뻗고 앞쪽에 괭이두기

③ 뒤쪽 발을 기준으로 괭이질 하기 순으로 진행하면 됩니다.

Ⓣ 좋습니다. 다음 레이크 다루기 실습도 해봅시다. 어떻게 진행하면 되지요?

Ⓢ ① 레이크 중간부분 잡기

② 레이크로 두둑 표면을 두들겨 흙 알갱이를 부수기

③ 당길 때는 가볍게 밀 때는 힘을 주어 두둑 표면을 고르게 하기 순으로 진행하면 됩니다.

바. 평가하기

■ 농기구 사용 실습에 대한 자기 평가하기

Ⓣ 농기구 사용 실습에 대한 자기 평가를 해봅시다.

	평가내용	별을 색칠해 주세요
자기 평가	(1) 바른 자세로 삽질을 할 수 있습니다.	☆ ☆ ☆ ☆ ☆
	(2) 괭이를 사용하여 골을 내었을 때 골의 폭과 깊이가 일정합니다.	☆ ☆ ☆ ☆ ☆
	(3) 레이크로 다듬은 땅의 표면이 고르게 되었습니다.	☆ ☆ ☆ ☆ ☆

7. 과정중심 수행평가지

활동지 1 농기구 다루기 실습

〈활동지 1〉 농기구 다루기 실습

농기구 다루기

학년 반 번 이름( )

영 역	농업	실습일	년 월 일
주 제	농기구 다루기	실습자	
활동 내용			

◇ 조건에 맞게 과제를 해결합니다.

1. 농기구의 종류에는 어떤 것들이 있을까요?

호미, 쟁기, 레이크, 삽 등이 있습니다.

2. 삽의 사용법에 대해서 말해봅시다.

① 먼저 손을 하늘로 향하게 해서 삽의 손잡이를 잡습니다.
② 다음으로 삽 목 부근을 다른 손으로 잡습니다.
③ 그런 다음 이 상태에서 45도 각도로 비스듬히 삽을 땅속에 집어넣습니다.
④ 다음으로 흙을 뜬 후 삽을 자신의 허리 부근까지 들어 올린 다음 다시 제자리에 흙을 놓아둡니다.

3. 레이크의 사용법에 대해서 말해봅시다.

① 먼저 손으로는 레이크의 중간 부분을 다른 한손은 레이크의 끝부분을 가볍게 잡습니다.
② 고랑에 서서 레이크를 사용하며 레이크로 두둑표면을 두들겨 흙 알갱이를 부숴줍니다.
③ 레이크를 당길 때는 가볍게 밀 때는 힘을 주어 두둑 표면을 고르게 해줍니다.

8. 관계 지식

▣ 농기구의 필요성

생명체인 우리 인간은 살아가는 원동력을 얻기 위해 매일 음식을 먹는다. 이때 우리가 먹는 음식은 농부들이 땅에 씨를 심고 1년 동안 농사를 지은 결과로 나온 산물이다. 인간이 강과 바다에서 물고기를 잡고, 땅에서 짐승들을 사냥하고, 산과 들에서 과일 열매를 따서 먹으며 목숨을 영위했던 생활을 수렵 · 채집 생활이라 한다. 수렵 · 채집 생활에서 인간에게 음식물을 제공했던 것은 다름 아닌 자연이었다. 자연이 물고기, 짐승, 과일 열매를 길렀고, 인간은 자연이 기른 산물들을 이용하기만 했을 뿐이다. 자연에만 의지하던 것에서 벗어나 인간이 직접 땅 위에 작물의 씨를 뿌리고, 그 씨가 잘 자라도록 거름과 물을 주고, 작물 이외의 잡초를 뽑는 등 노력을 기울여 작물을 키우는 것을 '농경(農耕)'이라 한다. 농경 생활이 시작되면서 인간 사회의 규모는 전에 비해 크게 확대되었다. 인간을 포함한 모든 생명체의 개체 수를 결정하는 가장 직접적인 요인은 그 생명체가 소비할 수 있는 식량의 양이다. 농경을 본격적으로 시작하면서 인간 사회는 대규모의 식량을 안정적으로 생산할 수 있었으며, 이에 따라 사회의 규모는 크게 확장했다. 이뿐 아니라, 많은 사람의 협동을 통해 더 많은 식량을 생산할 수 있음이 밝혀지면서 조그만 규모의 사회 조직들 사이에서의 통합이 촉진되어 더 큰 규모의 사회가 등장했다.

▣ 우리나라 농기구의 역사[32)]

우리나라의 철기 시대는 기원전 300년경, 중국으로부터 철기 문화가 들어오면서 시작되었다. 단단하고 예리한 철기는 쓰임이 다양하여 쇠로 만든 도끼, 괭이와 삽, 따비, 낫, 손칼 등 농기구뿐만 아니라 일상생활 도구로도 사용되었다. 철제 농기구를 이용하자 벌채와 개간이 용이해져 농경지가 확대되고, 수로의 굴착을 비롯한 대단위 토목공사가 가능해져 벼농사의 비약적인 발전이 이루어졌다. 이에 따라 농업생산력이 증대되고 사회경제적 기반이 확대되는 등 사회통합이 빨라지면서 고대

---

32) 국립대구과학관. (2020). 한국 전통 농기구의 이모저모 알아보기! 우리나라 농기구의 역사와 농기구의 다양한 기능.

국가가 등장했다. 고대국가 체제를 갖춘 삼국시대는 토지국유제 원칙에 따라 국가 중심의 농업개발이 이루어진 시기이다. 다양한 철제 농기구가 보급되고, 소를 이용한 농경이 이루어짐에 따라 작업 능률이 향상되었고 농업생산력이 매우 증가하였다. 종래의 수수, 기장, 콩 등에서 점차 보리, 콩 중심의 농사로 바뀌었고, 벼 재배도 전국적으로 확대되었으며, 벼 수확 후 가을보리를 파종하는 이모작 농법이 실행되기도 하였다. 삼국통일 후에는 쟁기가 개량되어 땅을 깊게 갈게 되었고, 땅을 묵히지 않는 연작농법도 생겨났다.

2 이랑과 고랑 만들기

우리 조상들은 어떤 지혜를 가지고 농사일을 해왔을까? 우리 조상들의 지혜라고 할 수 있는 이랑과 고랑 만들기를 통해 농사의 기본 과정을 알 수 있다. 밭을 일굴 때는 이랑과 고랑을 만든다. 이랑은 논이나 밭을 갈아 골을 타서 두두룩하게 흙을 쌓아 만든 것이고 고랑은 이랑과 이랑 사이를 일컫는 말이다. 흙을 깊이 갈아엎어서 흙덩이를 잘게 부수고 고른 다음 고랑에서 파 올린 흙으로 이랑을 만들어 씨앗을 뿌려주면 풀도 뒤집어서 좋고 거름이 있는 흙에 씨앗을 뿌리고 잘 자라게 할 수 있다. 고랑은 긴 이랑 사이를 사람들이 지나다닐 수 있도록 해주며 물빠짐을 원활하게 하여 식물이 잘 자랄 수 있도록 해준다. 또 상황에 따라서는 이랑에 식물을 심지 않고 고랑에 심을 수 있는데, 고랑에 식물을 심게 되면 바람을 막아주어 추위에도 식물이 잘 자랄 수 있다. 농사를 지을 때 이랑과 고랑을 만드는 것은 우리 조상들의 오랜 지혜이며 이런 지혜가 오늘날까지 이어져 오고 있다는 사실을 알아야 한다.

Keywords

이랑과 고랑, 재배식물 심기, 텃밭 일구기

1. 대상 학년: 5~6학년

2. 교수 학습 모형: 실습법

단계	본시 활동 요소
실습활동의 목적 및 관련 지식 이해	• 시골에서 이랑과 고랑을 본 경험에 대해서 이야기 해보기 • 이랑과 고랑을 만드는 이유 알기 • 이랑에 멀칭(mulching)하는 이유 알기
실습 과정 제시	• 이랑과 고랑 만들기 실습 • 이랑에 멀칭하기
기본 기능 시범 관찰	• 이랑과 고랑 만들기 과정 시범 – 괭이질을 통한 고랑파기 – 두둑 쌓기 – 레이크를 이용하여 두둑 고르기 – 멀칭하기 시범
기본 기능 습득	• 이랑과 고랑 만들기 과정 실습 – 괭이로 고랑파기 실습 – 두둑 쌓기 실습 – 레이크를 이용하여 두둑 고루기 – 이랑에 멀칭하기
평가	• 이랑과 고랑 만들기 실습에 대한 자기 평가하기

3. 교수·학습 자료

가. 재료: 이랑과 고랑 만들기 체험을 할 수 있는 텃밭

나. 도구: 삽, 괭이, 레이크 등

다. 수업자료: 프레젠테이션 자료, 학습지, 평가지 등

4. 교수 · 학습 계획

가. 학습 주제: 이랑과 고랑 만들기

나. 학습 목표

1) 이랑과 고랑을 만드는 이유를 알 수 있다.
2) 이랑과 고랑 만들기 방법을 알 수 있다.
3) 이랑에 멀칭하는 이유를 알고 이를 실천할 수 있다.

다. 학습의 형태: 모둠 활동

라. 학습 장소: 야외 텃밭

마. 평가 관점:

1) 이랑과 고랑이 필요한 이유에 대해서 말할 수 있는가?
2) 괭이를 이용하여 골을 파고 두둑을 만들 수 있는가?
3) 레이크를 활용하여 두둑의 표면을 평평하게 만들 수 있는가?

5. 지도상 유의점

가. 농기구 사용 실습 전 안전 유의 사항(농기구의 모서리 부분 주의, 농기구로 장난치지 않기 등)에 대해서 지도한다.

나. 야외 텃밭에서는 뛰지 않도록 주의하고 실습 전 잡초 제거나 소독을 실시한다.

다. 농기구 사용 시 될 수 있으면 장갑, 모자, 장화 등 실습 복장을 착용하도록 한다.

6. 교수 · 학습 과정

실과 교수·학습 과정안			
학습 주제	이랑과 고랑 만들기	학습 형태	모둠 활동
		학습 모형	실습법
학습 목표	1) 이랑과 고랑을 만드는 이유를 알 수 있다. 2) 농기구를 활용하여 이랑과 고랑을 만들 수 있다. 3) 이랑에 멀칭하는 이유를 알고 이를 실천할 수 있다.		

가. 실습 활동의 목적 및 관련 지식 이해

■ 시골에서 이랑과 고랑을 본 경험에 관해서 이야기해보기

Ⓣ 시골에서 이랑이나 고랑을 본 경험을 이야기해 봅시다.

Ⓢ 시골에 가면 밭이 있는데 밭이 평평하지 않고 불룩하게 올라온 것들이 있어요

Ⓣ 네, 그것이 바로 이랑입니다.

Ⓢ 이랑과 이랑 사이에는 길이 있는데 그것은 무엇인가요?

Ⓣ 네, 그것이 바로 고랑입니다.

■ 이랑과 고랑을 만드는 이유 알기

Ⓢ 선생님, 그러면 농사를 짓기 전 왜 이랑을 만드는 것인가요?

Ⓣ 네, 이랑의 흙을 골고루 섞어서 영양분이 골고루 섞이게 하여 식물을 잘 심을 수 있도록 해주는 역할을 합니다.

Ⓢ 고랑은 왜 만드는 것인가요?

Ⓣ 네, 고랑은 물 빠짐을 잘 할 수 있도록 해주고 이랑과 이랑 사이에서 걸어 다닐 수 있는 길 역할을 하는 것입니다.

Ⓢ 그렇군요! 잘 알겠습니다.

■ 이랑에 멀칭하는 이유 알기

Ⓢ 시골에 가면 밭에 검정색 비닐로 이랑을 덮은 경우를 많이 볼 수 있습니다. 그것이 무엇인지 궁금합니다.

Ⓣ 네, 그것은 멀칭을 해놓을 것입니다.

Ⓢ 멀칭이라는 것은 무엇인가요?

Ⓣ 멀칭이란? 이랑에 자신이 심어놓은 작물 이외 잡초들이 자라지 못하도록 비닐로 덮어 놓는 것을 말합니다.

Ⓢ 네, 잘 알겠습니다.

나. 실습 과정 제시

■ 이랑과 고랑 만들기 실습

Ⓢ 선생님! 이랑과 고랑을 만들 때 가장 먼저 해야하는 것은 무엇인가요?

Ⓣ 먼저 밭에 퇴비와 비료를 뿌린 후 삽을 이용하여 밭에 있는 흙을 엎어줍니다. 이렇게 밭에 있는 흙을 엎어주는 이유는 흙에 산소를 공급하고 비료나 퇴비가 잘 섞이도록 하기 위해서입니다.

Ⓢ 네, 선생님 잘 알겠습니다.

Ⓣ 이랑을 만들기 위해서는 먼저 괭이를 이용하여 밭에 골을 파줍니다. 이때 골은 1자로 파주는 것이 중요한데 그러기 위해서는 골을 만들기 전에 선을 그어놓는 것이 좋습니다.

Ⓢ 네, 골을 만들 곳에 먼저 선을 그어놓겠습니다.

Ⓣ 다음으로 그어놓은 선 위에 괭이질을 하게됩니다. 앞에서 배운 괭이 사용법을 활용해 봅시다. 먼저 두 발과 괭이가 일자로 놓게 두고 뒤쪽으로 이동하면서 골을 팝니다.

Ⓢ 네, 잘 알겠습니다.

Ⓣ 다음으로 골을 파면서 나온 흙을 이용하여 쌓아올립니다. 이렇게 하여 생긴 것을 두둑이라고 합니다.

■ 이랑에 멀칭하기 실습

Ⓣ 다음으로 만든 이랑에 멀칭을 해봅시다.

Ⓢ 선생님! 식물을 재배하기 위해서는 반드시 멀칭을 해야하나요?

Ⓣ 그렇지는 않아요! 꼭 멀칭을 할 필요는 없습니다. 다만 멀칭을 하면 잡초관리가 쉽고 식물이 성장하는데 여러 가지로 도움이 됩니다. 다만 사용한 비닐을 제대로 처리하지 않으면 밭이 오염되는 경우도 있어 주의가 필요합니다.

Ⓢ 네, 알겠습니다. 멀칭하는 방법도 알려주세요.

Ⓣ 멀칭을 하기 전 먼저 멀칭 비닐을 준비합니다. 멀칭 비닐을 두사람이 들고 돌리면서 이랑의 전면을 모두 덮어 줍니다. 그리고 비닐 양끝에 흙을 올려 덮어줍니다. 멀칭을 할 때에는 이랑 표면에 비닐이 잘 밀착될 수 있도록 해주는 것이 중요합니다.

Ⓢ 네, 잘 알겠습니다.

Ⓣ 다음으로는 멀칭한 곳 위에 작물을 심을 수 있는 구멍을 뚫고 거기에 씨앗이나 모종을 심으면 됩니다.

다. 기본 기능 시범 관찰

■ 이랑과 고랑 만들기 실습

Ⓣ 이랑과 고랑 만들기 과정은 다음과 같습니다.

① 먼저 퇴비와 비료를 밭에 골고루 뿌린 후 삽을 이용하여 흙을 엎어줍니다.

② 그런 다음 이랑을 만들 곳에 선을 긋습니다.

③ 그어진 선 위로 괭이를 이용하여 골을 파줍니다. 이때 괭이와 두 발이 일자가 되도록 서고 골을 파면서 나온 흙을 이용하여 두둑을 만듭니다.

④ 레이크를 이용하여 두둑을 평평하게 만들어줍니다.

Ⓢ 네, 잘 관찰하였습니다.

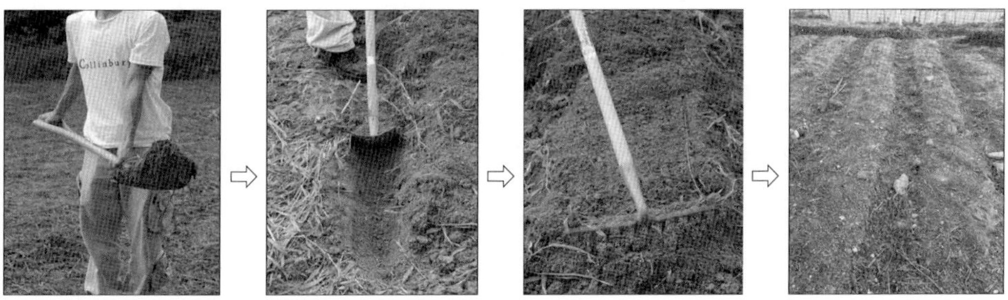

a. 흙 엎기 b. 골 파기 c. 두둑 만들기 d. 두둑 고르기

[그림 Ⅲ-4] 이랑과 고랑 만들기

■ 이랑에 멀칭하기

Ⓣ 이랑에 멀칭하는 법은 다음과 같습니다.

① 멀칭을 하기 전 먼저 멀칭 비닐을 준비합니다.

② 멀칭 비닐을 두 사람이 들고 돌리면서 이랑의 전면을 모두 덮어줍니다.

③ 그리고 비닐 양 끝에 흙을 올려 덮어줍니다.

④ 멀칭을 할 때에는 이랑 표면에 비닐이 잘 밀착될 수 있도록 해주는 것이 중요합니다.

Ⓢ 네, 잘 관찰하였습니다.

라. 기본 기능 습득

■ 이랑과 고랑 만들기 **〈활동지 1〉**

Ⓣ 앞서 관찰한 내용을 바탕으로 이랑과 고랑 만들기 실습을 해봅시다. 어떻게 진행하면 되지요?

Ⓢ ① 퇴비와 비료를 밭에 골고루 뿌린 후 삽을 이용하여 밭에 흙을 엎어주기

② 밭에 이랑을 만들기 위한 선 긋기

③ 그어진 선위로 괭이를 이용하여 골을 파며 두둑 만들기

④ 레이크를 이용하여 두둑을 평평하게 하기

Ⓣ 좋습니다. 다음 이랑에 멀칭하기 실습도 해봅시다. 어떻게 진행하면 되지요?

Ⓢ ① 멀칭을 하기 전 먼저 멀칭 비닐을 준비

② 멀칭 비닐을 두 사람이 들고 돌리면서 이랑의 전면을 모두 덮기

③ 비닐 양 끝에 흙을 올려 덮어주기

④ 이랑 표면에 비닐 밀착하기 순으로 진행하면 됩니다.

Ⓣ 좋습니다. 정확하게 잘 설명했습니다.

바. 평가하기

■ 이랑과 고랑 만들기 실습에 대한 자기 평가하기

Ⓣ 이랑과 고랑 만들기 실습에 대한 자기 평가를 해봅시다.

	평가내용	별을 색칠해 주세요
자기 평가	(1) 이랑과 고랑이 필요한 이유에 대해서 말할 수 있습니다.	☆ ☆ ☆ ☆ ☆
	(2) 괭이를 이용하여 골을 파고 두둑을 만들 수 있습니다.	☆ ☆ ☆ ☆ ☆
	(3) 레이크를 활용하여 두둑의 표면을 평평하게 만들 수 있습니다.	☆ ☆ ☆ ☆ ☆

7. 과정중심 수행평가지

활동지 1 이랑과 고랑 만들기

〈활동지 1〉 이랑과 고랑 만들기

이랑과 고랑

학년 반 번 이름( )

영 역	농업	실습일	년 월 일
주 제	이랑과 고랑 만들기	실습자	
활동 내용			

◇ **조건에 맞게 과제를 해결합니다.**

1. 이랑과 고랑을 만드는 이유는 무엇입니까?

흙을 갈아서 영양분을 섞고 물 빠짐을 잘하기 위해서.

2. 이랑과 고랑 만들기 과정을 정리해봅시다.

① 먼저 퇴비와 비료를 밭에 골고루 뿌린 후 삽을 이용하여 밭에 흙을 엎어줍니다.

② 그런 다음 밭에 이랑을 만들 곳에 선을 긋습니다.

③ 그어진 선위로 괭이를 이용하여 골을 파줍니다. 이때 괭이와 두발이 일자가 되도록 서고 골을 파면서 나온 흙을 이용하여 두둑을 만듭니다.

④ 레이크를 이용하여 두둑을 평평하게 만들어줍니다.

8. 관계 지식

▣ 이랑: 논이나 밭을 갈아 골을 타서 두두룩하게 흙을 쌓아 만든 곳.

▣ 고랑: 이랑과 이랑 사이에 골

▣ 두둑: 밭의 높은 부분

▣ 둔덕: 밭이나 논의 가장자리

[그림 Ⅲ-5] 이랑과 고랑의 모습

▣ 이랑과 고랑의 관계[33)]

고랑과 이랑은 떼어 놓을 수 없는 관계이다. 이랑이 작물을 키워내는 역할을 한다면 고랑은 이랑의 작물이 잘 자라도록 도와주는 역할이다. 비가 오면 흙탕물이든 깨끗한 물이든 빗물을 받아 흘려보내고 이랑에 작물이 자라면 사람은 고랑으로 다니며 농작물을 보살핀다. 이랑이 키워 낸 농작물이 좋은 결실을 맺을 때 고랑은 말없이 빗물을 흘려보내며 토양을 지켜냈다. 어느 곳이 막혀 빗물이 제대로 빠지지 않으면 이랑은 무너지고 만다. 즉 이랑은 씨앗을 품고 고랑은 이랑을 살피러 다니는 길이다. 그러다가 비가 내리면 이랑은 물을 빨아들여 식물을 키우고 고랑은 물을 흘려보낸다. 각자가 본디의 역할을 다해 키워 낸 농작물은 좋은 열매로 가을에

33) 동양일보 '이땅의 푸른 깃발'(http://www.dynews.co.kr)

보답한다. 겨울 무렵이며 고랑과 이랑은 높낮이가 비슷해져 있다. 영원히 같은 높이가 될 수 없을 것 같던 모습은 어느새 사라지고 각자의 역할을 다한 후 본디의 평지 모습으로 돌아간다. 배수와 통풍의 역할을 한 고랑이 없다면 씨앗과 열매를 맺는 이랑의 역할도 보장되지 않는다. 제대로 된 농사는 고랑 없이 이랑 없이는 불가능하다. 둘이 화합해야 가을의 결실을 만끽할 수 있다. 현재 상황에 대한 차이는 이듬해 봄 농경지 밭갈이 시에 흔적도 없이 사라지고 새로운 고랑과 이랑이 생긴다.

3 업사이클링 컵을 활용한 다육식물 기르기

사막이나 높은 산 등 수분이 적고 건조한 날씨의 지역에서 살아남기 위해 땅 위의 줄기나 잎에 많은 양의 수분을 저장하고 있는 식물을 다육식물이라 한다. 선인장과 · 국화과 · 초롱꽃과 · 석류풀과 · 돌나물과 · 닭의장풀과 · 백합과 · 수선화과 등의 식물이 다육식물에 속한다. 열대를 중심으로 세계 각지의 건조지역에서 진화한 50과(科) 8,000종(種) 이상의 큰 무리를 이루고 있는 식물이기도 하다.

다육식물은 우기와 건기가 뚜렷이 구분되는 사막지역, 고산지대나 한랭지, 해안지대, 염호지대 등에서 자란다. 다육식물은 건조한 환경에 적응하여 독립적으로 진화한 형태로서 하나의 분류군을 이루지 않고 다양한 과에 속해있다. 아메리카 대륙, 아프리카. 마다가스카르 섬, 아라비아반도, 카나리아 제도, 아시아, 동유럽 등 세계 여러 곳에 매우 넓게 분포되어 있으며 그 중 남아프리카나 마다가스카르 섬에 가장 많이 분포해 있다. 생활 속에서 가장 기르기 쉬운 식물 중 하나가 다육식물인데 오염에 강하고 물관리를 잘하지 않아도 잘 자라는 편에 속한다. 따라서 가정이나 학교에서 손쉽게 기를 수 있고 최근에는 관상용이나 공기정화용으로도 인기가 많다.

Keywords

그린인테리어, 다육식물, 업사이클링 컵

1. 대상 학년: 5~6학년

2. 교수 학습 모형: 실습법

단계	본시 활동 요소
실습활동의 목적 및 관련 지식 이해	• 다육식물과 관련한 자신의 경험 나누기 • 업사이클링의 의미 알기
실습 과정 제시	• 업사이클링 컵을 활용한 다육식물 화분 만들기
기본 기능 시범 관찰	• 업사이클링 컵을 활용한 다육식물 화분 만들기 – 송곳으로 구멍 뚫기 – 바닥에 휴지깔기 – 혼합토를 이용하여 식물심기 – 마사토 담기와 물주기
기본 기능 습득	• 업사이클링 컵을 활용한 다육식물 화분 만들기 실습 – 송곳으로 구멍 뚫기 – 바닥에 휴지깔기 – 혼합토를 이용하여 식물심기 – 마사토 담기와 물주기
평가	• 업사이클링 컵을 활용한 다육식물 화분 만들기 실습에 대한 자기 평가하기

3. 교수 · 학습 자료

가. 재료: 업사이클링 컵, 송곳, 혼합토, 마사토

나. 도구: 모종삽

다. 수업자료: 프리젠테이션 자료, 학습지, 평가지 등

4. 교수 · 학습 계획

가. 학습 주제: 업사이클링 컵을 활용한 다육식물 화분 만들기

나. 학습 목표

1) 업사이클링 컵을 활용한 다육식물 화분 만들기의 좋은 점을 알 수 있다.
2) 업사이클링 컵을 활용한 다육식물 화분 만들기 과정을 알 수 있다.
3) 업사이클링 물건과 식물 가꾸기를 접목한 생활 속 사례를 찾을 수 있다.

다. 학습의 형태: 개인 활동

라. 학습 장소: 실내

마. 평가 관점:

1) 업사이클링 컵을 활용한 다육식물 화분 만들기의 좋은 점을 알고 있는가?
2) 업사이클링 컵을 활용한 다육식물 화분 만들기 과정을 알고 있는가?
3) 업사이클링 물건과 식물 가꾸기를 접목한 생활 속 사례를 찾을 수 있는가?

5. 지도상 유의점

가. 실습 전 안전 유의 사항(안전한 칼의 사용, 송곳 사용법 등)에 대해서 지도한다.

나. 다육식물 전용 혼합토를 준비한다.

다. 마사토, 혼합토 등을 바닥에 흘리지 않도록 주의하고 다육식물도 하나의 생명체이므로 함부로 다루지 않도록 지도한다.

6. 교수 · 학습 과정

실과 교수·학습 과정안			
학습 주제	업사이클링 컵을 활용한 다육식물 기르기	학습 형태	모둠 활동
		학습 모형	실습법
학습 목표	1) 업사이클링 컵을 활용한 다육식물 화분 만들기의 좋은 점을 알 수 있다. 2) 업사이클링 컵을 활용한 다육식물 화분 만들기 과정을 알 수 있다. 3) 업사이클링 물건과 식물가꾸기를 접목한 생활 속 사례를 찾을 수 있다.		

가. 실습 활동의 목적 및 관련 지식 이해

■ 다육식물과 관련한 경험 이야기하기

Ⓣ 우리 주변에서 다육식물을 본 적이 있거나 기르고 있는 사람이 있나요?

Ⓢ 네, 저희 집에서는 어머니께서 다육식물을 좋아하셔서 다양한 종류의 다육식물을 기르고 있습니다.

Ⓣ 어떤 것들을 기르고 있는지 소개해 줄 수 있을까요?

Ⓢ 네, 선인장, 셋올리버, 갭틴 헤이, 데런올리버 등을 기르고 있습니다.

Ⓣ 와! 정말 다양한 종류의 다육식물을 기르고 있네요. 그러면 다육식물의 정의에 대해서도 말해 줄 수 있어요?

Ⓢ 네, 말씀드리겠습니다. 다육식물이란 사막이나 높은 산 등 수분이 적고 건조한 날씨의 지역에서 살아남기 위해, 땅 위의 줄기나 잎에 많은 양의 수분을 저장하고 있는 식물을 말합니다.

■ 업사이클링 물건의 의미 알기

Ⓣ 친구들 혹시 업사이클링의 뜻을 알고있나요

Ⓢ 네, 재활용 의류를 통해 옷이나 가방을 만들거나 버려지는 폐현수막, 자투리 천, 폐목재 등에 디자인을 입혀 재탄생시키는 것을 말합니다.

Ⓣ 네, 맞습니다. 그런데 최근에서는 식물을 기를 때도 이런 업사이클링 물건을 많이 활용합니다. 대표적인 것이 일회용 투명플라스틱 컵을 활용한 화분이에요

Ⓢ 와! 버려진 컵을 활용해 화분을 만들면 환경 개선에도 도움이 되고 보기에도 좋을 것 같아요

Ⓣ 네, 맞아요 그래서 이번 시간에는 업사이클링 컵을 활용하여 다육식물 화분 만들기를 해보려고 합니다.

Ⓢ 네, 알겠습니다.

나. 실습 과정 제시

■ 업사이클링 컵을 활용한 다육식물 화분 만들기 **〈활동지 1〉**

Ⓣ 이번 시간에는 업사이클링컵을 활용한 다육식물 화분 만들기 활동을

해봅시다.

S 네, 선생님! 그런데 왜 다육식물을 가지고 하나요?

T 좋은 질문입니다. 다육식물을 일단 크기가 작고 기르기 매우 편합니다. 또 오염에 강하고 물 관리가 쉬워서 가정이나 학교에서 손쉽게 기를 수 있기 때문입니다.

S 네, 잘 알겠습니다. 준비물에는 어떤 것이 필요합니까?

T 업사이클링 컵, 무명천, 송곳, 마사토, 혼합토 등이 필요합니다.

S 네, 잘 알겠습니다.

T 그러면 만드는 순서도 알아보겠습니다. 먼저 주변에서 흔히 볼 수 있는 업사이클링 컵을 준비합니다. 이때 될 수 있으면 투명한 것이 좋습니다.

S 왜 그렇죠?

T 투명한 컵은 일단 미관상 보기 좋아요. 흙과 뿌리 모습을 볼 수 있고 빛의 통과도 좋아서 식물이 자라는데 유리합니다.

S 네, 알겠습니다. 다음으로는 어떤 활동을 하나요?

T 업사이클링 컵이 준비되었으면 송곳을 이용해 3~5개 정도의 구멍을 뚫습니다.

S 선생님! 컵에 구멍은 왜 뚫는 것인가요?

T 컵에 구멍을 뚫는 이유는 물빠짐을 하기 위한 것입니다. 화분에 물을 주었을 때 필요한 양 이상의 물이 빠지지 않고 컵 안에 남아 있으면 식물의 뿌리가 썩을 수도 있어요

S 네, 알겠습니다. 다음 과정은 어떻게 되는지 궁금합니다.

T 다음은 컵 안에 물티슈나 무명천을 깔아줍니다. 그렇게 하는 이유는 흙이 빠져나가지 않도록 하기 위한 것입니다.

S 네, 잘 알겠습니다.

T 다음으로 혼합토를 컵 안에 담아줍니다. 이때 흙은 컵에 가득 채우지 않고 물 공간을 남겨두어야 흙이 넘치는 것을 방지할 수 있습니다.

S 네, 잘 알겠습니다. 마지막으로 다육식물을 심을 때는 어떻게 해야 하나요?

Ⓣ 업사이클링 컵 가운데 다육식물 뿌리 길의 2~3배 정도 깊이의 구멍을 팝니다. 구멍에 다육식물의 뿌리를 넣고 흙을 덮어 단단하게 고정해 줍니다. 마지막으로 물을 주고 햇빛이 잘 드는 곳에 화분을 둡니다.

다. 기본 기능 시범 관찰

■ 업사이클링 컵을 활용한 다육식물 화분 만들기 실습

Ⓣ 업사이클링 컵을 활용한 다육식물 화분 만들기 과정은 다음과 같습니다.

① 혼합토, 다육식물, 업사이클링 컵, 송곳, 무명 천을 준비합니다.

② 3~4개 정도의 구멍을 뚫고 그 위에 무명 천을 덮어줍니다.

③ 물 공간을 남겨둔 채 업사이클링 컵 안에 혼합토를 넣고 흙을 단단하게 눌러줍니다.

④ 업사이클링 컵 가운데 다육식물을 심고 물을 줍니다.

Ⓢ 네, 잘 관찰하였습니다.

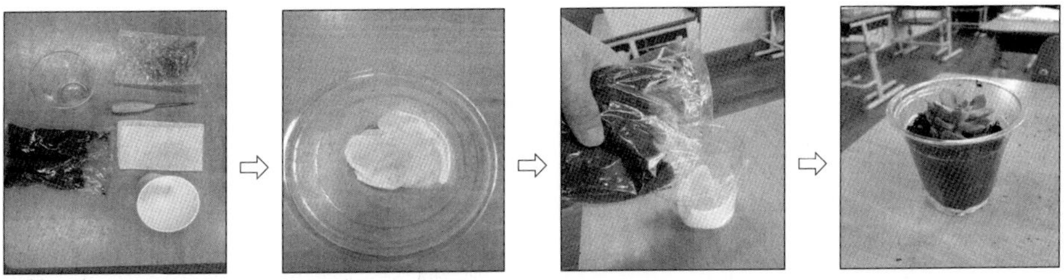

a. 준비물 준비 ⇨ b. 무명 천 덮기 ⇨ c. 흙 넣기 ⇨ d. 식물 심기

[그림 Ⅲ-6] 업사이클링 컵을 이용한 화분 만들기 과정

라. 기본 기능 습득

■ 업사이클링 컵을 활용한 다육식물 화분 만들기 실습 **〈활동지 2〉**

Ⓣ 앞서 관찰한 내용을 바탕으로 업사이클링 컵을 활용한 다육식물 화분 만들기 실습을 해봅시다. 어떻게 진행하면 되지요?

Ⓢ ① 혼합토, 다육식물, 업사이클링 컵, 송곳, 무명 천을 준비하기

② 3~4개 정도의 구멍을 뚫고 그 위에 무명 천을 덮어주기

③ 물 공간을 남겨둔 채 병 안에 혼합토를 넣고 흙을 단단하게 눌러 주기

④ 업사이클링 컵 가운데 다육식물을 심고 물을 주기. 순으로 진행합니다.

Ⓣ 좋습니다. 다육식물 물주기를 할 때 주의할 점은 무엇일까요?

Ⓢ ⑤ 먼저 흙을 담을 때 업사이클링 컵 끝까지 담지 않고 물공간을 남겨둡니다.

⑥ 물을 줄때에는 한쪽만 주지 말고 돌아가면서 골고루 줍니다.

[그림 Ⅲ-7] 업사이클링 컵을 이용한 화분 만들기 실습

Ⓣ 네, 맞습니다. 아주 잘했습니다. 이제 다육식물도 열심히 길러봅시다. 업사이클링 컵을 활용해서 다육식물 화분을 만들면 보기에도 좋고 재활용품을 활용할 수 있어서 환경에도 많은 도움이 될 것입니다.

바. 평가하기

■ 업사이클링 컵을 활용한 다육식물 화분 만들기 실습에 대한 자기 평가하기

Ⓣ 실습에 대한 자기 평가를 해봅시다.

	평가내용	평가 결과		
		잘함	보통	다시 하기
자기 평가	(1) 송곳 같은 도구를 사용할 때 안전하게 사용하였습니까?			
	(2) 흙을 담을 때 물공간을 충분히 확보하였습니까?			
	(3) 다육식물을 심을 때 식물이 움직이지 않게 단단히 고정하였습니까?			
	(4) 다육식물을 심은 후 올바른 방법으로 물주기를 하였습니까?			

7. 과정중심 수행평가지

활동지 1 업사이클링 컵을 활용한 다육식물 화분만들기

〈활동지 1〉 업사이클링 컵을 활용한 다육식물 화분 만들기

다육식물 화분 만들기

학년 반 번 이름( )

영 역	농업	실습일	년 월 일
주 제	업사이클링 컵을 활용한 화분 만들기	실습자	
활동 내용			

◇ **조건에 맞게 과제를 해결합니다.**

1. 업사이클링 컵을 활용한 다육식물 화분만들기를 하면 어떤 점이 좋을까요?

   환경 오염을 줄이고 보기에도 좋다.

2. 업사이클링 컵을 활용한 다육식물 화분 만들기 과정을 정리해봅시다.

   ① 혼합토, 다육식물, 업사이클링 컵, 송곳, 무명 천을 준비하기

   ② 3~4개 정도의 구멍을 뚫고 그 위에 무명 천을 덮어주기

   ③ 물공간을 남겨둔 채 업사이클링 컵 안에 혼합토를 넣고 흙을 단단하게 눌러주기

   ④ 업사이클링 컵 가운데 다육식물을 심고 물을 주기

8. 관계 지식

▣ 다육식물이란[34)]

줄기나 잎이 비후한 형태를 띠며 그 조직의 일부(저수조직) 또는 전 식물체에 많은 양의 물을 갖는 식물의 총칭으로 건조지나 염분이 많은 땅에서 많이 나타난다. 선인장과의 Opuntia 등은 염지의 퉁퉁마디 등에서는 잎이 퇴화하고 용설란과, 백합과의 알로에, 석류풀과의 Lithops 등은 잎이 다육화하고 있다. 선인장처럼 다육화한 줄기가 동화기관이 되고, 잎이 침상으로 퇴화하여 광합성을 않는 것을 다육식물이라 한다.

▣ 다육식물 생육지[35)]

다육식물은 우기와 건기가 뚜렷이 구분되는 사막지역, 고산지대나 한랭지, 해안지대, 염호지대 등에서 자란다. 다육식물은 건조한 환경에 적응하여 독립적으로 진화한 형태로서 하나의 분류군을 이루지 않고 다양한 과에 속해있다. 아메리카 대륙, 아프리카. 마다가스카르 섬, 아라비아 반도, 카나리아 제도, 아시아, 동유럽 등 세계 여러 곳에 매우 넓게 분포되어있다. 그 중 남아프리카나 마다가스카르 섬에 많이 분포해 있다.

▣ 다육식물의 특징[36)]

1) CAM형은 광합성을 하여 식물체 내 수분 손실을 줄인다. CAM형 광합성은 식물체가 밤에 기공을 열어 CO_2를 고정하고 낮에 당을 합성하는 특징을 가진다. 건조한 환경에서 수분 손실을 줄여야하는 특징을 가진 다육식물에서 나타나는 광합성의 형태이다.
2) 잎은 아예 없거나, 퇴화되어 작아지고 또는 가시 형태를 가지고 있다.

---

34) 생명과학대사전. (2008).
35) Hecht H (1994) Cacti and succulents. Sterling Publishing Co Inc, New York, USA,
36) Compton RH (1940) Our South African Flora. Cape Times Ltd,

3) 건조한 환경에서 기공에서 빠져나가는 수분을 방지하기 위해 기공 수가 적다.
4) 잎보다 줄기에 광합성 세포들이 위치해 있다.
5) 작은 구, 또는 원통 형태로 성장한다.
6) 식물체의 부피를 빠르게 증가시킬 수 있으면서 건조한 환경에 노출되는 표면을 줄이는 구조를 가진다.

4 나뭇잎 탁본하기

지구상의 생태계는 수 없이 많은 다양한 생물로 구성되어 있다. 이것을 생물다양성이라고 하는데 생물다양성이 잘 유지될수록 생태계는 건강하고 안정된 모습을 유지하여 스스로를 지킬 수 있다. 따라서 지구와 사람이 오랫동안 건강하게 공생하기 위해서는 생물다양성이 반드시 유지되어야 한다.

그러나 인간이 자원을 낭비하거나 자연을 함부로 개발하는 일이 많아지면서, 생물들이 살 곳이 없어지거나 다른 지역에서 들어온 생물 때문에 생태계의 균형이 깨지는 일이 생겨나고 있다.

이를 해결하기 위해 국제연합교육과학문화기구(유네스코)는 생물다양성을 지키고 인간이 자연을 이용할 때 큰 해를 끼치지 않는 방법을 찾기 위해 1971년부터 '인간과 생물권' 사업을 실시하고, 세계적으로 잘 보전된 생태계를 '생물권보전지역'으로 지정하여 보전과 이용의 조화를 이루기 위해 노력하고 있다. 우리나라에서도 설악산, 백두산, 제주도, 구월산, 신안 다도해, 묘향산, 광릉 숲 등을 생물권보전지역으로 지정하고 있다.

이 단원에서는 다양한 나뭇잎의 모습을 탁본을 통해 확인함으로써 식물계에서 생물 다양성을 지키기 위한 노력에 동참해 볼 수 있다.

Keywords

나뭇잎, 지속가능, 환경보호

1. 대상 학년: 5~6학년

2. 교수 학습 모형: 디자인 씽킹 학습법

단계	본시 활동 요소
공감 (Emphathize)	• 우리 주변에서 사라져가고 있는 생물 이야기해 보기
문제정의 (Define)	• 생물 다양성에 관한 영상 보기
정보 수집 및 관련 내용 학습	• 생물의 특징을 기록하기 위한 방법 찾기 • 활동제시: 나뭇잎 탁본하기 • 탁본의 의미 알아보기 • 탁본하는 방법 탐색하기
아이디어 발상 (Ideate)	• 자신이 탁본하고 싶은 나뭇잎 수집하기 – 수집계획 세우기 – 수집장소 방문하기 – 수집하기
제작하기 (Prototype)	• 나뭇잎 탁본하기
평가하기 (Test)	• 작품 발표 및 공유하기 • 피드백 받고 수정하기

3. 교수·학습 자료

가. 재료: 식물 표본

나. 도구: 색연필, 종이 등

다. 수업자료: 프레젠테이션 자료, 학습지, 평가지 등

4. 교수 · 학습 계획

가. 학습 주제: 여러 가지 나뭇잎으로 탁본하기

나. 학습 목표

1) 생물다양성을 유지하기 위해 우리가 할 일이 무엇인지 알 수 있다.

2) 환경을 보호하고, 다양한 생물을 보존하려는 태도를 가진다.

3) 다양한 종이 어우러지도록 나뭇잎 탁본을 만들 수 있다.

다. 학습의 형태: 1인 활동

라. 학습 장소: 실과실습실

마. 평가 관점:

1) 생물다양성을 유지하기 위해 우리가 할 일이 무엇인지 알고 있는가?

2) 환경을 보호하고, 다양한 생물을 보존하려는 태도를 가졌는가?

3) 다양한 종이 어우러지도록 나뭇잎 탁본을 만들 수 있는가?

5. 지도상 유의점

가. 전체 동식물에서 점차 식물로 범주를 옮겨가도록 한다.

나. 생물자원으로서의 유용성과 함께 다양한 생물이 살 수 없는 환경에서는 인간도 생존할 수 없다는 사실을 인식하도록 한다.

다. 주변 생물계에 대한 관심을 가질 수 있도록 유도한다.

라. 탁본을 제작하면서 필요 이상의 나뭇잎을 훼손하지 않도록 유의한다.

마. 퀴즈 활동에서는 지나치게 경쟁심을 유발하지 않도록 한다.

6. 교수 · 학습 과정

<table>
<tr><th colspan="4">실과 교수·학습 과정안</th></tr>
<tr><td rowspan="2">학습 주제</td><td rowspan="2">나뭇잎 탁본하기</td><td>학습 형태</td><td>1인 활동</td></tr>
<tr><td>학습 모형</td><td>디자인 씽킹 학습법</td></tr>
<tr><td>학습 목표</td><td colspan="3">1) 생물 다양성을 유지하기 위해 우리가 할 일 무엇인지 알 수 있다.
2) 환경을 보호하고, 다양한 생물을 보존하려는 태도를 가진다.
3) 다양한 종이 어우러지도록 나뭇잎 탁본을 만들 수 있다.</td></tr>
</table>

가. 공감 단계

■ 우리 주변에서 사라져가고 있는 생물 찾기 **〈활동지 1〉**

Ⓣ 우리 주변에서 사라져가고 있는 생물에는 무엇이 있을까요?

Ⓢ 사자, 호랑이, 곰, 나무 같은 것들이 있습니다.

Ⓣ 활동지에 제시된 사진을 보고 보기를 참고하여 이름 맞히기를 해봅시다.

Ⓢ 네, 알겠습니다.

Ⓣ 해당 동식물의 서식지와 특징, 인간과 주고받은 영향, 멸종 원인 등을 같이 살펴봅시다.

나. 문제정의

■ 생물 다양성에 관한 영상 감상하기

Ⓣ 참고영상 http://youtu.be/FXRpRnXm1d4 을 보고 생물 다양성에 관한 이야기 해봅시다.

Ⓢ 우리 지구상에는 정말 많은 생물이 있습니다.

Ⓣ 〈관계지식〉자료를 읽고 생물자원이 점차 사라진다면 어떤 일이 일어날지 생각해 봅시다.

Ⓢ 우리의 삶도 파괴 될 수 있습니다.

다. 정보 수집 및 관련 내용 학습

■ 생물의 특징을 기록하기 위한 방법 찾기

Ⓣ 생물의 특징을 기록하기 위한 방법에는 무엇이 있을까요?

Ⓢ 탁본, 박제 같은 것이 있습니다.

■ 탁본의 의미 알아보기

Ⓣ 탁본의 의미는 무엇일까요?

Ⓢ 생물의 본을 떠서 특징을 남기는 것입니다.

■ 탁본하는 방법 탐색하기

Ⓣ 탁본하는 방법에 대해서 알아봅시다.

Ⓢ 생물의 본을 떠서 특징을 남기는 것입니다.

※ 참고영상: https://www.youtube.com/watch?v=bXrvVzapk7U

라. 아이디어의 발상

■ 자신이 탁본하고 싶은 나뭇잎 수집하기

Ⓣ 자신이 탁본하고 싶은 나뭇잎을 수집 과정은 어떠할까요?

Ⓢ 수집계획 세우기/ 수집장소 방문/ 수집하기 등으로 구분할 수 있습니다.

마. 제작하기

■ 나뭇잎 탁본하기

Ⓣ 나뭇잎을 어떻게 구성하여 탁본을 만들지 구상해 봅시다.

Ⓢ 나뭇잎을 활용해 동물 모양, 식물 모양 등 다양한 형태를 구상할 수 있습니다.

Ⓣ 선택한 구상에 어울리는 나뭇잎에는 어떤 것들이 있을까요?

Ⓢ 은행나무 잎, 구상나무 잎, 단풍나무 잎 등이 어울릴 것 같습니다.

Ⓣ 탁본은 어떻게 하면 좋을까요?

Ⓢ 나뭇잎을 하나씩 종이 아래에 깔고 색연필로 문지릅니다.

Ⓣ 구상한 대로 나뭇잎 탁본해봅시다.

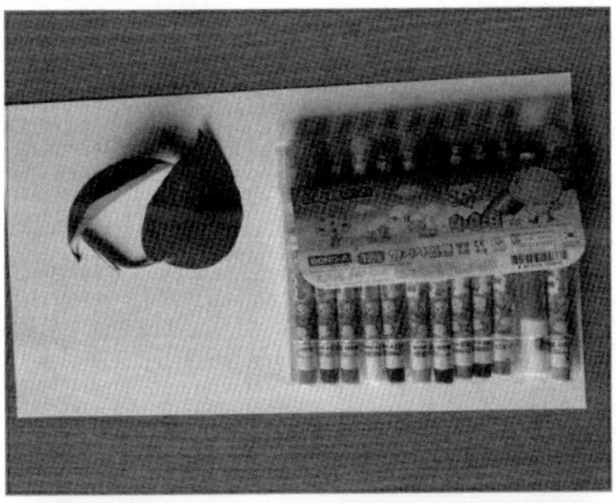	준비물: 나뭇잎, 복사용지, 색연필이나 크레용, 도화지(또는 스케치북)
	나뭇잎을 골라 잎맥이 잘 드러난 면을 위로하여 놓고 종이로 덮습니다.

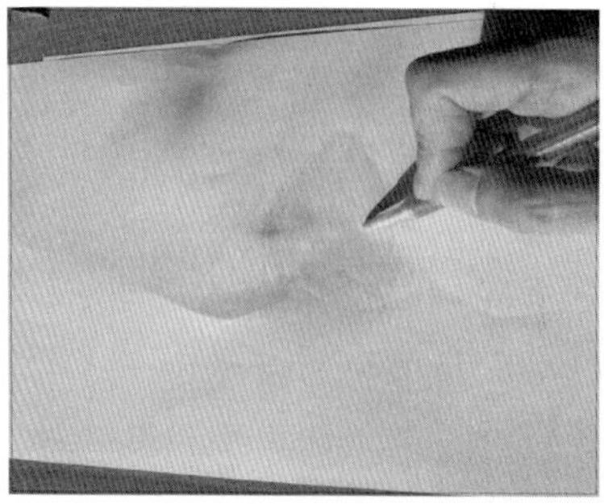	색연필로 문질러 탁본을 만듭니다. ※나뭇잎이 움직이지 않도록 종이를 잘 눌러서 고정시켜야 합니다.
	같은 방법으로 여러 가지 나뭇잎을 탁본합니다.

만들어진 탁본 나뭇잎을 오려서 도화지(또는 스케치북)에 적절히 배치하여 아름답게 꾸며봅시다.

[참고 자료] 유튜브 Leaf Rubbings http://youtu.be/ExuW4ks6Uf8

바. 평가하기

■ 친구들이 만든 나뭇잎 탁본 감상하기

Ⓣ 탁본한 작품을 어떻게 감상하면 좋을까요?

Ⓢ 각자 탁본 작품을 들고 교실을 돌아다니며 만나는 친구에게 작품을 설명해 주면 좋을 것 같습니다.

Ⓣ 좋습니다. 만나는 친구에게 작품을 칭찬하는 말을 해주면 좋을 것 같습니다.

7. 과정중심 수행평가지

활동지 1 멸종 위기 동물

〈활동지 1〉 멸종 위기 동물

멸종 위기 동물 찾기

학년 반 번 이름( )

영 역	농업	실습일	년 월 일
주 제	멸종 위기 동물	실습자	

활동 내용

동물	이름	멸종/ 멸종위기	멸종원인 참고
		멸종위기	환경 오염 및 인간 사냥
〈참고〉 바다에 사는 이 고래는 지능이 뛰어나고 인간과 가장 친숙한 동물이다. 최근 환경 오염과 인간 사냥 등으로 많은 종이 없어지고 있다.			
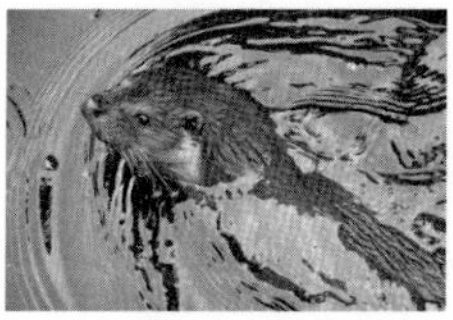		멸종위기	환경 오염
〈참고〉 천연기념물 제330호이다. 몸길이 63~75cm, 꼬리길이 41~55cm, 몸무게 5.8~10kg이다. 형태는 족제비와 비슷하지만 수중생활에 알맞은 모습을 갖추고 있다. 멸종위기종이다.			
		멸종위기	인간의 사냥
〈참고〉 아프리카에 대표적인 동물로서 몸집이 매우 크고 무게가 많이 나간다. 호수나 하천 등에서 생활하며 특히 입이 크다는 특징이 있다.			

보기: 돌고래, 수달, 하마

8. 관계 지식

▣ 생물자원 확보의 중요성[37)]

미국 국립암연구소는 미국 서해안에 자생하는 주목나무에서 항암제를 만들었고, 독일 제약회사인 바이엘은 버드나무에서 아스피린이라는 약을 만들었다. 이렇게 천연 생물에서 인간에게 꼭 필요한 약품을 만들어내어 환자에게 큰 도움을 주기도 한다. 그래서 점차 천연 생물은 식량, 의약품, 에너지 등 다양하게 활용할 수 있는 중요한 자원으로 인식되고 있다. 미국과 일본, 유럽의 선진국들은 더욱 다양한 생물 자원을 확보하기 위해 매우 노력하고 있다.

한편 1947년 우리나라에 주둔한 미군부대에 근무했던 식물채집가 엘윈 미더는 도봉산에서 수수꽃다리 종자를 채취해 미국으로 가져갔다. 그 후 그는 이 종자를 개량해서 '미스김라일락'이라는 품종을 만들었고 1970년대에는 우리나라에 다시 수입되기도 했다. 우리나라의 식물이 외국으로 흘러들어가 외국의 품종처럼 되어버린 안타까운 사건이다.

[그림 Ⅲ-8] 라일락

37) http://www.koreahealthlog.com/4576

5 식물을 이용한 천연물감 만들기

식물의 특징을 설명할 수 있는 방법에는 여러 가지가 있다. 향기, 나뭇결의 모양, 색소, 쓰임 등이다. 그중 색소는 식물들이 대부분 가지고 있는 특징이며 육안으로 관찰이 가능하다.

식물의 색소 중 식물계에 가장 널리 분포되어있는 것은 플라보노이드라고 총칭되는 한 무리의 색소로서, 꽃 · 잎 · 줄기 · 수피(樹皮) · 재(材) · 종자 등 식물체의 각 부에서 발견된다. 대표적인 것으로는 플라본류가 있다. 담황색이고 수용성인 색소이며, 알칼리성에서는 진한 황색으로 변하기 때문에 옛날부터 염료로 사용된 것이 많다.

개나리의 노란꽃, 메밀의 전초에 대량으로 함유되어있는 루틴은 근래에 약용으로서 동맥경화증의 예방에 사용되고 있다. 꽃의 빨강 · 보라 · 파랑이나 붉은 단풍을 만드는 안토시안류를 비롯하여, 꽃의 색소 카사민은 옛날부터 입술연지나 붉은 염색의 염료로서 중요하다.

Keywords

꽃잎, 식물, 천연물감

1. 대상 학년: 5~6학년

2. 교수 학습 모형: 디자인 씽킹 학습법

단계	본시 활동 요소
공감	• 우리 주변에서 흔히 볼 수 있는 식물 찾기
문제정의	• 식물의 색소가 가진 특징 알기 – 식물별 색깔이 가진 특징을 알아보기 • 식물의 색소가 인간 활동에 준 도움 알기 – 식물의 색소를 이용할 방안 찾기
정보 수집 및 관련 내용 학습	• 물감을 만들 수 있는 식물 찾아보기 – 붉은색 식물 – 노란색 식물
제작하기	• 천연물감 만들기 – 주위에 있는 다양한 재료를 빻아 천연물감 만들기 – 자연 속에서 찾은 천연물감으로 그림 그리기
평가하기	• 작품 발표하기 – 작품을 발표하기, 의미 설명하기 – 다른 사람의 작품발표를 듣고, 본 수업의 의미 되새기기

3. 교수 · 학습 자료

가. 재료: 색소가 있는 식물

나. 도구: 절구, 붓, 팔레트, 필기도구 등

다. 수업자료: PPT, 학습지, 평가지 등

4. 교수 · 학습 계획

가. 학습 주제: 식물로 천연물감 만들기

나. 학습 목표

1) 식물의 색소를 활용하는 방법에 대하여 알 수 있다.

2) 식물의 특징을 찾아보고, 천연물감을 만들어 그림을 그릴 수 있다.

3) 생활 속에서 동식물 본연의 가치를 인정하고 소중히 대할 수 있다.

다. 학습의 형태: 모둠 활동

라. 학습 장소: 실과실습실

마. 평가 관점:

1) 식물의 색소를 활용하는 방법에 대하여 알 수 있는가?

2) 식물의 특징을 찾아보고, 천연물감을 만들어 그림을 그릴 수 있는가?

3) 생활 속에서 동식물 본연의 가치를 인정하고 소중히 대할 수 있는 자세를 가졌는가?

5. 지도상 유의점

가. 일상생활에서 흔히 볼 수 있는 자연재료를 이용한다

나. 나뭇잎, 다양한 꽃잎, 남은 식재료(과일껍질, 시금치, 당근, 적양배추 등)를 이용하여 다양한 색을 낼 수 있도록 유도한다.

다. 식물의 빛깔은 동물이나 사람이 가진 특징과 같이 식물의 특성 중 일부이며, 식물에는 다양한 특징이 존재하며 그들의 권리가 있음을 깨닫게 한다.

6. 교수 · 학습 과정

<table>
<tr><th colspan="4">실과 교수·학습 과정안</th></tr>
<tr><td rowspan="2">학습 주제</td><td rowspan="2">식물을 이용한 천연물감 만들기</td><td>학습형태</td><td>모둠 활동</td></tr>
<tr><td>학습모형</td><td>디자인 씽킹 학습법</td></tr>
<tr><td>학습 목표</td><td colspan="3">1) 식물의 색소를 활용하는 방법에 대하여 알 수 있다.
2) 식물 색소의 특징을 찾아보고, 천연물감을 활용한 그림을 그릴 수 있다.
3) 생활 속에서 동식물 본연의 가치를 인정하고 소중히 대할 수 있다.</td></tr>
</table>

가. 공감 단계

■ 우리 주변에서 색깔이 있는 식물 찾기

Ⓣ 우리 주변에서 흔히 볼 수 있는 식물의 색깔을 이야기 해봅시다.

Ⓢ 학교 울타리에 핀 장미가 붉은 색입니다.

Ⓣ 우리 식탁에 올랐던 식물의 색깔을 이야기해봅시다.

Ⓢ 제가 먹은 당근이 주황색이었습니다.

나. 문제정의

■ 식물의 색소가 가진 특징 알기

Ⓣ 식물의 색소가 가진 특징은 무엇인가요?

Ⓢ 색이 곱고 아름답습니다.

Ⓢ 식물의 영양소를 나타내기도 합니다.

■ 식물의 색소가 인간 활동에 준 도움알기 **〈활동지 1〉**

Ⓣ 식물의 색깔은 어떤 역할을 할까요?

Ⓢ 식물의 특징을 나타내고 옷감 염색 재료로 사용됩니다.

Ⓣ 식물의 색깔이 인간에게 준 도움을 표로 정리해봅시다.

다. 정보 수집 및 관련 내용 학습

■ 천연물감을 만들 수 있는 식물 찾아보기

Ⓣ 천연물감을 만들 수 있는 식물에는 어떤 것들이 있나요?

Ⓢ 봉선화, 장미 등이 있습니다.

Ⓣ 과일 중에는 어떤 것들이 있을까요?

Ⓢ 포도, 귤 등이 있습니다.

Ⓣ 채소 중에는 어떤 것들이 있을까요?

Ⓢ 양배추, 당근 등이 있습니다.

라. 제작하기

■ 천연물감 만들기 **〈활동지 2〉**

Ⓣ 물감의 재료로 사용할 식물을 준비합니다.

Ⓢ 꽃, 과일, 채소 등 다양한 식물을 준비할 수 있습니다.

T 막자사발에 재료를 넣고 찧습니다.

S 색깔이 나올 때까지 잘게 찧는 게 좋습니다.

T 준비되면 팔레트에 색깔별로 담아둡니다. 천연물감의 이름도 적어봅시다.

S 네, 저희 조는 포동포동 보라색, 귤귤이 주황색 등으로 이름을 짓겠습니다.

	준비물: 자연 식물, 막자사발, 색연필이나 크레용, 도화지(또는 스케치북)
	준비한 재료를 막자사발에 넣고 천연물감이 나올 때까지 잘게 찧는다.
	팔레트로 천연물감 옮기기 ※ 물감처럼 굳어지지 않으므로 액체 보관 필요
	천연물감을 활용하여 여러 가지 그림 그리기

바. 평가하기

■ 천연물감으로 만든 작품 발표하기

Ⓣ 천연물감으로 만든 작품에 대해서 그 의미를 설명해 봅시다.

Ⓢ 친구들 설명을 들으니 재미있고 식물의 소중함을 다시금 알게 된 것 같습니다.

Ⓣ 이번 수업을 계기로 생명이 있는 모든 식물을 소중히 다룰 것을 약속합시다.

7. 과정중심 수행평가지

활동지 1 다양한 식물 색깔

〈활동지 1〉 다양한 식물 색깔

식물의 다양한 색깔 찾아보기

학년 반 번 이름( )

영 역	농업	실습일	년 월 일
주 제	식물의 색깔 찾기	실습자	

활동 내용

식물들의 아름다운 빛깔을 이야기해보고, 우리 주변에서 흔히 볼 수 있는 식물의 빛깔을 적어봅시다.

이름	빛깔	흔히 볼 수 있는 곳
당근	주황색	우리집 밥상

활동지 2 천연물감 이름표

〈활동지 2〉 천연물감 이름표

천연물감의 이름 짓기

학년 반 번 이름( )

영 역	농업	실습일	년 월 일
주 제	천연물감 이름표	실습자	
활동 내용			

여러 가지 재료를 활용하여 내가 만든 천연물감에 이름을 붙여 봅시다.

식물	내가 붙여준 식물 이름	이유
예) 귤	귤귤이 주황색	귤의 이름을 재미있게 표현해 보았다.

8. 관계 지식

▣ 식물과 동물의 차이점

식물도 동물처럼 살아 있는 생물이지만 먹는 모습을 본 기억이 없는데 대체 어떻게 자라는 걸까요? 식물은 광합성을 해서 먹이를 만든다. 그리고 뿌리로 물과 양분을 흡수하지요. 눈에 보이지는 않지만, 식물은 스스로 먹이를 만들고 잎과 줄기를 쭉쭉 뻗어 날마다 열심히 자라고 있다. 동물과 식물의 제일 큰 차이점은 먹이를 얻는 방법이다. 동물은 다른 생물을 먹이로 해서 살아가지요. 그런데 식물은 스스로 양분을 만들고, 뿌리를 통해 물과 양분을 섭취하고, 잎으로 햇빛을 받아 영양분도 만들고 산소도 만들어 살아가고 있다.

▣ 식물의 권리

식물도 권리가 있다. 그 까닭은 생명을 가지고 있기 때문이다. 생명을 가졌으니, 살아갈 권리가 있는 것이다. 인간은 먹을 것, 입을 것, 쉴 곳 등 식물로부터 많은 이익을 얻게 된다. 그로 인해 식물들에게 피해를 입히는 경우가 많이 있는데. 식물의 권리는 생명체라면 모두 지닌 본연의 생명을 유지할 수 있는 권리이다. 식물을 인간 활동에 이용할 때는 고마운 마음을 갖고, 불필요하게 남용하지는 말아야 할 것이다.

▣ 식물의 색소

사람처럼 식물도 다양한 생김, 특징으로 구별할 수가 있다. 특히 동물에게는 없는 향기, 다양한 색상으로 구별되기도 한다. 그 중 식물계에 가장 널리 분포되어 있는 것은 플라보노이드라고 총칭되는 색소로 꽃 · 잎 · 줄기 · 수피(樹皮) · 재

(材) ·종자 등 식물체의 각부에서 발견된다. 담황색이고 수용성인 색소로, 알칼리성에서는 진한 황색으로 변하기 때문에 옛날부터 염료로 사용된 것이 많다. 참마의 수피에 있는 미리세틴, 고삼의 봉오리나 양파의 갈색 외피에 들어 있는 퀘르세틴, 억새의 전초(全草)에 함유되어 있는 루테올린 등은 식물염색의 색소로 유명해요. 개나리의 노란꽃, 메밀의 전초에 대량으로 함유되어 있는 루틴은 근래에 약용으로서 동맥경화증의 예방에 사용되고 있다. 꽃의 빨강 ·보라 ·파랑이나 붉은 단풍을 만드는 안토시안류를 비롯하여 꽃의 색소 카사민은 옛날부터 입술연지나 붉은 염색의 염료로서 중요하다. 이처럼 식물의 색소는 다양한 염료로 사용될 뿐만 아니라 인체 건강에 도움을 주는 물질을 포함하고 있다.

6 스칸디아모스 토피어리 만들기

최근에 코로나 같은 전염병 사태로 실내에 있는 시간이 길어지면서 실내에서 할 수 있는 취미를 찾는 사람들이 많이 늘어나고 있다. 실내에서 할 수 있는 여러 가지 취미가 있지만 그중 식물을 활용한 원예 활동은 특히 많은 사람들이 즐겨하는 취미라고 할 수 있다.

식물을 활용한 원예 활동 중 최근에 각광 받고 있는 것중 하나가 순록 이끼(Reindeer Moss)라고도 불리는 스칸디아모스를 활용한 활동이다. 순록들의 먹이가 된다고 해서 순록 이끼라고도 불리는 스칸디아모스는 북유럽 청정 지역에서 채취된 천연 이끼로, 실내 공기정화 및 습도 조절에 도움이 된다고 알려져 있다. 또한 물을 주거나 햇빛을 보여줘야 하는 일반 식물들과 달리, 스칸디아모스는 특별한 관리가 필요하지 않다. 이밖에도 공기 중에 떠다니는 수분을 먹고 살며 유해물질을 정화해 주는데, 습도가 낮아지면 이끼가 딱딱하고 거칠어졌다가, 습도가 높아지면 다시 원래대로 돌아오는 특이한 습성을 가지고 있어 많은 사람들이 스칸디아모스를 활용한 활동을 하고 있다.

Keywords

그린인테리어, 스칸디아모스, 토피어리

1. 대상 학년: 5~6학년

2. 교수 학습 모형: 디자인 씽킹 학습법

단계	본시 활동 요소
공감	• 실내에서 식물을 기르면 좋은 점에 관해서 이야기해 보기
문제정의	• 환경정화 식물의 종류에 대해서 알아보기 – 우리 주변에서 환경 정화 식물 찾기 • 스칸디아모스의 특징 알기 – 스칸디아모스의 특징 알아보기
정보 수집 및 관련 내용 학습	• 스칸디아모스를 가지고 할 수 있는 활동 찾기 – 스칸디아모스 액자 만들기 – 스칸디아모스 토피어리 만들기
제작하기	• 스칸디아모스 토피어리 만들기 – 화분에 오아시스와 받침대 고정하기 – 오아시스에 스칸디아모스 붙이기 – 토피어리 꾸며주기
평가하기	• 작품 발표하기 – 작품을 발표하기, 의미 설명하기 – 다른 사람의 작품발표를 듣고, 본 수업의 의미 되새기기

3. 교수 · 학습 자료

가. 재료: 스칸디아모스

나. 도구: 화분, 오아시스, 지지대, 받침대, 글루건 등

다. 수업자료: 프레젠테이션 자료, 학습지, 평가지 등

4. 교수 · 학습 계획

가. 학습 주제: 스칸디아모스 토피어리 만들기

나. 학습 목표

1) 환경정화 식물의 종류와 필요성을 알 수 있다.
2) 스칸디아모스의 특징을 찾아보고, 스칸디아모스를 활용한 토피어리 만들기를 할 수 있다.
3) 생활 속에서 식물의 가치를 인정하고, 소중히 대할 수 있다.

다. 학습의 형태: 모둠 활동

라. 학습 장소: 실과실습실

마. 평가 관점:

1) 환경정화 식물의 종류를 알고 있는가?
2) 스칸디아모스를 활용한 토피어리 만들기를 할 수 있는가?

5. 지도상 유의점

가. 스칸디아모스를 오아시스에 붙이는 작업을 할 때 글루건 사용에 유의한다.

나. 스칸디아모스에 직접 분무하거나 화분에 물을 주지 않는다.

다. 식물의 빛깔은 동물이나 사람이 가진 특징과 같이 식물의 특성 중 일부이며, 식물에게는 다양한 특징이 존재하며 그들의 권리가 있음을 깨닫게 한다.

6. 교수 · 학습 과정

실과 교수·학습 과정안			
학습 주제	스칸디아모스 토피어리 만들기	학습 형태	모둠 활동
		학습 모형	디자인 씽킹 학습법
학습 목표	1) 환경정화 식물의 종류와 필요성을 알 수 있다. 2) 스칸디아모스의 특징을 찾아보고, 스칸디아모스를 활용한 토피어리 만들기를 할 수 있다. 3) 생활 속에서 식물의 가치를 인정하고, 소중히 대할 수 있다.		

가. 공감 단계

■ 실내에서 식물을 기르면 좋은 점에 관해서 이야기 해보기

Ⓣ 집안에서 식물을 기르면 왜 좋은지 말해볼까요?

Ⓢ 저희 집에서는 알로카시아를 기르는데 잎이 넓고 커서 공기정화에 도움이 된다고 알고 있습니다.

Ⓣ 네, 맞아요. 식물을 실내에서 기르면 공기정화나 습도 조절에 많은 도움을 받을 수 있습니다.

Ⓢ 공기정화에도 도움이 되지만 보기에도 좋은 것 같습니다.

Ⓣ 맞습니다. 요즘은 그린인테리어라고 해서 미관상으로도 식물들을 많이 심고 가꿉니다.

나. 문제정의

■ 환경정화 식물 종류에 대해서 알아보기 **〈활동지 1〉**

Ⓣ 자신이 알고 있는 환경정화 식물의 종류에 대해서 이야기해 볼까요?

Ⓢ 네 저희 집에서는 벵갈고무를 기르고 있습니다.

Ⓢ 저희 집에서는 아레카야자를 기르고 있습니다.

Ⓣ 네, 좋습니다. 친구들이 말한 것들은 모두 관엽식물로 공기정화에 많은 도움이 되는 식물들입니다. 이밖에도 켄차야자, 행운목, 홍콩야자, 자바 등 공기정화 역할을 하는 다양한 식물이 우리 주변에 있습니다.

Ⓣ 관엽식물과 말고 또 다른 종류의 환경정화 식물에 대해서도 이야기해 볼까요?

Ⓢ 최근에는 스칸디아모스 같은 이끼류도 공기정화를 위해 많이 기르고 있다고 들었습니다.

Ⓣ 잘 말해주었습니다. 관엽식물 아닌 것으로 최근에 가장 각광받고 있는 것이 바로 스칸디아모스입니다. 이에 대해서 자세히 알아보는 것도 좋을 것 같습니다.

■ 스칸디아모스의 특징 알기

Ⓣ 자신이 조사한 스칸디아모스에 특징에 대해서 발표해 봅시다.

Ⓢ 네, 제가 발표해 보겠습니다. 먼저 스칸디아모스의 원산지는 북유럽으로 오염되지 않은 청정 지역에서 자란다고 합니다.

Ⓣ 다른 친구도 발표해 보지요

Ⓢ 네, 제가 발표해 보겠습니다. 스칸디아모스를 다른 말로는 순록이끼라도 부르는데요 주로 순록에 먹이가 되기 때문이라고 합니다.

Ⓣ 또 따른 내용을 조사한 친구도 있나요?

Ⓢ 저는 스칸디아모스에 모양을 조사해 보았는데요 전체적으로 둥글둥글 한 모양을 하고 있으며 저희가 자주 먹는 브로커리와 모양이 비슷했습니다.

다. 정보 수집 및 관련 내용 학습

■ 스칸디아모스를 가지고 할 수 있는 활동 찾기

Ⓣ 스칸디아모스를 가지고 할 수 있는 활동에는 어떤 것들이 있나요?

Ⓢ 액자 만들기, 토피어리 만들기 활동을 할 수 있을 것 같습니다.

Ⓣ 스칸디아모스 토피어리도 만들기도 재미있을 것 같습니다. 어떻게 하면 되는지 조사해서 발표해 봅시다.

Ⓢ 네, 제가 조사한 내용을 말씀드리면 먼저 재료로는 스칸디아모스, 오아시스, 지지대, 화분, 글루건 등이 필요한 것 같습니다.

Ⓣ 만드는 순서는요?

Ⓢ 네, 조사한 것에 따르면 먼저 화분에 오아시스와 받침대 고정하기, 오아시스에 스칸디아모스 붙이기, 토피어리 꾸며주기 순으로 진행하면 될 것 같습니다.

라. 제작하기

■ 스칸디아모스 토피어리 만들기 **〈활동지 2〉**

Ⓣ 스칸디아모스 토피어리 만들기를 하기 위해서 필요한 준비물을 살펴봅시다.

Ⓢ 스칸디아모스, 오아시스2개, 지지대, 화분, 글루건 등이 필요합니다.

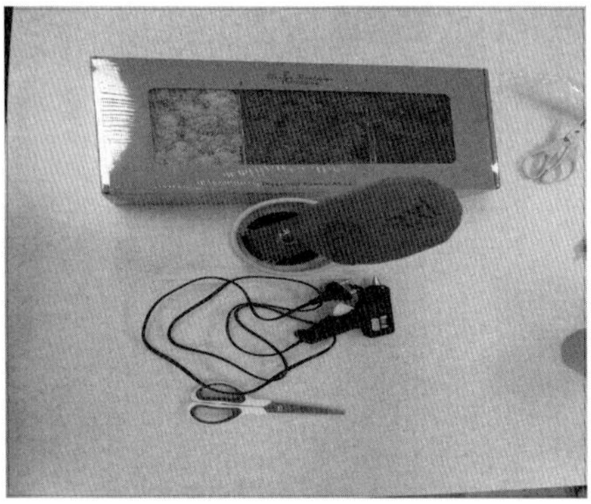

[그림 Ⅲ-9] 토피어리 만들기 준비물

Ⓣ 준비물이 준비되었으면 가장 먼저 준비한 화분에 오아시스를 넣고 글루건으로 고정합니다. 이때 오아시스는 화분 안쪽에 받침대 역할을 하는 것 하나, 위에 스칸디아모스를 붙일 수 있는 것 하나를 준비합니다.

[그림 Ⅲ-10] 토피어리 지주대 세우기

Ⓢ 네, 알겠습니다. 다음에는 어떻게 해야하나요?

Ⓣ 그다음 위쪽 오아시스에 글루건을 사용하여 스칸디아모스를 붙여줍니다. 이때 중요한 것은 전체적으로 원형을 유지하면서 붙이는 것입니다. 이끼의 색깔은 다양한 것을 사용할 수 있는데 될 수 있으면 비슷한 색끼리 붙이면 보기에 더 좋습니다. 예를 들어 녹색, 연두색,

짙은 녹색을 사용하여 붙이는 것입니다.

Ⓢ 네, 알겠습니다.

(a) 글로건을 이용 스카디아모스 부착

(b) 소품 이용 꾸미기

[그림 Ⅲ-11] 완성하기

Ⓣ 이렇게 해서 원형의 토피어리가 다 만들어지면 작은 소품 등을 활용하여 화분 안쪽을 꾸며줍니다.

Ⓢ 와! 멋진 토피어리가 되었습니다. 스칸디아모스 토피어리 관리는 어떻게 하나요?

Ⓣ 좋은 질문입니다. 스칸디아모스는 절대 물을 분무해서는 안됩니다. 물을 주지 않아도 되고 특별히 관리하지 않아도 되는 것이 스칸디아모스에 가장 좋은 점입니다.

Ⓢ 그렇군요! 정말 특별한 식물인 것 같습니다.

[그림 Ⅲ-12] 스칸디아모스 토피어리 완성품

바. 평가하기

■ 스칸디아모스 토피어리 작품 발표하기

Ⓣ 자신이 만든 작품에 대해서 그 의미를 설명해 봅시다.

Ⓢ 저만의 개성을 살려 녹색 계열의 토피어리를 만들어보았어요

Ⓢ 저는 제 작품에 '약속'이라는 이름을 작명했어요. 환경을 보호하고 개선하겠다는 저만의 다짐입니다.

Ⓣ 네, 다들 좋습니다. 스칸디아모스를 활용하여 의미있고 재미있는 수업을 했던 것 같습니다.

7. 과정중심 수행평가지

활동지 1 환경정화에 도움이 되는 식물 찾기

〈활동지 1〉 식물 찾기

환경정화에 도움이 되는 식물 찾기

학년 반 번 이름(　　　　　)

영 역	농업	실습일	년 월 일
주 제	환경정화에 도움이 되는 식물 찾기	실습자	
활동 내용			

우리 주변에서 공기조화, 습도 조절 같이 환경정화에 도움이 되는 식물을 찾아 그 이름과 특징을 조사해 봅시다.

이름	특징 (모양, 색깔, 기타)
아레카야자	길쭉한 모양을 하고 있으며 연두색 색깔을 가지고 있다.

활동지 2 스칸디아모스 토피어리

〈활동지 2〉 스칸디아모스 토피어리

스칸디아모스 토피어리 만들기

학년 반 번 이름( )

영 역	농업	실습일	년 월 일
주 제	스칸디아모스 토피어리	실습자	
활동 내용			

다음의 순서를 참고하여 스칸디아모스 토피어리를 만들어봅시다.

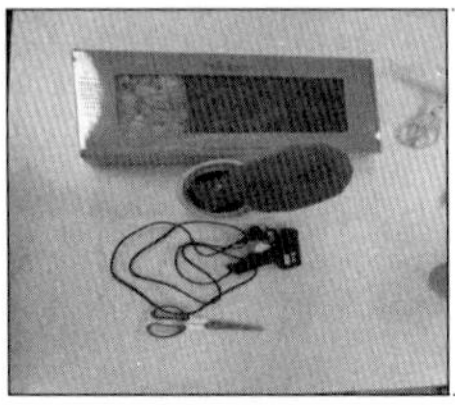

준비물: 스칸디아모스, 오아시스, 지지대, 화분, 글루건

글루건을 이용하여 지지대를 세우고 오아시스 붙이기

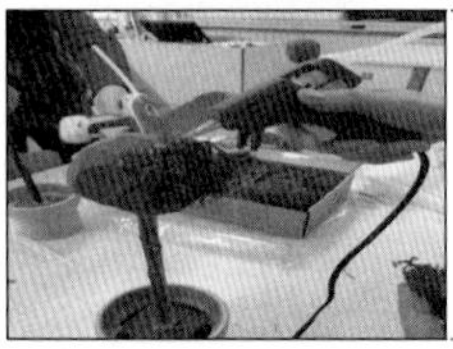

오아시스에 글루건을 이용하여 스칸디아모스 붙이기

※ 글루건을 이용할 때 화상을 입지 않도록 주의할 것

3가지 색상 정도의 스칸디아모스 이끼를 활용하여 구형의 토피어리 만들기

화분 안쪽을 스칸디아모스 이끼나 기타 소품을 이용하여 꾸며주기

8. 관계 지식

▣ 그린 월과 에코디자인[38]

최근 도시의 삭막함을 없애고 자연 친화적이면서도 인테리어에도 좋은 그린 루프(Green roof)와 그린 월(Green wall)이 많이 시도되고 있다. 그린 루프는 지붕 자체를 녹색 식물로 덮는 것이고 그린 월은 건물 벽면을 각종 식물로 입히는 형태로 그린 루프와 같이 도심 속 열섬 효과를 방지하고 건물의 에너지 효율을 높여주는 대표적인 친환경 조경 방식이다. 이러한 그린 월은 친환경 도시를 꿈꾸는 여러 나라에서 활발히 시도되고 있다.

▣ 스칸디아모스 이끼

실내에서 할 수 있는 여러 가지 취미가 있지만 그중 식물을 활용한 원예 활동은 특히 많은 사람들이 즐겨하는 취미라고 할 수 있다. 식물을 활용한 원예 활동 중 최근에 각광 받고 있는 중 하나가 순록 이끼(Reindeer Moss)라고도 불리는 스칸디아모스를 활용한 활동이다. 순록들의 먹이가 된다고 해서 순록 이끼라고도 불리는 스칸디아모스는 북유럽 청정 지역에서 채취된 천연 이끼로, 실내 공기정화 및 습도 조절에 도움이 된다고 알려져 있다. 또한 물을 주거나 햇빛을 보여줘야 하는 일반 식물들과 달리, 스칸디아모스는 특별한 관리가 필요하지 않아다. 이밖에도 공기 중에 떠다니는 수분을 먹고 살며 유해물질을 정화해 주는데, 습도가 낮아지면 이끼가 딱딱하고 거칠어졌다가, 습도가 높아지면 다시 퐁실퐁실 원래대로 돌아오는 특히한 습성을 가지고 있어 많은 사람들이 스칸디아모스를 활용한 활동을 하고 있다.

---

38) 김대호. (2013). 에코 크리에이터 디자인. 에코디자인

IV

정보

1. 엔트리로 스크래치 그림판 프로그램 만들기
2. 엔트리로 드럼머신 프로그램 만들기
3. 기계 학습을 활용해 '나와 닮은 동물 찾기' 프로그래밍하기
4. 마인크래프트 에듀케이션을 활용한 스마트팜 만들기
5. 엔트리를 활용해 십자수 도안 프로그램 만들기

1 엔트리로 스크래치 그림판 프로그램 만들기

스크래치(scratch) 그림은 크레파스 등으로 화려하게 색칠한 후에 다른 색으로 덧칠하고 뾰족한 도구를 이용해 표면의 색깔을 벗겨내어 배경색이 드러나게 하는 방식으로 그리는 그림을 말한다. 소프트웨어를 활용해 스크래치 그림판을 만들면 수정이 손쉽고, 배경색을 원하는 대로 구성할 수 있다는 장점을 가진다. 엔트리를 활용한 스크래치 그림판 만들기 수업은 소프트웨어 수업과 미술 수업이 통합된 수업으로서 학생의 프로그래밍 능력에 따라 단순한 기능만을 손쉽게 프로그래밍하거나 더욱 발전된 형태로 프로그래밍하도록 지도할 수 있다.

학습자의 프로그래밍 수준에 따라 기초, 기본, 심화 단계 중에서 적절히 선택하여 실습할 수 있다. 기초 단계에서는 무작위의 배경색을 설정하고 그리는 기능만을 구성하면 변수를 활용하지 않고도 매우 간단히 프로그래밍을 할 수 있다. 기본 단계에서는 배경색을 자유롭게 구성하고, 심화 단계에서는 연필과 지우개 버튼을 활용해 필요한 기능을 두루 갖춘 프로그램을 만들도록 한다.

Keywords

미술, 스크래치 그림, 주제중심 통합 수업

1. 대상 학년: 4~6학년

2. 교수 · 학습 모형: 프로젝트법

단계	본시 활동 요소
목적 설정하기	• 문제 상황 탐색 • 산출물 및 과제 요구조건 확인
활동 계획하기	• 애플리케이션 디자인 요소 설계 • 절차적 사고를 통해 프로그램 실행의 절차 확인하기
실행하기	• 알고리즘 설계하기 • 프로그래밍하고 작동 확인하기
평가하기	• 미술 수업에 적용하기 • 오류 수정 및 평가

3. 교수 · 학습 자료

가. 도구: 엔트리 프로그래밍이 가능한 정보기기(PC, 랩톱 등)

나. 수업자료: 예시 작품, 활동지 등

4. 교수 · 학습 계획

가. 학습 주제: 엔트리로 스크래치 그림판 프로그램 만들기

나. 학습 목표

1) 엔트리를 활용하여 스크래치 그림판 프로그래밍을 할 수 있다.

2) 엔트리로 만든 스크래치 그림판을 활용해 상상화를 그릴 수 있다.

3) 예술 분야에서의 프로그래밍 활용에 관심을 가질 수 있다.

다. 학습의 형태: 개별 학습

라. 학습 장소: 교실 또는 컴퓨터실

마. 평가 관점

1) 소프트웨어를 활용한 문제 해결 방법을 절차적으로 설계할 수 있는가?

2) 프로그램이 계획대로 실행되는가?

3) 제작 과정에 적극적으로 참여하였는가?

4) 제작한 스크래치 그림판으로 창의적인 그림을 그릴 수 있는가?

5. 지도상 유의점

가. 엔트리에 대한 기초 기능에 대한 학습이 사전에 충분히 이루어졌는지 확인한다.

나. 학생의 프로그래밍 수준을 사전에 파악하여 능력에 맞는 작품을 설계하도록 한다.

다. 알고리즘 설계에 어려움이 있으면 교사가 반(半)구조화된 형태로 제시할 수 있다.

라. 단순히 예시를 따라 하는 프로그래밍을 하지 않도록 스스로 문제 해결 방법을 설계하도록 지도한다.

6. 교수 · 학습 과정

실과 교수·학습 과정안			
학습 주제	엔트리로 스크래치 그림판 만들고 상상화 그리기	학습형태	개별학습
		학습모형	프로젝트법
학습 목표	1) 엔트리를 활용하여 스크래치 그림판 프로그래밍을 할 수 있다. 2) 엔트리로 만든 스크래치 그림판을 활용해 상상화를 그릴 수 있다. 3) 예술 분야에서의 프로그래밍 활용에 관심을 가질 수 있다.		

가. 목적 설정하기 단계 (10분)

■ 문제상황 탐색

Ⓣ 미술 수업에서 스크래치 그림을 그려본 적이 있나요? 스크래치 그림을 그려본 경험을 이야기해 봅시다.

Ⓢ 화려한 색깔이 나타나 신기했습니다.

S 실수했을 때 덧칠한 뒤 다시 작성할 수 있어서 좋았지만, 손에 크레파스가 많이 묻고 크레파스를 많이 칠해야 해서 팔이 아팠습니다.

T 미술 시간에 경험했던 스크래치 그림의 아쉬운 점을 보완하여 오늘은 손쉽게 그리고 수정할 수 있는 스크래치 그림판 소프트웨어를 만들어 봅시다.

■ 산출물 및 과제 요구조건 확인

T 완성된 프로그램의 예시를 살펴봅시다. 어떤 점에 주의하여 만들어야 할까요?

S 배경색을 어떻게 처리할지 생각해 보아야 합니다.

S 간단히 그릴 수 있게 만들지, 지우개까지 활용할 수 있게 만들지 생각해 보아야 합니다.

나. 활동 계획하기 단계 (30분)

■ 애플리케이션 디자인 요소 설계

T 화면 구성은 어떻게 하면 좋을지 생각해 봅시다.

S 스크래치 그림판이므로 검정으로 처리하는 것이 좋겠습니다.

S 연필과 지우개 모양의 아이콘과 버튼을 활용하는 것이 좋겠습니다.

■ 절차적 사고를 통해 프로그램 실행의 절차 확인하기 **〈활동지 1, 2〉**

T 필요한 오브젝트를 확인해 봅시다.

S 그림을 그리는 연필에 해당하는 오브젝트, 검은색 배경 오브젝트, 버튼으로 활용할 연필과 지우개 오브젝트가 필요합니다.

T 각 오브젝트의 역할은 무엇인가요?

오브젝트	배경	연필	지우개	연필 버튼	지우개 버튼
역할	그림을 그릴 공간	연필 모드를 나타냄	지우개 모드를 나타냄	연필 모드로 바꿈	지우개 모드로 바꿈

T 각 오브젝트의 실행 절차를 생각해 봅시다.

난이도	오브젝트	실행 절차
공통	배경	필요한 절차 없음
기초	연필 	**[시작하기 버튼을 클릭했을 때]** *– 마우스를 따라 움직이기* **[시작하기 버튼을 클릭했을 때]** *– 마우스를 클릭하면 그리기를 시작하고 클릭을 해제하면 그리기를 멈추기* **[시작하기 버튼을 클릭했을 때]** *– 붓의 색을 0.5초마다 무작위로 바꾸기*
기본	연필 	**[시작하기 버튼을 클릭했을 때]** *– 마우스를 따라 움직이기* **[시작하기 버튼을 클릭했을 때]** *– 마우스를 클릭하면 그리기를 시작하고 클릭을 해제하면 그리기를 멈추기* **[시작하기 버튼을 클릭했을 때]** *– 마우스의 좌표에 따라 붓의 색 바꾸기*
심화	연필 	**[시작하기 버튼을 클릭했을 때]** *– 마우스를 따라 움직이기* *– 연필 모드일 때는 모양을 보이고 지우개 모드일 때는 모양을 숨기기* **[시작하기 버튼을 클릭했을 때]** *– 마우스를 클릭하면 그리기를 시작하고 클릭을 해제하면 그리기를 멈추기* **[시작하기 버튼을 클릭했을 때]** 〈연필모드이면〉 *– 붓의 굵기를 1로 설정하기* *– 연필 오브젝트의 좌표에 따라 붓의 색 바꾸기* 〈지우개 모드이면〉 *– 붓의 굵기를 20으로 설정하기* *– 붓의 색을 검정으로 바꾸기*
	지우개 	**[시작하기 버튼을 클릭했을 때]** *– 마우스를 따라 움직이기* *– 연필 모드일 때는 모양을 숨기고 지우개 모드일 때는 모양을 보이기*
	연필 버튼 	**[오브젝트를 클릭했을 때]** *– 연필 모드로 바꾸기*

난이도	오브젝트	실행 절차
	지우개 버튼 	**[오브젝트를 클릭했을 때]** *– 지우개 모드로 바꾸기*

다. 실행하기 단계 (50분)

■ 자료 수집하기

Ⓣ 사용할 오브젝트를 엔트리에서 찾아봅시다.

Ⓢ 검은색 배경은 오브젝트에 없습니다.

Ⓣ 검은색 배경은 단색 배경 오브젝트를 불러온 후 색을 바꾸어 활용하면 됩니다.

Ⓢ 연필과 지우개 오브젝트는 엔트리에 포함된 것을 활용하면 됩니다.

■ 알고리즘 설계하기 **〈활동지 1, 2〉**

Ⓣ 필요한 변수를 정리해 봅시다.(예시)

프로그래밍 난이도	변수 이름	역할	비고
기초, 기본		(해당 없음)	
심화	모드	시작 모드, 연필 모드, 지우개 모드 등 현재의 모드 값을 저장함 ※ 시작 모드: 연필 또는 지우개 모드를 설정하지 않은 상태	시작 모드: 0, 연필: 1, 지우개: 2

Ⓣ 각각의 오브젝트에는 어떤 명령어를 사용해야 할까요?(예시)

오브젝트	필요한 기능	명령어 예시
[기초] 연필 	**[시작하기 버튼을 클릭했을 때]** *– 마우스 따라 움직이기*	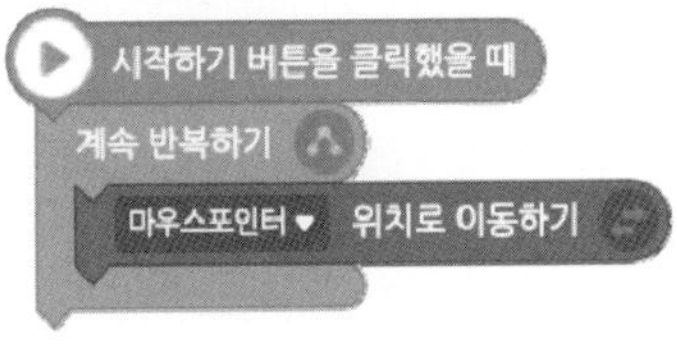

오브젝트	필요한 기능	명령어 예시
	[시작하기 버튼을 클릭 했을 때] – *클릭하면 그리기 시작 / 클릭 해제하면 그리기 멈춤*	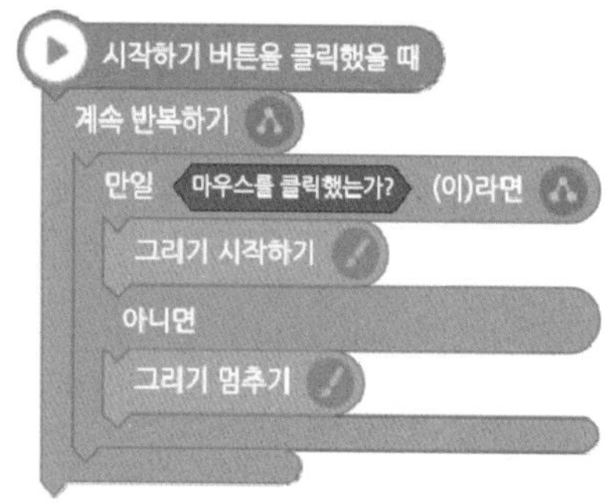
	[시작하기 버튼을 클릭 했을 때] – *붓의 색을 0.5초마다 무작위로 바꾸기*	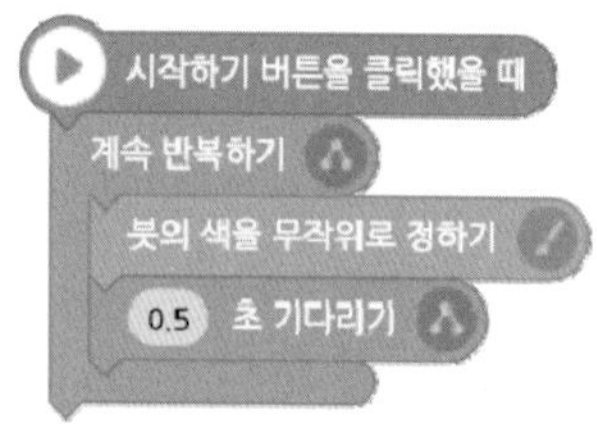
[기본] 연필	– *마우스 따라가기*	[기초]와 동일
	– *그리기 시작/ 멈춤*	[기초]와 동일
	[시작하기 버튼을 클릭 했을 때] – *마우스 좌표에 따라 붓 색 바꾸기*	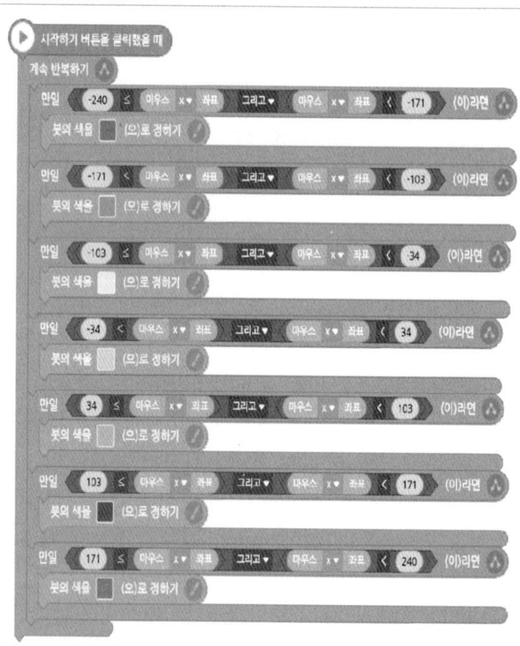
	※ (참고) 엔트리의 가로축(x) 좌표는 -240부터 240까지이므로 가로축의 총길이는 480입니다. 이를 7칸으로 나누어 아래와 같이 x좌표 값에 따라 서로 다른 색깔을 나타내도록 프로그래밍합니다.	

오브젝트	필요한 기능	명령어 예시
	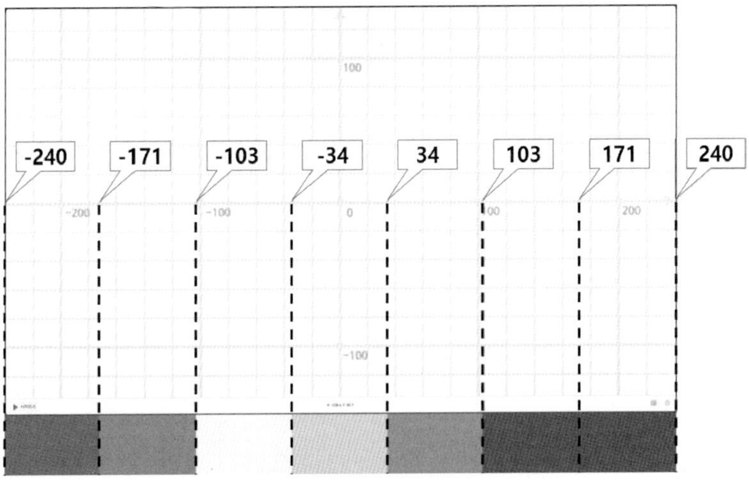	
[심화] 연필 	**[시작하기 버튼을 클릭했을 때]** *– 마우스를 따라 움직이기* *– 연필 모드일 때는 모양 보이고 지우개 모드일 때는 모양 숨기기*	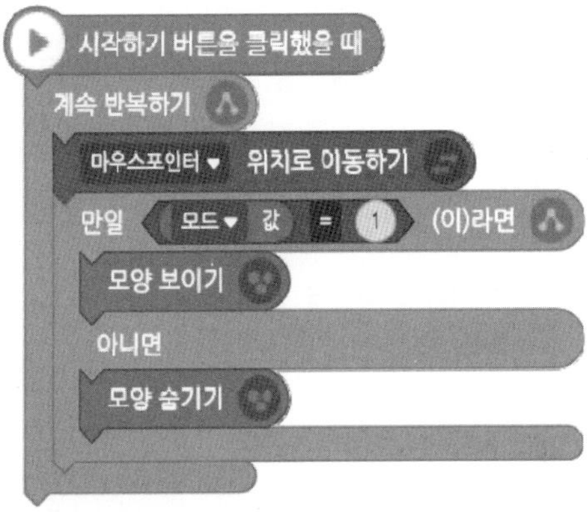
	[시작하기 버튼을 클릭했을 때] *– 클릭하면 그리기 시작, 클릭 해제하면 그리기 멈춤*	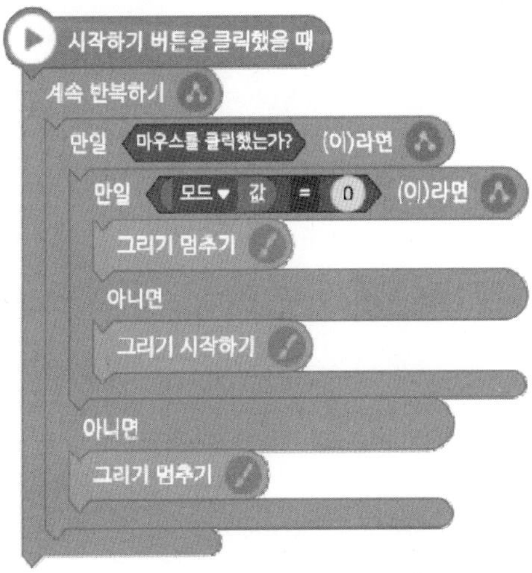

오브젝트	필요한 기능	명령어 예시
	[시작하기 버튼을 클릭했을 때] 〈연필모드이면〉 *– 붓의 굵기를 1로 설정하기* *– 좌표에 따라 붓의 색 바꾸기* 〈지우개 모드이면〉 *– 붓의 굵기를 20로 설정하기* *– 붓의 색을 검정으로 바꾸기*	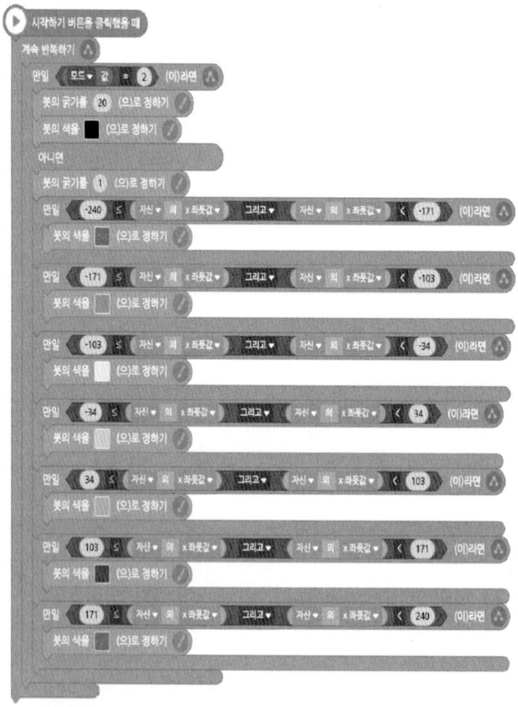
[심화] 지우개 	**[시작하기 버튼을 클릭했을 때]** *– 마우스를 따라 움직이기* *– 연필 모드일 때는 모양을 숨기고 지우개 모드일 때는 모양을 보이기*	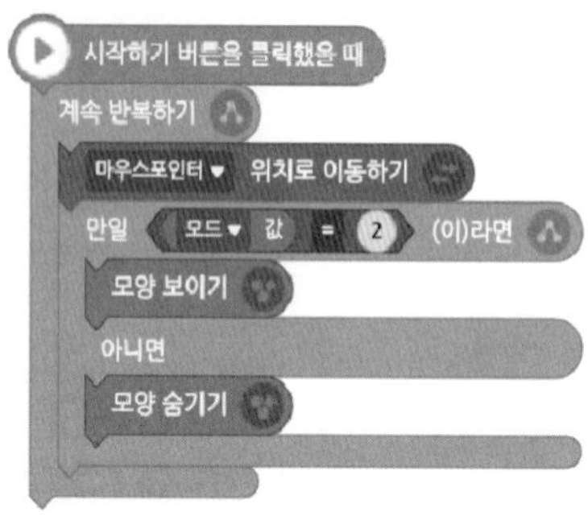
[심화] 연필 버튼 	**[오브젝트를 클릭했을 때]** *– 연필 모드로 바꾸기*	
[심화] 지우개 버튼 	**[오브젝트를 클릭했을 때]** *– 지우개 모드로 바꾸기*	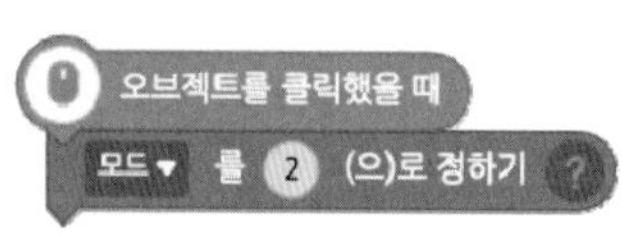

■ 프로그래밍하고 작동 확인하기

[T] 자신이 원하는 난이도에 따라 프로그램을 작성해 봅시다.
(완성된 프로그램 예시: QR참고)

[T] 작성한 프로그램이 의도대로 작동하는지 확인해 봅시다.

[T] 프로그램에서 보완하고 싶은 점을 찾아 수정해 봅시다.

프로그램 예시
http://t.ly/1zDN

라. 평가하기 단계 (30분)

■ 미술 수업에 적용하기 **〈활동지 3〉**

[T] 작품을 그릴 때 고려할 스크래치 그림판의 특성은 무엇이 있나요?

[S] 배경이 검은색이므로 야경, 우주, 바다 등과 같이 검은색 배경에 어울리는 주제를 선정하면 더 좋습니다.

[S] 소프트웨어로 만든 스크래치 그림판이므로 지우개 기능을 사용하면 수정할 수 있으므로 과감하게 그려볼 수 있습니다.

[T] 엔트리로 만든 스크래치 그림판을 활용하여 상상화를 그려 봅시다.

■ 오류 수정 및 평가하기 **〈활동지 3〉**

[T] 오류를 찾아 수정해 보고, 엔트리로 만든 스크래치 그림판을 이용해 상상화를 그려본 소감을 이야기해 봅시다.

8. 과정중심 수행평가지

활동지 1 엔트리로 스크래치 그림판 프로그램 설계하기 1

〈활동지 1〉 스크래치 그림판 프로그램 설계하기1

엔트리로 스크래치 그림판 만들기

학년 반 번 이름( )

영 역	정보	실습일	년 월 일
주 제	엔트리로 스크래치 그림판 만들기	실습자	
활동 내용			

1. 엔트리로 스크래치 그림판을 만들기 위해 필요한 오브젝트와 각 오브젝트에 필요한 기능을 정리해 봅시다.

오브젝트	배경	연필	지우개	연필 버튼	지우개 버튼
역할	그림을 그릴 공간	연필 모드를 나타냄	지우개 모드를 나타냄	연필 모드로 바꿈	지우개 모드로 바꿈

2. 프로그래밍에 필요한 변수를 정리해 봅시다.

변수 이름	변수의 역할
모드	시작 모드는 0, 연필 모드는 1, 지우개 모드는 2 등으로 현재 어떤 모드인지 그 값을 저장함

〈활동지 2〉 스크래치 그림판 프로그램 설계하기 2

엔트리로 스크래치 그림판 만들기

학년 반 번 이름( )

영 역	정보	실습일	년 월 일
주 제	엔트리로 스크래치 그림판 만들기	실습자	

활동 내용

1. 각 오브젝트의 실행절차를 생각해 봅시다.

오브젝트	실행 절차
(예시) 연필 	[시작하기 버튼을 클릭했을 때] - 마우스를 따라 움직이기 [시작하기 버튼을 클릭했을 때] - 마우스를 클릭하면 그리기를 시작하고 클릭을 해제하면 그리기를 멈추기 [시작하기 버튼을 클릭했을 때] - 붓의 색을 0.5초마다 무작위로 바꾸기
연필 	[시작하기 버튼을 클릭했을 때] - 마우스를 따라 움직이기 - 연필 모드일 때는 모양을 보이고 지우개 모드일 때는 모양을 숨기기 [시작하기 버튼을 클릭했을 때] - 마우스를 클릭하면 그리기를 시작하고 클릭을 해제하면 그리기를 멈추기 [시작하기 버튼을 클릭했을 때] 〈연필모드이면〉 - 붓의 굵기를 1로 설정하기 - 연필 오브젝트의 좌표에 따라 붓의 색 바꾸기 〈지우개 모드이면〉 - 붓의 굵기를 20으로 설정하기 - 붓의 색을 검정으로 바꾸기
지우개 	[시작하기 버튼을 클릭했을 때] - 마우스를 따라 움직이기 - 연필 모드일 때는 모양을 숨기고 지우개 모드일 때는 모양을 보이기
연필 버튼 	[오브젝트를 클릭했을 때] - 연필 모드로 바꾸기
지우개 버튼 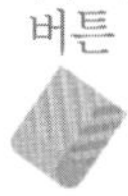	[오브젝트를 클릭했을 때] - 지우개 모드로 바꾸기

활동지 3 스크래치 그림판 프로그램 설계하기 3

〈활동지 3〉 스크래치 그림판 프로그램 설계하기3

엔트리로 스크래치 그림판 만들기

학년　반　번　이름(　　　　　)

영 역	정보	실습일	년　월　일
주 제	엔트리로 스크래치 그림판 만들기	실습자	
활동 내용			

1. 프로그램을 작성하고 상상화를 그려봅시다. 내가 그린 상상화를 출력해서 아래에 붙여 봅시다.

2. 엔트리로 만든 스크래치 그림판을 이용해 그림을 그려본 소감을 써 봅시다.

9. 관계 지식

▣ 좌표, x축과 y축[39)40)]

x축은 좌우 방향, y축은 상하 방향의 이동축을 말한다. 오브젝트가 오른쪽으로 이동하면 x의 값이 커지고, 왼쪽으로 이동하면 작아지며, 위쪽으로 이동하면 y의 값이 커지고, 아래로 이동하면 작아진다. 이렇게 위치를 나타내기 위하여 x축의 값과 y축의 값으로 표현한 1쌍의 값을 좌표라고 하며, (x, y)와 같이 x좌표 값과 y좌표 값의 쌍으로 나타낸다. 엔트리에서 배경의 가운데에 해당하는 좌표는 (0, 0)이며, x 좌표는 -240 ~ 240, y 좌표는 -135 ~ 135의 값을 가진다. 좌표를 표현하는 방법은 아래와 같다.

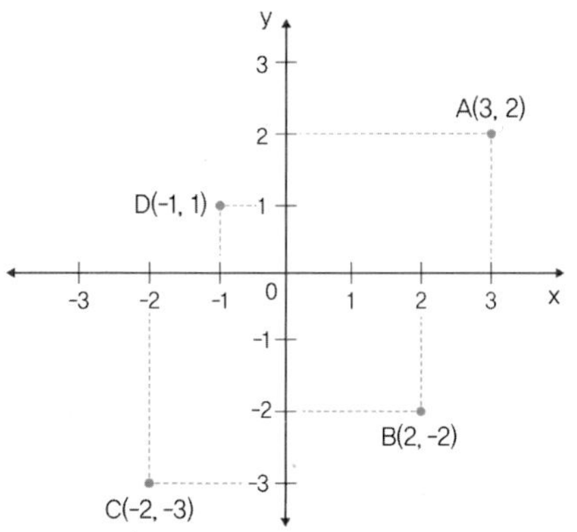

왼쪽 그림과 같은 좌표계에서
x좌표에서 중심점 (0, 0)을 기준으로 하여
왼쪽을 음수값으로 표시하고
오른쪽을 양수값으로 표시합니다.
y좌표에서는 중심점 (0, 0)을 기준으로 하여
아래쪽을 음수값으로 표시하고
위쪽을 양수값으로 표시합니다.

▣ 변수[41)42)]

변수란 프로그램에서 자료를 저장할 수 있는 이름이 주어진 기억장소를 말한다. 변수의 원래 의미는 변화하는 값을 저장한다는 것으로서 변수의 값은 계속 변할 수 있는데, 하나의 변수에는 하나의 값만 저장할 수 있다. 주로 프로그램에서 처리

39) 최현종, 이상열, 박지현, 이현아. (2016). 엔트리. 서울: 한빛미디어
40) 이순자, 구선모. (2016). 소프트웨어 어휘다지기. p.70.
41) 정영식, 홍은미, 김슬기, 김성훈. (2018). 엔트리파이썬. 서울: 한빛아카데미
42) 이순자, 구선모. (2016). 소프트웨어 어휘다지기.

를 기다리는 자료나 결과값 등을 저장하는데 사용한다.

변수를 만드는 경우에 이것을 모든 곳에서 사용할 수 있게 할 것인지 아니면 만든 곳에서만 사용할 수 있게 할 것인지를 선택해야 한다. 모든 곳에서 사용하도록 하는 것을 선택 (엔트리에서는 "모든 오브젝트에서 사용"을 선택)하면 변수를 만들지 않은 곳에서도 변수에 값을 저장하거나 읽을 수 있게 되며, 만든 곳에서만 사용하도록 하는 것을 선택 (엔트리에서는 "이 오브젝트에서 사용"을 선택)하면 변수를 만든 곳에서만 변수에 값을 저장하거나 읽을 수 있게 된다.

2 엔트리로 드럼머신 프로그램 만들기

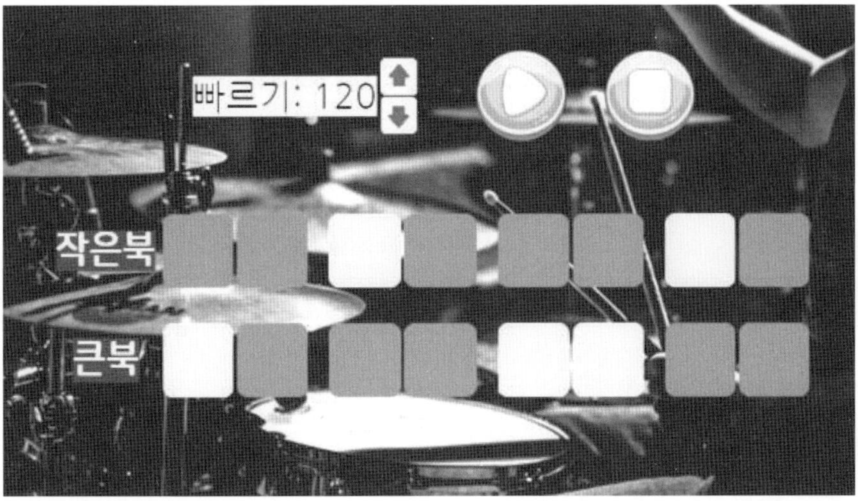

타악기는 큰 음량, 충분한 연습 시간 확보의 제한 등으로 수업에 적용하기 어려운 경우가 많다. 음악 수업에서 풍성한 음향적 효과를 기대하는 경우에는 소프트웨어로 구현한 타악기 애플리케이션이 대안이 될 수 있다. 이 활동은 현장에서 실과와 음악의 주제중심 통합 수업으로 구성할 수 있는데, 소프트웨어 수업에서 주제중심 통합 수업을 실시할 경우, 충분한 수업 시수를 확보하고 소프트웨어 교육의 효과 제고를 기대할 수 있다.

드럼머신은 전자 악기의 하나로서 리듬 패턴을 입력하고 빠르기를 설정하면 리듬을 반복하여 연주한다. 이 활동 과제에서는 드럼머신을 엔트리로 구현하면서 음악 관련 내용의 학습과 동시에 프로그래밍 실습이 가능하며, 완성된 프로그램을 기악 합주에 활용함으로써 학생들의 효능감과 수업 만족도를 높일 수 있다.

Keywords

드럼머신, 리듬, 전자악기, 주제중심 통합 수업, 코딩, 프로그래밍

1. 대상 학년: 4~6학년

2. 교수 · 학습 모형: 프로젝트법

단계	본시 활동 요소
목적 설정하기	• 문제 상황 탐색 • 엔트리 드럼머신 산출물 및 과제 요구조건 확인
활동 계획하기	• 애플리케이션 디자인 요소 설계 • 요구하는 자료(그래픽, 음향, 오브젝트 등) 확인 • 절차적 사고를 통해 프로그램 실행의 절차 확인하기
실행하기	• 자료 수집(그래픽, 음향, 오브젝트 등) • 알고리즘 설계하기 • 프로그래밍하고 작동 확인하기
평가하기	• 음악 수업에 적용하기 • 오류 수정 및 평가

3. 교수 · 학습 자료

가. 도구: 엔트리 프로그래밍이 가능한 정보기기(PC, 랩톱 등)

나. 수업자료: 예시 작품, 활동지 등

4. 교수 · 학습 계획

가. 학습 주제: 엔트리 드럼머신 만들기

나. 학습 목표

1) 박, 박자, 리듬, 빠르기의 의미를 이해할 수 있다.

2) 엔트리를 활용하여 드럼머신 프로그래밍을 할 수 있다.

3) 예술 분야에서 프로그래밍 활용에 관심을 가질 수 있다. (주제통합 수업)

나. 학습의 형태: 개별 학습

라. 학습 장소: 교실 또는 컴퓨터실

마. 평가 관점

1) 박, 박자, 리듬, 빠르기 등 음악적 요소를 이해하고 있는가?

2) 소프트웨어를 활용한 문제 해결 방법을 절차적으로 설계할 수 있는가?

3) 프로그램이 계획대로 실행되는가?

4) 제작 과정에 적극적으로 참여하였는가?

5. 지도상 유의점

가. 박, 박자, 리듬, 빠르기 등 음악적 요소의 선수 학습이 충분한지 사전에 파악한다.

나. 엔트리에 대한 기초 기능에 대한 학습이 사전에 충분히 이루어졌는지 확인한다.

다. 알고리즘 설계에 있어서 어려움이 있으면 교사가 사전에 반구조화된 형태로 알고리즘을 제시할 수 있다.

라. 단순한 따라하기식의 수업으로 흘러가지 않도록 학생이 스스로 문제해결 방법을 설계해 보도록 지도한다.

마. 엔트리를 처음 접하거나 익숙하지 않은 학생은 사전에 하나의 악기를 정박에 일정하게 연주하는 등의 프로그램을 작성하는 연습을 하도록 한다.

6. 교수 · 학습 과정

실과 교수·학습 과정안			
학습 주제	엔트리로 드럼머신 프로그램 만들기	학습형태	개별학습
		학습모형	프로젝트법
학습 목표	1) 박, 박자, 리듬, 빠르기의 의미를 이해할 수 있다. 2) 엔트리를 활용하여 드럼머신 프로그래밍을 할 수 있다. 3) 예술에서 프로그래밍 활용에 관심을 가질 수 있다. (주제통합 수업)		

가. 목적 설정하기 단계 (10분)

■ 문제상황 탐색

T 음악 수업에서 타악기를 활용할 때 어떤 어려움이 있었나요?

S 소리가 너무 커서 연주하거나 연습하기에 불편했습니다. 다른 악기와 합주할 때 타악기 소리만 너무 두드러지는 점도 불편했습니다.

T 그러면 타악기와 함께 기악합주를 할 때 소프트웨어를 활용할 수 있을까요?

S 소프트웨어를 활용해 타악기 연주를 하면 음량을 적절히 조절할 수 있습니다. 그리고 미리 빠르기와 리듬을 설정하면 일정하게 연주할 수 있습니다.

T 타악기 연주를 배우고자 하는 수업이 아닌 경우에는 충분히 합주에 활용할 수 있겠네요. 그럼 소프트웨어를 활용한 드럼머신을 만들어 봅시다.

■ 산출물 및 과제 요구조건 확인 **〈활동지 1〉**

T 드럼머신이 무엇인지 알아봅시다.

S 드럼 소리를 연주하는 전자 기계를 말합니다.

T 완성 프로그램 예시를 살펴봅시다. (http://t.ly/HNP1) 주의할 점은 무엇이 있나요?

S 여러 타악기가 같은 박자에 정확하게 연주될 수 있도록 해야 합니다. 원하는 리듬을 입력하고 입력된 리듬을 눈으로 확인할 수 있어야 합니다. 현재 재생되는 부분이 어디인지도 확인할 수 있으면 더욱 편리합니다.

나. 활동 계획하기 단계 (30분)

■ 애플리케이션 디자인 요소 설계 **〈활동지 2〉**

T 화면 구성은 어떻게 하면 좋을지 생각해 봅시다.

S 드럼 연주에 어울리는 배경화면이 필요합니다. 엔트리에 있는 배경화면을 사용하거나 따로 검색하여 업로드한 뒤 활용할 수도 있습니다.

Ⓣ 리듬이 시각적으로 확인되려면 어떻게 디자인하면 좋을까요?

Ⓢ 실제 드럼머신처럼 악기별로 박자마다 버튼이 있으면 좋겠습니다. 버튼을 눌렀을 때 불이 들어오게 설계하면 입력된 리듬을 확인할 수 있습니다.

Ⓣ 화면에 각 오브젝트를 균형 있게 배치할 수 있도록 필요한 버튼의 개수와 크기, 위치를 구안해 봅시다.

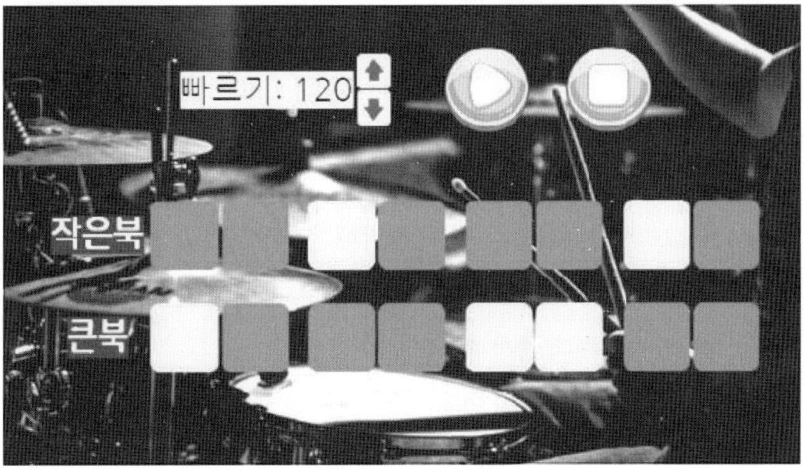

[그림 Ⅳ-1] 엔트리 드럼머신 화면 구성 예시

■ 요구되는 자료 확인하기

Ⓣ 프로그래밍하기 전에 미리 준비해야 할 자료에는 어떤 것이 있을까요?

Ⓢ 배경에 사용할 그래픽 자료가 필요하고, 드럼머신에 사용할 음향 오브젝트를 사용할 수 있는지 확인해야 합니다. 스위치로 사용할 오브젝트를 선택해 둘 필요가 있습니다.

■ 절차적 사고를 통해 프로그램 실행의 절차 확인하기

Ⓣ 필요한 오브젝트를 확인해 봅시다.

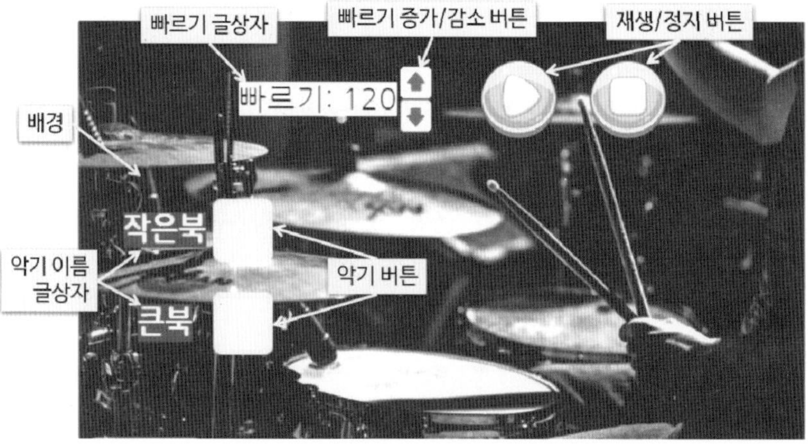

[그림 Ⅳ-2] 엔트리 드럼머신 오브젝트 구성 예시

Ⓣ 각 오브젝트의 실행 절차를 생각해 봅시다.

오브젝트	실행 절차
배경	필요한 절차 없음
악기 이름 글상자	필요한 절차 없음
빠르기 글상자	**[시작하기 버튼을 클릭했을 때]** *– 빠르기를 120으로 설정하기* *– 현재 빠르기를 반복해서 나타내기*
빠르기 조절 버튼	*– 증가/감소 버튼을 누르면 현재 빠르기를 1씩 올리거나 내리기*
재생/정지 버튼	**[재생 버튼 오브젝트를 클릭했을 때]** *– 현재 빠르기에 따라 박1, 박2, 박3, 박4, 박5, 박6, 박7, 박8 등의 순서로 재생 신호 보내기* **[정지 버튼 오브젝트를 클릭했을 때]** *– 모든 동작을 멈추기*
악기 버튼	**[시작하기 버튼을 클릭했을 때]** *– 복제본을 8개 만들기* *– 복제본마다 번호 붙이기* **[오브젝트를 클릭했을 때]** 〈버튼이 끔 상태이면〉 *– 버튼을 '켬' 상태로 바꾸기(변수, 버튼 색깔 등)* *– 해당 악기소리 재생하기* 〈버튼이 켬 상태이면〉

오브젝트	실행 절차
	- 버튼을 '끔' 상태로 바꾸기(변수, 버튼 색깔 등) **[재생 신호(1~8)를 받았을 때]** 〈버튼이 '켬' 상태이고 버튼 번호와 재생 신호 번호가 일치하면〉 *- 버튼에 해당하는 악기소리 재생하기* *- 버튼 밝기 바꾸기*

다. 실행하기 단계 (50분)

■ 자료 수집하기

Ⓣ 사용할 오브젝트와 음원을 엔트리에서 찾고, 사용할 배경 그림을 수집합니다.

Ⓢ 오브젝트는 엔트리에 포함된 것을 활용하면 됩니다.

Ⓢ 음원도 엔트리에 포함된 것을 활용하면 됩니다.

Ⓢ 배경 그림은 인터넷에 공개된 무료 그림을 검색하여 내려받으면 됩니다.

■ 알고리즘 설계하기

▫ 사용할 변수 구상하기

Ⓣ 필요한 변수를 정리해 봅시다.(예시)

변수 이름	역할	적용 범위
빠르기	현재 빠르기를 저장	모든 오브젝트
작은북복제번호	몇 번째 복제본인지 저장	
큰북복제번호		
큰북버튼번호	각 복제본이 몇 번째 박자에 해당하는지 저장	특정 오브젝트에서만
작은북버튼번호		
큰북켬	버튼이 켜져 있는지 꺼져 있는지 저장	
작은북켬		

Ⓣ 필요한 신호를 정리해 봅시다.(예시)

Ⓢ 박1, 박2, 박3, 박4, 박5, 박6, 박7, 박8입니다.

▫ 오브젝트별 기능을 확인하고 명령어 구상하기

Ⓣ 각각의 오브젝트에는 어떤 명령어를 사용해야 할까요?(예시)

오브젝트	필요한 기능	명령어 블록(예시)
빠르기 글상자 빠르기: 120	**[시작하기 버튼을 클릭했을 때]** 글상자에 '빠르기' 변수를 계속 반복해서 출력하기 (초기값=120)	
빠르기 증가/감소 버튼 	**[오브젝트를 클릭했을 때]** '빠르기' 변수에 1씩 더하기/빼기	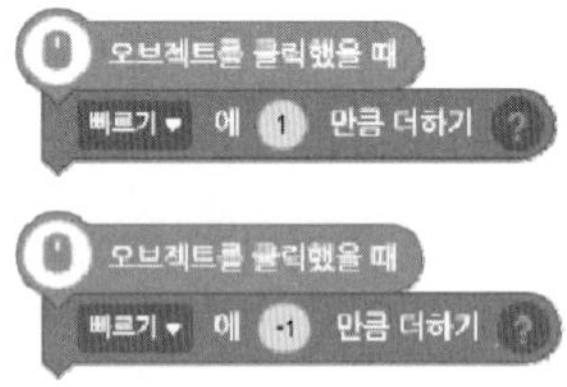
재생 버튼 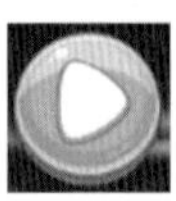	**[오브젝트를 클릭했을 때]** 현재 빠르기에 맞게 재생 신호 보내기	 ※ 1박당 시간: 빠르기는 1분에 1박이 반복되는 횟수이므로 1박자는 **60초÷빠르기** ※ 버튼 하나당 시간: 버튼 하나당 반박자이므로 **60초÷빠르기**÷2 또는 30초÷빠르기로 계산. 
정지 버튼 	**[오브젝트를 클릭했을 때]** 모든 명령어 멈추기	

악기 버튼
(큰북)

※ 작은북도 같은 방식으로 설정
	[시작하기 버튼을 클릭했을 때]
	
	오브젝트를 어둡게 하고 오브젝트 복제하기
		시작하기 버튼을 클릭했을 때
		밝기▾ 효과를 (-100) (으)로 정하기
		(4) 번 반복하기
		  (2) 번 반복하기
		    큰북복제번호▾ 에 (1) 만큼 더하기
		    자신▾ 의 복제본 만들기
		    x 좌표를 (42) 만큼 바꾸기
		  x 좌표를 (10) 만큼 바꾸기
		모양 숨기기
		
		※ 한 박자는 8분음표 2개에 해당한다는 것을 표현하기 위해 버튼을 2개씩 묶어서 복제합니다.
		
		※ 각 복제본에 1~8박에 해당하는 번호를 정해줍니다.

	[복제본이 생성되면] 변수값 설정하기	복제본이 처음 생성되었을때 큰북켬▾ 를 (0) (으)로 정하기 큰북버튼번호▾ 를 (큰북복제번호▾ 값) (으)로 정하기

	[오브젝트를 클릭했을 때]
	
	버튼을 '켬'상태로 바꾸고 악기 소리 연주하기
	
	연주할 때 밝기 효과 적용하기
		오브젝트를 클릭했을 때
		만일 <(큰북켬▾ 값) = (0)> (이)라면
		  큰북켬▾ 를 (1) (으)로 정하기
		  밝기▾ 효과를 (0) (으)로 정하기
		  소리 (킥드럼(쿵)▾) 재생하기
		아니면
		  큰북켬▾ 를 (0) (으)로 정하기
		  밝기▾ 효과를 (-100) (으)로 정하기

	[연주 신호를 받았을 때]
	
	'켬' 상태와 재생신호 번호를 확인하여 재생하기
		박1▾ 신호를 받았을 때
		만일 <<(큰북버튼번호▾ 값) = (1)> 그리고▾ <(큰북켬▾ 값) = (1)>> (이)라면
		  소리 (킥드럼(쿵)▾) 재생하기
		  밝기▾ 효과를 (80) 만큼 주기
		  (20) 번 반복하기
		    밝기▾ 효과를 (-4) 만큼 주기
		
		박2▾ 신호를 받았을 때
		만일 <<(큰북버튼번호▾ 값) = (2)> 그리고▾ <(큰북켬▾ 값) = (1)>> (이)라면
		  소리 (킥드럼(쿵)▾) 재생하기
		  밝기▾ 효과를 (80) 만큼 주기
		  (20) 번 반복하기
		    밝기▾ 효과를 (-4) 만큼 주기
		
		※ 박3~박8까지 같은 방식으로 반복

□ (선택) 함수 설정 구상하기

Ⓣ 여러 번 같은 명령어가 반복되는 것이 있나요?

Ⓢ 악기 소리를 재생하는 명령어가 여러 번 반복됩니다.

Ⓣ 여러 번 반복되는 명령어는 어떻게 효율적으로 프로그래밍할 수 있을까요?

Ⓢ 함수로 정해 놓으면 더 효율적으로 프로그래밍할 수 있습니다.

Ⓣ 함수로 정할 명령어를 정리해 봅시다.(예시)

함수이름	큰북재생	작은북재생
함수내용	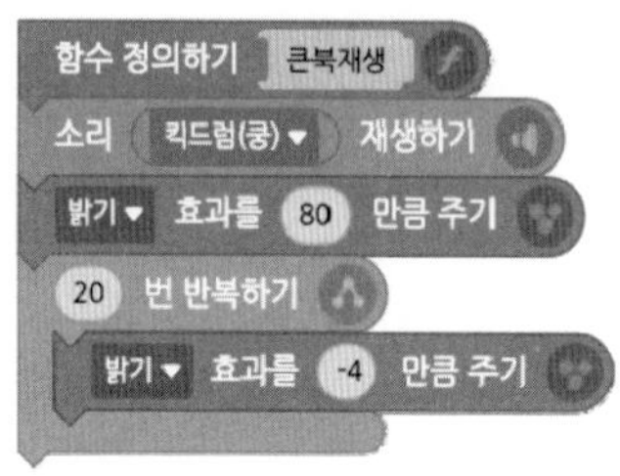	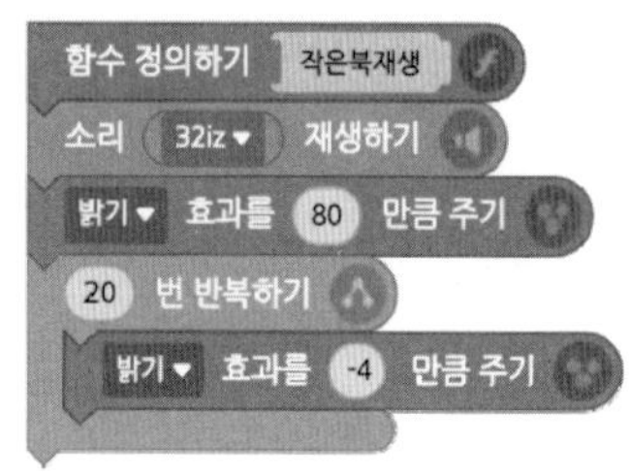

Ⓣ 함수를 사용하면 명령어 블록이 어떻게 바뀔까요?(예시)

함수 사용 전	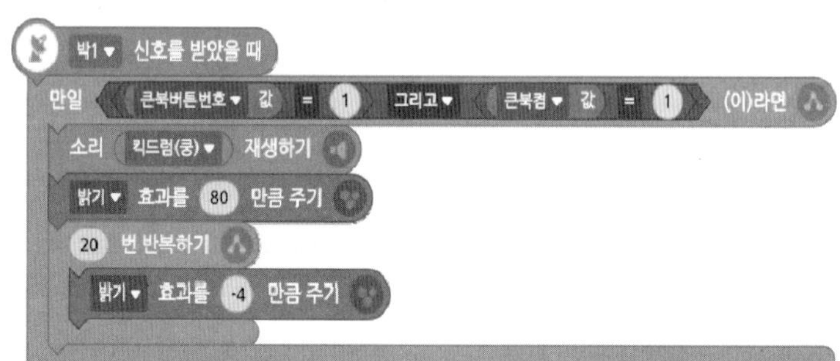
함수 사용 후	

■ 프로그래밍하고 작동 확인하기

Ⓣ 프로그램을 작성해 봅시다.(완성된 프로그램 예시: QR 참고)

Ⓣ 작성한 프로그램이 의도대로 작동하는지 확인해 봅시다.

Ⓣ 프로그램에서 개선하고 싶은 점을 찾아 개선해 봅시다.

프로그램 예시
http://t.ly/HNP1

라. 평가하기 단계 (30분)

■ 음악 수업에 적용하기

Ⓣ 엔트리 드럼머신을 적용할 수 있는 음악 수업을 찾아봅시다.

Ⓣ 가창 및 기악 합주 등에 직접 만든 프로그램을 적용해 봅시다.

■ 오류 수정 및 평가하기

Ⓣ 오류를 찾아 수정해 보고, 음악 수업에 적용한 소감을 이야기해 봅시다.

7. 과정중심 수행평가지

활동지 1 드럼 머신 알아보기

〈활동지 1〉 드럼머신 알아보기

엔트리 드럼머신 만들기

학년　반　번　이름(　　　　　)

영 역	정보	실습일	년　월　일
주 제	드럼머신 알아보기	실습자	
활동 내용			

◇ **드럼머신이란 무엇일까요?**

음악을 감상하다 보면 박자를 연주하는 리듬악기 소리를 들을 수 있습니다. 동요부터, 클래식, 대중음악에 이르기까지 리듬악기는 거의 빠짐없이 등장합니다. 리듬악기의 종류는 다양하지만, 현대에 가장 널리 사용되고 있는 악기는 드럼이라고 할 수 있습니다.

그러나 모든 음악에 진짜 드럼만을 사용하는 것은 아닙니다. 드럼 소리를 내주는 다양한 전자 악기도 폭넓게 활용되고 있습니다. 드럼머신은 드럼 소리를 내는 전자 기계를 말합니다. 많은 가수와 음악가들이 드럼머신을 활용하여 작곡과 공연을 하고 있습니다. 과거에는 전자 기계로 만들어진 드럼머신을 많이 활용했지만, 요즈음에는 컴퓨터에서 작동하는 소프트웨어 드럼머신도 널리 활용되고 있습니다.

참고 자료: Roland 공식 홈페이지

☞ 드럼머신을 엔트리로 만들 때 고려할 점에는 무엇이 있을까요?

연주하고 싶은 박자는 어떤 리듬꼴인가?

4/4박자의 리듬꼴

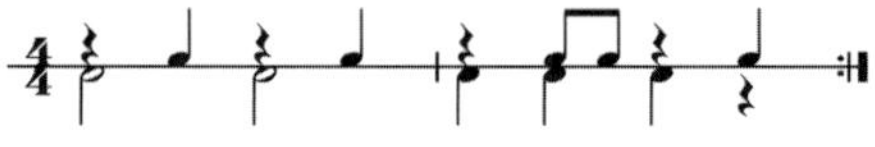

연주하고 싶은 악기 소리는 어떤 소리인가?
- 큰북, 작은북, 심벌즈

드럼머신에 넣고 싶은 기능은?
- 연주되는 박자가 반짝이는 기능

활동지 2 드럼머신 구상하기

〈활동지 2〉 드럼머신 구상하기

엔트리 드럼머신 만들기

학년 반 번 이름( )

영 역	정보	실습일	년 월 일
주 제	소프트웨어 드럼머신 구상하기	실습자	

활동 내용

◇ **다양한 드럼머신의 사례를 살펴봅시다.**

		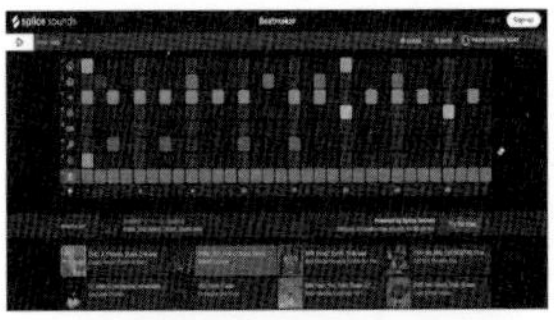
롤랜드의 TR-808	아카이의 MPC ONE	스플리스사운드의 비트메이커
http://t.ly/EN9Z	http://t.ly/TuQx	http://t.ly/9v41

☞ 위에 제시된 드럼머신의 예를 참고하여 엔트리로 만들고 싶은 드럼머신의 화면을 구상해 봅시다.

8. 관계 지식

▣ 이벤트[43)44)]

이벤트는 사건 기반 프로그래밍(Event-Driven Programming)에서 프로그램이 반응하도록 사용자가 만들어내는 동작 또는 일이 일어나는 것을 뜻한다. 사건 기반 프로그램에서 프로그램은 시작부터 순서에 따라 실행되는 것이 아니라 이벤트가 일어날 때까지 기다리게 되며, 이벤트가 일어나면 그때 실행된다. 이벤트의 예로는 마우스의 버튼을 클릭하거나 키보드를 누르는 것, 메시지를 전달하여 이벤트처럼 실행하게 하는 방법 등이 있다. 예를 들어, 마우스를 클릭하면 음악이 연주되는 프로그램은 이벤트를 이용하면 작성할 수 있다. 이벤트는 윈도우 기반의 프로그램에서 동시에 여러 가지 활동을 병렬로 수행하는 프로그램을 개발할 때 유용하다.

▣ 함수[45)46)]

함수는 프로그램에서 특정한 동작을 수행하는 명령의 모음을 말한다. 함수는 특정 연산을 위한 명령을 별도로 마련하여 필요할 때마다 사용하는 것으로 이름을 부를 때마다 실행이 된다. 따라서 반복되는 부분이 있을 때 반복되는 명령을 하나로 묶어서 필요할 때마다 불러와 활용할 수 있다. 함수를 적절히 사용하면 프로그램의 흐름을 일목요연하게 볼 수 있으므로 프로그램의 흐름을 파악하는 데 유리하고 오류의 원인을 찾기 쉽다. 엔트리에서는 값을 전달하지 않는 함수와 판단값이나 문자 및 숫자값을 전달하는 함수를 사용할 수 있다. 판단값이나 문자 및 숫자값을 사용하는 함수는 함수를 만들 때 함수 블록 꾸러미에서 판단값이나 문자/숫자값에 해당하는 매개변수를 끌어와서 활용한다.

43) 이순자, 구선모. (2016). 소프트웨어 어휘다지기.
44) 정영식, 홍은미, 김슬기, 김성훈. (2018). 엔트리파이썬. 서울: 한빛아카데미.
45) 이순자, 구선모. (2016). 소프트웨어 어휘다지기.
46) 박응용. (2019). 점프 투 파이썬. 서울: 이지스퍼블리싱.

[그림 Ⅳ-3] 엔트리에서의 함수 정의 예시

▣ 드럼머신(리듬머신)[47][48]

드럼이란 본래 타악기를 총칭하는 용어이나, 근래에는 주로 현대적인 드럼세트를 지칭한다. 드럼세트는 드럼과 심벌 등 여러 타악기가 스탠드나 랙으로 연결된 악기 세트를 말한다. 음악에서 리듬을 유지하고 곡의 분위기를 만들어가는 역할을 한다. 드럼머신은 드럼 소리를 내는 기계 장치를 말하는데, 샘플링 음원, 또는 아날로그 신시사이저 음원에 의한 각종 드럼·퍼커션 사운드와 전용 시퀀서를 내장하여 리듬 연주의 녹음과 편집, 재생을 실행한다. 실제로 패드를 두드려 리듬꼴을 기록한 뒤 연주하는 방식과, 악기별로 연주할 박자에 따라 기록한 뒤 연주하는 방식이 있다.

47) 사단법인 음악사 연구회. (2018). 네이버 악기백과.
48) 삼호뮤직 편집부. (2002). 파퓰러음악용어사전 & 클래식음악용어사전.

3 기계 학습을 활용해 '나와 닮은 동물 찾기' 프로그래밍하기

'나는 강아지 상일까, 고양이 상일까?'

한번쯤 나와 닮은 동물이 무엇인지 궁금했던 경험이 있을 것이다. 실제로 코딩 채널을 운영하는 한 유튜버가 개발한 '동물상 테스트'가 한국에 큰 붐을 일으키기도 했다.(동물상 테스트, https://animalface.site/ko/index.html) 이 프로그램의 원리는 '기계 학습(machine learning)'과 '빅데이터(big data)'에 있는데, 이 원리를 학생들이 몸소 체험할 수 있도록 엔트리를 활용해 '나와 닮은 동물 찾기' 알고리즘 설계 수업 활동 자료를 소개하고자 한다.

머신러닝을 활용하여 '나와 닮은 동물 찾기' 알고리즘을 설계하는 활동은 학생들이 체험을 통해 직접 기계 학습과 빅데이터의 의미와 중요성을 이해하도록 할 수 있다. 또한 학생들이 검색 엔진을 이용해 나와 닮은 다양한 동물을 탐색하는 과정에서 생명 기술 시스템을 이해할 수 있으며, 획득한 지식을 직접 활용할 수 있다.

Keywords

기계 학습(Machine Learning), 엔트리, 인공지능, 학습 모델

1. 대상 학년: 4~6학년

2. 교수·학습 모형: 프로젝트법

단계	본시 활동 요소
목적 설정하기	• 문제 상황 파악하기 • 교사의 예시 프로그램 확인하기
활동 계획하기	• 머신러닝과 빅데이터의 개념 학습하기 • '나와 닮은 동물 찾기' 프로그램을 절차적 사고로 계획하기
실행하기	• 'Pixabay' 프로그램을 활용해 동물 사진 빅데이터 만들기 • 엔트리를 활용한 '나와 닮은 동물 찾기' 알고리즘 설계 및 코딩하기 • 나와 닮은 동물을 기르는 방법을 탐색하기
평가하기	• 디버깅 및 자기 평가하기

3. 교수·학습 자료

가. 재료: Pixabay, 엔트리 프로그램

나. 도구: 카메라 기능이 있는 스마트패드 혹은 노트북 등

다. 수업자료: 프레젠테이션, 활동지 등

4. 교수·학습 계획

가. 학습 주제: 나는 고양이상? 강아지상? 머신러닝을 활용해 나와 닮은 동물 찾기

나. 학습 목표

1) 머신러닝과 빅데이터의 개념, 원리, 가치 등을 이해할 수 있다.

2) 엔트리를 활용해 나와 닮은 동물 찾기 프로그램을 만들 수 있다.

3) 인공지능 기술에 흥미와 관심을 가질 수 있다.

4) 나와 닮은 동물을 기르는 방법을 탐색할 수 있다.

다. 학습 형태: 개별 학습

라. 학습 장소: 실과 실습실 혹은 스마트기기가 구비된 교실

마. 평가 관점

1) 엔트리를 활용해 나와 닮은 동물 찾기 프로그램이 계획한 대로 실행되었는가?

2) 디버깅 과정에서 오류의 원인을 알고 올바르게 수정했는가?

3) 제작 과정에 적극적으로 참여하였는가?

5. 지도상 유의점

가. 노트북 키보드 사용이 미숙한 학생들은 Ctrl+C, Ctrl+V, Ctrl+A 등의 단축키 사용을 사전에 학습할 기회를 제공한다.

나. '실행하기' 단계에서 학생이 프로그래밍한 코드가 교사의 코드 답안과 다르더라도 허용적인 분위기를 제공한다.

다. '나와 닮은 동물 찾기' 이외의 아이디어가 나올 경우 심화 학습에서 추가 프로그램을 만들 수 있는 기회를 제공한다.

라. 프로그래밍 과정에서 '순차', '반복', '선택' 구조의 개념을 자연스럽게 익힐 수 있도록 한다.

마. 엔트리 프로그램은 로그인 없이 사용할 수 있지만, 작품을 저장하기 위해서는 네이버 계정 또는 웨일 스페이스 계정이 필요하므로 학생들에게 사전 안내가 필요하다.

바. 학생들에게 엔트리는 최대 10개의 클래스를 학습시킬 수 있지만, 학습량이 많아질수록 분류의 정확도가 높아지며 빅데이터에 가까워진다는 것을 인지시킨다.

6. 교수 · 학습 과정

실과 교수·학습 과정안			
학습 주제	나는 고양이상? 강아지상? 머신러닝을 활용해 나와 닮은 동물 찾기	학습 형태	개별 학습
		학습 모형	프로젝트법
학습 목표	1) 머신러닝과 빅데이터의 개념, 원리, 가치 등을 이해할 수 있다. 2) 엔트리를 활용해 나와 닮은 동물 찾기 프로그램을 만들 수 있다. 3) 인공지능 기술에 흥미와 관심을 가질 수 있다. 4) 나와 닮은 동물을 기르는 방법을 탐색할 수 있다.		

가. 목적 설정하기 단계 **〈활동지 1〉**

■ 문제 상황 파악하기

T 한울이는 어떤 기사를 읽었나요?

S 동물상 연예인과 관련된 기사들을 읽었습니다.

T 한울이는 어떤 것을 궁금해하고 있나요?

S 나와 닮은 동물은 무엇인지 궁금해하고 있습니다.

T 여러분의 배경지식 중 한울이의 고민을 해결할 수 있는 프로그램이 있나요?

S 엔트리 프로그램에서 인공지능 기능을 활용하면 될 것 같습니다.

■ 교사의 예시 프로그램 확인하기

T 선생님이 만든 프로그램을 보고 어떤 블록들이 사용되었을지 추측해 봅시다.

S '시작하기' 블록과 '안녕! 을(를) 4 초동안 말하기' 블록 등이 사용되었을 것 같습니다.

T 여러분이라면 어떤 블록을 사용하고 싶나요?

S 동물상을 판별한 후 결과를 그림으로 보여주는 블록을 활용해보고 싶습니다.

S 판별한 결과에 따라 동물 소리를 내는 블록을 활용하고 싶습니다. 등

나. 활동 계획하기 단계 **〈활동지 2〉**

■ 머신러닝과 빅데이터의 개념 학습하기

[T] 머신러닝(기계학습)이란 무엇인가요?
(소프트웨어야 놀자! 머신러닝, https://youtu.be/IiyYsAMmmw4)

[S] 기계가 스스로 데이터를 기반으로 학습하는 것을 말합니다.

[T] 머신러닝(기계학습)에는 주로 세 가지의 학습 방법이 있습니다. 이 세 가지 방법을 활동지에 정리해봅시다.

[S] 지도학습은 인간이 정답을 알려주고 기계가 학습하는 방법입니다. 비지도학습은 인간이 정답을 알려주지 않은 채 로봇이 스스로 규칙을 찾는 방법입니다. 강화학습은 로봇이 경험을 통해 성공과 실패를 반복하며 학습하는 방법입니다.

[T] 나와 닮은 동물을 찾으려면 어떤 방법의 머신러닝이 적합할지 생각해봅시다.

[S] 지도학습이 적합할 것 같습니다.

[T] 빅데이터란 무엇인가요?
(소프트웨어야 놀자! 빅데이터, https://youtu.be/6MrCdXBlmqM)

[S] 무수히 많은 데이터를 말합니다.

[T] 나와 닮은 동물을 찾으려면 어떤 형태의 빅데이터가 필요할까요?

[S] 이미지 형태의 빅데이터가 필요할 것 같습니다.

■ '나와 닮은 동물 찾기' 프로그램을 절차적 사고로 계획하기 **〈활동지 2〉**

[T] 나와 닮은 동물 찾기 프로그램을 설계하기 전 절차적 사고로 표현해봅시다.

[S] 엔트리봇이 '너와 닮은 로봇을 찾아줄게!'라고 말한다. 다음, 이미지 분류를 활용해 내가 어떤 동물을 닮았는지 판별한 다음, 엔트리봇이 분류 결과를 말한다.

다. 실행하기 단계

■ 'Pixabay' 프로그램을 활용해 동물 사진 빅데이터 만들기

– 'Pixabay' 프로그램 https://pixabay.com/ko/

T 어떤 동물들의 이미지를 수집하고 싶나요?

S 토끼, 강아지, 고양이, 호랑이 등을 수집하고 싶습니다.

T 나는 어떤 동물과 닮았을지 예상해봅시다.

S 나는 토끼상일 것 같습니다.

① 'Pixabay의 모든 이미지 검색'에 검색하고 싶은 동물 이름을 입력합니다.

⇨

② 검색 결과에 나온 사진을 누릅니다.

③ '무료 다운로드' 버튼을 눌러 동물 종류당 20장 이상의 이미지 데이터를 다운 받습니다.

■ 엔트리를 활용한 '나와 닮은 동물 찾기' 알고리즘 설계하기

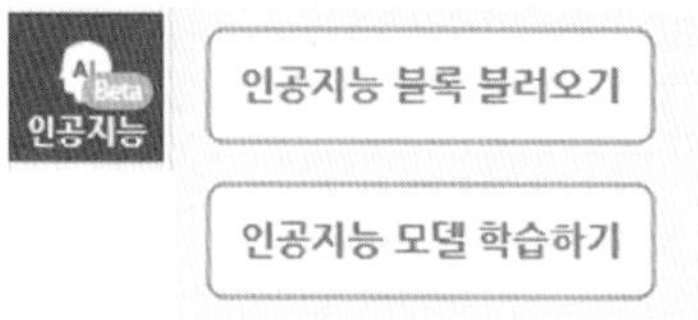

① [인공지능] 카테고리의 [인공지능 모델 학습하기] 버튼을 클릭합니다.

② [학습할 모델 선택하기] 에서 [분류: 이미지] 버튼을 클릭합니다.

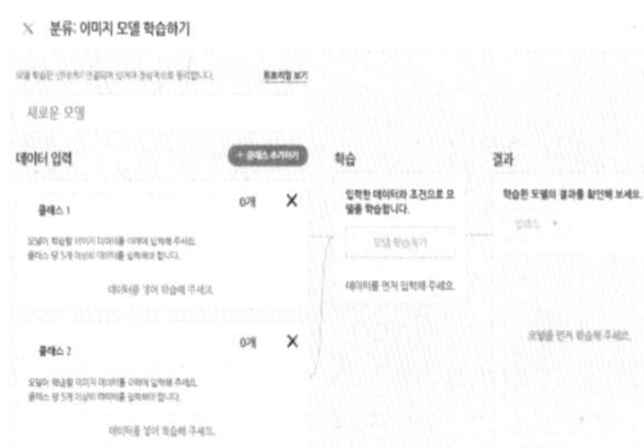

③ [새로운 모델]을 클릭한 후 이미지 모델 이름을 입력합니다.

④ [클래스]에 학습시킬 동물 이름을 입력합니다. (최대 10개의 클래스를 추가할 수 있습니다.)

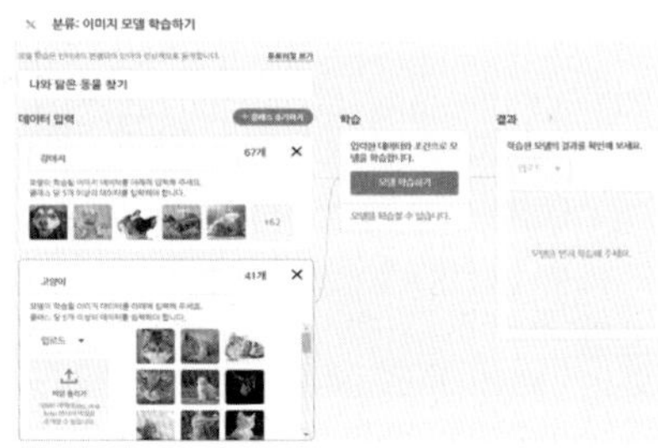

⑤ 클래스에 이미지를 입력했다면, [모델 학습하기] 버튼을 클릭합니다.

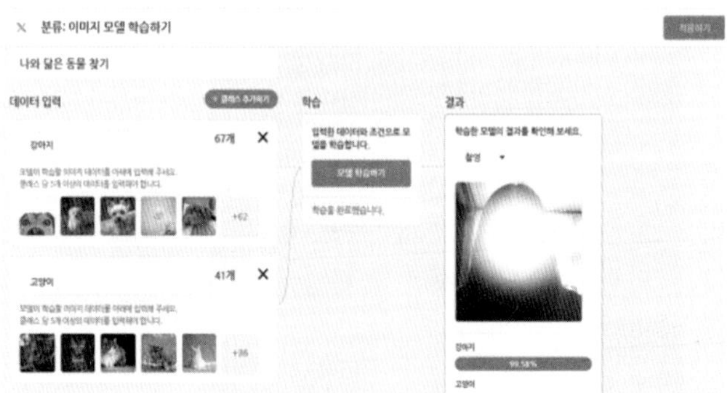

⑥ [결과]에서 [촬영] 옵션을 선택하고, 카메라 사용 권한을 허용한 후, 학습한 모델의 결과를 확인합니다. 이후 [적용하기]를 눌러 학습한 이미지 모델을 적용합니다.

① 그림과 같이 블록을 연결한 후 '안녕!'을 클릭한 후 '너와 닮은 동물을 찾아줄게!'로 바꿉니다.
② '4'를 클릭한 후 '2'로 바꿉니다.

⇨

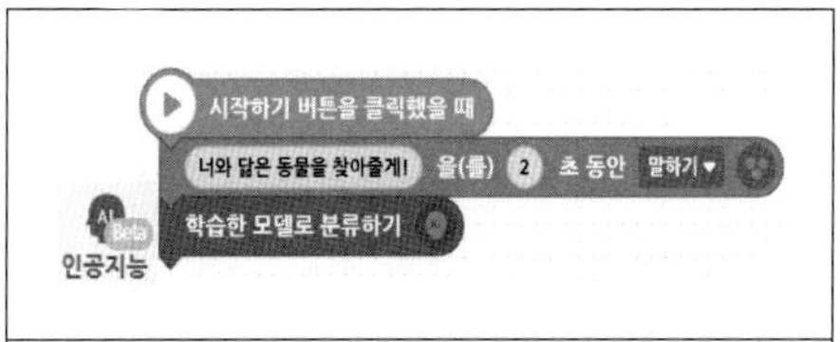

③ [인공지능] 카테고리의 [학습한 모델로 분류하기] 블록을 연결합니다.

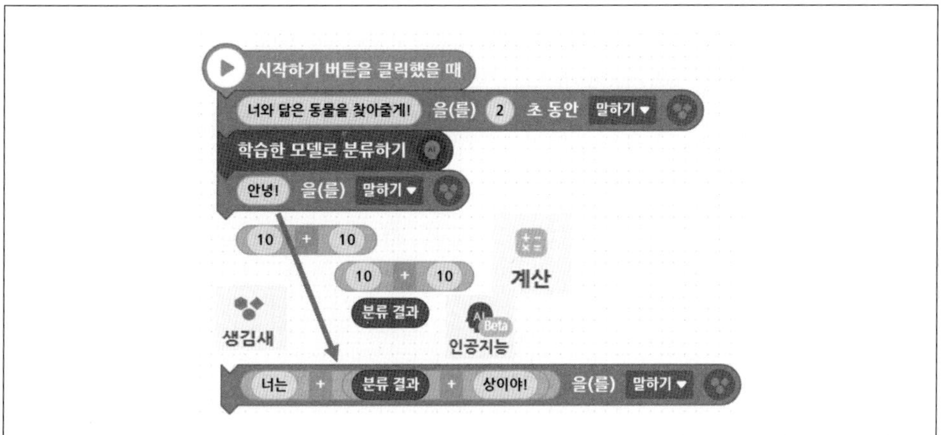

④ [생김새] 카테고리의 [안녕! 을(를) 말하기] 블록을 연결합니다.
⑤ '안녕!' 부분에 [계산] 카테고리의 [10+10] 블록을 그림과 같이 연결합니다.
⑥ [10+10+10] 을 ['너는'+'분류결과'+상이야!]로 바꿉니다.

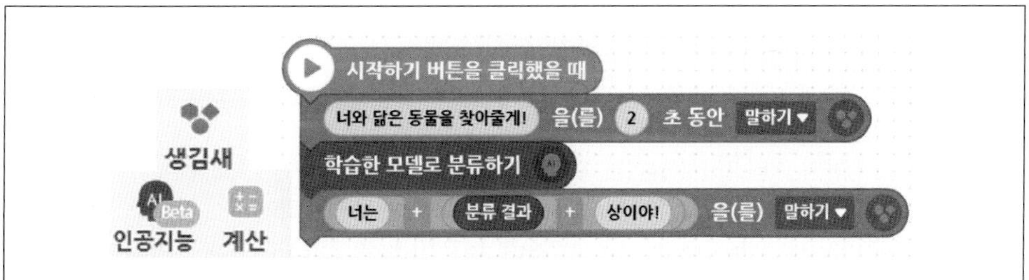

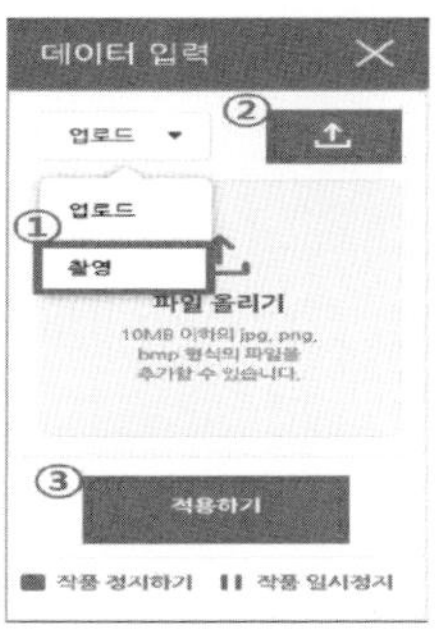

⑦ [▶] 버튼을 눌러 실행합니다. 이때 [업로드] 옵션을 [촬영]으로 바꿔 자신의 얼굴을 비출 수 있도록 합니다.

⑧ 결과를 확인하고 평가합니다.

점검 내용	예	아니요
1) 엔트리봇이 '너와 닮은 동물을 찾아줄게!'라고 말하나요?		
2) 이미지 분류가 실행되고 나와 닮은 동물을 판별하나요?		
3) 구상한 대로 프로그램이 실행되나요?		

■ 나와 닮은 동물을 기르는 방법을 탐색하기 **〈활동지 3〉**

T 나는 어떤 동물과 닮았나요?

S 강아지를 닮았습니다. 고양이를 닮았습니다.

T 나와 닮은 동물을 기르기 위해 어떤 정보가 필요한가요?

S 어디서 기르는지, 무엇을 먹고 사는지 등의 정보가 필요합니다.

T 검색 엔진을 이용해 나와 동물을 기르기 위한 정보를 탐색해 활동지에 적어봅시다.

라. 평가하기 단계 **〈활동지 3〉**

■ 디버깅 및 자기 평가하기

T 프로그램을 실행한 후 평가해봅시다.

T 심화 활동으로 아래의 조건 중 두 가지 이상을 만족하는 프로그램을 설계해봅시다.

1) [소리] 카테고리의 블록을 포함하기
2) [판단] 카테고리의 블록을 포함하기
3) [인공지능] 카테고리의 [동물에 대한 신뢰도] 블록 활용하기
4) [생김새] 카테고리의 [다음 모양으로 바꾸기] 블록 활용하기

7. 과정중심 수행평가지

활동지 1 목적 설정하기

〈활동지 1〉 목적 설정하기

나는 고양이상? 강아지상?

머신러닝을 활용한 나와 닮은 동물 찾기 알고리즘 설계 수업

학년 반 번 이름 ( )

영역	정보	실습일	년 월 일
주제	머신러닝을 활용한 나와 닮은 동물 찾기 알고리즘 설계하기	실습자	
활동 내용			

◇ **다음 기사를 읽고 문제 상황을 파악해 봅시다.**

> *'토끼상 연예인 OOO, 상큼한 매력 선보여..' , '연예인 대표 고양이상 △△△ 할리우드 진출'*
>
> 한울이는 위와 같은 기사들을 읽으며 '나는 어떤 동물을 닮았을까?' 하는 생각을 했습니다. 상큼발랄한 이미지의 연예인은 토끼상, 도도하고 매력적인 이미지의 연예인은 고양이상 등 사람들은 연예인의 닮은꼴을 말할 때 흔히 동물에 비유하기 때문입니다. 그러던 중 예전에 텔레비전으로 보았던 기계 학습이 떠올랐습니다. 다양한 동물 이미지 데이터를 기계에게 학습시킨 후 나의 얼굴 사진을 보여주면 나와 닮은 동물을 찾는 프로그램을 만들 수 있을 것 같았습니다. 하지만 구체적으로 어떤 프로그램을 사용해야 할지, 어떤 알고리즘으로 설계해야 할지 막막했습니다.

1. 한울이는 어떤 기사를 읽었나요?
   동물상 연예인과 관련된 기사들을 읽었습니다.

2. 한울이는 어떤 것을 궁금해하고 있나요?
   나와 닮은 동물은 무엇인지 궁금해하고 있습니다.

3. 나의 배경지식 중 한울이의 고민을 해결할 수 있는 프로그램이 있나요?
   엔트리 프로그램 중 인공지능 기능을 활용할 수 있습니다.

◇ **선생님이 만든 프로그램을 보고 생각해봅시다.**

1. 선생님이 만든 프로그램에는 어떤 블록들이 사용되었을지 추측해봅시다.
   '시작하기' 블록과 '2초 동안 말하기' 블록 등이 사용되었을 것 같습니다.

2. 나라면 어떤 블록을 활용할지 생각해봅시다.
   '시작하기' 블록과 '2초 동안 말하기' 블록 등이 사용되었을 것 같습니다.

활동지 2 활동 계획하기

〈활동지 2〉 활동 계획하기

나는 고양이상? 강아지상?
머신러닝을 활용한 나와 닮은 동물 찾기 알고리즘 설계 수업

학년 반 번 이름( )

영역	정보	실습일	년 월 일
주제	머신러닝을 활용한 나와 닮은 동물 찾기 알고리즘 설계하기	실습자	
활동 내용			

◇ **다음 영상을 보고 기계학습에 대해 알아봅시다.**

1. 머신러닝(기계학습)이란 무엇인가요?
   기계가 스스로 데이터를 가지고 학습하는 것입니다.

2. 머신러닝(기계학습)의 세 가지 방법을 정리해봅시다.

지도학습	인간이 정답을 알려주고 기계가 학습하는 방법
비지도학습	인간이 정답을 알려주지 않은 채 기계가 학습하는 방법
강화학습	기계가 실패와 성공을 통해 실력을 강화하는 방법

3. 나와 닮은 동물을 찾으려면 어떤 방법의 머신러닝을 활용하면 좋을지 생각해봅시다.
   지도학습을 활용하면 좋을 것 같습니다.

◇ **다음 영상을 보고 빅데이터에 대해 배워봅시다.**

4. 빅데이터(Big Data)란 무엇인가요?
   경제, 과학 등 다양한 분야의 많은 데이터를 말합니다.

5. 나와 닮은 동물을 찾으려면 어떤 형태의 빅데이터가 필요한지 생각해봅시다.
   이미지 형태의 빅데이터가 필요합니다.

6. 나와 닮은 동물 찾기 프로그램을 설계하기 위해 절차적 사고로 표현해봅시다.

① 예시) 엔트리봇이 '너와 닮은 로봇을 찾아줄게!'라고 말합니다. ② 이미지 학습 모델을 만듭니다. ③ 학습한 모델로 분류합니다. ④ 엔트리봇이 분류 결과를 말합니다.

활동지 3 실행하기 및 평가하기

〈활동지 3〉 실행하기 및 평가하기

나는 고양이상? 강아지상?

머신러닝을 활용한 나와 닮은 동물 찾기 알고리즘 설계 수업

학년 반 번 이름( )

영역	정보	실습일	년 월 일
주제	머신러닝을 활용한 나와 닮은 동물 찾기 알고리즘 설계하기	실습자	
활동 내용			

◇ Pixabay 프로그램을 활용해 이미지 데이터를 수집해봅시다.

Pixabay 프로그램 바로가기 https://pixabay.com/ko/

1. 어떤 동물들의 이미지를 수집하고 싶나요?

   강아지, 고양이, 토끼, 공룡의 이미지를 수집하고 싶습니다.

2. 나는 어떤 동물과 닮았을지 예상해봅시다.

   나는 ( )상일 것이다.

◇ 엔트리에 접속 후 '나와 닮은 동물 찾기' 알고리즘을 설계하고 실행해봅시다.

엔트리 프로그램 바로가기 https://playentry.org/

1. 나는 어떤 동물과 닮았나요?

활동지 3 실행하기 및 평가하기 (계속)

2. 나와 닮은 동물을 기르려면 어떤 정보가 필요한지 탐색해 적어봅시다.

1) 나와 닮은 동물은 ( ) 입니다. 그림으로 표현해보세요.

2) 어디에 사나요?

3) 무엇을 먹고 사나요?

4) 어떻게 관리하나요?

3. 프로그램을 실행한 후 평가해봅시다.

점검 내용	예	아니오
1) 엔트리봇이 '너와 닮은 동물을 찾아줄게!'라고 말하나요?		
2) 이미지 분류가 실행되고 나와 닮은 동물을 판별하나요?		
3) 구상한 대로 프로그램이 실행되나요?		

4. [심화] 아래의 조건 중 두 가지 이상을 포함한 프로그램을 설계해봅시다.

1) [소리] 카테고리의 블록을 포함하기
2) [판단] 카테고리의 블록을 포함하기
3) [인공지능] 카테고리의 [동물에 대한 신뢰도] 블록 활용하기
4) [생김새] 카테고리의 [다음 모양으로 바꾸기] 블록 활용하기

8. 관계 지식

▣ 기계 학습[49)]

기계학습, 즉 머신러닝이라는 용어는 1959년, 미국의 컴퓨터 게임 및 인공지능 분야의 개척자인 아서 사무엘이 "기계가 일일이 코드로 명시하지 않은 동작을 데이터로부터 학습하여 실행할 수 있도록 하는 알고리즘을 개발하는 연구 분야"라고 정의하면서부터 등장했다. 기계가 스스로 데이터에서 패턴을 찾을 수 있도록 하는 방법은 크게 세 가지가 있다.

먼저 '지도학습'은 인간이 기계에게 정답 레이블을 알려주면서 학습을 시키는 방법이다. 현재 인공지능 교육에 많이 활용되고 있는 '엔트리 학습 모델'의 학습 원리가 '지도학습'에 해당되는데, 분류나 회귀 등 여러 가지 방법에 쓰인다. 두 번째 '비지도학습'은 정답을 알려주지 않은 채 기계가 많은 양의 데이터만을 입력하며 스스로 패턴을 발견하게 하는 학습 방법이다. 세 번째 '강화 학습'은 보상을 동반하여 기계가 경험을 하면서 실패와 성공을 반복하며 학습하는 방법이다. 이는 인간이 게임을 반복해 실행하면서 실력을 키워가는 것과 유사하다.

▣ 빅데이터[50)]

빅데이터란 양(Volume)이 매우 많고, 증가 속도(Velocity)가 빠르며, 종류(Variety)가 매우 다양한 데이터를 말한다. 이것을 3V라고도 한다. 빅데이터는 수십 테라바이트를 능가하는 대량의 정형 또는 비정형의 데이터 집합으로부터 가치를 추출하고 결과를 해석하는 기술이다. 데이터는 경제·경영, 사회, 문화, 정치, 과학기술, 마케팅 등 다양한 분야에서 활용되고 있다.

---

49) 머신러닝 개념. (2019). https://brunch.co.kr/@gdhan/2
50) Oracle. (2022). 빅데이터란 무엇인가? https://www.oracle.com/kr/big-data/what-is-big-data/

▣ 엔트리 프로그램[51)]

엔트리(Entry)는 대한민국의 네이버 커넥트재단에서 운영하는 비영리 교육 플랫폼으로서, 블록형 프로그래밍 언어를 기반으로 제작된 프로그램이다. 전국의 초, 중등 교과서에 채택되어 편리하게 소프트웨어 교육을 진행할 수 있도록 많은 자료가 갖춰져 있다. 최근에는 인공지능 베타 버전이 추가되어 인공지능 모델 학습하기를 통해 머신러닝을 체험할 수 있는 기회를 제공하고 있다.

51) 엔트리 소개. (2013). https://playentry.org/

4 마인크래프트 에듀케이션을 활용한 스마트팜 만들기

메타버스(Metaverse)란 간단히 말해 현실 세계가 가상 공간과 결합하여 현실이 가상공간으로 확장된 것을 의미한다. 디지털 원주민인 Z 세대에게 메타버스는 일상 생활이 곧 놀이라는 호모 루덴스[52]적인 모습에 잘 부합하는 플랫폼이 되었다. 메타버스는 더욱 일상 속에 자리 잡을 것이며, 미래의 직업도 발맞춰 변화할 것이라 예상한다. 따라서 메타버스를 단순히 체험하는 소비자의 입장이 아닌 능동적 이용자, 창작자로서 함께 메타버스 세계관을 만들어가는 역량을 기를 필요가 있다.

본 활동은 마인크래프트 에듀케이션을 통해 스마트팜 만들기 알고리즘을 설계하는 것으로서, 경작에 대한 단순 반복 작업을 절차적 사고를 통해 간단한 알고리즘으로 변화시키는 방법을 익힐 수 있다. 또한 학생들은 협업하여 하나의 프로젝트를 진행하는 과정에서 협동심과 리더십을 기를 수 있으며, 문제 해결 역량 또한 높일 수 있다. 더 나아가 뼛가루를 천연비료로 사용하는 마인크래프트 세계관 속에서 화학비료와 천연비료의 차이를 자연스럽게 익히고, 친환경농업을 하기 위해서 어떤 농업을 실천해야 하는지 알 수 있다.

Keywords

마인크래프트, 메타버스, 생명기술시스템, 코딩

52) 호모 루덴스(Homo Ludens)란 인간의 본질을 유희라는 점에서 파악하는 인간관이다. (Johan Huizinga, 1938)

1. 대상 학년: 4~6학년

2. 교수 · 학습 모형: 프로젝트법

단계	본시 활동 요소
목적 설정하기	• 문제 상황 파악하기 • 교사의 예시 프로그램 확인하기
활동 계획하기	• 스마트팜을 만들기 위한 알고리즘을 절차적 사고로 계획하기 • 가꾸고 싶은 작물을 골라 실제 작물의 재배 계획 세우기
실행하기	• 코드 빌더(Code Builder)를 활용해 스마트팜 알고리즘 설계하기
평가하기	• 디버깅 및 자기 평가하기 • 스마트팜 업그레이드하기

3. 교수 · 학습 자료

가. 재료: 마인크래프트 에듀케이션

나. 도구: 스마트패드 혹은 노트북

다. 수업자료: 프레젠테이션, 활동지 등

4. 교수 · 학습 계획

가. 학습 주제: 마인크래프트 에듀케이션을 활용한 스마트팜 만들기

나. 학습 목표

1) 마인크래프트 에듀케이션을 활용해 스마트팜 알고리즘을 설계할 수 있다

2) 친구들과 협동하여 농사 지은 작물을 가공해 결과물을 산출할 수 있다.

3) 프로그래밍을 통해 효율적인 농사를 지을 수 있다.

4) 지속 가능한 미래를 위한 친환경 농법의 필요성을 인식할 수 있다.

다. 학습 형태: 모둠 학습

라. 학습 장소: 노트북 혹은 스마트패드가 마련된 교실, 실과실습실, 컴퓨터실

마. 평가 관점

1) 모둠원과 협동하며 스마트팜 알고리즘을 설계했는가?

2) 농사 결과로 나온 작물을 이용해 창의적인 가공품을 만들었는가?

3) 모둠 활동에 적극적으로 참여했는가?

5. 지도상의 유의점

가. 마인크래프트 에듀케이션은 학교 또는 기관의 계정이 있으면 25번의 무료 사용 기회가 제공되니 구매 전 참고한다.

나. 수업 전 마인크래프트 에듀케이션의 최신 버전을 확인하고 업데이트를 한 후 실행할 수 있도록 한다.

다. 수업 전 학생 개개인에게 학교 마이크로소프트 오피스 365 계정이 발급되었는지 확인 후 수업을 진행한다.

라. 실행하기 단계에서 스마트팜 알고리즘이 교사의 답안과 다르더라도 허용적인 분위기를 조성한다.

6. 교수 · 학습 과정

<table>
<tr><th colspan="4">실과 교수·학습 과정안</th></tr>
<tr><td rowspan="2">학습 주제</td><td rowspan="2">마인크래프트 에듀케이션을 활용한
스마트팜 만들기</td><td>학습 형태</td><td>모둠학습</td></tr>
<tr><td>학습 모형</td><td>프로젝트법</td></tr>
<tr><td>학습 목표</td><td colspan="3">1) 마인크래프트 에듀케이션을 활용해 스마트팜 알고리즘을 설계할 수 있다.
2) 친구들과 협동하여 농사지은 작물을 가공한 산출물을 만들 수 있다.
3) 프로그래밍을 통해 효율적인 농사를 지을 수 있다.
4) 지속가능한 미래를 위한 친환경 농법의 필요성을 인식할 수 있다.</td></tr>
</table>

가. 목적 설정하기 단계

■ 문제 상황 파악하기 **〈활동지 1〉**

Ⓣ 두울이의 고민은 무엇인가요?

Ⓢ 나 대신 대규모의 밭을 만들 수 있는 방법이 있는지에 대한 고민입니다.

Ⓣ 두울이의 고민을 해결할 수 있는 방법은 무엇이 있나요?

Ⓢ 자동으로 밭을 일구는 프로그램이 있으면 좋을 것 같습니다.

Ⓢ 마인크래프트 에듀케이션 속 에이전트에게 밭을 일구는 알고리즘을 설계하는 방법이 있습니다.

■ 교사의 예시 프로그램 확인하기 **〈활동지 1〉**

Ⓣ 다음은 선생님이 예시로 만든 프로그램입니다. 에이전트가 이렇게 움직이려면 어떤 명령을 수행해야 할까요? 어떤 명령 블록이 사용되었는지 추측해봅시다.

Ⓢ 에이전트가 아래에 있는 블록을 파는 명령이 필요할 것 같습니다.

Ⓢ 오른쪽에 있는 블록을 경작하는 명령이 필요할 것 같습니다.

Ⓢ 블록을 판 아래에 물을 주는 명령이 필요할 것 같습니다.

나. 계획하기 단계 **〈활동지 2〉**

■ 스마트팜을 만들기 위한 알고리즘을 절차적 사고로 계획하기

Ⓣ 에이전트가 다음과 같이 명령을 수행하려면 어떤 알고리즘을 설계해야 할까요? 절차적 사고로 표현해봅시다.

Ⓢ 먼저 스마트팜 제작을 수행할 에이전트를 소환해야 합니다. 그러므로 'hi'라는 명령어를 입력하면 에이전트가 나에게 텔레포트할 수 있도록 코딩해야 합니다. 다음, 밭을 일구기 위해서는 흙을 파고 씨앗을 심은 후 물을 주는 과정이 필요합니다. 따라서 'farm'이라는 명령어를 입력하면 에이전트가 자신의 아래에 있는 블록을 파괴하고,

파괴하고 남은 공간에 물 아이템을 놓게 합니다. 마지막으로 에이전트의 오른쪽 블록을 경작하고, 씨앗을 놓을 수 있도록 하면 될 것 같습니다.

■ 가꾸고 싶은 작물을 골라 실제 작물의 재배 계획 세우기

Ⓣ 작물을 가꾸기 위해서는 어떤 것이 필요한가요?

Ⓢ 햇빛, 물, 흙이 필요합니다.

Ⓣ 가꾸고 싶은 작물을 골라 실제 작물의 재배 계획을 세워봅시다.

다. 실행하기 단계

■ 코드 빌더(Code Builder)를 활용해 스마트팜 알고리즘 설계하기

Ⓣ 에이전트의 인벤토리를 열어 슬롯에 물과 씨앗을 넣어봅시다.

에이전트: 학생과 플레이어가 코드를 완성하고 코드가 실행되는 모습을 볼 수 있도록 돕는 로봇 도우미입니다.

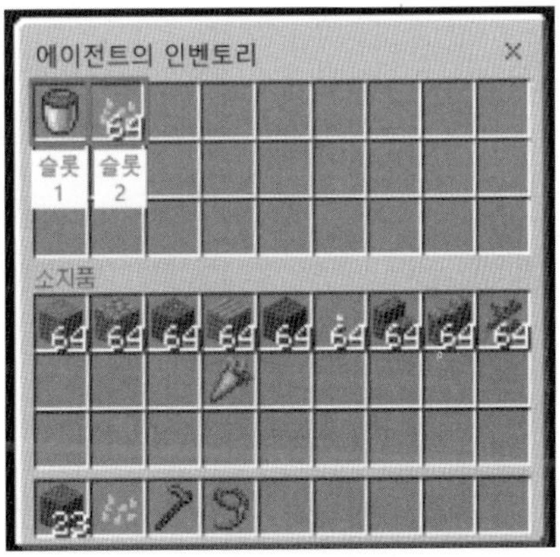

① 에이전트를 우클릭해 인벤토리를 엽니다.
② 에이전트의 인벤토리 첫 번째 슬롯에 '물 양동이' 아이템을 넣습니다.
③ 에이전트의 인벤토리 두 번째 슬롯에 원하는 작물의 씨앗을 넣습니다.

Ⓣ 채팅창에 'hi'를 입력하면 에이전트가 나에게 텔레포트하는 알고리즘을 설계해봅시다.

① [플레이어] 카테고리의 [다음 채팅 명령어를 입력하면: "jump"] 블록을 가져옵니다.
② "jump" 를 클릭한 후 "hi"를 입력합니다.
③ [에이전트] 카테고리의 [에이전트가 플레이어에게 텔레포트] 블록을 플레이어 블록 사이에 연결합니다.

Ⓣ 채팅창에 'farm'을 입력하면 에이전트가 땅을 파고 경작하는 알고리즘을 설계해봅시다.

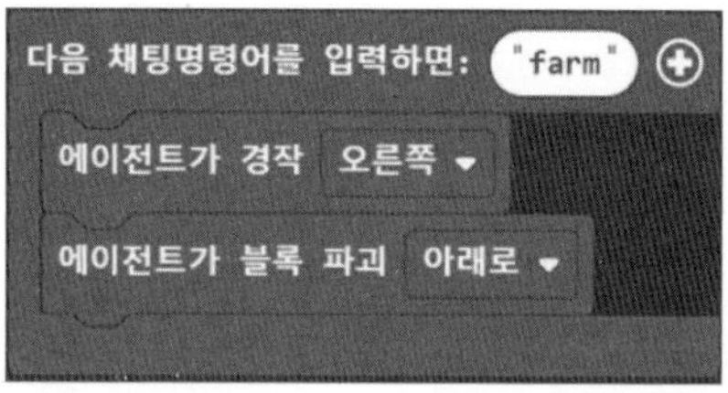

① [플레이어] 카테고리의 [다음 채팅 명령어를 입력하면: "jump"] 블록을 가져옵니다.
② "jump" 를 클릭한 후 "farm"을 입력합니다.
③ [에이전트] 카테고리의 [에이전트가 경작 '앞으로'] 블록을 가져와 플레이어 블록 사이에 연결합니다.
④ '앞으로'를 클릭한 후 '오른쪽'으로 바꿉니다.
⑤ [에이전트] 카테고리의 [에이전트가 블록 파괴 '앞으로'] 블록을 가져와 ③번 블록 아래에 연결합니다.
⑥ '앞으로'를 클릭한 후 '아래로'로 바꿉니다.

T 에이전트가 일군 땅에 씨앗을 뿌리고 물을 준 후 앞으로 한 칸 이동하는 알고리즘을 설계해 봅시다.

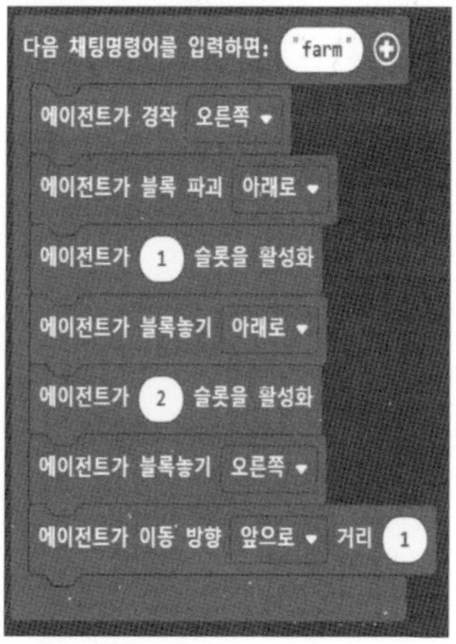

① [에이전트] 카테고리의 [에이전트가 (1) 슬롯을 활성화] 블록을 연결합니다.
② [에이전트] 카테고리의 [에이전트가 블록놓기 '앞으로'] 블록을 연결합니다.
③ '앞으로'를 클릭한 후 '아래로'로 바꿉니다.
④ [에이전트] 카테고리에서 [에이전트가 (1) 슬롯을 활성화] 블록을 가져와 연결합니다.
⑤ '1'을 클릭한 후'2'로 바꿉니다.
⑥ [에이전트] 카테고리의 [에이전트가 블록놓기 '앞으로'] 블록을 연결합니다.
⑦ '앞으로'를 클릭한 후 '오른쪽'으로 바꿉니다.
⑧ [에이전트] 카테고리에서 [에이전트가 이동 방향 '앞으로' 거리 (1)] 블록을 가져와 연결합니다.
⑨ 오른쪽 하단 [▷] 버튼을 눌러 알고리즘을 적용합니다.

T 제대로 프로그래밍되었는지 실행 결과를 확인해봅시다.

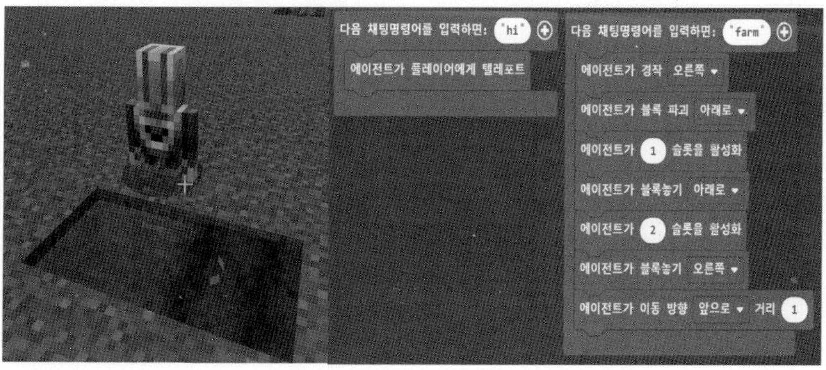

① 키보드에서 'T'를 눌러 채팅창을 활성화합니다.
② 채팅창에 'hi'를 입력해 에이전트를 플레이어에게 텔레포트 시킵니다.
③ 채팅창에 'farm' 을 입력해 위 화면과 같이 실행되는지 확인합니다.

Ⓣ 밭을 더 길게 일구려면 어떤 블록이 추가로 필요할까요? 힌트는 '반복'에 있습니다.

Ⓢ [반복] 카테고리의 [반복: (4) 회] 블록을 활용하면 될 것 같습니다.

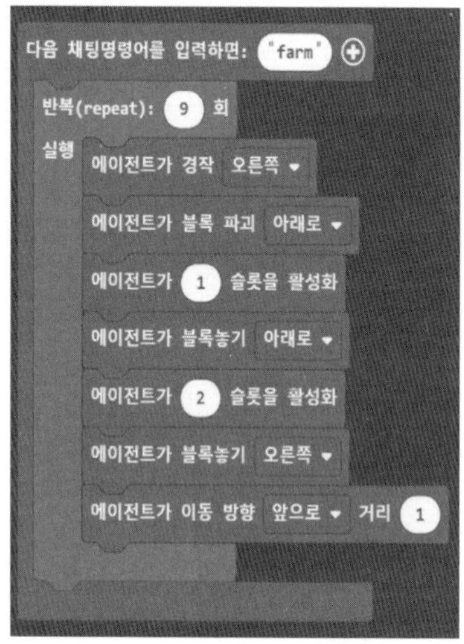

① [반복] 카테고리에서 [반복(repeat): (4)회] 블록을 가져와 플레이어 블록 사이에 그림과 같이 연결합니다.
② '4'를 클릭해 원하는 숫자를 입력합니다.
③ 오른쪽 하단 [▷] 버튼을 눌러 알고리즘을 적용합니다.

Ⓣ 제대로 프로그래밍 되었는지 실행 결과를 확인해봅시다.

① 키보드에서 'T'를 눌러 채팅창을 활성화합니다.
② 채팅창에 'hi'를 입력해 에이전트를 플레이어에게 텔레포트 시킵니다.
③ 채팅창에 'farm' 을 입력해 위 화면과 같이 실행되는지 확인합니다.

Ⓣ 땅을 파고 담은 흙 블록을 깨끗이 청소하려면 어떤 블록이 추가로 필요할까요?

Ⓢ [에이전트] 카테고리의 [에이전트가 모든 블록을 수집하기] 블록이 필요할 것 같습니다.

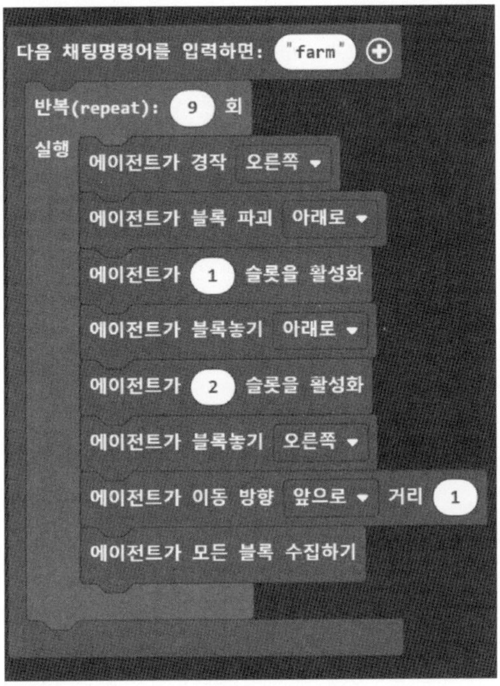

① [에이전트] 카테고리의 [에이전트가 모든 블록을 수집하기] 블록을 그림과 같이 연결합니다.
② 오른쪽 하단 [▷] 버튼을 눌러 알고리즘을 적용합니다.

Ⓣ 제대로 프로그래밍 되었는지 실행 결과를 확인해봅시다.

① 키보드에서 'T'를 눌러 채팅창을 활성화합니다.
② 채팅창에 'hi'를 입력해 에이전트를 플레이어에게 텔레포트 시킵니다.
③ 채팅창에 'farm' 을 입력해 위 화면과 같이 실행되는지 확인합니다.

라. 평가하기 단계 **〈활동지 3〉**

■ 디버깅 및 자기 평가하기

Ⓣ 스마트팜 알고리즘을 설계한 후 실행해보고 평가해봅시다.

점검 내용	예	아니오
1) 채팅창에 'hi'라고 입력했을 때 에이전트가 나에게 텔레포트했나요?		
2) 채팅창에 'farm'이라고 입력했을 때 에이전트가 밭을 일궜나요?		
3) 에이전트가 밭을 일군 후 앞으로 나아갔나요?		
4) 원하는 횟수만큼 반복되었나요?		

■ 스마트팜 업그레이드 하기

Ⓣ 아래의 조건 중 한 가지 이상을 포함해 스마트팜을 업그레이드해봅시다.

1) 10x10 크기 이상의 경작지 만들기
2) 두 종류 이상의 씨앗을 자동으로 심기
3) [논리] 카테고리의 블록 사용하기

■ 지속 가능한 친환경 농업에 대해 알아보기

T 다음 환경부의 글을 보고, 지속 가능한 친환경농업에 대해 알아봅시다.

S 농촌 지역에서는 농작물 생산성을 유지하거나 더 늘리기 위해 과도한 화학 비료와 농약을 사용하게 되어 이로 인한 토양 오염이 문제가 되고 있다. 오염된 토양은 생산성을 떨어뜨릴 뿐만 아니라 농작물에 오염물질이 유입되기도 한다. 오염된 농작물을 먹은 사람과 동물의 건강도 악화시킨다. 또한, 오염된 토양이 물에 유입될 경우, 물순환과정에 의해 장기적 관점에서 생태계에도 약영향을 준다.

T 토양오염의 주 원인은 무엇이라고 말하나요?

S 과도한 화학 비료와 농약 사용이 그 원인이라고 합니다.

T 마인크래프트 속 작물은 뼛가루를 뿌리면 바로 성장합니다. 이 아이템은 실제 농사를 지을 때의 무엇과 같나요?

S 천연비료와 같습니다.

T 천연비료는 화학비료와 어떤 차이가 있나요?

S 천연비료는 자연에서 온 비료이므로 토양 오염에 영향을 주지 않지만, 화학 비료는 많이 사용하면 토양 오염을 일으킬 수 있습니다.

T 실제 농업에서는 어떤 비료를 많이 사용하나요?

S 작물을 빨리 자라게 하고, 병충해를 방지하기 위해 화학 비료를 많이 사용합니다.

T 친환경 농업을 하기 위해서는 어떤 방법을 실천해야 할까요?

S 조사해본 결과, 마인크래프트에서는 뼛가루를 천연비료로 사용하는 것처럼, 실제 농업에서는 오리 농법, 우렁이 농법과 같이 화학비료를 사용하지 않고 작물을 보호하는 방법이 있습니다.

7. 과정중심 수행평가지

활동지 1 목적 설정하기

〈활동지 1〉 목적 설정하기

마인크래프트 에듀케이션을 활용한 스마트팜 만들기

학년 반 번 이름( )

영역	정보	실습일	년 월 일
주제	마인크래프트 에듀케이션을 활용한 스마트팜 만들기	실습자	
활동 내용			

◇ **다음 지문을 읽고, 문제 상황을 파악해봅시다.**

두울이는 마인크래프트 게임으로 농사짓는 것을 즐겨합니다. 게임 속에서 작물을 가꾸면, 직접 손에 흙을 묻히지 않고도 작물을 수확하는 보람을 느낄 수 있기 때문입니다. 그러던 중, 두울이는 문득 대규모의 밭을 만들어 보고 싶어졌습니다. 하지만 그러기 위해서는 많은 시간이 필요했습니다. 그렇게 두울이는 고민에 빠졌습니다.

1. 두울이의 고민은 무엇인가요?
   나 대신 대규모의 밭을 만들 수 있는 방법이 있는지에 대한 고민입니다.

2. 두울이의 고민을 해결할 수 있는 방법이 있다면 자유롭게 적어보세요.
   나 대신 대규모의 밭을 만들 수 있는 방법이 있는지에 대한 고민입니다.

◇ **선생님이 예시로 만든 프로그램을 보고 다음 질문에 답해봅시다.**

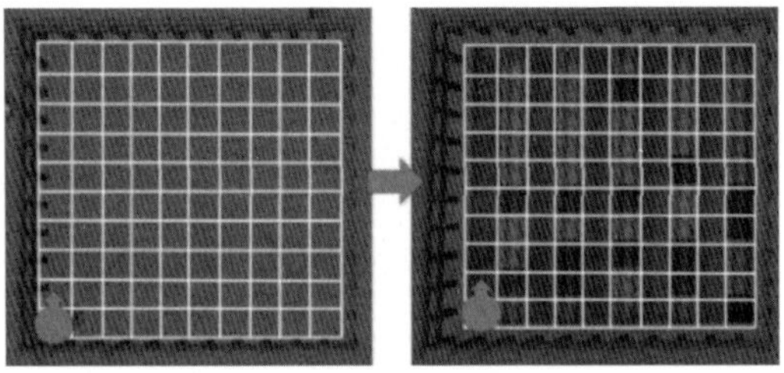

1. 에이전트가 위와 같은 밭을 만들려면 어떤 명령 블록이 필요할까요?
   - 아래에 있는 블록을 파는 명령이 필요할 것 같습니다.
   - 오른쪽에 있는 블록을 경작하는 명령이 필요할 것 같습니다.
   - 블록을 판 아래에 물을 주는 명령이 필요할 것 같습니다.

〈활동지 2〉 계획하기

마인크래프트 에듀케이션을 활용한 스마트팜 만들기

학년 반 번 이름( )

영역	정보	실습일	년 월 일
주제	마인크래프트 에듀케이션을 활용한 스마트팜 만들기	실습자	
활동 내용			

◇ **스마트팜을 만들기 위한 알고리즘을 절차적 사고로 표현해봅시다.**

1. 에이전트가 다음과 같이 명령을 수행하려면 어떤 알고리즘을 설계해야 할까요? 절차적 사고로 표현해봅시다.

① 'hi'를 입력하면 에이전트가 나에게 텔레포트합니다.
② 'farm'을 입력하면 에이전트가 아래 블록을 파괴합니다.
③ 에이전트가 오른쪽 블록을 경작합니다.
④ 에이전트의 첫 번째 슬롯을 활성화합니다.
⑤ 에이전트가 아래 블록에 아이템을 놓습니다.
⑥ 에이전트가 오른쪽 블록에 아이템을 놓습니다.
⑦ 에이전트가 한 칸 앞으로 나아갑니다.

2. 마인크래프트에서 재배할 수 있는 작물들입니다. 어떤 작물을 가꾸고 싶은지 모둠원과 상의해 적어보세요.

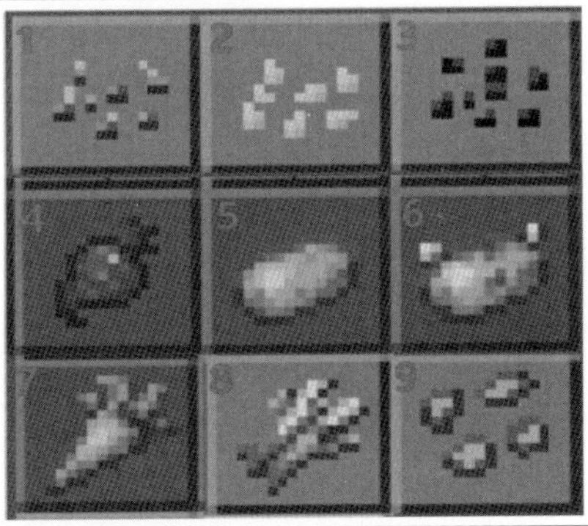

1) 밀 씨앗
2) 호박 씨앗
3) 수박 씨앗
4) 비트
5) 감자
6) 독감자
7) 당근
8) 사탕수수
9) 코코아콩

가꾸고 싶은 작물:

활동지 2 계획하기 (계속)

◇ **재배 계획서 만들기**

1. 가꾸고 싶은 작물을 골라 실제 작물의 재배 계획을 세워봅시다.

〈재배 계획서〉 **모둠원:**	
작물의 종류	내가 키울 작물을 글이나 그림으로 표현해봅시다.
심는 시기	
수확 시기	
경작지 크기	
심는 방법	
필요한 준비물	
관리 방법	
이용 방법	수확한 작물을 어디에 활용할 계획인가요?

〈활동지 3〉 평가하기

마인크래프트 에듀케이션을 활용한 스마트팜 만들기

학년 반 번 이름( )

영역	정보	실습일	년 월 일
주제	마인크래프트 에듀케이션을 활용한 스마트팜 만들기	실습자	
활동 내용			

◇ **스마트팜 알고리즘을 설계한 후 실행해보고 평가해봅시다.**

1. 만든 프로그램이 점검 내용에 부합하는지 확인해봅시다.

점검 내용	예	아니오
1) 채팅창에 'hi'라고 입력했을 때 에이전트가 나에게 텔레포트했나요?		
2) 채팅창에 'farm'이라고 입력했을 때 에이전트가 밭을 일궜나요?		
3) 에이전트가 밭을 일군 후 앞으로 나아갔나요?		
4) 원하는 횟수만큼 반복되었나요?		

2. [심화] 아래의 조건 중 한 가지 이상 포함해 스마트팜을 업그레이드해봅시다.

1) 10x10 크기 이상의 경작지 만들기
2) 두 종류 이상의 씨앗을 자동으로 심기
3) [논리] 카테고리의 블록 사용하기
4) 작물이 빠르게 성장하는 아이템 사용하기

◇ **다음 환경부의 글을 보고, 지속 가능한 친환경농업에 대해 알아봅시다.**

농촌 지역에서는 농작물 생산성을 유지하거나 더 늘리기 위해 과도한 화학 비료와 농약을 사용하게 되어 이로 인한 토양 오염이 문제가 되고 있다. (참고 자료: 환경부)

오염된 토양은 생산성을 떨어뜨릴 뿐만 아니라 농작물에 오염물질이 유입되기도 한다. 오염된 농작물을 먹은 사람과 동물의 건강도 악화시킨다. 또한, 오염된 토양이 물에 유입될 경우, 물 순환과정에 의해 장기적 관점에서 생태계에도 악영향을 준다.

1. 위의 글에서 토양오염의 주 원인은 무엇이라고 말하나요?

활동지 3 평가하기 (계속)

<table>
<tr><td rowspan="2">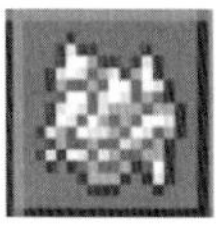
뼛가루</td><td>2. 마인크래프트 속 작물은 뼛가루를 뿌리면 바로 성장합니다. 이 아이템은 실제 농사를 지을 때의 무엇과 같나요?

비료와 같습니다.</td></tr>
<tr><td>3. 실제 농업에서는 어떤 비료를 많이 사용하나요? 조사해봅시다.
- 작물이 빨리 자라도록 화학비료를 많이 사용합니다.
- 병해충으로부터 피해 받지 않도록 농약을 많이 사용합니다.</td></tr>
<tr><td colspan="2">3. 친환경농업을 위해서는 어떤 방법을 실천해야 할지 모둠원과 조사해 적어봅시다.</td></tr>
<tr><td colspan="2">힌트: 천연퇴비, 오리, 우렁이, 지렁이, 참게, 유기농약</td></tr>
</table>

8. 관계 지식

▣ 학교 및 학생을 위한 무료 오피스 365 계정 발급

마인크래프트 에듀케이션을 이용하기 위해서는 학교 및 학생용 무료 오피스 365 계정이 필요하다. 교육청에서는 교직원 및 초, 중, 고 학생들에게 무료로 오피스 365를 사용할 수 있도록 지원하는데, 계정 발급 방법은 다음과 같다.

□ 교직원이나 학생이 소속한 교육청 사이트에 접속하기

서울, 부산, 대구, 제주, 세종, 대전, 울산 교육청	http://www.o365edu.net/
전라남도 교육청	https://o365.jne.go.kr/
경기도 교육청	https://cloud.goe.go.kr/
충청남도 교육청	https://o365.cne.go.kr/
충청북도 교육청	https://cloud.cbe.go.kr/
경상남도 교육청	https://sw-ms.gne.go.kr/
경상북도 교육청	http://365.gyo6.net
광주광역시 교육청	https://o365.gen.go.kr/
강원도 교육청	https://office365.gwe.go.kr/
전라북도 교육청	https://getsw.jbe.go.kr/
특성화고/마이스터고	http://sw.hifive.go.kr/

□ 오피스 365 계정으로 마인크래프트 에듀케이션 접속 및 호스팅하기

1) '무료 사용 회원가입(교직원)' 혹은 (학생) 버튼을 클릭한다.

⇨

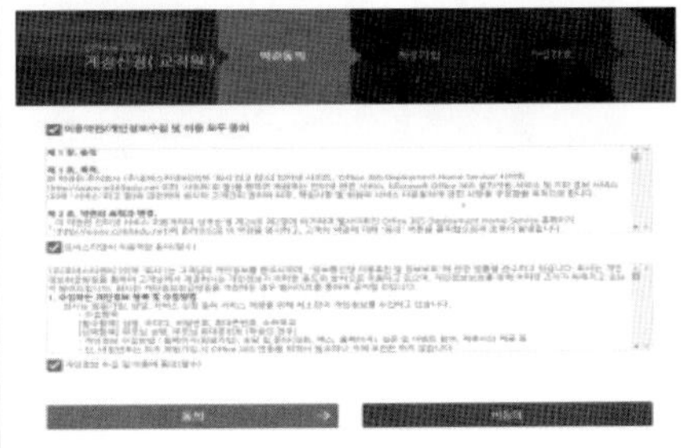

2) 약관에 동의 버튼을 누른다.
3) 소속교육청, 성명 등을 입력 후 SMS 인증을 한다.

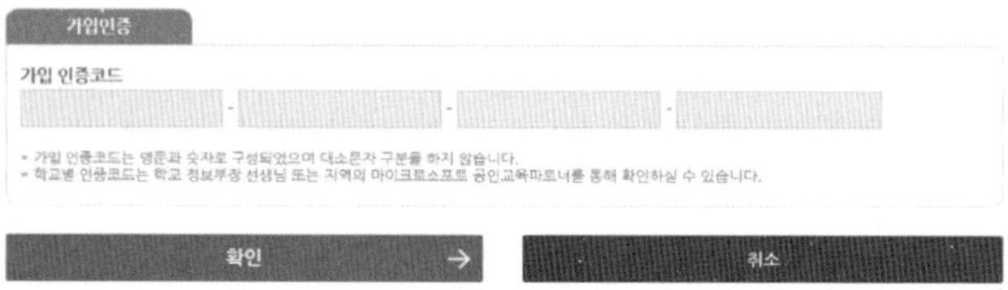

4) 가입 인증코드 20자리를 입력한 후 '확인' 버튼을 누르면 계정 발급이 완료된다. 코드는 교육청별 '공식 파트너사'에 문의하거나 학교의 담임 혹은 담당 선생님 (정보 선생님) 에게 문의하면 알 수 있다.

마인크래프트 에듀케이션 다운 사이트 바로가기 QR 코드

1) 마인크래프트 에듀케이션 다운로드 사이트에 접속한다.

2) 화면의 '다운로드' 버튼을 누른다.
3) 사용자 컴퓨터 플랫폼에 맞는 파일을 다운로드한다.

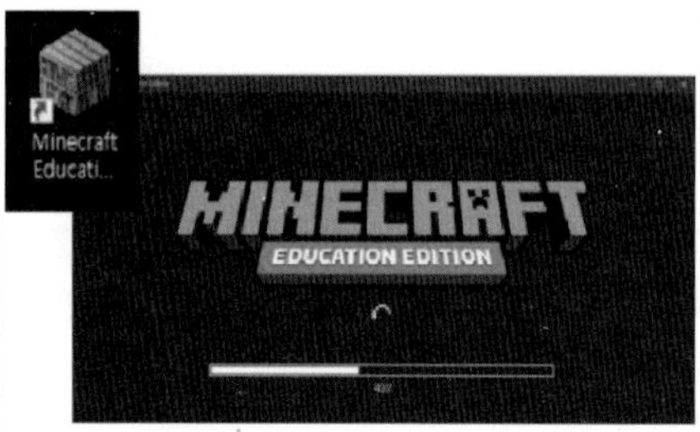

4) 마인크래프트 에듀케이션을 다운 받으면 아래와 같은 아이콘이 생성된다. 이를 더블 클릭해 실행한다.

5) 로딩 후 '로그인' 버튼을 눌러 발급 받은 오피스 365 계정을 입력한다.
6) '플레이' 버튼을 눌러 실행한다.

7) '새로 만들기' 버튼을 눌러 월드를 생성한다.
8) '신규' 혹은 '템플릿'을 선택해 새로운 월드를 만든다.

⇨

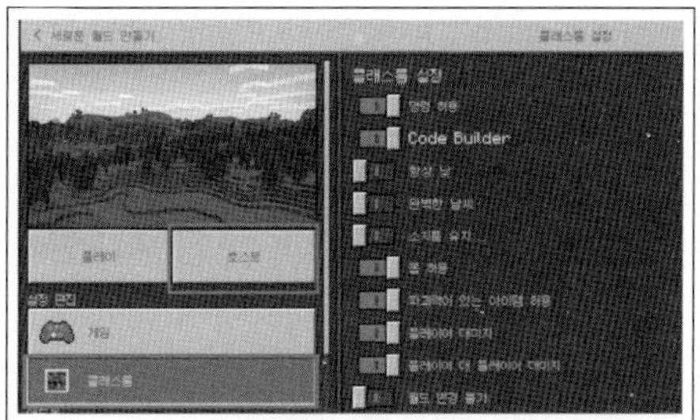

9) 월드 설정을 수업 환경에 알맞게 설정한다. '호스트' 버튼을 눌러 학생들이 접속할 수 있도록 한다.

10) 게임 화면에서 'esc'를 누르고, 공유 링크 혹은 참여 코드를 통해 학생들이 참여하도록 할 수 있다.

▣ 기본 조작법 및 코드 빌더(Code Builder) 이용 방법

ㅁ 기본 조작법

- 키보드의 WASD를 방향키로 사용한다.
- SPACE 키는 점프할 때 사용한다.
- E 키는 소지품 창을 활성화할 때 사용한다.
- T 키는 채팅 창을 활성화할 수 있으며 월드 속 사용자와 대화를 하거나 에이전트에게 명령어를 입력할 때 사용한다.
- C 키는 'Code Builder' 창을 활성화할 때 사용되며 명령 블록을 활용해 알고리즘을 설계할 수 있다.
- SHIFT 키는 조용히 걸을 때 사용한다.
- H 키는 컨트롤 창을 숨길 때 사용한다.

ㅁ 코드 빌더(Code Builder) 시작 화면

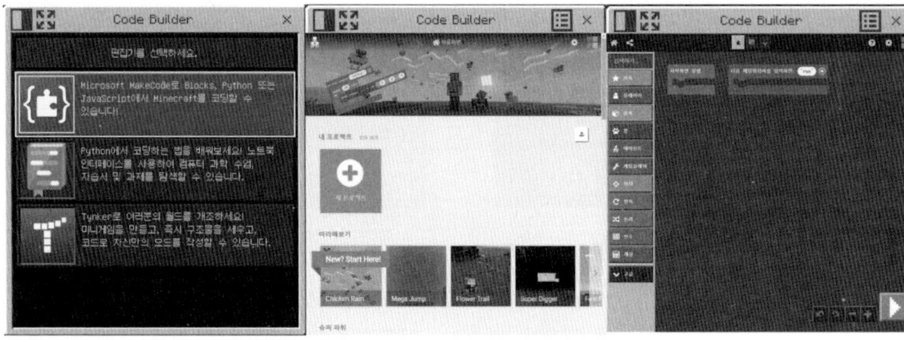

왼쪽 화면의 첫번째 'Microsoft MakeCode' 버튼을 선택하면 오른쪽 화면이 실행된다. '새 프로젝트'의 '+' 버튼을 누르면 블록 코딩을 할 수 있는 창이 활성화된다. 'Microsoft MakeCode'에서는 블록형 프로그래밍 언어를 사용하고 있다.

5 엔트리를 활용해 십자수 도안 프로그램 만들기

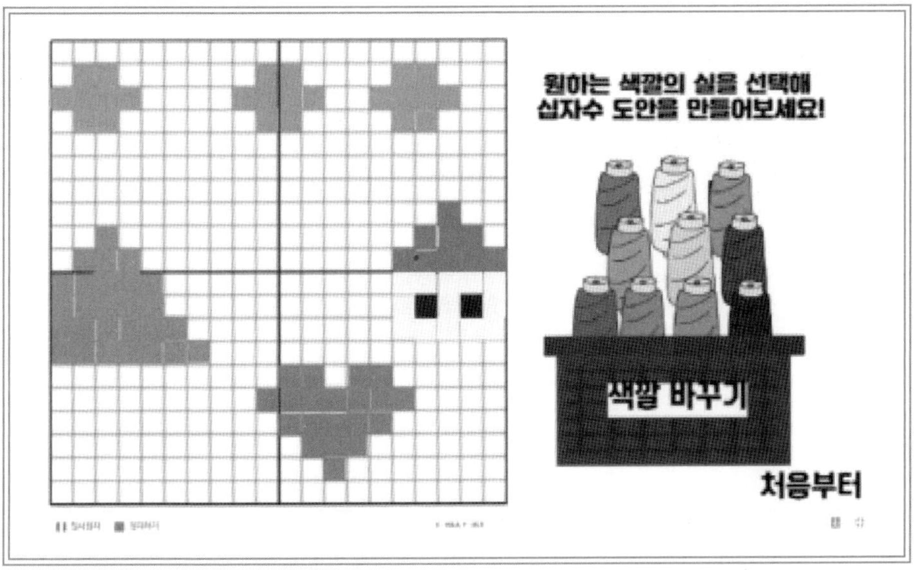

십자수는 바탕천에 미리 제작한 도안에 따라 해당하는 색깔의 실을 사용해 십자 모양으로 잇달아 수를 놓는 자수 방법 중 하나이다. 십자수 도안은 생활용품을 만들기 위해 선행되어야 하는데, 손으로 직접 그리면 반복적인 작업을 하는데 많은 시간이 소요될 뿐만 아니라 수정이 어렵다는 단점이 있다. 이러한 문제는 엔트리 프로그램으로 십자수 도안 제작 프로그램의 알고리즘을 설계하는 활동을 통해 해결할 수 있다.

본 활동은 학생들이 가정 분야의 십자수, 대바늘뜨기, 코바늘뜨기 등의 활동을 기술 분야의 컴퓨팅적 사고로 접근할 수 있도록 한다. 또한 학생들은 소프트웨어가 우리 생활 속에 밀접하게 사용되고 있으며 폭넓게 활용되고 있다는 것을 체감할 수 있다. 그리고 소프트웨어가 다양한 일을 쉽고 편리하게 하는 데 도움이 된다는 것을 깨달음으로써 소프트웨어의 중요성과 역할을 알 수 있다.

Keywords

도안, 생활용품, 십자수, 엔트리, 절차적 사고

1. 대상 학년: 4~6학년

2. 교수 · 학습 모형: 홈프로젝트 학습법

학습장소	단계	본시 활동 요소
학교	문제 제기	• 바느질을 해본 경험 떠올리기 • 문제 상황 확인하기
학교	실습 계획 수립	• 십자수와 박음질 기능 익히기 • 십자수 생활용품 제작 계획 수립하기
학교	시범 실습	• 교사의 예시 프로그램 확인하기 • 엔트리를 활용한 도안 제작 프로그램 만들기 • 디버깅 및 도안 프로그램 업그레이드 하기
학교	홈프로젝트 과제 제시	• 자신이 만든 프로그램으로 도안 제작하기 • 홈프로젝트 과제 제시 및 평가지 배부하기
가정	실습 준비 및 실습	• 제작한 도안대로 십자수 생활용품 만들기
가정	반성 및 평가	• 실습 결과를 평가지에 기록하기

3. 교수 · 학습 자료

가. 재료: 십자수용 실, 연습용과 실전용 십자수 천(Aida), 쪽가위, 바늘

나. 도구: 엔트리 프로그램

다. 수업자료: 프레젠테이션, 학습지 등

4. 교수 · 학습 계획

가. 학습 주제: 엔트리를 활용해 십자수 도안 프로그램 만들기

나. 학습 목표

1) 엔트리를 활용해 십자수 도안 제작 프로그램을 설계할 수 있다.
2) 간단한 바느질 방법을 익혀 제품 만들기에 활용할 수 있다.
3) 직접 만든 도안을 활용해 간단한 생활용품을 창의적으로 제작할 수 있다.

다. 학습 형태: 개별학습

라. 학습 장소: 실과실습실 혹은 컴퓨터실

마. 평가 관점

1) 십자수 도안 제작 프로그램이 계획대로 실행되었는가?
2) 디버깅 과정에서 오류의 원인을 알고 올바르게 수정했는가?
3) 제작한 도안대로 십자수 생활용품을 만들었는가?
4) 제작 과정에 적극적으로 참여하였는가?

5. 지도상의 유의점

가. 과제 제시 후 가정이 아닌 학교에서 실습해도 무방하다.

나. 도안 만들기 프로그래밍 과정에서 교사의 답안과 다르더라도 허용적인 분위기를 조성한다.

다. 각각의 오브젝트에 똑같은 명령 블록을 연결할 때 Ctrl+C(복사)와 Ctrl+V(붙여넣기)를 통해 더욱 빠르게 프로그래밍할 수 있다는 것을 안내한다.

라. 예시 프로그램에서는 10개의 색을 사용했지만, 학습자의 기호에 따라 색의 개수를 줄이거나 늘일 수 있다는 것을 안내한다.

6. 교수 · 학습 과정

실과 교수·학습 과정안			
학습 주제	엔트리를 활용해 십자수 도안 프로그램 만들기	학습 형태	개별 학습
		학습 모형	홈프로젝트 학습법
학습 목표	1) 엔트리를 활용해 십자수 도안 제작 프로그램을 설계할 수 있다. 2) 간단한 바느질 방법을 익혀 제품 만들기에 활용할 수 있다. 3) 직접 만든 도안을 활용해 간단한 생활용품을 창의적으로 제작할 수 있다.		

가. [학교] 문제 제기 **〈활동지 1〉**

■ 바느질을 해 본 경험 떠올리기

Ⓣ 손바느질을 해 본 경험이 있나요?

Ⓢ 양말에 구멍이 나 꿰맨 적이 있습니다. 겨울을 맞아 목도리를 만들어 본 경험이 있습니다.

■ 문제 상황 확인하기

Ⓣ 세울이의 고민은 무엇인가요?

Ⓢ 교과서에 제시된 십자수 도안 말고 자신이 직접 도안을 만들고 싶어 합니다.

Ⓣ 여러분의 배경지식으로 세울이의 고민을 해결할 수 있나요?

Ⓢ 엔트리 프로그램으로 십자수 도안 제작 알고리즘을 설계할 수 있습니다.

나. [학교] 실습 계획 수립

■ 십자수와 박음질 기능 익히기 **〈활동지 1〉**

Ⓣ 십자수에는 가장 기본적인 방법인 '크로스스티치'와 '백스티치'가 있습니다. 각각의 방법을 익혀봅시다.

<table>
<tr><td rowspan="2">시작하기</td><td>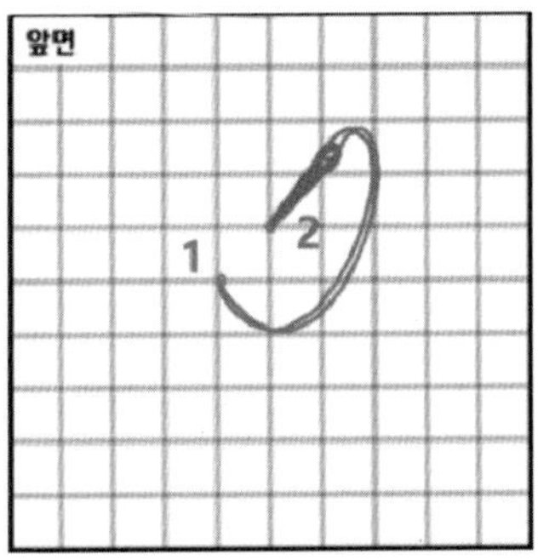
</td><td>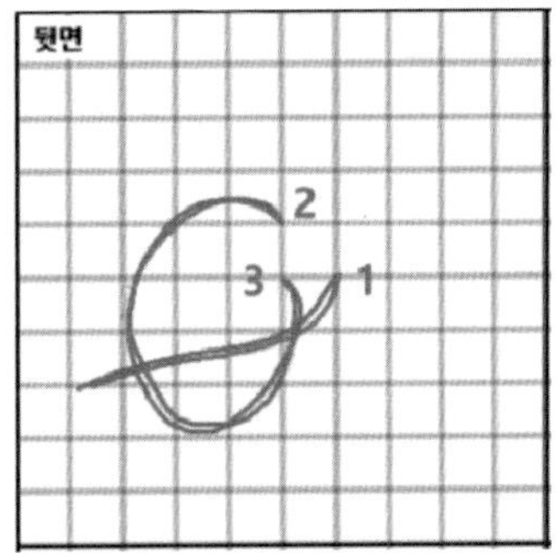
</td></tr>
<tr><td colspan="2">매듭을 짓지 않고 수를 놓습니다.</td></tr>
<tr><td rowspan="2">크로스
스티치</td><td>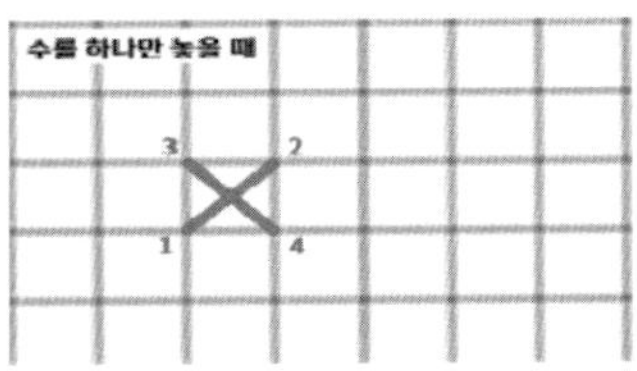
</td><td>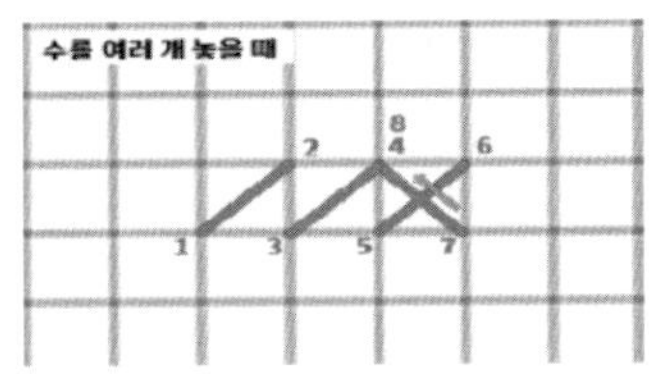
</td></tr>
<tr><td colspan="2">그림과 같은 순서로 수를 놓습니다.</td></tr>
<tr><td rowspan="2">백스티치</td><td>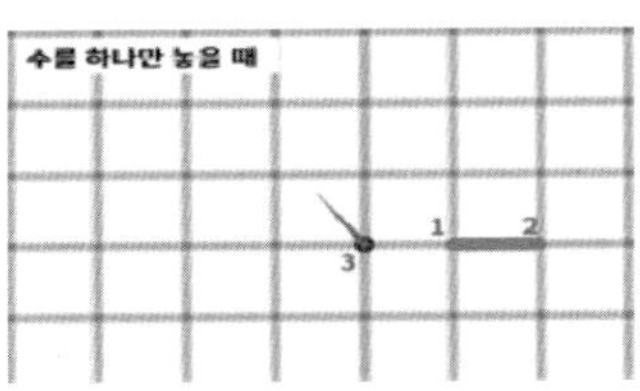
</td><td>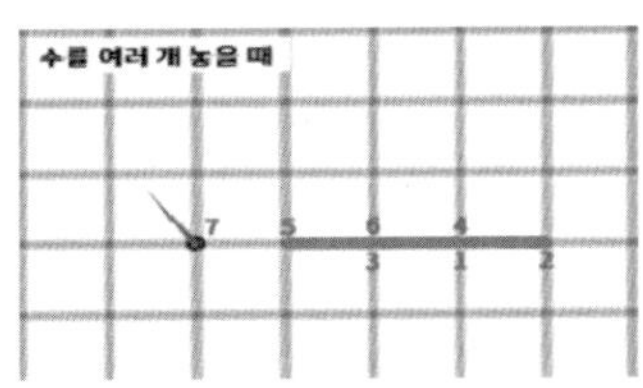
</td></tr>
<tr><td colspan="2">그림과 같은 순서로 수를 놓습니다.</td></tr>
<tr><td rowspan="2">마무리하기</td><td>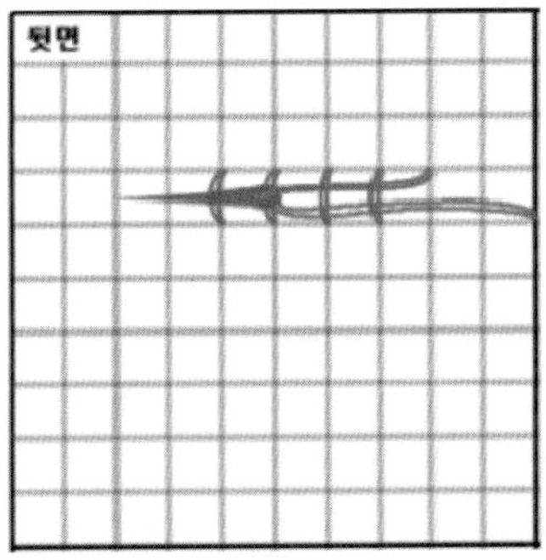
</td><td>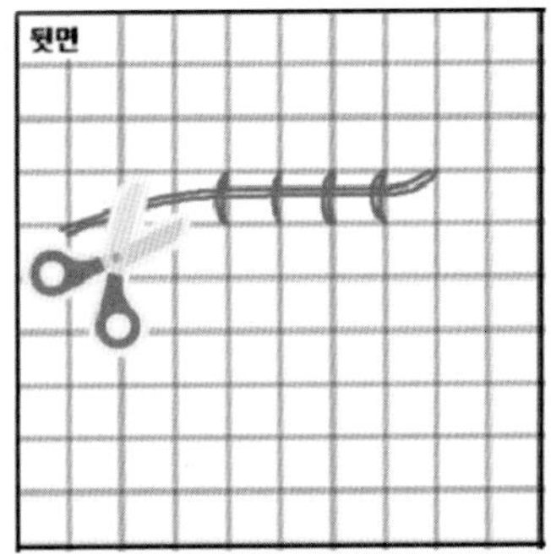
</td></tr>
<tr><td colspan="2">‘ㅣ’자 모양의 수 사이로 바늘을 넣은 후 실을 잘라냅니다.</td></tr>
</table>

■ 십자수 생활용품 제작 계획 수립하기 **〈활동지 2〉**

Ⓣ 어떤 모양으로 자수를 놓고 싶나요?

Ⓢ 튤립 모양으로 자수를 놓고 싶습니다. 하트 모양으로 자수를 놓고 싶습니다.

Ⓣ 십자수를 완성하면 어떤 생활용품으로 만들고 싶은지 계획서를 적어봅시다.

다. [학교] 시범 실습 **〈활동지 3〉**

■ 교사의 예시 프로그램 확인하기

Ⓣ 선생님이 만든 프로그램에는 어떤 블록이 사용되었을 것 같은지 추측해봅시다.

Ⓢ [신호]를 만들었을 것 같습니다. [생김새] 카테고리의 [모양 숨기기]와 [모양 보이기] 블록을 사용했을 것 같습니다.

Ⓣ 십자수 도안 알고리즘을 설계하기 위해 절차적 사고로 표현해봅시다.

Ⓢ [빨간색 실] 오브젝트를 클릭했을 때 [빨강] 모양이 보입니다. [마우스를 클릭했을 때] [빨강] 모양 도장이 찍힙니다. [색깔 바꾸기] 오브젝트를 클릭하면 코드가 멈춥니다.

■ 엔트리를 활용한 도안 제작 프로그램 만들기

Ⓣ 엔트리에 접속해 십자수 도안 제작 프로그램을 설계해봅시다.

Ⓣ 도안 제작에 필요한 오브젝트들을 추가해봅시다.

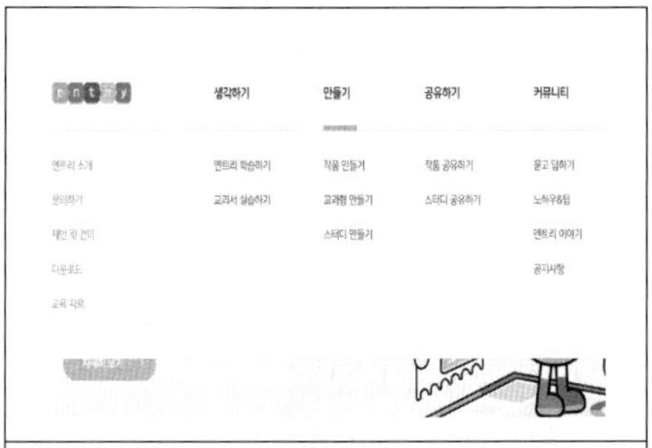

① 엔트리에 로그인 후 [만들기] 카테고리 중 [작품 만들기]를 클릭합니다.

⇨

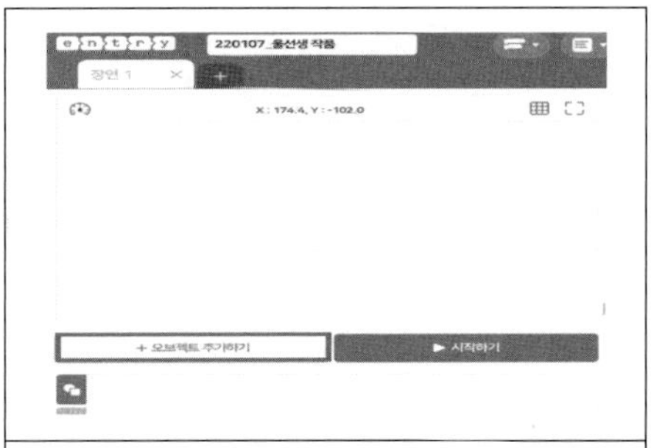

② 기존 블록과 오브젝트를 삭제한 후, [오브젝트 추가하기] 버튼을 누릅니다.

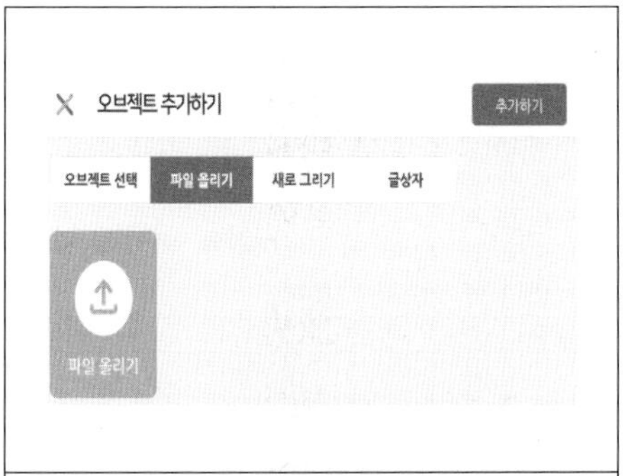

③ [파일 올리기] 버튼을 클릭한 후 다운 받아 놓은 이미지 파일을 업로드합니다.

⇨

https://drive.google.com/drive/folders/1mKRrKnDANuvriollOpEmT4qehfSgla3K?usp=sharing

십자수 오브젝트 파일 다운 링크

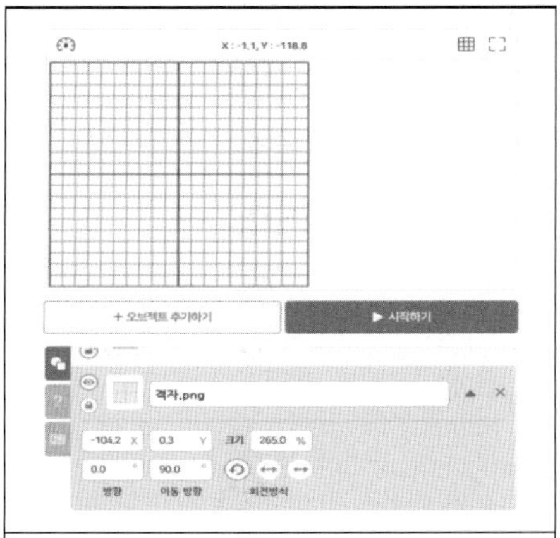

④ 격자 오브젝트의 크기를 '265%' 정도로 조정한 후 원하는 위치에 배치합니다. 배치한 후에는 '자물쇠' 버튼을 눌러 위치를 고정시킵니다.

⇨

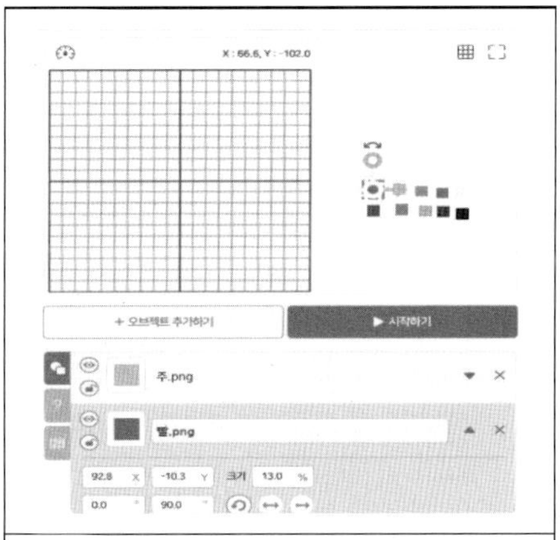

⑤ 10가지의 색깔 도장의 크기를 '13%' 정도로 조정합니다.

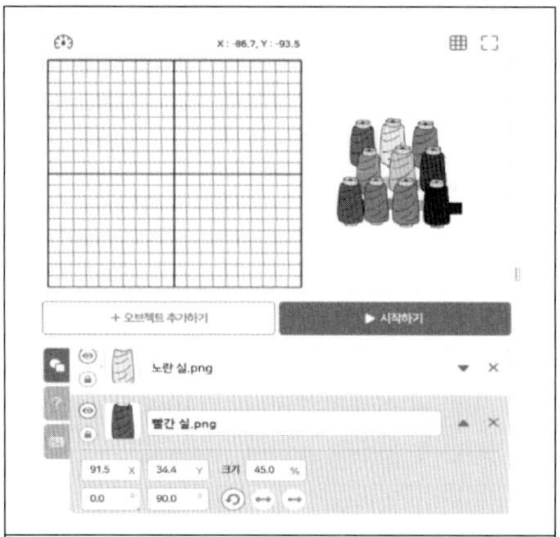

⑥ 10가지의 색깔 실의 크기를 '45%'정도로 조정해 원하는 곳에 배치한 후, '자물쇠' 버튼을 눌러 위치를 고정시킵니다.

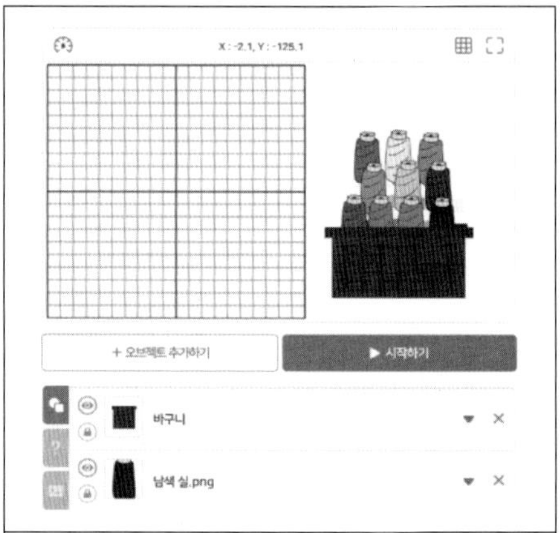

⑦ '오브젝트 추가하기' 버튼을 눌러 '바구니' 오브젝트를 추가합니다.
⑧ '바구니' 오브젝트의 크기를 조정한 뒤 원하는 위치에 놓습니다
⑨ '바구니' 오브젝트의 자물쇠 버튼을 눌러 위치를 고정시킵니다.

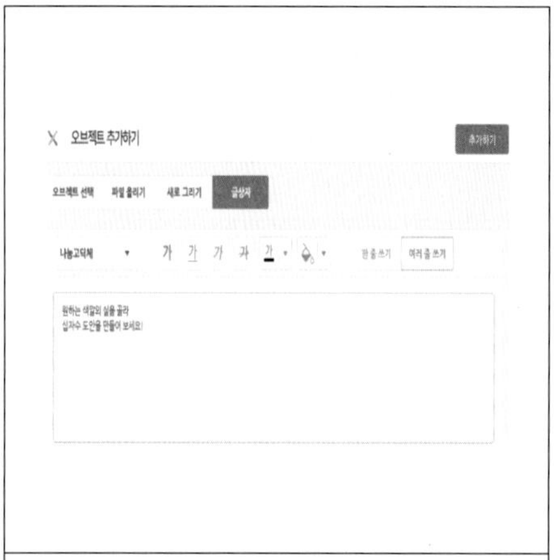

⑩ '오브젝트 추가하기' 버튼을 눌러 [글상자]를 선택한 후, '원하는 색깔의 실을 선택해 십자수 도안을 만들어보세요!'를 입력합니다.

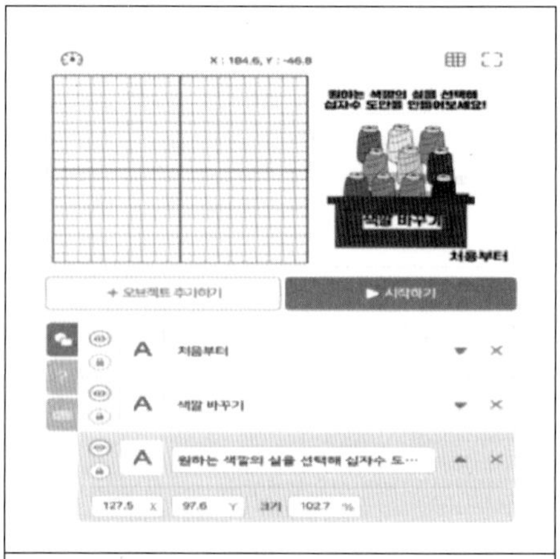

⑪ 추가한 글씨 오브젝트의 크기를 조절하고, 원하는 위치에 놓은 다음 자물쇠 버튼을 눌러 위치를 고정합니다.
⑫ '⑩~⑪' 단계의 방법으로 '처음부터' 와 '색깔 바꾸기' 오브젝트를 추가합니다.

Ⓣ [속성] 탭에서 [신호]를 만들어봅시다.

① [속성] 탭에서 [신호] 를 누른 후, [신호 추가하기] 를 누릅니다.
② '빨, 주, 노, 연, 녹, 하, 파, 남, 보, 분, 색바꾸기' 의 총 11개 신호를 만듭니다

Ⓣ 10가지 색깔 실 오브젝트에 명령 블록을 추가해 프로그램을 제작해 봅시다.

 (빨간 실타래) 오브젝트부터	 (보라 실타래) 오브젝트까지

① [시작] 카테고리의 [오브젝트를 클릭했을 때] 블록을 가져옵니다.
② [시작] 카테고리의 ['~' 신호 보내기] 블록을 그림과 같이 연결합니다.
③ '빨간 실'은 '빨' 신호, '주황 실'은 '주' 신호와 같이 색깔 실에 맞게 각기 다른 신호를 보냅니다.
④ '①~③' 단계를 10개의 색깔 실에 적용합니다.

[T] '색깔 바꾸기' 오브젝트와 '처음부터' 오브젝트에 명령 블록을 추가해봅시다.

색깔 바꾸기

① [시작] 카테고리의 [오브젝트를 클릭했을 때] 블록을 가져옵니다.
② [시작] 카테고리의 ['~' 신호 보내기] 블록을 그림과 같이 연결합니다.
③ '~'를 '색바꾸기' 신호로 선택합니다.

처음부터

① [시작] 카테고리의 [오브젝트를 클릭했을 때] 블록을 가져옵니다.
② [흐름] 카테고리의 [처음부터 다시 실행하기] 블록을 그림과 같이 연결합니다.

[T] 10가지 색깔 도장 오브젝트에 명령 블록을 추가해봅시다.

(빨간 도장) 오브젝트부터 / (보라 도장) 오브젝트 까지

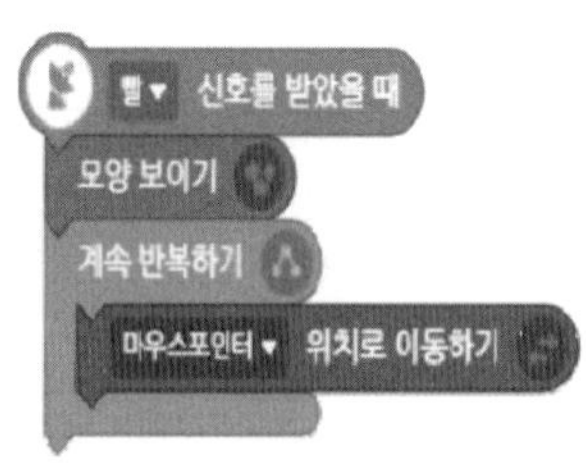

① [시작] 카테고리의 [시작하기 버튼을 클릭했을 때] 블록을 가져옵니다.
② [생김새] 카테고리의 [모양 숨기기] 블록을 그림과 같이 연결합니다.
③ '①~②' 단계를 10개의 색깔 도장에 적용합니다.
④ [시작] 카테고리의 ['~' 신호를 받았을 때] 블록을 가져옵니다.
⑤ '빨간 도장' 오브젝트에는 '빨' 신호를, '노란 도장' 오브젝트에는 '노' 신호와 같이 색깔 도장의 색에 맞는 신호를 선택합니다.
⑥ [흐름] 카테고리의 [계속 반복하기] 블록을 그림과 같이 연결합니다.
⑦ [움직임] 카테고리의 ['~' 위치로 이동하기 블록을 그림과 같이 연결합니다.
⑧ '~'를 '마우스포인터'로 바꿉니다.
⑨ '④~⑧' 단계를 10개의 색깔 도장에 적용합니다.
⑩ [시작] 카테고리의 [마우스를 클릭했을 때] 블록을 가져옵니다.
⑪ [붓] 카테고리의 [도장 찍기] 블록을 가져와 그림과 같이 연결합니다.

⑫ [시작] 카테고리의 ['~' 신호를 받았을 때] 블록을 가져옵니다.
⑬ '~'를 '색바꾸기' 로 바꿉니다.
⑭ [흐름] 카테고리의 ['모든' 코드 멈추기] 블록을 그림과 같이 연결합니다.
⑮ '모든'을 '자신의'로 바꿉니다.

■ 디버깅 및 도안 프로그램 업그레이드 하기

Ⓣ [▷ 시작하기] 버튼을 눌러 프로그래밍한 대로 실행되는지 확인해봅시다.

점검 내용	예	아니오
1)'빨간 실' 오브젝트를 클릭하면 '빨간 도장'의 모양이 나오나요?		
2) 마우스를 클릭하면 도장이 찍히나요?		
3)'색깔 바꾸기' 오브젝트를 누르면 코드가 멈추나요?		
4)'처음부터' 오브젝트를 누르면 처음부터 실행되나요?		

Ⓣ 다음 조건들 중 한 가지 이상을 충족시켜 프로그램을 업그레이드해봅시다.

1) [소리] 카테고리의 블록을 사용해 오브젝트를 클릭할 때 소리 추가하기
2) [판단] 카테고리의 블록을 사용해 도장을 잘못 찍었을 때의 알고리즘 추가하기
3) '되돌리기' 오브젝트를 추가하기

라. [학교] 홈프로젝트 과제 제시 **〈활동지 3〉**

■ 자신이 만든 프로그램으로 도안 제작하기

Ⓣ 여러분이 만든 도안 제작 프로그램으로 십자수 도안을 직접 만들어봅시다.

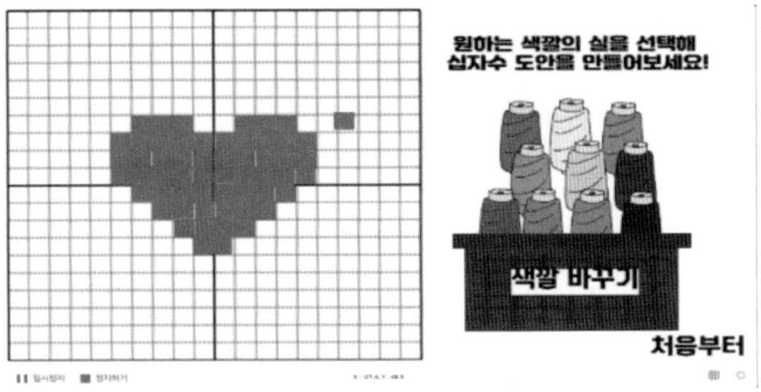

[그림 Ⅳ-4] 완성된 십자수 도안 예시

Ⓢ 저는 하트 모양의 자수를 놓아 책갈피를 만들 예정입니다.

Ⓢ 저는 집과 나무 모양의 자수를 놓아 베개를 만들 예정입니다.

■ 홈프로젝트 과제 제시 및 평가지 배부하기

Ⓣ 여러분이 제작한 십자수 도안대로 자수를 놓고 생활용품으로 만들어 봅시다.

마. [가정] 실습 준비

■ 제작한 도안대로 십자수 생활용품 만들기

바. [가정] 반성 및 평가 **〈활동지 3〉**

■ 실습 결과를 평가지에 기록하기

Ⓣ 용구와 재료를 잘 준비했나요?

Ⓣ 활동에 적극적으로 참여했나요?

Ⓣ 프로그램이 설계한 대로 실행되었나요?

Ⓣ 실습 후 바느질 도구와 남은 재료를 잘 정리했나요?

7. 과정중심 수행평가지

활동지 1 문제 상황 파악하고 기능 익히기

〈활동지 1〉 문제 상황 파악하고 기능 익히기

엔트리를 활용해 십자수 도안 프로그램 만들기

학년 반 번 이름( )

영역	실과(정보)	실습일	년 월 일
주제	엔트리를 활용해 십자수 도안 프로그램 만들기	실습자	

활동 내용

◇ **다음 지문을 읽고, 문제 상황을 파악해봅시다.**

> 세울이는 실과 시간에 십자수로 생활용품 만들기를 계획하려 합니다. 그런데 교과서에 제시된 도안이 마음에 들지 않아 새로운 도안을 종이에 그리기 시작했습니다. 하지만, 종이에 도안을 그리다보니 지우개로 지우고 다시 색연필로 칠하는 과정이 점점 귀찮아졌습니다.

1. 세울이의 고민은 무엇인가요?
   교과서에 제시된 십자수 도안 말고 자신이 직접 도안을 만들고 싶어합니다.

2. 세울이의 고민을 해결할 수 있는 방법이 있다면 자유롭게 적어보세요.
   엔트리 프로그램으로 십자수 도안 제작 알고리즘을 설계할 수 있습니다.

◇ **연습용 천에 십자수의 '크로스 스티치'와 '백스티치'의 기능을 익혀봅시다.**

시작하기	마무리하기
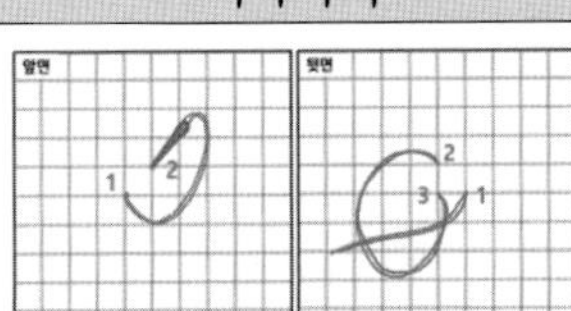	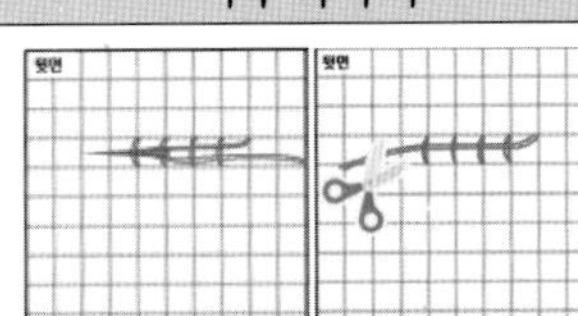
크로스스티치	**백스티치**
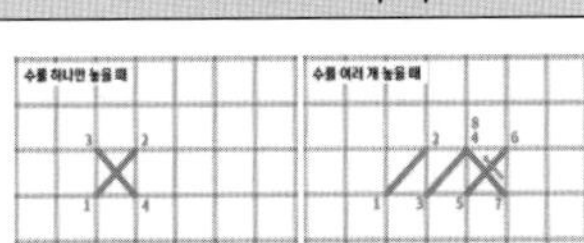	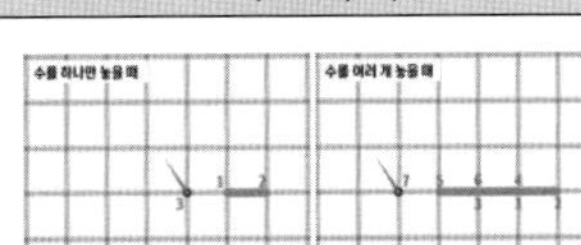

활동지 2 실습 계획 세우기

〈활동지 2〉 실습 계획 세우기

엔트리를 활용해 십자수 도안 프로그램 만들기

학년 반 번 이름( )

영역	실과(정보)	실습일	년 월 일
주제	엔트리를 활용해 십자수 도안 프로그램 만들기	실습자	
활동 내용			

◇ **십자수 생활용품 제작 계획 세우기**

1. 어떤 모양의 자수를 놓고 싶나요?
   튤립 모양, 하트 모양 등의 자수를 놓고 싶습니다.

2. 만들고 싶은 십자수 생활용품을 그림으로 그리고, 제작 계획을 세워봅시다.

※ 준비물, 너비와 깊이 등 치수를 자세히 표시하세요!

활동지 2 실습 계획 세우기 (계속)

◇ **선생님이 만든 프로그램 살펴보기**

1. 선생님이 만든 프로그램에는 어떤 블록이 사용되었을 것 같나요?
   - [신호]를 만들었을 것 같습니다.
   - [생김새] 카테고리의 [모양 숨기기] 와 [모양 보이기] 블록을 사용했을 것 같습니다.

2. 십자수 도안 제작 프로그램의 알고리즘을 절차적 사고로 표현해봅시다.

① '빨간 실'을 누르면 '빨' 신호를 보냅니다.

② '빨간 도장'은 '빨' 신호를 받으면 모양을 보입니다.

③ 마우스로 클릭했을 때 빨간 도장이 찍힙니다.

④ '색깔 바꾸기'를 누르면 코드를 멈춥니다.

⑤ '처음부터'를 누르면 처음부터 실행합니다.

3. 엔트리를 활용하여 십자수 도안 제작 프로그램을 만들고, 디버깅해봅시다.

점검 내용	예	아니오
1) '빨간 실' 오브젝트를 클릭하면 '빨간 도장'의 모양이 나오나요?		
2) 마우스를 클릭하면 도장이 찍히나요?		
3) '색깔 바꾸기' 오브젝트를 누르면 코드가 멈추나요?		
4) '처음부터' 오브젝트를 누르면 처음부터 실행되나요?		

4. [심화] 아래의 조건 중 한 가지 이상을 포함해 십자수 도안 제작 프로그램을 업그레이드해봅시다.

1) [소리] 카테고리의 블록을 사용해 오브젝트를 클릭할 때 소리 추가하기
2) [판단] 카테고리의 블록을 사용해 도장을 잘못 찍었을 때의 알고리즘 추가하기
3) '되돌리기' 오브젝트를 추가하기

활동지 3 홈프로젝트 과제

〈활동지 3〉 홈프로젝트 과제

엔트리를 활용해 십자수 도안 프로그램 만들기

학년 반 번 이름( )

영역	실과(정보)	실습일	년 월 일
주제	엔트리를 활용해 십자수 도안 프로그램 만들기	실습자	
활동 내용			

◇ **자신이 만든 십자수 도안 제작 프로그램으로 나만의 도안 제작하기**

1. 내가 만든 도안을 프린트해 아래에 붙여봅시다.

도안 붙이는 곳
(4X4)

◇ **나만의 도안대로 자수를 놓은 다음 생활용품을 만들어봅시다.**

1. 내가 만든 생활용품을 소개해봅시다.

제목

기능

사용한 재료

활동지 3 홈프로젝트 과제 (계속)

2. 스스로 홈프로젝트 과제를 평가해봅시다.

용구와 재료를 잘 준비했나요?	☆☆☆
활동에 적극적으로 참여했나요?	☆☆☆
프로그램이 설계한 대로 실행되었나요?	☆☆☆
실습 후 바느질 도구와 남은 재료를 잘 정리했나요?	☆☆☆

(※ ★★★ 매우 잘함 ★★☆ 잘함 ★☆☆ 보통)

3. 홈프로젝트 과제를 수행하면서 느낀 점을 자유롭게 적어봅시다.

8. 관계 지식

▣ 십자수

■ 십자수 천 아이다(Aida)

십자수 천에는 다양한 종류가 있지만, 가장 흔히 쓰이는 천의 종류는 아이다이다. 바느질이 쉽도록 천에 일정 간격으로 구멍이 나 있는 것이 특징이다. 아이다의 종류는 '카운트'로 구분하는데, '카운트'는 사방 1인치 넓이 안에 들어있는 칸 수를 칭한다. 숫자가 큰 것일수록 1인치 안에 들어있는 칸의 수가 많은 것이므로 짜임이 촘촘하다.

카운트에 따른 십자수 천 아이다의 종류	
11ct (11카운트)	1인치 안에 11칸이 들어있는 천
14ct (14카운트)	1인치 안에 14칸이 들어있는 천
18ct (18카운트)	1인치 안에 18칸이 들어있는 천
22ct (22카운트)	1인치 안에 22칸이 들어있는 천

■ 십자수용 바늘

십자수용 바늘은 끝이 뭉툭한 것이 특징이다. 십자수를 놓는 천의 종류가 다양한 것처럼 바늘도 천에 따라 맞는 바늘이 있으며, 호수가 클수록 바늘이 가늘다.

호수에 따른 바늘의 종류	
18호	9ct 천에 활용하는 바늘
22호	11ct 천에 활용하는 바늘
24호	11ct, 14ct 천에 활용하는 바늘 (가장 많이 활용됨)
26호	16ct, 18ct 천에 활용하는 바늘
28호	28ct, 32ct 천에 활용하는 바늘

■ 십자수 실

십자수를 놓을 때는 가는 면실 여섯 가닥을 꼬아놓은 자수 실을 이용한다. 여섯 가닥으로 꼬인 자수 실은 한 가닥으로 나누어 쓰기도 하고, 두~세가닥으로 나누어 쓰기도 한다. 이때 여러 가지 실의 색을 조합하여 자수를 놓을 수도 있다. 자수의 실에는 각각 실의 번호와 색의 이름이 있는데, 십자수 도안에 실의 번호가 적혀있는 경우가 있다.

V

안전 · 진로

1. 자전거 안전 관리

2. 나의 진로 비전 보드 만들기

3. 나의 미래 직업 공간 꾸미기

1 자전거 안전 관리

인간은 역사적으로 육상뿐 아니라, 해상과 공중의 다양한 수송 수단을 통해 사람과 물자의 이동과 수송을 이루어 왔다. 수송 수단의 발전은 우리의 일상생활을 크게 변화시켜 왔으며, 현재 우리는 수송 수단 없이는 이동이 필요한 일상생활을 영위할 수 없을 만큼 수송 수단은 우리 삶에서 필수적 역할을 하고 있다.

과거 비교적 이동이 적었던 정착 생활에서는 수송 수단의 역할이 매우 한정적일 수 있었을 것이나, 현재는 공간적으로 삶의 반경이 확대되고 이동이 빈번해 짐에 따라 수송 수단의 역할이 매우 중요해졌다. 이밖에도 어떻게 하면 적은 에너지를 써서 많은 사람들과 물자들을 이동하고 수송할 수 있게 할 것인가 하는 효율성의 문제 역시 중요한 관심사가 되었다. 앞으로 미래 사회는 이러한 고민이 축적되고 기술의 발전으로 문제가 해결되면서 더 효율적인 수송 수단과 방법을 얻게 될 것으로 보고 있다.

수송 수단을 효율적으로 이용하는 것만큼이나 중요한 것이 수송수단을 안전하게 이용하는 것이다. 여기에서는 일상생활에서 가장 많이 사용하고 있는 대표적인 수송수단인 자전거를 안전하게 관리하고 이용하는 방법에 대해서 알아본다.

Keywords

수송 수단, 안전, 자전거

1. 대상 학년: 5~6학년

2. 교수 학습 모형: 프로젝트법

단계	본시 활동 요소
목적 설정하기	• 자전거를 안전하게 이용할 수 있는 방법 알기
활동 계획하기	• 자전거 안전관리 프로젝트 계획하기
실행하기	• 자전거의 구성 요소 알기 • 자전거 구성 요소별 관리방법 알기 – 자전거 구성 요소별 관리방법 조사하기
평가하기	• 생활 속 자전거 안전관리 실천하기 – 생활 속 자전거 안전관리 체크리스트 만들기 – 자전거 안전 관리사 자격증 수여

3. 교수 · 학습 자료

가. 재료: 자전거

나. 도구: 자전거 모형, 안전 모형 등

다. 수업자료: PPT, 학습지, 평가지 등

4. 교수 · 학습 계획

가. 학습 주제: 자전거 안전하게 관리하기

나. 학습 목표

1) 자전거의 구성 요소를 이해할 수 있다.

2) 자전거의 구성 요소를 안전하게 관리하는 방법을 알 수 있다.

3) 자전거 안전관리를 생활 속에서 실천할 수 있다.

다. 학습의 형태: 모둠 활동

라. 학습 장소: 실과실습실

마. 평가 관점:

1) 자전거의 구성 요소를 알고 있는가?

2) 자전거의 구성 요소를 안전하게 관리하는 방법을 알고 있는가?

3) 자전거 안전 관리를 생활 속에서 실천할 수 있는가?

5. 지도상 유의점

가. 실물 자전거를 다룰 때 안전에 주의한다.

나. 자전거를 기본으로 다른 수송 수단에도 구성요소를 확장하여 가르칠 수 있다.

다. 생활 속에서 실제적으로 실천하고 지속적으로 점검할 수 있는 역량을 기르는 수업이 되도록 한다.

6. 교수 · 학습 과정

실과 교수·학습 과정안			
학습 주제	자전거 안전하게 관리하기	학습 형태	모둠 활동
		학습 모형	프로젝트법
학습 목표	1) 자전거의 구성 요소를 이해할 수 있다. 2) 자전거의 구성 요소를 안전하게 관리하는 방법을 알 수 있다. 3) 자전거 안전관리를 생활 속에서 실천할 수 있다.		

가. 목적설정 단계

■ 자전거에 관한 경험 이야기 해보기

Ⓣ 자전거와 관련된 자신의 경험에 대하여 말해볼까요?

Ⓢ 네, 저는 어렸을 때 아버지께서 자전거 타는 법을 가르쳐주신 기억이 나요, 뒤에서 잡아주시다 어느 순간 제가 혼자 가게 하셨던 것 같아요

T 모두 비슷한 경험을 했을 것 같아요. 다른 친구 이야기도 들어볼까요

S 저는 친구들이랑 자전거를 타고 가다 제 바퀴에 펑크가 나서 고생했던 기억이 납니다. 탈 때부터 바퀴가 조금 이상하기는 했는데 괜찮겠지 생각하고 타고 갔다 큰 고생을 했습니다.

T 맞아요. 자전거를 타기 전 안전점검을 하는 것이 반드시 필요합니다. 그래서 이번에는 자전거를 안전하게 관리하는 방법에 대해서 알아보고자 합니다.

S 네, 선생님 좋습니다. 전부터 배워보고 싶었던 내용입니다.

나. 활동계획하기

■ 자전거 프로젝트 주제 정하기

T 이번에는 수업을 프로젝트 학습 형식으로 진행해보려고 합니다. 먼저 프로젝트 주제는 자전거 안전 관리입니다. 이에 대해 공부해 보고 싶은 내용이 있나요?

S 네, 저는 자전거를 안전하게 관리하는 데 있어서는 먼저 자전거의 구성요소를 아는 것이 중요하다고 생각합니다.

T 맞습니다. 자전거의 구성요소를 기본적으로 알고 있어야 관리도 할 수 있을 것 같습니다.

S 구성요소의 관리 방법도 알고 싶습니다. 예를 들어 체인이 있으면 이것을 어떻게 관리하는지 하는 것입니다.

T 잘 말했습니다. 구성요소별 자전거 안전관리 방법에 대해서 알아보겠습니다.

다. 실행하기

■ 자전거의 구성요소 알기 **〈활동지 1〉**

T 자전거의 구성요소에는 어떤 것들이 있나요?

S 브레이크, 핸들, 페달, 바퀴, 체인, 안장, 반사경 등이 있습니다.

T 각각의 쓰임새는 무엇인지 활동지에 적어봅시다.

S 네, 브레이크는 자전거의 속도를 줄이거나 멈추게 하는 역할을 합니다.

Ⓣ 핸들은 어떤 역할을 할까요?

Ⓢ 방향을 전환하는 역할을 합니다.

■ 자전거 관리방법 알기 **〈활동지 2〉**

Ⓣ 자전거의 구성요소별 관리 방법에 대해서 알아봅시다. 먼저 브레이크는 어떻게 관리하면 좋을까요?

Ⓢ 출발 전 브레이크 나사가 풀어져 있지 않은지 확인합니다.

Ⓣ 바퀴는 어떻게 관리해야 하나요?

Ⓢ 출발 전 바퀴의 공기압이 적정한지 확인하고 출발합니다.

Ⓣ 맞습니다. 출발 전 브레이크, 바퀴 같은 주요 구성요소는 반드시 확인하는 것이 중요해요. 이밖에 다른 구성요소들의 관리 방법도 조사해봅시다.

Ⓢ 네, 알겠습니다.

라. 실행하기

■ 생활 속 자전거 안전관리 실천하기

Ⓣ 생활 속에서 자전거 안전관리의 실천 사례를 소개해보고 체크리스트를 이용하여 자신이나 친구의 자전거 관리 내용을 확인해 봅시다.

Ⓢ 네, 알겠습니다. 체크리스트 점검은 어떻게 하면 될까요?

Ⓣ 실생활 속에서 자전거를 안전하게 이용하는데 있어 필요한 점검항목에 따라 실제로 점검해 봅니다.

➲ 자전거 안전 관리 체크리스트 점검 내용을 읽고 자전거 안전 관리 점검을 해본다.

안전 관리 체크리스트에 따라 자전거를 점검해 봅시다.

체크리스트	학년 반 번 이름:		
점검 항목	점검 내용	점검 항목	
		좋음	나쁨
안장	위로 빠지거나 흔들리지 않는다.		
경음기	소리는 잘 나며 핸들을 잡았을 때 누르기 쉬운 위치에 있다.		
타이어	공기가 팽팽하게 들어가 있으며 찢어진 곳이 없다.		
전조등	불이 밝게 켜지며 앞을 향하고 있다.		
반사체	깨지지 않고 깨끗한 상태이다.		
핸들	구부러지지 않고 흔들리지 않는다.		
페달	뱅글뱅글 잘 돌며 수평으로 되어 있다.		
브레이크	앞 뒤쪽의 브레이크가 잘 잡히는지 확인한다.		
체인	너무 느슨하거나 빡빡하지 않다		
전체	나사가 풀려있지 않고 달그락 소리가 나지 않는다.		

☞ 또 다른 자전거 안전 체크리스트인 자전거 ABC 안전체크를 살펴봅시다.

A(Air): 공기
B(Brake): 브레이크
C(Chain): 체인

7. 과정중심 수행평가지

활동지 1 자전거의 구성요소 찾기

〈활동지 1〉 자전거의 구성요소

자전거의 구성요소 알아보기

학년 반 번 이름( )

영 역	안전	실습일	년 월 일
주 제	자전거의 구성요소	실습자	
활동 내용			

◇ 자전거의 구성 요소와 관련된 정보를 찾고 이를 정리하여 다음의 표를 완성해 봅시다.

구성요소	쓰임새
핸들	방향을 전환한다.
브레이크	자전거의 속도를 줄이는 역할
안장	사람이 앉는 의자
바퀴	자전거를 지지하고 굴리는 역할

〈활동지 2〉 자전거의 구성요소 관리방법

자전거의 구성요소별 관리방법 알아보기

학년 반 번 이름( )

영 역	안전	실습일	년 월 일
주 제	자전거의 구성요소별 관리방법	실습자	

활동 내용

◇ 자전거의 구성요소별 관리 방법에 대해서 알아봅시다.

구성요소	관리방법
핸들	출발전 핸들의 작동 여부를 확인한다.
브레이크	브레이크 및 나사 등을 확인한다.
안장	안장의 높이를 타는 사람의 키에 맞게 조정한다.
바퀴	공기압, 펑크 여부 등을 확인한다.

8. 관계 지식

▣ 자전거의 몸체 부분[53)]

- **헤드셋:** 프레임의 헤드튜브 부분과 샷을 설치할 때 위아래를 잡아주는 부품
- **드립아웃:** 바퀴가 설치되는 끝부분, 또는 프레임의 끝부분
- **샷포스트:** 안장을 고정시키는 파이프로 프레임의 시트스테이에 끼워짐
- **프레임:** 자전거의 메인이 되는 몸체. 프레임으로 자전거의 용도가 나뉨

▣ 자전거의 완충 부분

- **서스펜션:** 충격을 흡수하는 장치. 앞에만 달린 형태의 자전거를 하드테일 앞, 뒤에 달린 형태의 자전거를 풀서스펜션이라고 함.
- **트레블:** 스펜션포크가 움직일 수 있는 길이
- **스티어리 튜브:** 앞바퀴의 축을 잡아주는 파이프

▣ 자전거의 조향 부분

- **핸들그립:** 손의 미끄러짐이나 충격을 완화하는 역함을 함
- **쉬프터:** 기어를 변속하기 위해 조작하는 장치
- **핸들바:** 자전거를 탈 때 손으로 잡게 되는 긴 막대
- **바플러그:** 핸들바 끝에 장착하는 금속 혹은 수지제의 마감재.

---

53) 서울특별시 자전거. http://bike.seoul.go.kr

2 나의 진로 비전 보드 만들기

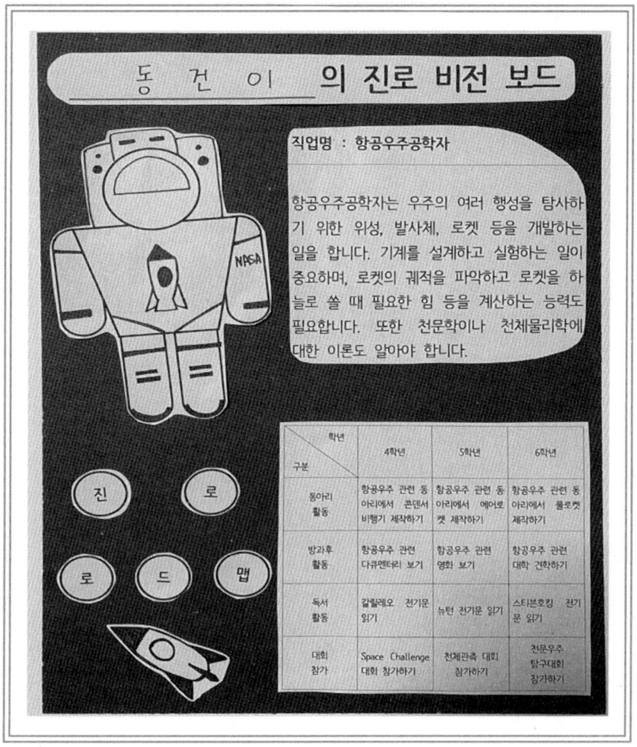

직업의 세계는 사회의 변화에 따라 다양하게 변화하고 있다. 현재의 초등학생이 직업을 갖는 시점인 10년 이후의 미래 직업을 예측하기 위해서는 우리 사회의 변화에 대한 정확한 예측과 탐색이 필요하다. 학생들은 진로 비전 보드 제작 활동을 통해 미래 사회의 변화 모습과 특징을 이해할 수 있으며, 미래 사회에 맞는 자신의 진로를 선택하고 꿈을 이루기 위한 진로 설계 활동을 할 수 있다.

이번 활동 과제는 나의 진로 비전 보드를 활용하여 자신의 진로 계획을 수립하는 것을 목표로 하고 있다. 미래 사회를 탐색하여 미래에 유망한 직업을 알아보고, 나의 진로를 선택하여 진로 비전 보드를 제작하는 활동으로 구성되어 있다.

Keywords

미래 사회, 인공지능, 저출산 고령화, 진로, 친환경

1. 대상 학년: 4~6학년

2. 교수 · 학습 모형: 프로젝트법

단계	본시 활동 요소
목적 설정하기	• 미래 사회 탐색하기 • 미래 사회 유망 직업 알아보기
활동 계획하기	• 나의 진로 선택하기 • 나의 진로 비전 보드 제작 방법 알아보기
실행하기	• 재료와 도구 파악하기 • 나의 진로 비전 보드 제작하기
평가하기	• 나의 진로 비전 보드 발표 및 공유하기 • 진로 비전 보드 평가하기

3. 교수 · 학습 자료

가. 재료: 하드보드지 등

나. 도구: 색연필, 싸인펜 등

다. 수업자료: 프레젠테이션 자료, 활동지 등

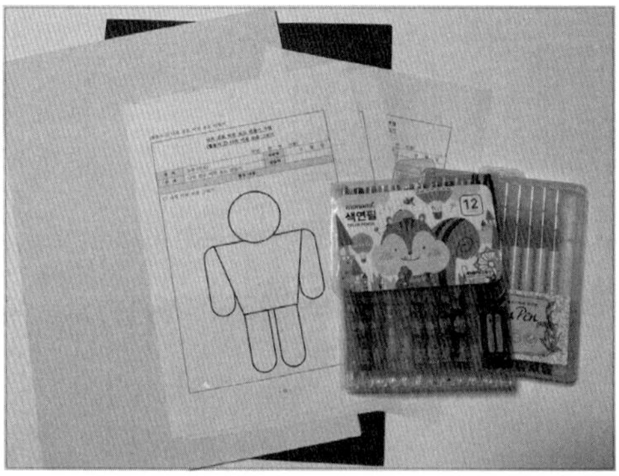

[그림 V-1] 교수 · 학습 자료 예시

4. 교수 · 학습 계획

가. 학습 주제: 나의 진로 비전 보드 만들기

나. 학습 목표

1) 미래 사회의 모습과 특징을 이해할 수 있다.
2) 미래 사회에서 유망한 직업을 탐색할 수 있다.
3) 나의 진로 비전 보드를 만들 수 있다.
4) 진로활동에 흥미와 관심을 가질 수 있다.

다. 학습 형태: 개별학습

라. 학습 장소: 교실 또는 실과실습실

마. 평가 관점

1) 미래 사회의 모습과 특징을 파악하여 미래 사회에서 유망한 직업을 바탕으로 나의 진로를 탐색하였는가?
2) 나의 진로 비전 보드를 창의적으로 제작하였는가?
3) 나의 진로 비전 보드를 제작할 때 적극적으로 참여하였는가?

5. 지도상의 유의점

가. 미래 사회의 모습과 특징은 사회 변화의 트랜드를 바탕으로 학생들이 탐색할 수 있도록 지도한다.

나. 미래 사회에서 유망한 직업은 학생들이 자기 주도적으로 탐색할 수 있도록 허용적인 분위기를 만든다.

다. 본 활동은 미래 사회에서 유망한 직업을 탐색하고 자신의 진로의 폭을 넓혀 나가는데 목적이 있으므로 탐색한 진로가 현재 나의 진로와 다르더라도 미래 사회의 유망한 직업 중 하나를 선택하여 진로 비전 보드를 만들어보도록 지도한다.

라. 나의 진로 비전 보드를 제작할 때는 제시된 과정을 바탕으로 창의적으로 변형할 수 있도록 지도한다.

마. 제작한 나의 진로 비전 보드는 학급이나 가정에 게시하여 자신의 진로를 달성하기 위한 목표로 삼는다.

6. 교수 · 학습 과정

실과 교수·학습 과정안			
학습 주제	나의 진로 비전 보드 만들기	학습 형태	개별 학습
		학습 모형	프로젝트법
학습 목표	1) 미래 사회의 모습과 특징을 이해할 수 있다. 2) 미래 사회에서 유망한 직업을 탐색할 수 있다. 3) 나의 진로 비전 보드를 만들 수 있다.		

가. 목적 설정하기 (20분) **〈활동지 1〉**

■ 미래 사회 탐색하기

Ⓣ 동건이는 학교에서 미래 사회와 관련된 영상을 시청하고 관련된 내용을 생각하며 자신의 진로에 대하여 고민해 보았습니다. 미래 사회는 친환경, 저출산 고령화, 인공지능 사회가 될 것이라고 하였습니다.

우선, 미래 사회는 친환경 사회가 될 것입니다. 지금까지 인류는 성장을 위해 자연환경을 과도하게 사용해왔습니다. 이는 대기오염, 수질오염, 토양오염 등 환경파괴와 태풍, 해일, 폭우 등 자연재해의 원인이 되어 왔습니다. 자연재해가 발생하면 수많은 인명피해와 재산피해, 환경파괴 등 사회적 비용이 발생합니다. 따라서 미래 사회는 이러한 환경 문제를 예방하고 해결하기 위한 다양한 일자리가 필요할 것입니다.

둘째, 미래사회는 저출산 고령화 사회가 될 것입니다. 저출산 고령화 사회란 사람들이 아이를 적게 낳기 때문에 아이의 수는 줄어들고, 보건과 의료기술의 발달로 노인의 인구가 많아지는 사회를 말합니다. 젊은 사람들의 수가 줄어들기 때문에 젊은 사람들이 다수의 노인을 부양하기 어려워지는 사회가 됩니다. 따라서 바이오 기술에 대한 집중 투자로 노동을 할 수 있는 연령이 늘어나도록 할 것이며, 각종 로봇이 노인을 부양하도록 로봇을 제작하거나 로봇을 운영할 수 있는 시스템을 마련하는 직업 등 노인과 관련된 다양한 일자리가 필요합니다.

셋째, 인공지능 사회가 될 것입니다. 정보통신 기술의 발달로 전 세계를 넘어 온 우주의 정보를 실시간으로 접할 수 있으며, 인공지능 시스템이 이를 쉽게 가공하도록 할 것입니다. 뿐만 아니라 사물 인터넷, 자율주행 자동차 등 실물과 정보가 연결되는 초지능 사회가 될 것입니다. 그러나 해킹이나 시스템 장애와 같은 문제가 발생하면 그 영향이 사회 전체에 크게 미칠 것입니다. 따라서 사이버 정보 활용 및 보안 전문가, 디지털 포렌식 수사관과 같이 지식 정보를 활용하거나 사이버 공간을 지켜줄 사람을 많이 필요로 하는 사회가 될 것입니다.

동건이는 이러한 사회 변화에 따른 관심 있는 직업을 찾아보고, 그 직업을 갖기 위해 어떠한 노력을 해야 하는 것인지 고민을 하며 나의 진로 비전 보드를 만들어보기로 했습니다.

T 동건이가 시청한 미래 사회에 관련된 영상에서 미래에는 어떤 사회가 될 것이라고 했나요?

S 친환경 사회, 저출산 고령화 사회, 인공지능 사회가 될 것이라고 했습니다.

T 친환경 사회가 되어야 하는 이유는 무엇인가요?

S 환경오염과 자연재해로 수많은 인명 피해, 재산피해, 환경 파괴 등 사회적 비용이 발생하기 때문입니다.

T 친환경 사회에 필요한 일자리는 무엇인가요?

S 환경 문제를 예방하고 해결하기 위한 다양한 일자리가 필요합니다.

T 저출산 고령화 사회란 무엇인가요?

S 사람들이 아이를 적게 낳기 때문에 아이의 수는 줄어들고, 보건과 의료기술의 발달로 노인의 인구가 많아지는 사회를 말합니다.

T 저출산 고령화 사회에서 필요한 일자리는 무엇인가요?

S 각종 로봇이 노인을 부양하도록 로봇을 제작하거나 로봇을 운영할 수 있는 시스템을 마련하는 직업 등 노인과 관련된 다양한 일자리가 필요합니다.

T 인공지능 사회의 특징은 무엇인가요?

Ⓢ 정보통신 기술의 발달로 전 세계를 넘어 온 우주의 정보를 실시간으로 접할 수 있으며, 인공지능 시스템이 이를 쉽게 가공하도록 할 것입니다.

Ⓣ 인공지능 사회에서 필요한 일자리는 무엇인가요?

Ⓢ 지식 정보를 활용하거나 사이버 공간을 지켜줄 사람이 많이 필요합니다.

Ⓣ 동건이가 진로에 대한 고민을 해결하기 위해 만들고자 하는 것은 무엇인가요?.

Ⓢ 나의 진로 비전 보드입니다.

■ 미래의 유망 직업 알아보기

Ⓣ 커리어넷과 같은 웹사이트나 미래 유망 직업 관련 도서를 통해 미래의 유망 직업을 조사해봅시다. 어떤 직업들이 있나요?

Ⓢ 블록체인 전문가, 사이버 보안 전문가, 스마트팜 전문가 등이 있습니다.

나. 활동 계획하기 (20분)

■ 나의 진로 선택하기 **〈활동지 2〉**

Ⓣ 미래 사회와 관련하여 관심이 있는 미래 직업은 무엇인가요?

Ⓢ 항공우주공학자입니다.

Ⓣ 관심이 있는 미래 직업에 대하여 조사해봅시다.

Ⓢ 항공우주공학자는 우주의 여러 행성을 탐사하기 위한 위성, 발사체, 로켓 등을 개발하는 일을 합니다. 기계를 설계하고 실험하는 일이 중요하며, 로켓의 궤적을 파악하고 로켓을 하늘로 쏠 때 필요한 힘 등을 계산하는 능력도 필요합니다. 또한 천문학이나 천체물리학에 대한 이론도 알아야 합니다.

Ⓣ 미래의 직업을 이루기 위해 올해 한해동안 하고 싶거나 해야 하는 진로 활동을 분야별로 조사해봅시다.

Ⓢ 동아리활동: 항공우주 관련 동아리에서 콘덴서 비행기 제작하기

Ⓢ 방과후활동 / 가정학습: 항공우주 관련 다큐멘터리 보기

Ⓢ 독서활동: 갈릴레오 전기문 읽기

Ⓢ 대회 참가: Space Challenge 대회 참가하기

수업 TIP

- 〈활동지 3〉에 자료를 정리하고 정리된 활동지를 잘라 하드보드지에 붙이면 나의 진로 비전 보드가 완성됩니다.
- 미래직업 중 자신이 원하는 직업을 선택하지 못할 경우에는 자신이 원하는 직업과 관련된 직업을 선택해보도록 합니다.

■ 나의 진로 비전 보드 제작 방법 알아보기 **〈활동지 3, 4, 5, 6〉**

Ⓣ 우선 하드보드지에 자신의 이름을 붙인 제목을 만들어 줍니다.

Ⓣ 활동지3을 활용하여 미래 나의 모습을 그리고 붙입니다.

Ⓣ 활동지3을 활용하여 직업에 대한 설명을 적고 붙여줍니다.

Ⓣ 활동지3을 활용하여 진로 로드맵을 적고 꾸며줍니다.

수업 TIP

- 나의 진로 비전 보드는 〈활동지 3〉의 내용을 참고로 학생들의 수준이나 특성에 맞게 변형하여 구성할 수 있습니다.

다. 실행하기 (30분)

■ 재료와 도구 파악하기

Ⓣ 나의 진로 비전 보드를 만들기 위해 필요한 재료와 도구는 무엇인가요?

Ⓢ 하드보드지, 색연필, 싸인펜 등입니다.

■ 나의 진로 비전 보드 제작하기

Ⓣ 나의 진로 비전 보드 제작 방법을 참고하여 나의 진로 비전 보드를 제작해봅시다.

Ⓢ (나의 진로 비전 보드를 제작한다.)

마. 평가하기 단계 (10분) **〈활동지 7〉**

■ 작품 발표 및 공유하기

T 미래 사회를 생각하며 나의 진로를 잘 탐색하였습니까?

T 미래 사회의 특징을 생각하며 나의 진로를 탐색하였습니다.

T 나의 진로 비전 보드를 창의적으로 제작하였습니까?

S 나의 진로를 다른 사람들이 잘 알 수 있도록 창의적으로 제작하였습니다.

T 활동 과정 중 자신의 실습 태도에 대하여 생각해봅시다.

S 실습에 적극적으로 참여하였습니다.

■ 피드백 받고 수정하기

T 다른 친구들이 만든 진로 비전 보드와 비교하여 봅시다.

S (다른 친구들의 진로 비전 보드를 살펴보고 친구들끼리 의견을 교환한다.)

T 친구들의 의견 중 참고할만한 의견이 있으면 활동지에 기록해두고 다음에 진로 비전 보드를 제작할 때 활용합니다.

7. 과정중심 수행평가지

활동지 1 미래 사회 알아보기

〈활동지 1〉 미래 사회 알아보기

나의 진로 비전 보드 만들기

학년 반 번 이름 ( )

영 역	진로	실습일	년 월 일
주 제	나의 진로 비전 보드 만들기	실습자	
활동 내용			

◇ 다음 지문을 읽고 미래 사회에 대하여 알아봅시다.

동건이는 학교에서 미래 사회와 관련된 영상을 시청하고 관련된 내용을 생각하며 자신의 진로에 대하여 고민해 보았습니다. 미래 사회는 친환경, 저출산 고령화, 인공지능 사회가 될 것이라고 하였습니다.

우선, 미래 사회는 친환경 사회가 될 것입니다. 지금까지 인류는 성장을 위해 자연환경을 과도하게 사용해왔습니다. 이는 대기오염, 수질오염, 토양오염 등 환경파괴와 태풍, 해일, 폭우 등 자연재해의 원인이 되어 왔습니다. 자연재해가 발생하면 수많은 인명피해와 재산피해, 환경파괴 등 사회적 비용이 발생합니다. 따라서 미래 사회는 이러한 환경 문제를 예방하고 해결하기 위한 다양한 일자리가 필요할 것입니다.

둘째, 미래사회는 저출산 고령화 사회가 될 것입니다. 저출산 고령화 사회란 사람들이 아이를 적게 낳기 때문에 아이의 수는 줄어들고, 보건과 의료기술의 발달로 노인의 인구가 많아지는 사회를 말합니다. 젊은 사람들의 수가 줄어들기 때문에 젊은 사람들이 다수의 노인을 부양하기 어려워지는 사회가 됩니다. 따라서 바이오 기술에 대한 집중 투자로 노동을 할 수 있는 연령이 늘어나도록 할 것이며, 각종 로봇이 노인을 부양하도록 로봇을 제작하거나 로봇을 운영할 수 있는 시스템을 마련하는 직업 등 노인과 관련된 다양한 일자리가 필요합니다.

셋째, 인공지능 사회가 될 것입니다. 정보통신 기술의 발달로 전 세계를 넘어 온 우주의 정보를 실시간으로 접할 수 있으며, 인공지능 시스템이 이를 쉽게 가공하도록 할 것입니다. 뿐만 아니라 사물인터넷, 자율주행자동차 등 실물과 정보가 연결되는 초지능 사회가 될 것입니다. 그러나 해킹이나 시스템 장애와 같은 문제가 발생하면 그 영향이 사회 전체에 크게 미칠 것입니다. 따라서 사이버 정보 활용 및 보안 전문가, 디지털 포렌식 수사관과 같이 지식 정보를 활용하거나 사이버 공간을 지켜줄 사람을 많이 필요로 하는 사회가 될 것입니다.

동건이는 이러한 사회 변화에 따른 관심 있는 직업을 찾아보고, 그 직업을 갖기 위해 어떠한 노력을 해야 하는 것인지 고민을 하며 나의 진로 비전 보드를 만들어보기로 했습니다.

활동지 1 미래 사회 알아보기 (계속)

활동 내용
1. 동건이가 시청한 미래 사회에 관련된 영상에서 미래에는 어떤 사회가 될 것이라고 했나요? 친환경 사회, 저출산 고령화 사회, 인공지능 사회가 될 것이라고 했습니다. 2. 친환경 사회가 되어야 하는 이유는 무엇인가요? 환경오염과 자연재해로 수많은 인명 피해, 재산피해, 환경 파괴 등 사회적 비용이 발생하기 때문입니다. 3. 친환경 사회에 필요한 일자리는 무엇인가요? 환경 문제를 예방하고 해결하기 위한 다양한 일자리가 필요합니다. 4. 저출산 고령화 사회란 무엇인가요? 사람들이 아이를 적게 낳기 때문에 아이의 수는 줄어들고, 보건과 의료기술의 발달로 노인의 인구가 많아지는 사회를 말합니다. 5. 저출산 고령화 사회에서 필요한 일자리는 무엇인가요? 각종 로봇이 노인을 부양하도록 로봇을 제작하거나 로봇을 운영할 수 있는 시스템을 마련하는 직업 등 노인과 관련된 다양한 일자리가 필요합니다. 6. 인공지능 사회의 특징은 무엇인가요? 정보통신 기술의 발달로 전 세계를 넘어 온 우주의 정보를 실시간으로 접할 수 있으며, 인공지능 시스템이 이를 쉽게 가공하도록 할 것입니다. 7. 인공지능 사회에서 필요한 일자리는 무엇인가요? 지식 정보를 활용하거나 사이버 공간을 지켜줄 사람이 많이 필요합니다. 8. 동건이가 진로에 대한 고민을 해결하기 위해 만들고자 하는 것은 무엇인가요?. 나의 진로 비전 보드입니다.

〈활동지 2〉 미래 직업 탐색하기

나의 진로 비전 보드 만들기

학년 반 번 이름 ( )

영 역	진로	실습일	년 월 일
주 제	나의 진로 비전 보드 만들기	실습자	
활동 내용			

◇ 책이나 인터넷 등을 활용하여 미래 직업을 탐색해 봅시다.

1. 미래 사회와 관련하여 관심이 있는 미래 직업은 무엇인가요?
   항공우주공학자입니다.

2. 관심이 있는 미래 직업에 대하여 조사해봅시다.
   항공우주공학자는 우주의 여러 행성을 탐사하기 위한 위성, 발사체, 로켓 등을 개발하는 일을 합니다. 기계를 설계하고 실험하는 일이 중요하며, 로켓의 궤적을 파악하고 로켓을 하늘로 쏠 때 필요한 힘 등을 계산하는 능력도 필요합니다. 또한 천문학이나 천체물리학에 대한 이론도 알아야 합니다.

3. 미래의 직업을 이루기 위해 올해 한 해 동안 하고 싶거나 해야 하는 진로 활동을 분야별로 조사해봅시다.
   - 동아리활동: 항공우주 관련 동아리에서 콘덴서 비행기 제작하기
   - 방과후활동 / 가정학습: 항공우주 관련 다큐멘터리 보기
   - 독서활동: 갈릴레오 전기문 읽기
   - 대회 참가: Space Challenge 대회 참가하기

활동지 3 나의 미래 모습 그리기

〈활동지 3〉 나의 미래 모습 그리기

나의 진로 비전 보드 만들기

학년 반 번 이름 ( )

영 역	진로	실습일	년 월 일
주 제	나의 진로 비전 보드 만들기	실습자	
활동 내용			

◇ 나의 미래 모습 그리기

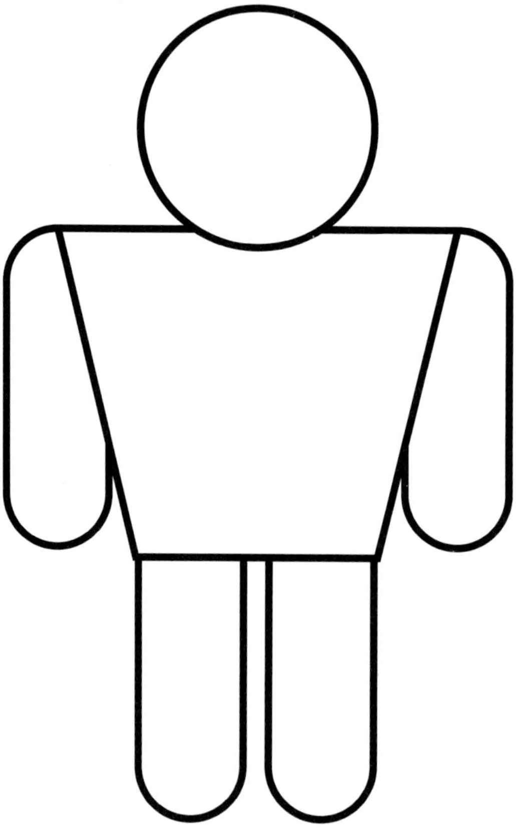

〈활동지 3〉 나의 미래 모습 그리기

나의 진로 비전 보드 만들기

학년 반 번 이름 ( )

영 역	진로	실습일	년 월 일
주 제	나의 진로 비전 보드 만들기	실습자	
활동 내용			

◇ **나의 미래 모습 그리기**

활동지 4 나의 미래 직업 소개하기

〈활동지 4〉 나의 미래 직업 소개하기

나의 진로 비전 보드 만들기 수업

학년 반 번 이름 (   )

영 역	진로	실습일	년 월 일
주 제	나의 진로 비전 보드 만들기	실습자	
활동 내용			

◇ **나의 미래 직업 소개하기**

직업명: 항공우주공학자

항공우주공학자는 우주의 여러 행성을 탐사하기 위한 위성, 발사체, 로켓 등을 개발하는 일을 합니다. 기계를 설계하고 실험하는 일이 중요하며, 로켓의 궤적을 파악하고 로켓을 하늘로 쏠 때 필요한 힘 등을 계산하는 능력도 필요합니다. 또한, 천문학이나 천체물리학에 대한 이론도 알아야 합니다.

활동지 5 진로 활동 로드맵 완성하기

〈활동지 5〉 진로 활동 로드맵 완성하기

나의 진로 비전 보드 만들기 수업

학년 반 번 이름 ( )

영 역	진로	실습일	년 월 일
주 제	나의 진로 비전 보드 만들기	실습자	
활동 내용			

◇ 진로 활동 로드맵 완성하기

구분 \ 학년	4학년	5학년	6학년
동아리 활동	항공우주 관련 동아리에서 콘덴서 비행기 제작하기	항공우주 관련 동아리에서 에어로켓 제작하기	항공우주 관련 동아리에서 물로켓 제작하기
방과후 활동	항공우주 관련 다큐멘터리 보기	항공우주 관련 영화 보기	항공우주 관련 대학 견학하기
독서 활동	갈릴레오 전기문 읽기	뉴턴 전기문 읽기	스티븐호킹 전기문 읽기
대회 참가	Space Challenge 대회 참가하기	천체관측 대회 참가하기	천문우주 탐구대회 참가하기

진 로 로 드 맵

활동지 6 나의 진로 비전 보드 만드는 방법 알아보기

〈활동지 6〉 나의 진로 비전 보드 만드는 방법 알아보기

나의 진로 비전 보드 만들기 수업

학년 반 번 이름 ( )

영 역	진로	실습일	년 월 일
주 제	나의 진로 비전 보드 만들기	실습자	
활동 내용			

◇ 진로 비전 보드 만드는 방법

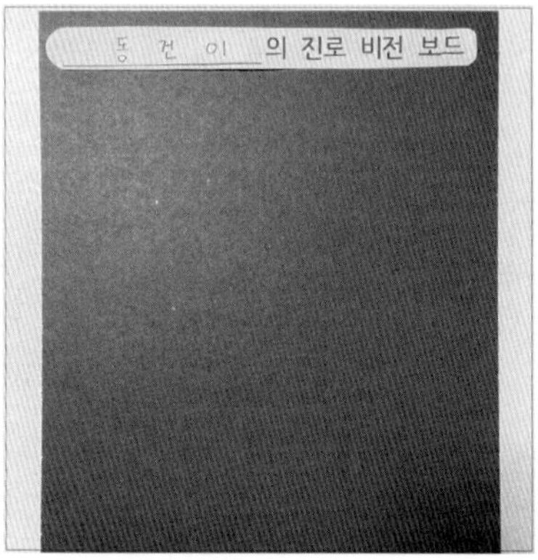

① 제목 만들기

⇨

② 미래 나의 모습 그리고 붙이기

③ 직업에 대한 설명 적기

⇨

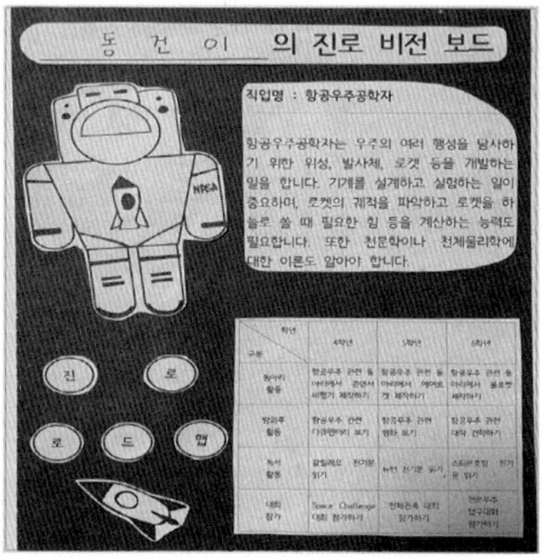

④ 진로 로드 맵 적고 꾸미기

활동지 7 나의 진로 비전 보드 평가하기

〈활동지 7〉 나의 진로 비전 보드 평가하기

나의 진로 비전 보드 만들기 수업

학년 반 번 이름 ( )

영 역	진로	실습일	년 월 일
주 제	나의 진로 비전 보드 만들기	실습자	
활동 내용			

1. 나의 진로 비전 보드 만들기를 실습하면서 활동했던 과정을 생각하여 보고 스스로 평가를 해 봅시다.

평가 요소	잘함	보통	노력요함
미래 사회를 생각하며 나의 진로를 탐색하였습니까?			
나의 진로 비전 보드를 창의적으로 제작하였습니까?			
나의 진로 비전 보드를 제작할 때 적극적으로 참여하였습니까?			
〈 나의 진로 비전 보드의 잘된 점이나 보완했으면 하는 점을 적어봅시다 〉			

2. 다른 친구들이 완성한 진로 비전 보드를 살펴보고 잘된 점이나 보완할 점을 써 봅시다.

8. 관계 지식

▣ 미래 사회[54)]

미국 정보기관 NIC(National Intelligence Council)은 4년에 한 번씩 글로벌 트랜드(global trends) 보고서를 발간하고 있다. 보고서는 기술, 인구, 환경, 경제라는 4가지 핵심 영역으로 세계를 전망한다. 이 4가지 핵심 영역은 서로 상호작용하며 개인, 정부, 국제사회의 체계를 형성한다. 또한 보고서는 이러한 관계를 바탕으로 향후 전개될 미래를 5가지 시나리오로 제시한다.

현재의 기술은 10억 단위 기기로 연결되어 있으며, 부분적이고 일시적인 세계 감시의 체계를 구성하고 있다. 미래 기술은 조 단위 기기로 발전할 것이며, 상시적인 세계 감시가 가능할 것이다. 현재 인구는 저출산 고령화 추세를 보이고 있으며, 중산층이 증가하고 있다. 미래 인구는 고령화의 추세가 가속화될 것이며, 중산층의 증가 추이가 정체될 것이다. 현재의 환경은 이상 기후, 온난화 등 생태계가 교란되고 있다. 미래의 환경은 극심한 이상 기후와 환경오염 지속 및 생태계 파괴가 극심해질 것이다. 현재의 경제는 미국과 유럽의 경제 규모가 큰 반면 미래의 경제는 중국과 미국의 경제 규모가 커질 것이다.

이와 같은 변화에 개인은 더욱 비판적인 태도를 갖게 될 것이다. 경제적, 기술적 불평등은 가속화될 것이고, 소셜 네트워크(social network)를 통한 의견의 표출이 많아질 것이다. 표현된 의견에 따라 그룹이 형성되고 그룹간 경쟁과 갈등이 심화될 것이다.

경제적 불평등 해소, 환경에 대한 대응, 갈등 해결 등의 문제에서 정부의 역할이 증가할 것이다. 이념의 양극화 및 극단적 이념을 표방한 집단간 갈등 문제가 부각될 것이고, 정부는 이러한 문제를 해결해야 한다. 기후 변화 및 의료 문제의 경우에는 지방정부의 역할이 더욱 중요해질 것이다. 지방정부는 시민사회 및 기업들과 협업적 네트워크를 구축하여 지역의 특성에 맞게 효율적인 실행 방안을 찾을 수 있다.

---

54) Office of the Director of Natinal Intelligence. (2022). Global Trends 2040. https://www.dni.gov/index.php/gt2040-home

국제사회의 측면에서는 미국과 중국의 경쟁이 가속화될 것이고, 국가간 갈등이 빈번해질 것이다. 높은 기술력, 협력적 네트워크, 고도의 정보력을 가진 국가가 더 큰 권력을 갖게 될 것이다.

이에 따른 시나리오는 다섯 가지로 제시될 수 있다. 첫째, 미국과 동맹국을 중심으로 민주주의 르네상스가 펼쳐질 수 있다. 미국과 동맹국들을 중심으로 전 세계가 경제적 성장을 바탕으로 높은 삶의 질을 영위할 수 있다.

둘째, 성장의 정체, 흔들리는 국제 규범 및 사회적 문제의 확신으로 혼란의 시대를 맞게 될 수 있다. 중국의 영향력이 커지면서 중국과 인접한 국가들의 군비 투자 확대로 지역적 불안이 가속화될 수 있다. 테러가 증가하고 기후변화 문제와 같은 전세계의 문제는 해결이 어렵게 될 것이다.

셋째, 미국과 중국이 경제적 성장과 자유무역을 위해 협력할 수 있다. 서로의 의존성이 확대되면서 군사적 위협은 낮아지는 반면 경쟁에서 이기기 위해 첩보활동 및 사이버 공격이 증가할 것이다.

넷째, 세계 각국이 치열한 생존 경쟁을 할 것이다. 기업의 재정적 손실, 시장 기능의 쇠퇴, 글로벌 물류 체인의 붕괴가 생길 것이다. 자원과 기술력이 강한 선진국은 생존에 유리한 상황이 될 것이나 일부 국가의 붕괴가 있을 수 있다.

다섯째, 극심한 기후 및 식량난, 경제성장의 정체, 사회적 불안정의 증가는 정부의 기능을 무력화할 수 있다.

3 나의 미래 직업 공간 꾸미기

대부분 사람은 직업을 가지고 살아가며, 직업은 우리의 생활에서 큰 비중을 차지한다. 자신의 적성과 흥미에 맞는 직업을 선택하는 것은 행복한 삶을 위해 매우 중요한 일이다. 초등학생은 진로와 직업에 대한 환상을 가진 경우가 많아, 진로와 직업에 대한 인식을 구체화할 필요가 있다. 초등학생들이 꿈꾸는 직업에 대해 구체적으로 생각해 볼 수 있는 기회를 제공한다면 직업의 세계를 탐색하고 진로를 설계하는 데 도움을 줄 수 있을 것이다.

직업 공간 만들기 활동에서는 자신의 미래 직업을 잠정적으로 선택하고 그 직업의 특성을 조사한 뒤, 직업에 어울리는 공간을 직무의 특성에 따라 구체적으로 구성해 본다. 이 과정에서 학습자는 자신에게 어떤 직업이 적합할지 각자의 의미를 담은 진로 이야기를 만들어나갈 수 있다(meaning-making). 완성된 작품은 한데 모아 전시회를 열고 각자의 구성 의도를 직무의 특성에 근거하여 발표하도록 한다.

Keywords

직업, 직업공간, 진로, 진로 설계, 진로 탐색

1. 대상 학년: 4~6학년

2. 교수 · 학습 모형: 프로젝트법

단계	본시 활동 요소
목적 설정하기	• 미래의 직업 탐색하기 • 직업 공간 꾸미기 과제 파악하기
활동 계획하기	• 관심과 흥미를 고려하여 '나의 미래 직업' 선택하기 • 직업 공간을 꾸미는 방법 알아보기
실행하기	• '나의 미래 직업'의 특성 조사하기 • '나의 미래 직업' 공간을 꾸미기 • '나의 미래 직업 공간' 전시하기
평가하기	• 발표 및 의견 나누기 • 자기평가 하기

3. 교수 · 학습 자료

가. 재료: 색연필, 사인펜, 도화지, 가위, 풀, 자, 재활용 상자, 그 외 학습자가 자율적으로 준비한 재료 등

나. 도구: 직업카드, 직업 정보 탐색을 위한 정보기기(스마트폰, 태블릿, PC, 랩톱 등)

다. 수업자료: 예시작품, 활동지 등

4. 교수 · 학습 계획

가. 학습 주제: 나의 미래 직업 공간 꾸미기

나. 학습 목표

1) 미래 사회에서 직업의 변화를 탐색할 수 있다.

2) 자신의 적성과 흥미에 맞는 미래 직업을 골라 입체적인 공간으로 꾸밀 수 있다.

3) 진로 활동에 흥미와 관심을 가질 수 있다.

다. 학습의 형태: 개별 학습

라. 학습 장소: 교실

마. 평가 관점

1) 미래 직업에 대한 탐색을 바탕으로 잠정적인 나의 미래 직업을 선택할 수 있는가?

2) 미래 직업의 직무와 환경요소 등 특징이 잘 나타나도록 직업 공간을 꾸몄는가?

3) 제작 과정에 적극적으로 참여하였는가?

5. 지도상 유의점

가. 미래의 직업과 관련된 정보의 수집과 탐색, 토의의 과정을 거쳐 미래의 직업에 대해 충분히 알아본 뒤에 활동하도록 지도한다.

나. 자신의 적성과 흥미를 충분히 확인한 후 자신에게 알맞은 미래 직업을 선택하되, 잠정적 선택이므로 추후 지속적으로 폭넓은 진로 탐색을 할 수 있도록 지도한다.

다. 선택한 미래 직업의 직무상의 특성과 환경요소 등 그 직업의 특징을 충분히 탐색한 후 활동하도록 한다.

라. 직업 공간을 입체로 꾸미는 방법에 있어서 제시된 학습지를 활용해도 무방하나, 재활용 상자나 하드보드지, 골판지 등 다양한 재료를 자유롭게 활용하여 창의적으로 제작할 수 있으며, 북아트 등 다양한 표현 방법을 활용할 수 있다.

6. 교수 · 학습 과정

<table>
<tr><th colspan="4">실과 교수·학습 과정안</th></tr>
<tr><td rowspan="2">학습 주제</td><td rowspan="2">나의 미래 직업 공간 꾸미기</td><td>학습형태</td><td>개별학습</td></tr>
<tr><td>학습모형</td><td>프로젝트법</td></tr>
<tr><td>학습 목표</td><td colspan="3">1) 미래 사회에서 직업의 변화를 탐색할 수 있다.
2) 자신의 적성과 흥미에 맞는 미래 직업을 골라 입체적인 공간으로 꾸밀 수 있다.
3) 진로 활동에 흥미와 관심을 가질 수 있다.</td></tr>
</table>

가. 목적 설정하기 단계 (10분)

■ 미래의 직업 탐색하기 **〈활동지 1〉**

T 여러분이 어른이 되고 직업을 갖게 될 즈음, 우리 사회는 어떻게 변화하게 될까요?

S 인공지능과 로봇이 발달하고 빅데이터, 메타버스와 같은 첨단 기술이 발달할 것입니다.

T 그러면 우리 생활에는 어떤 변화가 일어날까요?

S 사람들이 하던 일을 로봇과 인공지능이 대신하고 사람들은 다른 일을 하게 될 것입니다.

T 그렇다면 미래에 새롭게 생겨나는 직업에는 어떤 것이 있을까요?

S 인공지능, 빅데이터, 메타버스 등과 관련된 새로운 직업이 생겨나고 사람들은 다른 사람뿐 아니라 로봇과 함께 일할 수도 있게 될 것입니다. 그리고 점차 창의적인 생각이 필요한 일이나 예술에 관련된 직업이 주목받을 것입니다.

T 그렇다면 미래 사회의 다양한 직업 중 자신이 탐색해 보고 싶은 직업에는 어떤 것이 있나요?

S 자신의 흥미와 적성에 맞는 직업 중 미래 사회에 꼭 필요한 직업을 알아보고 싶습니다.

■ 직업 공간 꾸미기 과제 파악하기

Ⓣ 이번 시간에는 우리가 선택할 수 있는 미래 사회의 직업 중 한 가지를 골라 '나의 직업 공간 꾸미기' 활동을 하면서 좀 더 구체적으로 알아보겠습니다. 직업 공간 꾸미기는 하나의 직업을 선택하여 그 직업의 특징이 잘 드러나게 그 사람이 활동하는 공간을 꾸며보는 것입니다.

Ⓣ 예시 작품을 살펴봅시다. 어떤 점이 인상 깊었나요?

Ⓢ 직업의 특성을 잘 알아야 과제를 수행할 수 있을 것 같습니다. 꾸며진 직업 공간을 보면 그 직업을 더욱 실감나게 파악할 수 있을 것 같습니다.

나. 활동 계획하기 단계 (10분) **〈활동지 2〉**

■ 나의 미래 직업 선택하기

Ⓣ 진로와 직업 측면에서 자기 자신에 대해 알아볼 수 있는 방법에는 어떤 것이 있을까요?

Ⓢ 커리어넷에서 제공하는 직업흥미유형검사를 해 본 적이 있습니다.

Ⓣ 기존에 직업흥미유형 검사를 해 본 학생은 자신의 검사 결과를 상기해 봅시다. 만약 검사를 하지 않았거나 검사결과를 모른다면, 커리어넷에 접속해 다시 검사해도 좋습니다.

Ⓣ 커리어넷의 자료를 참고하여 자신의 적성과 흥미에 알맞은 직업에는 어떤 것이 있는지 살펴봅시다.

■ 직업 공간을 꾸미는 방법 알아보기 **〈활동지 3〉** ※ 도화지로 대체 가능

Ⓣ 직업 공간을 꾸미는 방법에 대해 알아봅시다.

① 도화지의 한 변을 대각선을 따라 접어 정사각형을 만듭니다.

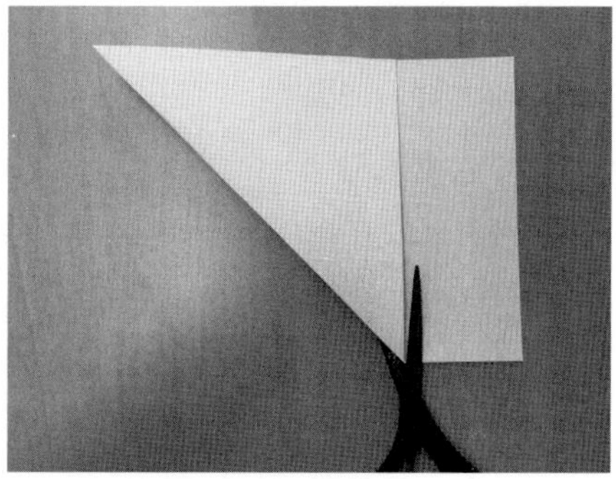

② 도화지를 정사각형으로 자릅니다.

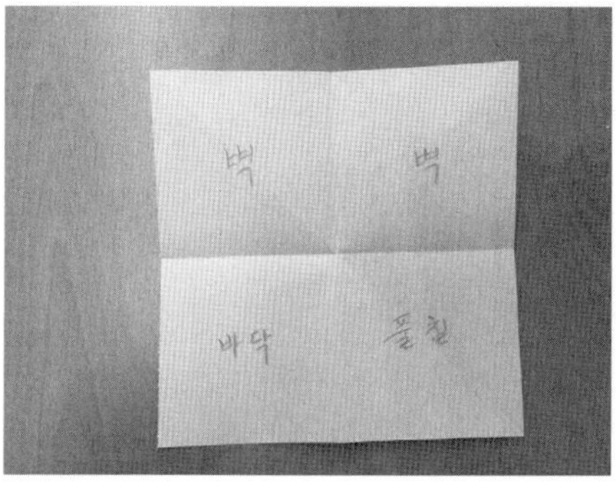

③ 정사각형 도화지를 가로, 세로로 각각 이등분하여 접습니다. 접힌 면은 각각 2개의 벽과,바닥, 풀칠할 면이 됩니다.

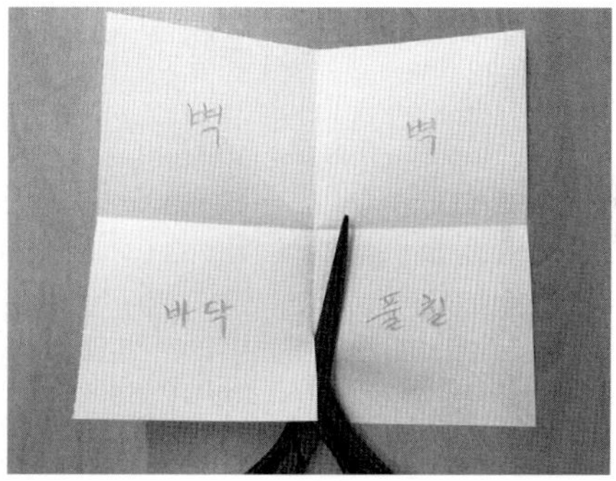

④ 그림과 같이 바닥 면과 풀칠할 면이 맞닿는 곳을 자릅니다.

⑤ 풀칠하여 바닥 면과 겹치게 붙여줍니다.

⑥ 이제 이 공간에 직업과 관련된 여러 가지 요소를 채워 넣어 봅니다.

다. 실행하기 단계 (45분)

■ '나의 미래 직업'의 특성 조사하기: 직업카드, 주니어 커리어넷 활용 **〈활동지 4〉**

(https://www.career.go.kr/jr/)

Ⓣ 자기 적성과 흥미에 부합하는 동시에 미래 사회에 적합한 직업을 한 가지 잠정적으로 선택해봅시다. 여러분은 아직 직업에 대해 폭넓게 탐색해 가는 과정에 있으므로 하나의 직업에 얽매일 필요가 없음을 기억하기 바랍니다.

Ⓣ '나의 미래 직업'에 관한 자료를 수집해 봅시다. 주니어 커리어넷에 제시된 자료를 확인하고, 직업카드, 책, 신문, 인터넷 등 다양한 자료를 참고해서 자료를 수집해 봅시다.

Ⓣ 내가 선택한 직업을 표현하기 위해 꼭 필요한 요소에는 어떤 것이 있나요?

Ⓢ 이젤, 붓, 팔레트, 그림 작품 등이 있습니다.

Ⓢ 악기와 악보, 무대가 필요합니다.

Ⓢ 컴퓨터와 로봇 모형이 필요합니다.

■ '나의 미래 직업 공간' 꾸미기

Ⓣ 수집한 자료를 모형으로 만든 뒤, 상자에 붙여 공간을 꾸며봅시다.

Ⓣ 인물이나 주요 조형 요소에는 뒷부분에 받침을 만들어 입체적으로 보이도록 해 봅시다.

Ⓣ 꼼꼼히 색칠하여 그 직업 공간의 분위기가 잘 드러나도록 꾸며봅시다.

■ '나의 미래 직업 공간' 전시회 열고 발표하기

Ⓣ 완성된 작품을 교실에 전시해 봅시다.

Ⓣ 친구들의 작품을 감상해 봅시다.

■ 발표 및 의견 나누기

Ⓣ 자신의 작품에 대해 친구들에게 설명해 봅시다.

Ⓣ 전시된 작품을 둘러보고 친구의 발표를 들은 뒤, 인상 깊은 점, 궁금한 점을 질문해 봅시다.

라. 평가하기 단계 (15분)

■ 자기 평가 하기

Ⓣ 자신의 작품에 대한 친구들의 의견을 들어보고 직업 공간을 잘 표현했는지 스스로 평가해 봅시다.

7. 과정중심 수행평가지

활동지 1 미래의 직업 탐색하기

〈활동지 1〉 미래의 직업 알아보기

나의 미래 직업 공간 꾸미기

학년 반 번 이름 ( )

영역	진로	실습일	년 월 일
주제	나의 미래 직업 공간 꾸미기	실습자	
활동 내용			

◇ **다음 질문에 답해 봅시다.**

1. 20년 후 미래에 우리 생활은 어떤 점이 변하게 될지 자유롭게 상상하여 써 봅시다.

인공지능과 로봇이 인간의 일을 함께하게 될 것이다.
인간은 현실과 메타버스를 넘나들며 더욱 창의적인 일과 예술 활동에 몰입하게 될 것입니다.

2. 미래에 없어지거나 새롭게 생겨날 직업에는 어떤 것이 있을까요?

없어질 직업	그 이유
운전기사	자율주행자동차가 스스로 운전을 하게 될 것이다.
청소부	청소는 로봇이 하게 될 것이다.
건설기술자	건설현장에서 로봇과 기계가 건설하게 될 것이다.

생겨날 직업	그 이유
로봇 개발자	새로운 로봇을 만들어내야 하므로
우주 탐험가	기술의 발달로 우주를 탐험할 수 있게 되고 지구의 한정된 자원을 극복할 기술이 필요하므로
VR 예술가	VR 기술을 활용해 창의적인 작품을 만들게 될 것이므로

3. 새롭게 생겨날 직업 중 탐색해 보고 싶은 직업과 그 이유는 무엇인가요?

탐색하고 싶은 직업	이유

활동지 2 나의 미래 직업 선택하기

〈활동지 2〉 나의 적성과 흥미 알아보기

나의 미래 직업 공간 꾸미기

학년 반 번 이름 ( )

영역	진로	실습일	년 월 일
주제	나의 미래 직업 공간 꾸미기	실습자	

활동 내용

1. 나는 무엇을 할 때 더 잘 할 수 있고 무슨 일을 할 때 즐거운지 생각해 봅시다.
   ※ 주니어 커리어넷에 접속하여 진로흥미탐색을 해 보는 것도 좋습니다.
   (https://www.career.go.kr/jr/)

내가 자신 있는 일에는 어떤 것이 있나요?	
내가 즐거움을 느끼는 일에는 어떤 것이 있나요?	

2. '주니어 직업정보'에 접속하여 자신의 적성과 흥미를 고려할 때 더 자세히 알아보고 싶은 직업을 찾아봅시다.
   (https://www.career.go.kr/jr/juniorjob/list)

직업	이유

〈활동지 3〉 직업 공간 구성하기

나의 미래 직업 공간 꾸미기

학년 반 번 이름 ( )

영역	진로	실습일	년 월 일
주제	나의 미래 직업 공간 꾸미기	실습자	
활동 내용			

1. 아래 양식을 활용하거나 도화지를 이용해 미래 직업 공간을 만들어봅시다.

↓벽 ↓벽

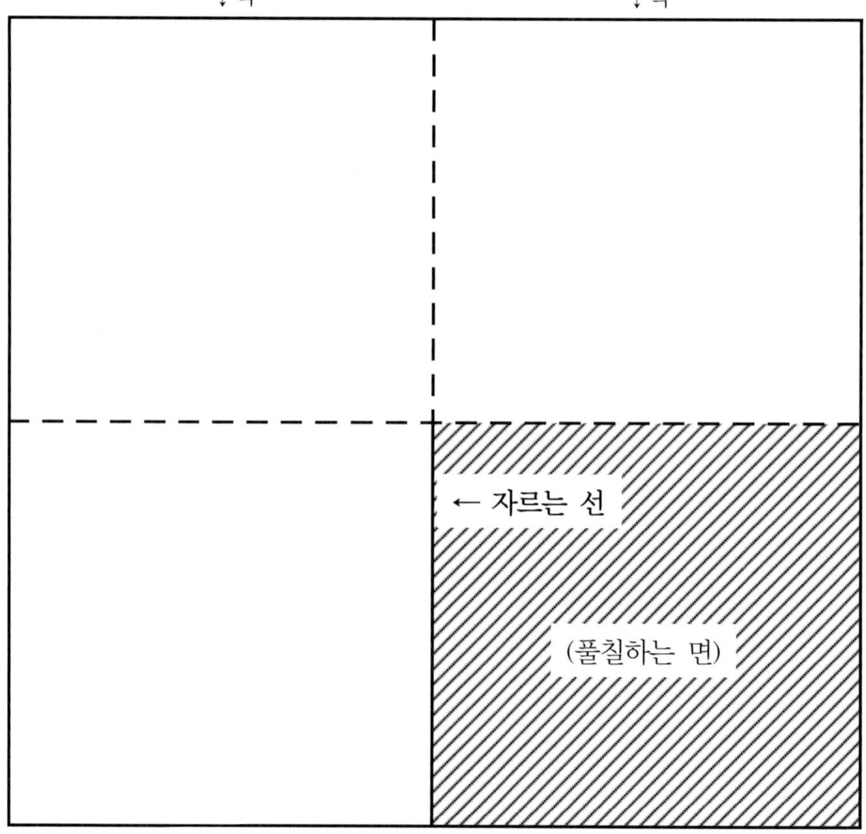

↑바닥

〈활동지 4〉 미래 직업 조사하기

나의 미래 직업 공간 꾸미기

학년 반 번 이름 ( )

영역	진로	실습일	년 월 일
주제	나의 미래 직업 공간 꾸미기	실습자	
활동 내용			

1. 미래의 직업 중 한 가지를 골라 자세히 조사해 봅시다.

선택한 직업	신재생에너지 전문가
하는 일	▶ 태양광, 풍력, 지열, 바이오 에너지, 연료전지, 수소 에너지 등을 이용하여 전기를 생산하고 이용하는 기술을 개발 ▶ 신재생에너지를 이용하여 보다 효율적으로 전기를 생산하고 공급할 수 있는 장비를 개발하고 관리 ▶ 태양광발전, 풍력발전, 지열발전 등과 같이 신재생에너지를 생산하는 발전 시스템을 설치하고 운영
필요한 적성과 흥미	▶ 자연 친화력 – 신재생에너지는 결국 자연으로부터 얻는 에너지이므로 자연에 관심을 가지고 사람들과 자연의 관계에 대하여 생각을 많이 하는 사람이 유리함. ▶ 수리 논리력 – 태양광이나 풍력, 지열 등을 효율적으로 이용할 방법을 논리적으로 생각하고 문제를 해결할 수 있어야 함.
직업 특성을 나타낼 수 있는 공간의 특징	▶ 신재생 에너지에 관한 연구와 관련된 장비가 설치되어 있을 것이며, 각종 데이터를 분석하기 위한 컴퓨터와 분석장비 등이 필요하다. 또한 진행하고 있는 프로젝트에 대한 그림, 도표, 메모, 수식 등이 기록된 칠판 등을 볼 수 있을 것이다.
직업 특성을 나타낼 수 있는 장비나 소품	▶ 신재생에너지 생산설비 모형, 에너지와 관련된 수식, 분석을 위한 컴퓨터와 각종 측정장비 등

8. 관계 지식

▣ 직업흥미유형검사[55)]

미국의 심리학자 John L. Holland가 개발한 검사도구로서, 개인의 관심과 흥미, 성향 그리고 생활경험을 측정하여 적합한 직업을 안내하는 검사이다. 실재형(R), 탐구형(I), 예술형(A), 사회형(S), 기업형(E), 관습형(C)의 6가지 직업적 성격 유형에 따라 측정한다. 홀랜드(Holland)는 개인과 환경 간의 적합성(person-environment fit), 즉 개인과 환경은 서로에게 영향을 미치며 두 관계가 일치할수록 직업만족도가 높아지는데, 이런 이유로 개인은 자신의 성격유형과 일치하는 직업을 선택하게 된다고 하였다.

▣ 의미 만들기 기반 진로 교육[56)]

의미 만들기(meaning making)란 개인이 자신 및 자신을 둘러싼 상황을 이해하고 해석하며, 가치를 발견해가도록 하는 숙고 과정을 뜻하며, 심리건강, 대인관계, 자존감, 삶의 만족도, 동기 수준을 증진시키도록 한다. 개인이 수동적으로 의미를 전달받지 않고 스스로 자신의 삶과 연결하여 의미를 만드는 과정이라는 점에서 구성주의 교육철학과 그 맥을 같이한다. 즉, 지식을 이론이나 논리에 의해 터득되는 것이 아니라 삶의 실제적 행위를 통해서 가장 잘 습득되는 것으로 보고, 개인에게 의미 있는 경험을 찾아내도록 촉진하고 이를 통해 자신만의 진로 이야기(career stories)를 만들어갈 수 있도록 한다.

이때 만들어진 진로 이야기 속에는 개인의 직업적 특성(vocational personality), 진로적응성(career adaptability), 생애 주제(career theme)가 포함된다. 각 개인이 가진 고유의 생애 주제를 활용하여 의미 있는 선택을 하고 자아개념을 구체화하며

---

55) 김춘경, 이수연, 이윤주, 정종진, 최웅용. (2016). 상담학 사전. 서울: 학지사.

56) 손영민.(2016).Meaning-Making 기반 진로교육프로그램이 대학생의 진로적응성에 미치는 효과.진로교육연구,29(2),191-212.

직업인의 역할에도 적응해 나가게 된다. 21세기에서 진로의 의미는 개인이 자신의 인생의 주제를 가지고 삶의 과정에서 의미를 만들어가는 것(meaning-making)으로 전환되고 있으며, 진로지도의 패러다임이 '개인과 직업의 연결(match-making)'에서 '삶에서의 의미 만들기 (meaning-making)'로 변화되고 있다.

참고문헌

강영혜. (1999). 체험학습의 이론적 기초. **열린교육연구**, 7(2), 5-18.

교육과학기술부. (2008). **초등학교 교육과정 해설 Ⅰ** (총론, 재량활동) (교육인적자원부 고시 제2007-79호에 따른). 교육과학기술부.

교육부. (1999). **초등학교 교육과정 해설(Ⅰ)**. 서울: 서울특별시 인쇄공업협동조합.

교육부. (2015). 창의적 체험활동 (안전한 생활 포함) 교육과정. 교육부 고시 제2015-74호 [별책42]. 한국교육과정평가원.

김동입. (2008). **기술교육에서 문제해결의 단계별 능력을 기르는 체험활동 과제의 개발**. 미간행 박사학위 논문, 한국교원대학교 대학원.

김영진. (2006). **웹을 활용한 체험학습 교수설계모형 개발 연구**. 미간행 박사학위 논문, 부산대학교 대학원.

김영옥. (2010). **초등학교 재량활동을 위한 의생활 교수 · 학습자료 개발과 적정성에 관한 연구** 미간행 석사학위논문, 경인교육대학교 교육대학원.

김영용, 김효심, 김희필, 송경욱, 김수정, 문경환. (2011). 실과 제주 지역화 학습 주제의 개발 및 타당도 검증. **실과교육연구**, 17(4), 177-200.

김종우. (2006). 초등학생의 기술 표준 체험 활동을 위한 '공공 그림 표지 디자인' 단원 개발. **실과교육연구**, 12(4), 213-226.

김효심. (2013). 창의적 체험활동용 초등식생활 교육주제 타당도 검증. **한국실과교육학회지** 26(4), 43-59.

김희필, 이영찬, 고인규, 김연정, 길영재, 장한울. (2022). 실과 교육 체험 활동 과제의 개발 및 초등교사의 교육 요구도. **한국실과교육학회지**, 35(2), 1-24.

네이버 국어사전. https://ko.dict.naver.com

박재경. (2012). **창의적 체험활동 중심의 초등학교 소비자교육 프로그램 개발**. 미간행 석사학위 논문, 한국교원대학교 교육대학원.

방인자. (2016). **교수 · 학습자료 사용 실태에 기반한 교과서 정책평가 연구**. 미간행 박사학위 논문, 충남대학교 대학원.

박일의. (2008). **기술교육에서 기술적 문제의 유형에 터한 통신기술 체험활동 과제의 개발**.

석사학위 논문, 한국교원대학교 대학원.
송하인, 남상준. (2008). 사회과 체험학습의 의미 탐색. **사회과교육연구, 15**(1), 85-109.
오동규. (2011). 초등학교 창의적 체험활동을 위한 녹색기술 교육프로그램의 개발. **대한공업교육학회지, 36**(1), 23-45.
이강미. (2021). **초등학교 3~4학년군 창의적 체험활동에 활용할 지속가능한 식생활교육 프로그램 개발**. 미간행 석사학위논문. 한국교원대학교 대학원.
이강욱. (2013). **창의적 체험활동을 위한 초등학교 식생활교육 프로그램 개발 및 적용**. 미간행 사학위논문, 전주교육대학교 교육대학원.
이건남. (2009). 초등학생 대상의 체험학습 연구동향. **실과교육연구, 15**(2), 229-248.
이남섭. (2012). **중학교 창의적 체험활동의 동아리활동을 위한 기술적 문제해결 활동 과제 개발**. 미간행 석사학위 논문, 한국교원대학교 대학원.
이돈희. (1993). **교육적 경험의 이해**. 서울: 교육과학사.
이동재. (2008). **학생들의 체험학습에 대한 현상학적 접근**. 미간행 박사학위논문, 단국대학교 대학원,
이상갑. (2001). **주제 중심 통합적 접근에 의한 기술교과 교육프로그램 개발**. 미간행 박사학위논문, 한국교원대학교.
이지은. (2017). **인디스쿨의 도덕교육 자료실에 나타난 다문화 교수 · 학습 자료 활용 연구**. 미간행 석사학위논문, 서울교육대학교.
장수웅. (2002). **기술교육에서 창의적 문제해결수업을 위한 수행평가 도구의 개발**. 미간행 박사학위 논문, 한국교원대학교 대학원.
전국교육대학교 실과교과교육연구회. (2017). **초등 실과교육**. 양서원.
전효선. (2005). **교수학습을 위한 콘텐츠 개발 지침 · 콘텐츠 질 관리 지침 콘텐츠 질 관리 프로그램**. 서울: 교육인적자원부.
정미경, 이윤정, 최경은. (2012). 창의적 체험활동을 위한 녹색의생활교육 프로그램 개발에 관한 연구. **한국실과교육학회지, 25**(1), 289-308.
정미경, 최경은, 강종표, 곽혜란, 정진현. (2013). 생활중심 발명체험활동이 아동의 발명태도 및 수업 만족도에 미치는 영향. **한국실과교육학회지, 26**(4), 231-246.
정성봉. (2002). **실과 수업 방법론**. 서울: 교학사
정혜경, 문성환. (2020). 초등 실과교과서 '기술의 세계' 분야의 다중지능 활용 체험활동 분석. **실과교육연구, 26**(2), 1-18.
최소영, 이상원. (2022). 주제 중심의 통합적 접근을 통한 초등학교 전통생태지식 교육 프로그램 개발. **한국초등교육, 33**(1), 37-57.

최지연. (2010). 실과교육학의 탐구 대상으로서 '실생활'에 대한 이론적 탐색과 실과교육에의 함의. **실과교육연구**, 16(4), 25-42.

최지연. (2018). 지식의 두 측면: 실과교육에서 실천의 의미. **한국실과교육학회지**, 31(3): 1-15

편혜정. (2015). **교사의 교수 · 학습자료 활용 실태 및 개선 방안**. 미간행 석사학위논문, 고려대학교 교육대학원.

한국교육과정평가원. (2008). **개정 교육과정에 따른 교수 · 학습 자료 유형 및 기준 개발 연구**. 서울: 한국교육과정평가원.

Todd, R., Todd, K., & McCrory, D. (1996). *Introduction to design and Technology*. Cincinnati, OH: Thomson Learning Tools.

저자

김희필 제주대학교 교육대학 초등교육과 초등실과교육전공 교수 (교육학박사)
고인규 세종 양지초등학교 교사 (교육학박사)
이영찬 제주 평대초등학교 교사 (교육학박사)
길영재 인천 문학초등학교 교사 (교육학박사)
김연정 아산 신창초등학교 교사 (교육학 박사과정)
장한울 안동 송현초등학교 교사

감수

김종우 제주대 교수
김현주 진주교대 교수
김효심 제주대 교수
남현욱 청주교대 교수
문대영 부산교대 교수
문성환 서울교대 교수
박광렬 광주교대 교수
배선아 전주교대 교수
이철현 경인교대 교수
정남용 대구교대 교수
지옥화 공주교대 교수
최지연 한국교원대 교수

(이상 ㄱ, ㄴ, ㄷ 순)

이 책은 2022학년도 제주대학교 국립대학육성사업의 지원을 받아 제작되었음.

실과 체험 활동 교육의 이해와 실천

1판 1쇄 인쇄 — 2023년 1월 31일
1판 1쇄 발행 — 2023년 2월 3일

저 자 - 김희필 고인규 이영찬 길영재 김연정 장한울
발 행 인 - 강철원
발 행 처 - 양성원
주 소 - 경기도 파주시 검산로 173번길 29-12
전 화 - 031-946-3861(代)
팩 스 - 031-946-3864
이 메 일 - tnwpub@naver.com
홈페이지 - tnwpub.co.kr
출판등록 - 2015년 8월 31일 제 2015-000211 호

ISBN 979-11-6126-489-9

정가 25,000원